U0564351

企业内部控制

任 飞——著

风险点识别与管控规范

用制度去防 ＋ 用流程去控 ＋ 用方案去管

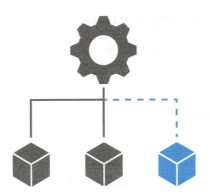

电子工业出版社.

Publishing House of Electronics Industry

北京·BEIJING

内容简介

本书是一本对内部控制风险点进行识别、评级与管控的图书。识别、评级与管控内部控制风险点，可以有效助力企业内部控制体系的建设，但开展可靠、可控、可行的内部控制风险点识别、评级与管控工作并非易事，而是一个广而专、专而精、精而尖的系统工程。

本书以"风险识别、评级"为基础，以"合规管理"为重点，以"精确管控"为目的，进一步梳理了企业内部控制管理中的各项风险，并通过大量的制度、方案、流程、标准、规范，提供了拿来即参、拿来即改、拿来即用的风险控制规范。本书还配置了二维码，以便读者一扫即参、一扫即改、一扫即用。

本书适合企业各级经营管理人员、内部控制体系设计人员、内部控制运营人员、内部控制培训机构及各大院校相关专业的师生阅读参考，也可作为企业实施内部控制管理的培训教材。

未经许可，不得以任何方式复制或抄袭本书之部分或全部内容。

版权所有，侵权必究。

图书在版编目（CIP）数据

企业内部控制风险点识别与管控规范 / 任飞著. —北京：电子工业出版社，2023.6

（弗布克企业内部控制三部曲）

ISBN 978-7-121-45758-6

Ⅰ.①企… Ⅱ.①任… Ⅲ.①企业内部管理 Ⅳ.①F272.3

中国国家版本馆CIP数据核字（2023）第103769号

责任编辑：张　毅

印　　刷：固安县铭成印刷有限公司
装　　订：固安县铭成印刷有限公司
出版发行：电子工业出版社
　　　　　北京市海淀区万寿路173信箱　　邮编：100036
开　　本：787×1092　1/16　印张：26.75　字数：681千字
版　　次：2023 年 6 月第 1 版
印　　次：2025 年 5 月第 2 次印刷
定　　价：99.00元

凡所购买电子工业出版社图书有缺损问题，请向购买书店调换。若书店售缺，请与本社发行部联系，联系及邮购电话：（010）88254888，88258888。

质量投诉请发邮件至zlts@phei.com.cn，盗版侵权举报请发邮件至dbqq@phei.com.cn。

本书咨询联系方式：（010）57565890，meidipub@phei.com.cn。

序

内部控制、风险、合规管理体系，是企业持续健康发展的"三驾马车"。由于市场竞争环境的不断变化，企业所面临的风险呈现出多样性和复杂性的特点，而内部控制则是企业实现基本目标，防范、管控各类经营风险的重要手段。

为了帮助企业维护财产和资源的安全、完整，促进高质量经营发展，增强应对各类风险的综合实力，全面助力企业提升内部控制风险防控能力，将内部控制体系的"强基固本"作用最大化，弗布克邀请了咨询师、会计师、律师和有内部控制管理经验的企业人士一起编著了这套企业内部控制"三部曲"。

这套"三部曲"是《企业内部控制风险点识别与管控规范》《企业内部控制流程设计与运营》《企业内部控制制度设计与解析》。这套"三部曲"是企业建立内部控制体系的参考书，是企业内部控制工作人员的工作手册，将大大提高内部控制建设工作人员的工作效率。

《企业内部控制风险点识别与管控规范》集精准化、制度化、方案化、流程化于一体，按照内部控制规范的18大内部控制工作内容模块，采用"风险+制度+流程+方案"的设计模式，以风险为起点，以控制为目标，为企业提供了内部控制体系建设过程中的风险识别、制度建设、流程设计和方案设计的全面内容。

从内部控制体系建设的工作实际出发，以"风险+制度+流程+方案"四位一体为中心的内部控制体系建设，是本书的特点，同时也体现了其务实性、实效性。

《企业内部控制风险点识别与管控规范》涵盖了组织架构、发展战略、人力资源、社会责任、企业文化、资金活动、采购业务、资产管理、销售业务、研究与开发、工程项目、担保业务、业务外包、财务报告、全面预算、合同管理、内部信息传递、信息系统共18大内部控制工作内容模块，并设计了75个内部控制制度、64个内部控制流程和14个内部控制方案，为企业内部控制工作人员提供了全套化内部控制体系建设的解决方案，是企业内部控制管理人员、内部控制工作人员开展内部控制工作的参考书、指导手册，是企业内部控制体系建设的参照范本。

希望本书能够为各位读者提供满意的企业内部控制体系建设的解决方案，能够对从事内部控制工作的广大读者在推进企业内部控制体系建设的工作上起到一定的助推作用。

本书在创作中难免有疏漏与不足之处，恳请广大读者批评指正，以便我们在改版时予以补充、更正。

弗布克

目　　录

第2章
发展战略——风险点识别与管控规范

第3章
人力资源——风险点识别与管控规范

第4章
社会责任——风险点识别与管控规范

第 5 章
企业文化——风险点识别与管控规范

第6章
资金活动——风险点识别与管控规范

第 7 章
采购业务——风险点识别与管控规范

第 8 章
资产管理——风险点识别与管控规范

第 9 章
销售业务——风险点识别与管控规范

第 10 章
研究与开发——风险点识别与管控规范

第 11 章
工程项目——风险点识别与管控规范

第 12 章
担保业务——风险点识别与管控规范

第 13 章
业务外包——风险点识别与管控规范

14

第 14 章
财务报告——风险点识别与管控规范

15

第 15 章
全面预算——风险点识别与管控规范

第 16 章
合同管理——风险点识别与管控规范

第 1 章

组织架构——风险点识别与管控规范

1.1 职能交叉风险

内部环境是企业建立与实施内部控制的基础，组织架构是内部环境的重要组成部分。对组织架构的职能交叉风险点进行识别与评级，掌握职能交叉风险的分析方法，有利于企业厘清职责，优化治理结构、管理体制与运行机制，进而实现防范职能交叉风险的目标。

1.1.1 风险点识别与评级

职能交叉风险点识别与评级如表1-1所示。

表1-1　职能交叉风险点识别与评级

风险点	风险点描述	风险评级	风险发生频率	对业务影响	风险应对策略
分工不清	职能分工不清，相互制约性差，可能导致部门之间相互抱怨、扯皮现象严重，无法实现组织目标	3	低	重要	风险规避
交叉重叠	存在部门或岗位重叠、职能交叉或缺失的现象，导致资源浪费，企业运行效率低下	3	中	重要	风险规避
制约不合理	职能制约设计不合理，部门岗位受制过多，或者受制过少，可能导致组织架构的协调能力降低，运行效率低下	4	中	重要	风险规避

【解释：此解释适用于整本书。】

（1）风险评级可分为1、2、3、4、5五个等级，详细解释如表1-2所示。

表1-2　风险评级详细解释

风险等级	风险评级（文字）	利润损失（百分比）	利润损失金额（万元）	详细解释
1	严重	20%以上	1000以上	会导致无法实现控制目标，企业将遭受极大损失
2	较大	10%（含）～20%	500～1000	会严重影响控制目标实现，企业将遭受较大损失

续表

风险等级	风险评级（文字）	利润损失（百分比）	利润损失金额（万元）	详细解释
3	中等	5%（含）~ 10%	250 ~ 500	会影响控制目标实现，企业将遭受一定损失
4	较小	1% ~ 5%	50 ~ 250	会略微影响控制目标实现，企业将遭受轻微损失
5	很小	1%以下	50以下	不会影响控制目标实现，企业将遭受较小损失

（2）风险发生频率可分为高、中、低三个等级，详细解释如表1-3所示。

表1-3　风险发生频率详细解释

风险发生频率	风险发生频率（定量）	详细解释
高	70%（含）~ 100%	意味着在一般情况下很可能发生风险
中	30%（含）~ 70%	意味着在某些情况下可能发生风险
低	0% ~ 30%	意味着在一般情况下不太可能发生风险

（3）对业务影响可分为重要、一般、轻微三个等级，详细解释如表1-4所示。

表1-4　对业务影响详细解释

对业务影响	详细解释
重要	控制该风险点对业务目标实现的影响至关重要
一般	控制该风险点对业务目标实现的影响程度一般
轻微	控制该风险点对业务目标实现的影响程度轻微

（4）风险应对策略可分为风险规避、风险降低、风险转移、风险承受四个策略，详细解释如表1-5所示。

表1-5　风险应对策略详细解释

风险应对策略	详细解释
风险规避	①风险规避是企业放弃或者停止与超出自身风险承受能力的风险相关的业务活动，以避免和减轻损失的策略 ②风险规避是一种彻底且有力的风险应对策略，在风险发生之前，将所有风险因素完全消除，从而排除某一特定风险发生的可能性

续表

风险应对策略	详细解释
风险规避	③风险规避是一种消极的风险应对策略，因为选择这一策略后，就代表企业不仅放弃了与该风险相关的业务活动，也放弃了相关业务活动所产生的经济利益
风险降低	①风险降低要求企业在权衡成本效益之后，应采取适当的控制措施以降低风险或者减轻损失，将风险控制在风险承受能力之内 ②风险降低是一种积极的、主动的风险应对策略，目的是减少风险发生的概率或在风险发生后减轻影响程度 ③风险降低包括降低风险发生的可能性或减轻影响程度，或者将两者同时降低
风险转移	①风险转移是企业借助他人的力量，采取业务分包、购买保险、租赁、合作开发等方式和适当的控制措施，将风险控制在风险承受能力之内的策略 ②风险转移是一种事前的风险应对策略，即在风险发生之前，采取措施，将可能发生风险的全部或部分转移给其他人承担，以避免自己承担全部风险损失 ③采取风险转移的措施后，风险本身并没有减少，只是风险发生后的承担者发生了变化
风险承受	①风险承受是企业对风险承受能力之内的风险，在权衡成本效益之后，不采取控制措施降低风险或者减轻损失的策略 ②风险承受将风险留给企业自己承担，是从企业财务角度应对风险 ③风险承受与其他风险应对策略的根本区别在于：它不改变风险的客观性质，既不改变发生风险的概率，也不改变风险发生后的影响程度和后果

1.1.2　职能控制：职能分解

1. 职能分解的步骤

职能分解的步骤如图1-1所示。

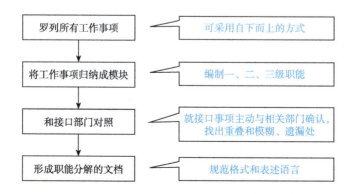

图1-1　职能分解的步骤

2. 职能分解的方法

（1）在将工作事项归纳成模块时，应先将工作事项逐一分析，然后再将联系紧密且性质相似的列入同一类职能下。

（2）在同一职能等级内的项目，应参照流程的顺序进行分解，具体如表1-6所示。

表1-6　同等级内的职能分解

职能大项	职能分解
员工培训	①制订培训计划→②讲师准备→③实施培训→④评估培训效果→⑤培训总结、改善
产品供应	①制订物料计划→②制订采购计划→③采购管理→④生产管理→⑤质量控制
产品研发	①提出研发方案→②制订开发计划→③产品开发与实施→④产品评估→⑤产品定价→⑥产品试制→⑦移交生产线

3. 职能分解的原则

在进行职能分解的过程中，必须遵循以下5项原则。

（1）以流程为中心，必须有清晰的工作流程和业务流程，部门职能不是对组织架构的描述，而是对流程内业务的描述，即对事不对岗。

（2）分清层级，不能将二级职能与三级职能相混淆。

（3）职能的描述和将来人员岗（职）位说明书的职责描述要一致。

（4）应遵循标准化原则，统一模板，三级职能的描述要尽量详细并有要求、标准。

（5）文字表达要有一定的概括性，简单易懂，且应是一个"动作"，让管理者和刚入职的人员都能看明白。

三级职能分解表

研发部职能
分解表

质量管理部
职能分解表

生产部职能
分解表

1.2 权责不清风险

权责清晰、落实到位，可以让员工各司其职，让组织架构达到高效的运转状态，反之则会导致互相推诿、消极被动的情况，从而引起整个企业的不断熵增。

因此，企业应明确权责不清的风险点，采取一系列措施以控制风险，保证组织架构的健康运行。

1.2.1 风险点识别与评级

权责不清风险点识别与评级如表1-7所示。

表1-7 权责不清风险点识别与评级

风险点	风险点描述	风险评级	风险发生频率	对业务影响	风险应对策略
制度失去约束	企业管理制度失去约束力，分工不明，多头领导，业务开展效率低，人力成本增加，员工责任感缺失	2	低	重要	风险规避
上传下达不畅	企业上下级沟通渠道不规范、不畅通，信息不对称，出现层级壁垒，高层的指示无法传达到基层，导致企业错失商机，造成竞争力下降	2	中	重要	风险规避
岗位设置不当	权责不清，分工不明，一人同时担任两个或多个不相容岗位，授权审批和监督工作缺失，导致出现重大舞弊行为，从而造成重大损失	2	中	重要	风险规避

1.2.2 岗位控制：岗位描述

岗（职）位说明书是企业人力资源部管理工作的基础文件，为企业招聘录用员工，对员工进行目标管理、绩效考核、薪酬政策制定、员工培训与晋升提供重要依据。

岗（职）位说明书是对企业岗位的任职条件、沟通关系、所属部门架构、职责范围、负责程度和建议考核内容等给予的定义性说明，核心内容是任职条件和职责范围。其中，任职条件指从事本岗位的人员必须具备的条件，职责范围指本岗位人员的重要职责及目标。

岗（职）位说明书以表格形式呈现，一般由各部门负责人制定具体内容，人力资源部提供框架格式及参考性建议。

总之，岗（职）位说明书应以职责明晰、权责清晰、考核标准明确为佳。

1.2.3　权限控制：权限指引

权限指引一般以表格的形式描述，由横向、纵向两个指标体系构成。

横向为七层、两级权限系列。其中，七层是指股东大会、董事会、董事长、总经办、总经理、分管领导、职能部门负责人共七个层次；两级权限是指股东大会对董事会的授权、董事会对董事长的授权、总经理对分管领导的授权等。

这种权限设置体现了企业权力从股东大会到董事会，再到总经理，然后按各职能部门的职责范围及各分公司的经营范围层层分解、下放的管理原则。

纵向为设置权限的各类型业务，按照《企业内部控制应用指引》中已有的18大类下的各具体业务排序。

1.2.4　设计演示：岗（职）位说明书

岗（职）位说明书如表1-8所示。

表1-8　岗（职）位说明书

单位：		职位名称：	编制日期：
部门：		任　职　人：	任职人签字：
		直接主管：	直接主管签字：
任职条件	学历：		
	经验：		

续表

任职条件	专业知识：
	业务了解范围：

沟通关系：

内部：

外部：

下属人员		人员类别	
人　　数：　　人		总　　监：　　人	
直　　接：　　人		部门经理：　　人	
间　　接：　　人		其　　他：　　人	
职责范围	负责程度	建议考核内容	
按重要性依次列出每项职责及其目标	全责/部分/支持	考核标准	
1.			
2.			
3.			
4.			
5.			
6.			

1.2.5 设计演示：权限指引表

权限指引如表1-9所示。

表1-9 权限指引

流程编号	业务活动	提案部门	权限审批	职能部门负责人	分管领导	总经理	总经办	董事长	董事会	股东大会	备注
1	公司治理										
1.1	治理结构										
1.1.1	董事会议事	议案生成部门	事项	确定董事会审议议案							
			审批人	√		√	√		√		
		董事会	事项	现场会议形式审议通过董事会决议							
			审批人							√	
		董事会	事项	通信表决形式审议通过董事会决议							
			审批人						√		
1.1.2	监事会议事	议案生成部门	事项	确定监事会审议议案							
			审批人				√		√		
		监事会	事项	现场会议形式审议通过监事会决议							
			审批人							√	
		监事会	事项	通信表决形式审议通过监事会决议							
			审批人						√		
1.1.3	总经办会议	总经办	事项	确定总经办会议议题							
			审批人	√	√	√					

流程编号	业务活动	提案部门	权限审批	职能部门负责人	分管领导	总经理	总经办	董事长	董事会	股东大会	备注
1.2	信息披露										
1.2.1	重大事项内部报告管理	报告义务人	事项	拟定处理方式							
			审批人		√						
		董事会秘书	事项	确定处理方式							
			审批人					√			
2	战略管理										
2.1	发展战略管理										
2.1.1	发展战略制定	战略委员会	事项	公司发展战略编制计划审核							
			审批人	√							
		战略委员会	事项	公司发展战略草案审核							
			审批人	√	√						
		战略委员会	事项	公司发展战略草案审批							
			审批人	√	√			√	√	√	√
2.1.2	发展战略实施与评价	战略委员会	事项	公司发展战略评价报告审核							
			审批人	√	√	√					
		战略委员会	事项	公司发展战略调整方案审批							
			审批人	√	√	√			√		
2.2	生产经营计划										
2.2.1	年度生产经营计划编制	生产部	事项	制订生产经营年度计划							
			审批人	√	√	√		√			

续表

流程编号	业务活动	提案部门	权限审批		职能部门负责人	分管领导	总经理	总经办	董事长	董事会	股东大会	备注
2.3	预算管理											
2.3.1	年度财务预算管理	财务部	事项	下发预算编制通知								
			审批人		√	√						
		职能部门	事项	确定职能部门预算								
			审批人		√	√						
		财务部	事项	上报预算报表								
			审批人		√	√	√	√		√		
2.3.2	预算执行监督与考核	财务部	事项	编写预算执行情况，部署预算执行监督与考核工作								
			审批人		√	√						
		财务部	事项	拟定具体预算实行方案，并分解至下属各单位								
			审批人		√	√						
2.4	……											

1.2.6　制定规范：权限指引规范

以下是权限指引规范，仅供参考。

规范名称	权限指引规范	编　号	
		受控状态	
第1章 总 则			

第1条　为了科学、合理地进行权限指引的设计工作，规范权限指引和层级分配，通过权限指引将各层级、各部门的权限有机统一，特制定本规范。

第2条　本规范适用于组织架构的权限指引工作。

第2章　权限分配原则

第3条　权不独占原则。严禁所授权限由一人独占，避免权限过大。

第4条　按需授权原则。根据实际需要进行授权，避免所授权限闲置、无用、滥用。

第5条　权责对应原则。授权者授权时，要注意所授权限与被授权者的所负责任要一致。

第6条　权不利己原则。授权者或权利所有者不可利用职权为自己谋福利，假公济私。

第7条　授权有限原则。授权者授权时，不可将重大职权或自身不具备授权资格的职权授予下级。

第3章　权限说明

第8条　业务活动。权限指引的业务活动依据《企业内部控制应用指引》中各大类下的业务。

第9条　权限审批。权限指引中的权限为该项业务的审核权、审议权、审定权和审批权。职能部门负责人、分管领导、总经理、总经办、董事长、董事会、股东大会拥有对提案部门在提案中所述事项的审核权、审议权、审定权和审批权。

第10条　职能部门负责人权限。职能部门负责人享有对其负责的下属部门提出的提案的审核权和审批权，职能部门负责人负责对提案作初步研究（审核），确定有必要提请上级部门审批后，审批通过该提案。职能部门负责人的具体权限包含但不限于以下内容。

1．财务部负责人审批企业银行账户的开户、变更、撤销工作，审批财务评估报告。同时，负责审核年度预算、月度预算、年度预算指标批复、月度预算指标批复、预算外事项、年度预算调整等业务。

2．采购部负责人可审批系统内供应商网络资格，审查系统外、境外、供应商网络准入业务。

3．国际业务部负责人可审核项目年度工作计划、企业主要负责人及领导班子副职出国事项、企业中层及一般人员出国事项。

4．技术部负责人可审核年度技术开发项目计划的内容。

5．质量安全部负责人可审核安保基金年度收支计划、自然灾害及事故损失赔偿。

6．在中标项目合同签约前评审的业务中，市场部负责人可审核合同额≥5亿元的总承包项目、合同额≥3 000万元的设计项目、合同额≥2亿元的施工项目、融资担保类工程项目。

7．人力资源部负责人可审核以下业务。

（1）人力资源需求规划和人力资源需求规划分解方案。

（2）增补用工计划和增补用工计划分解方案。

（3）年度用工总量计划和年度用工总量计划分解方案。

（4）企业激励性年金方案。

（5）企业的年金及补充医疗实施方案。

第11条　分管领导权限。分管领导可在总经办会议上参与对总经办提出的部分提案的审批。分管领导对下属职能部门提出的提案进行审核，审核不通过则打回提案，审核通过后根据相关制度所载程序，报上级并请求召开会议。分管领导的具体权限包含但不限于以下内容。

1．分管财务部的领导可审批以下业务。

（1）转让标的账面净资产＜200万元的经济行为。

（2）单笔计提坏账减值准备＜500万元的个别认定事项。

（3）单笔金额＜400万美元的境外投标保函。

（4）单笔金额<1 000万美元的除境外投标保函外的其他境外保函。

2．分管人力资源部的领导可审核、审批以下业务。

（1）审核人力资源需求规划、企业年度用工总量计划、企业增补用工需求计划、企业年度毕业生引进计划。

（2）审批人力资源需求规划分解方案、企业年度用工总量计划分解方案、企业增补用工计划分解方案、企业年度毕业生引进计划分解方案。

第12条　总经理权限。总经理对上报董事会的财务决算报告和盈利预测报告有审批权，对企业年度总的质量、生产、经营、方针目标有审批权，有权决定企业内部组织结构的设置，并对基本管理制度的制定有审批权。总经理的具体权限包含但不限于以下内容。

1．总经理可审核以下业务。

（1）年度生产经营目标任务、工作计划。

（2）企业总部境外分支机构设置、子企业境外分支机构设置。

（3）单笔计提坏账减值准备≥200万元、企业总部单项或单笔净值<200万元。

（4）单项或单笔核销≥50万元、企业总部单项或单笔核销<50万元。

2．总经理可审批以下业务。

（1）单项或单笔资产计提减值准备<500万元。

（2）企业总部单笔计提坏账减值准备<500万元。

（3）转让标的账面净资产为2 000万元（含）~1亿元（含）。

（4）200万元（含）~1 000万元的费用性预算外支出。

（5）资本运作项目初步计划。

第13条　总经办权限。总经办的权限多表现为对具体业务的审议权和审定权，总经办的具体权限包含但不限于以下内容。

1．总经办可审议企业年度生产经营目标任务、工作计划、投资计划、决算方案；审议对外担保事项；审议利润分配和弥补亏损方案；审议单笔≥100万元的对外捐赠业务。

2．总经办可审定单笔<100万元的对外捐赠业务，以及资本运作项目初步方案。

3．总经办的绩效考核领导小组可审定以下业务。

（1）子（分）企业考核目标建议值及考核方案、子（分）企业年度绩效考核结果。

（2）企业总部的部门考核方案和年度考核结果。

第14条　董事长权限。董事长的具体权限包含但不限于以下内容。

1．在年度投资计划调整业务中，可审批8%（含）~15%（调整规模占年初董事会审定规模比例）的计划调整业务。

2．审批持续性关联交易价格调整——执行内部协议价业务中，关联交易价格调整年度影响金额≥2亿元的业务。

3．审批关联交易价格调整年度影响金额≥5亿元的业务。

4．审批企业利润分配和弥补亏损方案。

5．授权总经理审批董事会办公室的临时性报告披露。

6．审批财务部的预算调整方案。

7．审批金额≥5 000万元的资本性预算外支出。

8．审批金额≥1 000万元的费用性预算外支出。

9．审批短期综合授信额度协议，授信额度内单笔金额≥5亿元的短期贷款合同。

10．审批财务部提交的长期投资处置损失核销业务中单项或单笔核销≥1亿元的业务。

第15条　董事会权限。董事会的具体权限包含但不限于以下内容。

1．审议年度投资计划、年度财务报表、年度决算方案并报股东大会批准。

2．审议企业利润分配和弥补亏损方案并报股东大会批准。

3．批准经薪酬委员会审议后的企业薪酬体系方案。

4．批准经审计委员会审定后的风险管理及内部控制审计评价报告。

5．批准企业财务部重大会计政策的制定与变更、重大会计事项的核算业务。

6．批准企业财务部半年度报表。

第16条　股东大会权限。股东大会的具体权限包含但不限于以下内容。

1．批准年度投资计划、年度投资计划调整（调整规模占年初董事会审定规模20%及以上的计划调整业务）。

2．批准财务部的年度报表、年度财务预算、年度筹资计划和年度决算方案。

3．批准企业利润分配和弥补亏损方案。

4．批准重大合同订立（以企业名义订立的投资类、融资类、担保类、知识产权类、不动产类合同以及其他可能对企业的资产、负债、权益和经营成果产生重大影响的合同）。

5．批准当年单笔金额≥25%的企业净资产的长期贷款合同。

6．批准财务部和董事会办公室联合制订的股票/债券发行计划、改变募集资金用途计划。

第4章　权限指引设计与审批规范

第17条　权限指引可通过表或文字的形式进行设计，但通常采用表的形式设计权限指引表。

第18条　权限指引表的目的是落实分级授权机制和重大事项集体决策机制，其主要由横向、纵向两个指标体系构成。权限项目按照业务流程和控制点编号依次单列而成，并一一对应。

第19条　横向指标体系主要由权限级别、业务执行部门、业务会签部门或复核岗位、权限设定依据组成。

第20条　纵向指标体系主要由业务流程编号与设置权限的各类型业务组成，每个业务类型与业务流程编号一一对应。

第21条　权限指引表通常采用"顶层设计、基层设计、上下结合"的原则设计，具体设计程序如下。

1．制度归口管理部门根据企业实际情况，科学设计权限指引表，其中涵盖流程名称、业务活动、提案部门、权限审批等板块。

2．由各部门负责人统计部门现有业务流程，并按照要求填写。

3．制度归口管理部门汇总各部门权限指引表，对照《中华人民共和国公司法》（以下简称《公司法》）、企业章程、部门职责、岗（职）位说明书等，评估现有流程是否存在不合规、不恰当的情况。

第22条　权限指引表由制度归口管理部初审，由总经办复审，由董事会和股东大会联合终审，审核批准后由总经理公布，并组织各层级管理人员学习。

第5章　附　则		
第23条　本规范由董事会负责编制、解释与修订。		
第24条　本规范自××××年××月××日起生效。		
编修部门/日期	审核部门/日期	执行部门/日期

1.3　程序违规风险

《公司法》是为了规范企业的组织和行为，保护企业、股东和债权人的合法权益，维护社会经济秩序，促进社会主义市场经济的发展而制定的法律。

企业治理结构的工作应严格按照《公司法》的要求进行设计，避免程序违规风险的发生。

1.3.1　风险点识别与评级

程序违规风险点识别与评级如表1–10所示。

表1–10　程序违规风险点识别与评级

风险点	风险点描述	风险评级	风险发生频率	对业务影响	风险应对策略
治理结构设计程序不合规	企业的治理结构设计程序不符合《公司法》的要求，程序漏设，内容缺失，可能导致企业运行出现问题，面临合规风险，从而被相关部门处罚	3	低	重要	风险规避
授权审批程序不当	业务办理的授权审批程序不规范，可能导致业务经办人员未明确授权范围，从而造成业务风险的发生	2	中	重要	风险规避

1.3.2　董事会产生：董事会产生程序

企业董事会依法由股东大会选举产生的董事组成，是代表企业行使经营决策的常设机关，也是企业的决策机关。

《公司法》第一百零五条第一款规定："股东大会选举董事、监事，可以依照公司章程的规定或者股东大会的决议，实行累积投票制。"

《公司法》第一百零八条第一款规定："股份有限公司设董事会，其成员为五人至十九人。"

董事会产生程序如图1-2所示。

图1-2　董事会产生程序

1.3.3　监事会产生：监事会产生程序

监事会是对董事和经理的经营管理行为及企业财务进行监督的常设机构。它代表全体股东对企业经营管理进行监督，行使监督职能，是企业的监督机构。企业的监事会由股东大会选举产生的监事和职工（代表）大会或其他民主形式选举产生的监事组成。

股东大会选举监事的程序如图1-3所示。

图1-3　股东大会选举监事的程序

职工（代表）大会或其他民主形式选举监事的程序如图1-4所示。

图1-4　职工（代表）大会或其他民主形式选举监事的程序

1.3.4　经理层产生：经理层产生程序

经理层是指企业的高级管理人员，包括企业的总经理、副总经理、财务负责人、董事会秘书和企业章程规定的其他人员。经理层由董事会聘任，对董事会负责，主持企业的日常生产经营管理活动。经理层的产生程序如图1-5所示。

图1-5　经理层的产生程序

《公司法》第一百一十三条第一款规定："股份有限公司设经理，由董事会决定聘任或者解聘。"

1.4　决策失误风险

在当今云谲波诡的社会环境下，企业高层的决策只有做到慎之又慎，才能在生存的前提下得以发展，反之，则会引起一系列决策失误的风险，造成重大经济损失，甚至破产、倒闭。因此，企业只有建立健全监督和预防机制，才能提升决策的科学性。

1.4.1　风险点识别与评级

决策失误风险点识别与评级如表1-11所示。

表1-11　决策失误风险点识别与评级

风险点	风险点描述	风险评级	风险发生频率	对业务影响	风险应对策略
决策缺乏制度约束	现代企业制度建设不到位，"三重一大"集体决策制度缺失，"一言堂"的决策方式，以及发展战略不明确，都可能导致大量资源浪费，从而使企业面临重大危机	1	低	重要	风险规避

续表

风险点	风险点描述	风险评级	风险发生频率	对业务影响	风险应对策略
主观决策	决策只考虑主观因素，不兼顾客观因素，受决策者能力影响大，可能导致重大失误、重大舞弊事件的发生	1	低	重要	风险规避

1.4.2　审批控制：集体决策审批制度

以下是集体决策审批制度，仅供参考。

制度名称	集体决策审批制度	编　号	
		受控状态	

第1章　总　则

第1条　为明确集体决策的事项，规范集体决策的审批权限、要求及程序等，提高集体决策的科学化、规范化和民主化水平，防范因集体决策审批不当导致重大风险的发生，特制定本制度。

第2条　本制度适用于指导企业重大事项的集体决策审批工作。

第2章　集体决策的事项范围

第3条　重大事项决策。主要包括企业响应党和国家的路线方针政策、法律法规开展的重大决策；企业发展战略、经营方针、并购、破产、改制、资产调整、产权转让、对外投资、利益调配、机构调整等方面的重大决策；企业关于党的建设和安全稳定的重大决策；其他重大事项决策。

第4条　重要人事任免。主要包括企业中层以上经营管理人员和子企业领导班子成员的任免、聘用、解除聘用和储备人选的确定；向控股和参股企业委派股东代表；推荐董事会、监事会成员和经理、财务负责人；其他重要人事任免事项。

第5条　重大项目安排事项。主要是对企业资产规模、资本结构、盈利能力、生产作业、技术状况等产生重要影响的项目进行设立和安排。主要包括：年度投资计划、融资、担保项目、期权、期货等金融衍生业务；重要设备和技术引进；采购大宗物资和购买服务；重大工程建设项目；其他重大项目安排事项。

第6条　大额度资金使用事项。即超过由企业所规定的企业领导人员有权调动、使用的资金限额的资金调用。主要包括年度预算内大额度资金调动和使用；超预算的资金调动和使用；对外大额捐赠、赞助；其他大额度资金使用事项。

第3章　集体决策与审批程序

第7条　高层管理者根据企业发展实际情况，直接提出需要集体决策的事项。

第8条　重大事项的相关部门就事项提出的合理性与科学性开展评估、论证工作。评估、论证工作应建立在充分调研、专业测试、数据分析、专家建议等工作的基础上。

第9条　事项的议题明确后，提出部门应准备事项所需的各类资料。资料应包括事项的基本资料、实施草案和计划草案等。

第10条　召开集体决策会议，就事项开展决策工作。事项集体决策会议应该符合要求人数方可召开，与会人员要充分讨论并分别发表意见。会议决定多个事项时，应该以投票表决方式和逐项研究作出决定，若存在严重分歧，通常应该推迟作出决定。

第11条　参与决策的个人对集体决议有不一样的意见，可以保留意见或向上级反映，但在没有作出新的决策前，不得私自变更或拒绝实施。

第12条　如果集体决策会议通过该重大事项，决策者应立即联签审批，联签审批通过后，该事项方可生效。

第13条　如果集体决策会议不通过重大事项，应载明原因和每个决策者的意见。

第14条　集体决策通过重大事项后，应将决策结果、结论、意见、会议记录与重大事项相关资料等报总经办、董事会审批。

第15条　财务部应辅助总经办就涉及资金的事项开展审议工作。

第16条　职工代表大会可就关于解除劳动合同的事项进行检查，并讨论后形成决议。

第17条　如遇特殊情况须对决议内容作重大调整，应该重新按要求执行决策程序。

第4章　集体决策与审批不当责任追究

第18条　有下列情形之一的，应追究责任。

1．未按规定程序、内容、范围报事项决策相关领导班子集体研讨决定的。

2．擅自改变领导集体决策或不按领导集体作出的决策办事的。

3．擅自泄露领导集体研究决定的应保密事项的。

4．提供虚假资料，串通、合谋骗取领导集体作出决定的。

5．没有完整的会议记录存档的。

6．不按规定程序上报审批，越权审批的。

第19条　属于个人责任的，在企业职权范围内按以下形式追究。

1．情节轻微的，对主要责任人给予批评教育、诫勉谈话、绩效惩戒。

2．情节较重、造成一定损失的，责令主要责任人作出书面检查，并对其进行通报批评和绩效惩戒。

3．情节严重、造成恶劣影响和重大损失的，不属于企业职权范围内的，但违反法律法规的，报司法机关处理。

第20条　属于领导集体责任的，在企业职权范围内按以下形式追究。

1．情节轻微的，要召开专题会议，对其开展批评与自我批评，并限期纠正，同时由上级对其作出绩效惩戒。

2．情节较重、造成一定损失的，主要领导要代表班子作出书面检讨，同时由上级对班子作出绩效惩戒。

3．情节严重、造成恶劣影响和重大损失，并违反法律法规的，报司法机关处理。

第5章　附　则

第21条　本制度由总经办编制、解释与修订，经董事会审核批准后生效。

第22条　本制度自××××年××月××日起生效。

编修部门/日期		审核部门/日期		执行部门/日期	

1.4.3　联签控制：联签制度

以下是联签制度，仅供参考。

制度名称	联签制度	编　　号	
		受控状态	

第1章　总　则

第1条　为了加强企业财务管理，规避财务风险，提高资金活动的合理性，根据国家相关规定，结合本企业的实际情况，特制定本制度。

第2条　本制度适用于约束和指导企业高层的联签工作。

第2章　联签审批规则

第3条　企业高层实行财务三级联签审批制度，各部门必须将超出部门负责人审批权限的联签事项提交给财务总监、总经理和董事长审核、审批。

第4条　财务总监和总经理对其权限范围内的联签事项必须签署意见并签名，超出权限范围内的联签事项则须提交董事长审批，并根据企业发展战略、业务经营规划的情况，共同监控和调整资金流向，对股东和董事会负责。

第5条　各部门应严格贯彻、执行企业下达的年度和月度预算，在预算外新增的各项支出，须先取得企业总经办审议批准后，再按以上流程进行联签与审批。

第6条　对于部门提交的违反国家法律法规、违反本企业财务管理制度、违反企业经营决策程序的联签事项，财务总监可直接拒绝审签。

第3章　联签事项

第7条　财务总监和总经理的联签事项包括但不限于以下内容。

1．单笔会务费报销金额＞2万元的；单笔差旅费、车辆使用费的报销金额＞1万元的；其他单笔费用报销金额＞3万元的。

2．固定资产的更换、技术改造、设备大修理工程的单项支出金额在10万元及以上的。

3．金额在10万元及以上的协议或合同的编制和签订；金额在5万元及以上的营业外支出。

4．企业财务预算方案和财务会计报告（包括合并和本部的财务会计报告）。

第8条　企业设立、合并、撤销银行账户的计划必须经财务总监和总经理联签通过后方可执行，异地开户或外部项目因经营需要开立临时账户的，必须经董事长批准后方可执行。

第9条　以下事项，不论金额大小，均由财务总监、总经理和董事长联签。

1．各部门发生的关于筹资和融资的相关事项。

2．各部门对外单位及所属企业提供的一切经济担保事项。

3．各部门资产处置与管理事项，包括企业在资产运营中涉及并购、合资、合作、产权变动、资本运作、闲置资金理财、委托资产管理、托管经营、债务重组等。

4．各部门对外捐款或赞助等非经营性支出。

5．企业对外投资事项，包括企业有形资产、无形资产、资金货币的长期和短期投资等，如设立全资子企业、并购、合资合作联营以及对其他企业追加投资等。

第10条　凡属本制度规定的联签事项，各部门处理业务或请求付款时，应在总经理签署之前，报送财务总监审签。

第4章　联签事项禁止性规定与责任追究

第11条　各部门不得隐瞒事实，提供虚假联签事项相关资料。

第12条　严禁为了逃避高层的联签，将同一性质的大额资金分次、分批小额流动。如果同一性质的大额款项确实需要分批支付的，则必须先提交财务总监审批通过后再分批支付。

第13条　对逃避或抵制联签事项的，由总经办追究其行政责任；造成经济损失的，追究其经济责任，乃至法律责任。

第14条　财务总监与总经理在执行联签制度过程中，若发现重大问题时，应及时向企业总经办报告，同时采取中止联签事项、控制风险等必要的应对措施，必要时可上报企业董事会、监事会、股东大会。

第15条　各部门的财会人员必须根据联签制度的规定，办理资金的支付手续，不符合制度规定的，不得支付。对于把关不严、徇私舞弊、利益输送，且造成失误或经济损失的行为，视情节轻重，追究有关人员的行政责任、经济责任，乃至法律责任。

第5章　附　则

第16条　本制度由董事会负责编制、解释与修订。

第17条　本制度自××××年××月××日起生效。

编修部门/日期		审核部门/日期		执行部门/日期	

1.4.4　制定标准："三重一大"

"三重一大"即企业重大决策事项、重要人事任免事项、重大项目安排事项和大额度资金使用事项。

（1）重大决策事项主要包括但不限于以下所列项目。

①企业发展战略和方向、经营方针、中长期发展规划等重大战略管理事项。

②企业年度生产经营计划、工作报告、财务计划等重大生产经营管理事项。

③企业改制、兼并、破产或者变更、投资参股、产权转让等重大资本运营管理事项。

④企业资产损失核销、资产处置（资产出售、出借、出租、顶账等）、产权变动、利润分配和弥补亏损、缴纳国家税费等重大资产（产权）管理事项。

⑤企业重大安全、质量等事故及突发性事件的调查与处理。

（2）重要人事任免事项主要包括但不限于以下所列项目。

①企业储备干部的推荐、管理。

②企业部门经理级以上管理人员（包括重大项目负责人）的任免、奖惩等。

③企业专业技术人员、技能人才的考核、推荐、晋级、聘用（解聘）、奖惩等。

④企业有业务处置权的岗位或重要管理岗位人员的调整。

（3）重大项目安排事项主要包括但不限于以下所列项目。

①企业投资计划、年度大/中修计划、基建技改计划和融资、担保等项目。

②企业计划外追加的金额为50万元及以上的基建、技改、检修项目。

③企业计划外追加的金额为30万元及以上的重大关键性设备引进和重要物资设备购置等需要招/投标项目。

④企业重大销售、采购合同签订、新产品开发、产品定价等项目。

⑤企业重大工程承包项目。

⑥企业重大科研、环保、安全等项目。

（4）大额度资金使用事项主要包括但不限于以下所列项目。

①企业年（月）度计划的大额度资金使用。

②企业担保、抵押、信用证、贷款等资金使用。

③企业重大支援、捐赠、赞助（款、物）等。

④企业科研经费、环保经费、安全基金等专项资金使用。

⑤企业非生产性资金及其他大额度资金的使用等。

1.5   治理结构缺陷风险

治理结构是指企业股东大会、董事会、监事会和经理层之间的权责利相互制衡和决策关系的体系。在合规的前提下，明确各高层的职责权限，发挥其决策、监督和管理的作用，有利于防范治理结构可能出现的风险，从而实现组织结构的精进化。

1.5.1　风险点识别与评级

治理结构缺陷风险点识别与评级如表1–12所示。

表1–12　治理结构缺陷风险点识别与评级

风险点	风险点描述	风险评级	风险发生频率	对业务影响	风险应对策略
监督体系缺失	企业缺失监督体系，各单位、各部门未按要求落实，存在营私舞弊的现象	2	低	重要	风险规避
治理结构运行不当	治理结构形同虚设，缺乏科学决策、良性运行机制和执行力，可能导致企业经营失败，难以实现发展战略目标	1	中	重要	风险规避
企业章程不完善	企业章程不完善，股东大会、董事会职权不明确，议事规则不清晰，无会议记录或随意决议，导致重大事项的决策和执行缺乏法律约束，使得发生纠纷时重大事项无法得到法律保障	2	低	重要	风险规避

1.5.2　董监高合规：董监高任职资格与禁止规定

1. 董监高的任职资格

《公司法》第一百四十六条规定："有下列情形之一的，不得担任公司的董事、监事、高级管理人员：

（一）无民事行为能力或者限制民事行为能力；

（二）因贪污、贿赂、侵占财产、挪用财产或者破坏社会主义市场经济秩序，被判处刑罚，执行期满未逾五年，或者因犯罪被剥夺政治权利，执行期满未逾五年；

（三）担任破产清算的公司、企业的董事或者厂长、经理，对该公司、企业的破产负有个人责任的，自该公司、企业破产清算完结之日起未逾三年；

（四）担任因违法被吊销营业执照、责令关闭的公司、企业的法定代表人，并负有个人责任的，自该公司、企业被吊销营业执照之日起未逾三年；

（五）个人所负数额较大的债务到期未清偿。"

2. 董监高的禁止规定

《公司法》第一百四十七条规定："董事、监事、高级管理人员应当遵守法律、行政法规和公司章程，对公司负有忠实义务和勤勉义务。董事、监事、高级管理人员不得利用职权收受贿赂或者其他非法收入，不得侵占公司的财产。"

《公司法》第一百四十八条规定："董事、高级管理人员不得有下列行为：

（一）挪用公司资金；

（二）将公司资金以其个人名义或者以其他个人名义开立账户存储；

（三）违反公司章程的规定，未经股东会、股东大会或者董事会同意，将公司资金借贷给他人或者以公司财产为他人提供担保；

（四）违反公司章程的规定或者未经股东会、股东大会同意，与本公司订立合同或者进行交易；

（五）未经股东会或者股东大会同意，利用职务便利为自己或者他人谋取属于公司的商业机会，自营或者为他人经营与所任职公司同类的业务；

（六）接受他人与公司交易的佣金归为己有；

（七）擅自披露公司秘密；

（八）违反对公司忠实义务的其他行为。"

1.5.3　董事会合规：董事会职责权限、议事规则和工作程序

1. 董事会职责权限

《公司法》第四十六条规定："董事会对股东会负责，行使下列职权：

（一）召集股东会会议，并向股东会报告工作；

（二）执行股东会的决议；

（三）决定公司的经营计划和投资方案；

（四）制订公司的年度财务预算方案、决算方案；

（五）制订公司的利润分配方案和弥补亏损方案；

（六）制订公司增加或者减少注册资本以及发行公司债券的方案；

（七）制订公司合并、分立、解散或者变更公司形式的方案；

（八）决定公司内部管理机构的设置；

（九）决定聘任或者解聘公司经理及其报酬事项，并根据经理的提名决定聘任或者解聘公司副经理、财务负责人及其报酬事项；

（十）制定公司的基本管理制度；

（十一）公司章程规定的其他职权。"

2. 董事会议事规则和工作程序

《公司法》第四十七条规定："董事会会议由董事长召集和主持；董事长不能履行职务或者不履行职务的，由副董事长召集和主持；副董事长不能履行职务或者不履行职务的，由半数以上董事共同推举一名董事召集和主持。"

《公司法》第四十八条规定："董事会的议事方式和表决程序，除本法有规定的外，由公司章程规定。董事会应当对所议事项的决定作成会议记录，出席会议的董事应当在会议记录上签名。董事会决议的表决，实行一人一票。"

1.5.4　监事会合规：监事会职责权限、议事规则和工作程序

1. 监事会职责权限

《公司法》第五十三条规定："监事会、不设监事会的公司的监事行使下列职权：

（一）检查公司财务；

（二）对董事、高级管理人员执行公司职务的行为进行监督，对违反法律、行政法规、公司章程或者股东会决议的董事、高级管理人员提出罢免的建议；

（三）当董事、高级管理人员的行为损害公司的利益时，要求董事、高级管理人员予以纠正；

（四）提议召开临时股东会会议，在董事会不履行本法规定的召集和主持股东会会议职责时召集和主持股东会会议；

（五）向股东会会议提出提案；

（六）依照本法第一百五十一条的规定，对董事、高级管理人员提起诉讼；

（七）公司章程规定的其他职权。"

2. 监事会议事规则和工作程序

《公司法》第五十四条规定："监事可以列席董事会会议，并对董事会决议事项提出质询或者建议。监事会、不设监事会的公司的监事发现公司经营情况异常，可以

进行调查；必要时，可以聘请会计师事务所等协助其工作，费用由公司承担。"

《公司法》第五十五条规定："监事会每年度至少召开一次会议，监事可以提议召开临时监事会会议。监事会的议事方式和表决程序，除本法有规定的外，由公司章程规定。监事会决议应当经半数以上监事通过。监事会应当对所议事项的决定作成会议记录，出席会议的监事应当在会议记录上签名。"

1.5.5　高管合规：高管职责权限

《公司法》第四十九条规定："有限责任公司可以设经理，由董事会决定聘任或者解聘。经理对董事会负责，行使下列职权：

（一）主持公司的生产经营管理工作，组织实施董事会决议；

（二）组织实施公司年度经营计划和投资方案；

（三）拟订公司内部管理机构设置方案；

（四）拟订公司的基本管理制度；

（五）制定公司的具体规章；

（六）提请聘任或者解聘公司副经理、财务负责人；

（七）决定聘任或者解聘除应由董事会决定聘任或者解聘以外的负责管理人员；

（八）董事会授予的其他职权。

公司章程对经理职权另有规定的，从其规定。

经理列席董事会会议。"

1.5.6　董监高评价：董监高履职评价方案

以下是董监高履职评价方案，仅供参考。

方案名称	董监高履职评价方案	编　号	
		受控状态	
一、目标			
为了解企业董事、监事、高级管理人员的履职情况，做好任免工作，提高企业管理能力、治理能力，加强企业内部控制，特制定本方案。			

二、评价原则

1．定量原则。尽量采用可衡量的量化指标进行考核，减少主观评价。

2．公开原则。考核标准的制定是通过协商和讨论完成的。

3．时效性原则。绩效考核是对考核期内工作成果的综合评价，不应将本次考核之前的行为强加于本次的考核结果中，也不能取用近期的业绩或比较突出的一两个成果来代替整个考核期的业绩。

4．相对公平原则。对于董监高的绩效考核，将力求体现公平性原则，但在实际工作中不可能有绝对的公平，所以绩效考核体现的是相对公平。

三、评价内容

1．思想政治。主要考察董监高的政治意识、思想品德、职业道德是否符合规定。

2．管理能力。主要考察董监高的沟通能力、协调能力、整合能力、决策能力、执行能力、领导能力等。

3．工作态度。主要考察董监高的敬业精神、工作积极性是否符合企业规章制度，以及情绪管理能力是否管控好等。

4．工作业绩。主要考察董监高在任期内的工作效率、工作任务完成情况、工作效益等。

四、评价实施主体

对董监高履职的评价工作的实施主体是董监高履职评价小组，由董事会负责组建，报股东大会批准后定期开展工作。

五、量化评价设计

1．评价采用百分制。思想政治、管理能力、工作态度三方面各占20分，工作业绩占40分。

2．考核结果须按得分划分等级，将其分为优秀（90分及以上）、合格（80～89分）、基本合格（60～79分）和不合格（59分及以下）四个等级。

六、评价程序

1．个人述职。董监高在企业评价大会上就分管工作进行述职。评价大会一年一次，由参评人员、股东代表、各部门负责人、职工代表共同参与。

2．民主评价。参会人员参考评价内容和评价标准，并结合参评人员的实际工作情况和述职情况，对参评人员进行评价。

3．情况核实与意见收集。由综合行政部公示参评人员的业务、财务等方面的相关情况，并收集各部门对评价中出现的问题的意见。

4．综合分析。整合民主评价具体情况，参考情况核实与意见收集的内容，对参评人员进行综合分析，并计算出评价总得分。

5．等级评定。根据评价得分对参评人员进行等级评定。

6．结果反馈。将评价结果告知参评人员，由参评人员签字确认。

7．异议处理。参评人员得到评价结果后，如有异议，可在7个工作日内向董监高履职评价小组进行申诉。董监高履职评价小组若收到参评人员的申诉，须在有效期内进行意见回复，并将处理结果告知参评人员。

七、评价结果的运用

1．将董监高评价结果纳入董监高人事评价，并作为对其的聘用和解聘的依据。

2．评价等级为不合格的参评人员，应接受相关监管部门的谈话，并按要求限期整改，否则企业有权解聘评价等级为不合格的参评人员。

3．董监高履职评价的内容、标准和最终结果，应向股东大会作出说明。

八、附则

1．本方案由股东大会负责编制、解释与修订。

2．本方案自××××年××月××日起生效。

董监高履职
评价方法和内容

执行部门/责任人		监督部门/责任人		编修部门/责任人	

1.5.7　组织运行评价：组织架构运行评价方案

以下是组织架构运行评价方案，仅供参考。

方案名称	组织架构运行评价方案	编　号	
		受控状态	

一、评价目标

1．组织架构的运行是否符合现代企业制度。

2．组织架构的运行是否有效防范和规避了各种舞弊风险。

3．组织架构的运行是否为企业内部控制的建设提供了重要支撑。

二、评价实施主体

组织架构运行的评价工作的实施主体是组织架构运行评价小组，由董事会负责组建，报股东大会批准后定期开展工作。年度评价或重大事项决策所要求的评价工作的实施主体可聘请外部管理咨询机构担任。

三、组织架构运行评价

1．合规性评价。评价组织架构的设计和运行是否遵守《公司法》《中华人民共和国会计法》等法律法规和企业章程的相关规定。

2．战略性评价。评价组织架构的设计是否有助于企业发展战略的实现，因为实现发展战略是企业经营活动的长远目标，也是实施内部控制的最终目标。

3．控制性评价。评价组织架构的设计是否贯彻内部牵制原则，高层岗位职能设计是否遵循不相容职务分离控制的相关规定，各决策部门、监督部门、管理部门之间是否形成既相互配合，又相互制约的协作、制衡关系。

4．适应性评价。评价组织架构的设计是否考虑企业外部环境和内部环境的具体情况；企业在运行的过程中是否会根据外部环境和内部环境的变化及时调整和优化企业的组织架构。

四、治理结构"公众性"运行评价

上市企业应围绕"公众性"对治理结构的运行进行评价。

1．对独立董事制度的建立进行评价。独立董事是独立于企业股东，不在企业内部任职，并与企业或企业经营管理者没有重要的业务联系或专业联系，但能对企业事务作出独立判断的董事。因此，可评价上市企业董事会设立的独立董事是否按照有关法律法规和企业章程的规定，认真履行职责，维护企业整体利益，关注中小股东的合法权益不受损害。

2．对董事会专门委员会的设置进行评价。董事会专门委员会包括战略、预算、审计、提名、薪酬与考核等委员会，上市企业的董事会应当根据企业管理需要设立董事会专门委员会。具体评价内容示例如下。

（1）评价审计委员会的独立董事是否占多数并担任负责人。

（2）评价审计委员会负责人是否具备相应的独立性、良好的职业操守和专业胜任能力。

（3）评价审计委员会中是否有会计专业人士为独立董事。

（4）评价审计委员会审查、监督和推动企业内部控制有效实施的工作情况等。

3．对董事会秘书的设立进行评价。董事会秘书是上市企业的高级管理人员，董事会秘书直接对董事会负责，并由董事长提名，由董事会任免。因此，可评价上市企业董事会秘书的设立和职能是否合法、合规。

五、内部机构运行评价

1．内部机构运行是否科学、合理。评价内部机构的运行是否科学、高效、精简、制衡；是否根据企业的性质、使命、发展战略、文化理念和经营管理等要求运行；是否有职能交叉、缺失或权责过于集中的情况等。

2．各机构职能分解是否合理。做好职能分解工作，确定具体岗位的名称、职责和工作要求等，有利于明确各个岗位的权限和相互关系，提高经营管理效率。因此，要评价职能分解是否科学、合理；评价内部机构的运行是否体现不相容岗位相分离原则。

3．制度及相关文件是否完备。评价企业制定的组织结构图、业务流程图、职能分解表、权限指引表和岗（职）位说明书等内部管理制度或相关文件是否科学且完备；评价此类制度或文件是否使员工了解和掌握组织架构设计及权责分配情况；评价各项决策和业务的办理人员是否具备适当权限，并且这一权限是否通过企业章程约定或其他适当方式授予。

4．内部审计机构是否履职。评价内部审计机构设置、人员配备和工作安排是否具备独立性；评价内部审计机构对监督与检查中发现的内部控制缺陷是否按照企业内部审计工作程序进行报告。

六、对子企业的管控评价

1．评价企业建立的投资管控制度是否达成了对子企业的有效管控。

2．评价企业高层关于子企业的发展战略、年度财务预算、"三重一大"、内部控制体系建设的工作情况。

七、组织架构调整评价

1．评价组织架构设计与运行的效率和效果。

2．评价企业对组织架构缺陷的优化、调整工作情况。

3．评价董事、监事和高级管理人员对组织架构调整所作的贡献。

4．评价组织架构调整是否严格按照规定的权限和程序进行决策、审批。

八、量化评价设计

1．评价采用百分制。组织架构运行评价得分为30分、治理结构"公众性"运行评价得分为20分、内部机构运行评价得分为25分、对子企业的管控评价得分为10分、组织架构调整评价得分为15分。

2．考核结果须按得分划分等级，将其分为优秀（90分及以上）、合格（80～89分）、基本合格（60～79分）和不合格（59分及以下）四个等级。

3．企业组织架构运行评价小组采取中位数评分法，外部管理咨询机构可按其自有方式进行评分。

九、评价实施程序

1．董事会组建组织架构运行评价小组。

2．组织架构运行评价小组根据评价内容制定评价工作方案，并报董事会审批。

3．董事会审批通过评价工作方案后，组织架构运行评价小组再根据评价内容的顺序确定评价工作实施程序，并开展评价工作。

4．组织架构运行评价小组汇总评价结果，编制评价报告，报告中应包含对组织架构运行的建议。

十、评价结果运用

1．评价结果可作为完善组织架构设计、职能分解、岗位设置、权限指引等工作的依据。

2．评价结果可作为企业高层管理人员绩效量化考核与薪酬体系设计的依据，为经理层的任免、调度提供参考依据。

3．评价结果可作为企业发展战略调整的依据。

十一、附则

1．本方案由股东大会负责编制、解释与修订。

2．本方案自××××年××月××日起生效。

执行部门/责任人		监督部门/责任人		编修部门/责任人	

1.6　子企业出资失控风险

　　子企业是指被母企业拥有控制权的被投资企业，在法律上与母企业是相互独立的，但在经济上又与母企业存在被控制与控制的关系。对子企业出资失控的风险点进行识别与评级，把握对子企业的重点控制事项，有利于子企业投资管控制度的建立健全。

1.6.1　风险点识别与评级

　　子企业出资失控风险点识别与评级如表1-13所示。

表1-13　子企业出资失控风险点识别与评级

风险点	风险点描述	风险评级	风险发生频率	对业务影响	风险应对策略
代交资金债权不明确	有资金的股东为资金紧张的股东代交资金，但是双方没有明确的协议，导致双方发生债权纠纷	2	中	重要	风险规避
母企业与子企业财务不独立	母企业与子企业之间财务管理不清，存在非正常应收、应付，导致财务混同，使得母企业丧失法人资格，子企业财务管理失控	1	高	重要	风险规避
注册资金监管不善	股东私自挪用注册资金，导致企业、其他股东、债权人蒙受巨大损失	1	中	重要	风险规避、风险降低

1.6.2　重点控制：子企业重点事项

子企业重点事项及具体内容如表1-14所示。

表1-14　子企业重点事项及具体内容

序号	重点事项	具体内容
1	发展战略	关注子企业在一定时期内对发展方向、发展速度与质量、发展点以及发展能力的规划
2	年度财务预算	督促子企业制定年度财务预算方案，确保经营目标顺利实现
3	重大投、融资	严格审核与监督子企业的重大投、融资行为，关注项目收益，关注子企业的投资操作的合法性与合规性，避免重大投、融资行为所带来的风险
4	重大担保	严格控制子企业的重大担保事项，避免子企业未经母企业同意就进行业务担保，降低可能出现的风险
5	大额资金使用	严格控制子企业对大额资金的使用，使用大额资金要严格遵守规章制度、财务规定，并作好相应的记录
6	主要资产处置	关注子企业对股权类资产、债权类资产和实物类资产的调拨、变卖、报损、报废以及将非经营性资产转为经营性资产等的处置活动
7	重要人事任免	关注子企业的重要人事任免事项决策
8	内部控制体系建设	督促子企业按照业务特征与实际情况，完善子企业有关风险管理和内部控制的相关制度，建立健全子企业的内部控制体系

1.6.3　投资控制：子企业投资管控制度

以下是子企业投资管控制度，仅供参考。

制度名称	子企业投资管控制度	编　号	
		受控状态	

第1章　总　则

第1条　为加强×××股份有限公司（以下简称母企业）的投资管理，规范子企业的投资行为，有效控制投资风险，维护母企业作为投资者的合法权益，根据相关法律法规及企业章程，特制定本制度。

第2条　本制度适用于母企业对所有全资子企业和控股子企业的投资行为进行管控。

第2章　子企业投资项目管理机构

第3条　母企业股东大会与董事会是投资项目的审核、监督机构，对子企业的投资行为进行审核和监督。董事会投资管理相关的委员会可对子企业的投资项目提出建议。

第4条　子企业股东大会、董事会是子企业投资项目的决策机构，并对企业的投资项目作审批，并委派董事向母企业董事会汇报项目信息。

第5条　子企业总经理是子企业投资项目的主要负责人，负责对项目实施所需的人、财、物进行规划、组织、监控，并及时向子企业董事会汇报投资进展情况，以及提出调整建议等。

第6条　子企业投资管理部负责拟定企业的投资计划及项目的筛选、可行性论证、筹备及评估工作。

第7条　子企业财务部负责投资项目的财务相关工作，包括投资方案的效益评估、财务可行性论证与分析以及筹措资金、办理出资手续等；委派总会计师负责监督投资项目的实施，定期向母企业汇报投资项目的财务状况，并协助母企业对项目进行评估。

第3章　子企业投资项目管理程序

第8条　子企业管理层提出投资意向后，由投资管理部进行项目筛选及可行性论证，并编制投资项目申请书（包括投资意向书及可行性报告），然后报送子企业总经办，子企业总经办组织办公会议讨论、研究，之后进行初审。

第9条　委派董事将投资项目资料上报母企业董事会办公室，董事会秘书根据项目的金额和风险大小，交由不同级别机构进行审议并出示意见，董事会办公室将母企业意见以书面文件形式发送给委派董事。

第10条　子企业总经办初审通过后，形成请示审批表（包括投资项目申请书及附加意见书）报子企业董事会审议，委派董事按母企业意见参与表决。

第11条　子企业董事会审批同意并形成决议后，根据项目涉及的投资额大小，将请示审批报告提交到母企业董事会或股东会审核批准。

第12条　母企业将对投资项目的进展情况实施监督、检查，子企业及相关人员应积极予以配合和协助，并根据要求提供相关材料。

第4章 投资实施管理

第13条 母企业审批通过后，子企业董事会授权子企业投资管理部实施投资计划，实施过程应符合以下要求。

1．投资管理部内应明确分工，并将每项工作落实到具体的责任人。

2．投资管理部必须保证投资资金按时、足额到位，并不得挪为他用。

3．当投资出现实施进度与计划进度相比滞后、经营管理团队人员有异常动向、股东之间矛盾激化或其他突发性的重大事项时，应在第一时间向子企业财务部、总经理作汇报，并查找原因，提出处理建议。

4．投资管理部在实施投资过程中要保留重要事项的书面记录。

第14条 母企业将对投资项目的进展情况实施监督、检查，子企业及相关人员应积极予以配合和协助，并根据要求提供相关材料。

第15条 投资在实施过程中可能出现下列情形之一的，应当重新执行投资决策程序。

1．对投资额、资金来源及构成进行重大调整，致使子企业负债过高，超出子企业承受能力，影响子企业正常运行的。

2．投资合作方严重违约，损害出资人权益的。

第16条 财务部经理负责对子企业审批投资的进展情况和实施效果进行监督、检查和评估，对已实施但有迹象表明无法达到预期目标的投资项目，应及时向子企业总经理汇报，由子企业总经理向母企业董事会提出项目终止或退出的建议和方案。

第17条 投资项目结束后，母企业会同子企业有关人员对投资项目进行投资后评估，重点关注投资收益是否合理，是否存在违规操作行为，子企业是否涉嫌越权申请等事项。

第5章 责任追究

第18条 责任追究的程序。

1．在投资项目完成验收和评估后，根据评估结果及审计意见，由子企业总经理组织相关部门对投资项目进行考核，并拟定考核报告，上报母企业董事会审批。

2．项目考核报告、可行性研究报告、项目审计报告等是考核项目责任人的依据，子企业总经理或董事会根据以上报告实施对相关人员的奖惩。

3．当投资项目达到或超出预期目标，根据项目考核报告、项目审计报告等内容，子企业总经理或董事会审核并上报母企业董事会审批通过后，给予项目责任人及相关人员奖励。

4．对造成投资损失的，子企业总经理或董事会根据验收、审计报告和考核报告及企业有关规定，对项目责任人及相关人员进行责任追究，审计部应监督处罚措施的落实情况。

第19条 责任追究的内容。

1．隐瞒或篡改投资项目建议书、可行性研究报告、初步设计或实施方案的评估意见。

2．投资项目违背企业规定，未经审批便启动投资项目并实施。

3．投资项目实施背离进度计划、资金预算，并越权操作，故意违背股东大会、董事会、总经理决策。

4．在投资项目实施过程中，编制或提供虚假资料，徇私舞弊，收受贿赂或其他违法行为。

5．在经营管理中出现重大安全、质量问题。

6．投资项目实施时拒绝监管或监管失控。

7．投资项目竣工后拒绝接受验收。

8．投资项目营运后，在评估时隐瞒、谎报、虚报各种信息、数据。

第20条　责任承担的说明。

1．子企业总经理或董事会审批通过的决策，若造成重大损失的，决策人员均应按照有关规定承担相应责任。

2．项目责任追究制具有可追溯性，责任人调离原工作岗位后仍要承担相应责任。

3．给企业造成重大经济损失并触犯法律者，移交司法机关处理。

第6章　附　则

第21条　本制度由企业董事会负责编制、解释与修订。

第22条　本制度自××××年××月××日起生效。

编修部门/日期		审核部门/日期		执行部门/日期	

第 2 章

发展战略——风险点识别与管控规范

2.1 战略管理职能缺失风险

发展战略是企业必备的长远目标和战略规划。战略管理是企业高层次的管理，制定与实施发展战略可以为管理层找准市场定位，为执行层提供行动指南，但前提是要成立战略委员会并明确其管理职能，做好战略管理职能缺失风险点的识别与评级工作。

2.1.1 风险点识别与评级

战略管理职能缺失风险点识别与评级如表2-1所示。

表2-1　战略管理职能缺失风险点识别与评级

风险点	风险点描述	风险评级	风险发生频率	对业务影响	风险应对策略
规划不当	企业发展方针、经营目标、长期发展的战略规划不当、质量不高，最终导致企业难以达成战略目标	1	低	重要	风险规避
决策错误	企业对市场传递而来的信息产生误判，从而导致作出错误的市场决策、研发决策、产品决策等	2	中	重要	风险规避
战略失控	企业的重大战略性投资或融资方案、重大并购事件、重大资本运营或资产经营项目等战略失控	1	低	重要	风险规避

2.1.2 明晰职能：明确组织战略管理职能

明晰企业战略委员会的职能，有利于防范职能缺失等战略风险。企业战略委员会的组织战略管理职能如图2-1所示。

1	研究企业的发展方针、经营目标和长期发展规划等方面并提出建议
2	研究企业的市场策略、研发策略、运营策略、产品策略等并提出建议
3	研究企业的重大战略性投资或融资方案、重大并购事件、重大资本运营或资产经营项目等并提出建议

图2-1　企业战略委员会的组织战略管理职能

2.1.3　成立组织：战略委员会

企业应当在董事会下设立战略委员会。战略委员会对董事会负责，并且其中应当有一定数量的独立董事。战略委员会的职责、议事规则、会议召开程序等各方面的要求如表2-2所示。

表2-2　战略委员会各方面的要求

序号	名称	详细描述
1	职责	研究和审议企业总体发展战略规划、各专项发展战略规划、重大投资和融资方案、兼并收购方案、重大资本运营和其他重大事项等，并向董事会提出建议
2	议事规则	议事规则参照国家法律法规、企业章程等规范性文件进行制定，由企业董事会负责解释，自企业董事会审议通过之日起生效执行
3	会议召开程序	①定期会议召开程序：编制全套会议资料→发出通知→根据参会人数印制会议资料→做好会前准备工作→做好会中工作→做好会后工作→会议资料存档 ②临时会议召开程序：编制全套会议资料→发出通知→电话或现场沟通→会议召开（表决意见、签署、传真）→将整套会议资料整理并盖章→存档
4	表决方式	默认举手表决，表决的顺序依次为同意、反对、弃权。每项议案的表决结果由会议主持人统计、记录在案并当场公布，若会议决议是以通信方式作出的，表决方式应为签字
5	提案审议	战略委员会按顺序对每项提案的内容进行审议，可采取自由发言的形式进行讨论，其所作决议须经全体委员过半数通过才有效，并且委员会委员每人享有一票否决权，对自己的投票表决承担责任。战略委员会可以召集与提案有关的人员列席会议，让其介绍情况或发表意见

序号	名称	详细描述
6	保密要求	企业战略委员会所作决议在按照法定程序予以公开之前，参会委员、会议列席人员、记录人员和服务人员等对决议内容负有保密的义务
7	会议记录	至少应包括日期、地点、召集人姓名、出席人员姓名、会议议程、各委员发言要点、表决方式、表决结果等要素
8	委员任职资格	①有较强的综合素质和分析判断的能力，能处理复杂的且涉及企业发展战略、重大战略性投资方面的问题 ②遵守诚信原则，廉洁自律，忠于职守，为维护企业和股东的利益积极开展工作 ③符合有关法律法规或本企业章程规定的其他条件
9	选聘程序	董事长任战略委员会主席，委员会委员包括企业总经理、总经理提名的高层管理人员、委员会聘任的咨询委员。当战略委员会因各种因素导致人数少于规定人数的2/3时，战略委员会将暂停行使规定的职权，企业董事会应尽快选举产生新的委员

2.2　战略制定不确定性风险

　　经济发展的不确定性因素错综复杂，种种不确定的因素增加了企业战略制定不确定性风险。因此，企业应该对战略制定不确定性风险点进行识别与评级，并采取一系列有效的控制措施防范风险。

2.2.1　风险点识别与评级

　　战略制定不确定性风险点识别与评级如表2-3所示。

表2-3　战略制定不确定性风险点识别与评级

风险点	风险点描述	风险评级	风险发生频率	对业务影响	风险应对策略
战略模糊	企业发展战略不明确，可能导致发展方向错误，难以形成竞争优势，从而丧失发展的动力和机遇	2	低	重要	风险规避
战略激进	企业发展战略激进，超出其实际能力或偏离主业，可能导致扩张过度，最终经营失败	1	低	重要	风险规避
战略多变	企业发展战略频繁变动，可能导致包括资金在内的大量企业资源浪费，甚至危及企业的生存和持续发展	2	中	重要	风险规避

2.2.2　制定标准：战略制定依据标准

战略制定依据标准主要包括对战略背景的评估、对战略所创造的商业机会的评估、对战略规划本身的评估、对财务方面的评估、对战略可操作性的评估等。对战略制定的依据进行评估时，可参照如表2-4所示的标准。

表2-4　评估战略制定依据的标准

总体标准	具体标准	详细描述
遵循原则	长效性原则	企业的新产品开发、市场开拓、改扩建工程、技术改造、人员培训等活动，往往都要跨年度，有的甚至需要持续投入多年才能产生效果。所以，发展战略的成效要以长远效益来衡量，发展战略的制定要进行长远谋划，而不是短期打算或权宜之计
	全局性原则	企业发展战略是以企业的全局为对象的，追求的是企业的整体效果。发展战略的制定，从外部环境到内部条件，从经营思想、经营方针、经营方向、经营目标、经营策略到行动计划等方面，均须作出综合性和系统性的决策
	竞争性原则	企业发展战略是为了适应市场竞争的需要，增强企业的竞争力和适应力而制定的。提升核心竞争力，是企业发展战略的首要目标之一。发展战略的制定，应密切关注市场竞争态势和企业的相对竞争地位，抓住机遇，迎接挑战，发挥优势，克服弱点，以求在竞争中克敌制胜，保障企业的长期生存和发展能力

续表

总体标准	具体标准	详细描述
遵循原则	动态性原则	社会经济活动的随机性因素很多，计划赶不上变化，企业管理者不可能预见到未来的所有变化。因此，企业发展战略要随着市场供求的变化、科学技术的发展、资源状况的变化和经济形势与国家政策的变化而变化，并不断地、及时地作出相应的反应与调整
企业现状与发展环境	基本情况	企业的基本情况应包括企业概况、组织机构、法人治理结构、二级企业（公司）基本情况、企业主要业务构成情况和其他情况等
	发展环境分析	①宏观环境分析。包括政策、经济、科技等与企业发展相关的国内外环境分析 ②企业所在领域的国内外现状和发展趋势分析。包括产业结构调整、重组、技术发展趋势等 ③企业主业和主导产品在国内外市场的分析。包括主要产品（服务）的国际与国内市场需求预测、市场份额（市场占有率）等
	竞争力分析	①企业发展条件对比分析。本企业与国际和国内对标企业在体制、机制、地域、资源控制能力、管理、人才、技术、营销等方面的比较分析 ②企业主要经济、技术指标对标分析。主要将企业的年度销售收入、利润总额、所有者权益、雇员（职工）人数、净资产收益率、技术投入比率等数据与对标企业的数据进行对标分析 ③核心竞争力分析。包括企业的资源获取能力、成本控制能力、自主知识产权与技术控制能力（包括专利、发明专利和专有技术）、企业文化和可持续发展能力等
发展战略与指导思想	战略目标	战略目标是企业在一定的战略期内总体发展的总水平和总任务。它决定了企业在该战略期间总体发展的主要行动方向，是企业战略的核心。战略目标的编制要注意以下几点： ①对象、任务、结果明确。明确预期服务的对象、要完成的任务和达到的结果 ②定量和定性相结合。对企业预期达到的结果，既要有定量的指标，又要有定性的内容 ③时间限定清晰，保证长、中、短期发展战略目标相互衔接、协调统一
	战略定位	战略定位的编制需要明确企业从事什么业务，如何创造价值，竞争对手是谁，哪些客户对企业是至关重要的，哪些客户是必须要放弃的。所以，企业战略定位的确定应遵循差异化的核心理念

续表

总体标准	具体标准	详细描述
发展战略与 指导思想	战略优势	战略优势是企业在激烈的竞争中取胜的法宝。战略优势主要指企业在吸引顾客、争夺市场等方面具有超过竞争对手的实力，因此，发展战略的编制应从人力、技术、资金、经营能力方面明确企业的战略优势
	指导思想	①市场导向，需求驱动，尽力满足市场需求，提高市场占有率 ②倡导精细化管理，依靠品种、质量、成本取胜 ③合理配置各类资源，实现系统整体优化，提高企业经济效益 ④善于竞争，在市场竞争中求得生存与发展 ⑤长远目光，放眼未来，切忌急功近利 ⑥以人为本，倡导以人为中心的管理理念，充分依靠和调动全体职工的积极性 ⑦创新驱动发展，重视研发活动的开展和关键技术人才的培养

2.2.3 制定方案：发展战略建议方案

以下是发展战略建议方案，仅供参考。

方案名称	发展战略建议方案	编　号	
		受控状态	

一、目标

1. 对企业发展战略进行系统性的研究，并提出可行性的建议。

2. 推动企业高层制定出更科学的发展战略，并做好战略调整工作。

3. 防范各类重大风险，加强企业内部控制，促进企业的健康发展。

二、发展战略的建议主体

发展战略的建议主体是战略委员会。战略委员会采用多种方法，对发展战略的各有关内容进行评估、分析后，出具发展战略建议书。

三、发展战略评估的内容

（一）外部环境

1. 评估外部环境主要指对宏观环境的评估，包括对企业所处的经济环境、社会文化环境、行业技术环境、政治环境、法律环境等进行评估。

2. 重点评估经济环境和行业技术环境的变化对企业战略的重要影响，并请企业专业人员运用SPSS、Stata、SAS等统计分析工具把趋势、变化和影响相关的因素用数据量化出来。

3．运用SWOT分析法，评估企业有哪些市场机会可以挖掘，可能面临哪些威胁，并对市场机会的紧迫程度和威胁的危害程度进行评级。

4．编制外部因素分析报告，作为制定发展战略的重要参考依据。

（二）内部资源

1．评估内部资源包括对生产能力、人力资源管理、营销能力、管理能力、研发能力、财务状况等方面进行评估。具体内容如下。

（1）生产能力可从产业资产分布、产业年收入分布、产业年利润分布三个方面进行评估，最后得出综合结论，结论还应包括优势与不足。

（2）人力资源管理主要围绕人力资源的结构和激励机制的建设进行评估，最后得出结论。

（3）营销能力可根据营销手段在市场竞争各要素的占比进行评估，其中的要素包括特殊要素、价格要素、质量要素、技术要素、及时性要素等，最后得出总体评价。

（4）管理能力主要围绕组织架构的特征进行利弊评估，最后得出结论。

（5）研发能力主要从新产品开发、新技术引进与应用、技术攻关三个方面进行评估，最后得出总体评价。

（6）财务状况可围绕主营业务收入、主营业务利润、利润总额、净利润、总资产、股东权益等进行评估，并对其进行财务计算与分析，如流动比率、速动比率、资产负债率、应收账款周转率、销售利润率等，最后形成财务分析报告，在报告中体现结论。

2．编制内部资源的优、劣势"评价分析表"，将其作为提出发展战略建议、制定发展战略、调整发展战略的重要参考依据。

四、发展战略评估的应用

战略委员会汇总对发展战略各项内容的评估结论，编制发展战略评估总结报告。然后根据报告的内容，多次调研，多方论证，提出有针对性的建议，并编制发展战略建议方案，报董事会审议。

五、发展战略建议方案的内容

发展战略建议方案应至少包含以下内容。

1．发展目标阶段建议。发展目标阶段建议的内容包括企业发展的近期目标建议（1~2年）、中期目标建议（2~5年）、远期目标建议（5年以上）。

2．三大战略问题建议。三大战略问题建议的内容包括产业发展建议、管理改进建议、产权改革建议。

3．SWOT分析建议。SWOT分析建议的内容包括优势提升建议、劣势弥补建议、外部竞争机会把握建议、威胁应对建议。

4．波士顿矩阵分析建议。波士顿矩阵分析建议的内容包括对明星产品的建议、对现金牛产品的建议、对问题产品的建议、对"瘦狗产品"的建议。

5．内部资源七要素建议。内部资源七要素建议的内容包括生产能力建议、研发能力建议、科研能力建议、营销能力建议、组织架构管理能力建议、人力资源管理能力建议、财务能力建议。

六、发展战略建议方案的审议建议

1．董事会负责审议发展战略建议方案。在审议过程中，应着力关注发展战略建议的全局性、长期性、合规性、系统性和可操作性。具体应包括以下几点。

（1）发展战略建议是否符合国家现行的行业发展规划和产业政策。

（2）发展战略建议是否符合国家经济结构的战略性调整方向。

（3）发展战略建议是否凸出企业主业，是否有助于提升企业核心竞争力。

（4）发展战略建议是否客观且全面地对未来商业机会和风险进行分析、预测。

（5）发展战略建议是否具备相应的人力、资金、信息、技术等资源保障。

2．企业发展战略建议方案经董事会审议通过后，应当报经股东（大）会批准后及时组织实施。

七、发展战略建议方案调整建议

根据发展战略建议方案的内容，可对原有的发展战略进行调整，调整内容如下。

1．编制企业发展战略应更细致地明确发展目标和战略规划两个层次的内容。发展战略的核心和基本内容是发展目标。在企业的主业中，发展目标是对企业使命的具体化，可以指出企业在未来一段时期内所要努力的方向和应达到的水平。战略规划是发展目标的更进一步推进，是为了实现发展目标而制定的具体规划，可以明确企业在每个发展阶段的具体目标、工作任务和业务实施路径。

2．细化发展目标。企业应明确发展目标的各项内容，聘请管理咨询类的专家，对发展目标的各项内容进行分析、研究，确定科学、合理的发展目标值。发展目标的内容应包括组织结构、生产规模、生产效率、盈利能力、市场竞争地位、技术领先程度、人力资源、社会责任、商誉等。

3．细化战略规划。战略规划要求企业应当考虑在什么时候，使用何种手段，运用何种方法来达到目标。战略规划须明确企业发展的阶段性和发展程度，制定每个发展阶段的具体目标和工作任务，以及达到发展目标必经的实施流程。

八、附则

1．本方案由战略委员会负责编制、解释与修订。

2．本方案自××××年××月××日起生效。

执行部门/责任人		监督部门/责任人		编修部门/责任人	

2.3 战略实施支撑缺失风险

发展战略的实施是一个复杂的系统性工程。企业应识别战略实施支撑缺失的风险，对其风险点进行识别与评级，制定出控制和约束发展战略的管理制度，并在实施中加强过程控制，编制战略实施的监控报告，用一系列措施防范战略实施的风险，从而推进战略目标的实现。

2.3.1 风险点识别与评级

战略实施支撑缺失风险点识别与评级如表2-5所示。

表2-5 战略实施支撑缺失风险点识别与评级

风险点	风险点描述	风险评级	风险发生频率	对业务影响	风险应对策略
缺乏制度	缺乏权威的管理制度对战略所涉及的人和事进行控制、约束、指导和推动，可能导致战略空有蓝图，无法落地，最终使企业丧失核心竞争力	1	低	重要	风险规避
缺乏宣传	企业发展战略宣传不到位，可能导致发展战略流于表层，无法得到实质性的执行	2	中	重要	风险规避
缺乏监控	企业发展战略监控不到位，调整不及时，可能导致企业的经济利益受损，甚至影响企业的长远发展	1	低	重要	风险规避

2.3.2 制度约束：发展战略管理制度

以下是发展战略管理制度，仅供参考。

制度名称	发展战略管理制度	编 号	
		受控状态	

第1章 总 则

第1条 为规范企业发展战略的管理工作，防范发展战略在制定与实施中的风险，确保企业中长期战略规划的持续性和有效性，实现企业的健康发展，根据《企业内部控制基本规范》《企业内部控制应用指引第2号——发展战略》的要求，特制定本制度。

第2条 本制度适用于企业中长期发展战略和企业专项战略规划的管理。

第2章 管理机构及职能分工

第3条 企业发展战略的管理机构包括企业董事会、战略委员会、战略规划工作小组和各职能部门，董事会是企业战略规划的最高决策机构。

第4条 企业董事会负责企业战略规划的审批，负责涉及企业中长期发展的专项战略规划的审批。

第5条 战略委员会负责企业战略研究、战略方向确定和战略方案选择，审核企业战略规划、子企业战略规划和涉及企业中长期发展的专项战略规划。

第6条　战略规划工作小组。

1．负责企业战略规划的日常管理工作。

2．组织制定企业各项战略规划管理制度。

3．负责企业信息的收集、整理，并进行战略调研、分析。

4．组织制定企业中长期战略规划。

5．组织各职能战略小组制定职能战略规划。

6．指导子企业制定战略规划。

7．组织企业开展专项战略规划的调研、分析和制定工作。

8．组织企业进行中长期战略规划、专项战略规划的实施和效果评价管理。

9．指导各职能战略小组、子企业制订实施计划，监督企业战略规划的部署和实施工作。

第7条　各职能部门。

1．负责本部门相关信息的收集、整理，并进行战略调研、分析。

2．负责对战略规划工作小组的工作予以支持。

第3章　发展战略实施管理

第8条　企业总经理负责领导发展战略的实施工作，并统一领导和指挥企业资源分配、企业文化培育、内部机构优化、信息沟通、考核激励等相关制度的建设、协调、平衡和决策，确保发展战略的有效实施。

第9条　发展战略制定后，企业经理层要将发展战略分解、细化，确保落实。

1．要根据战略规划，制订年度工作计划。

2．要按照"上下结合、分级编制、逐级汇总"的原则编制全面预算，然后将发展目标逐一分解并落实成能够有效指导企业各项生产经营管理活动的年度经营目标和行动计划。

3．要进一步将年度预算细分为季度、月度预算，通过实施分期预算控制，促进年度预算目标的实现。

4．要通过建立发展战略实施的激励与约束机制，将各责任单位年度预算目标完成情况纳入绩效考评体系，切实做到有奖有惩、奖惩分明，以促进发展战略的有效实施。

第10条　战略实施需要通过研发、生产、营销、财务、人力资源等各个职能部门之间的密切配合与协同运作，形成切实有效的保障措施，确保发展战略的顺利贯彻实施。具体保障措施如下。

1．企业文化保障。企业所有管理层有义务根据发展战略的内容，采取措施培育与发展战略相匹配的企业文化，发挥企业文化的约束、凝聚、激励等作用，统一全体员工的思想观念，共同为发展战略的有效实施而努力奋斗。

2．组织结构优化调整保障。总经理负责解决好发展战略和组织结构不协调的矛盾，在发展战略制定后，应尽快调整企业组织结构、业务流程、经营管理等，以适应发展战略的要求。

3．内外部资源整合保障。各部门负责人在战略实施过程中，对拥有的资源进行优化配置，形成资源配置方案，保障战略与资源相匹配，充分推动战略的实现。

4．调整管理方式。各部门负责人在管理体制、机制及管理模式等方面实施变革，由粗放、层级制管理向集约、扁平化管理转变，为发展战略的有效实施提供强有力的支持。

第11条　战略宣传与培训。各管理层应当重视发展战略的宣传与培训工作，为推进发展战略实施提供强有力的思想支撑和行为导向。

1. 企业董事、监事和高级管理人员应树立战略意识和战略思维，充分发挥战略制定与实施过程中的模范带头作用。

2. 各部门采取内部学习、培训、会议、知识竞赛等多种方式，把发展战略及其分解、落实情况传递到部门员工，营造战略宣传与学习的氛围。

3. 高管层要加强与广大员工的沟通，定期检查员工对战略的认识和推动工作，促使其自觉地将发展战略与自己的具体工作结合起来，从而促进发展战略的有效实施。

第4章　发展战略调整

第12条　战略委员会应建立发展战略评估制度，定期收集和分析相关信息，加强对战略制定与实施的事前、事中和事后进行评估与监控。对发展战略制定与实施过程中存在的问题和偏差，应当及时撰写战略调整申请报告、战略调整方案，并按规定程序报董事会和股东（大）会审议、审批。

第13条　企业在开展战略监控和评估工作的过程中，发现下列情况之一的，应当及时调整、优化发展战略，以保持企业内部资源能力和外部环境条件的动态平衡。

1. 国内外经济形势、国家产业政策、行业技术进步、行业竞争态势以及不可抗力等因素发生较大变化，对企业发展战略的实施有较大影响的情况。

2. 企业内部经营管理发生较大变化，如股权变动、高层人事调整、并购等变化，都会影响到企业发展战略的实施。

第5章　附　则

第14条　本制度由董事会和战略委员会联合编制，战略委员会负责解释与修订，经股东（大）会批准后生效。

第15条　本制度自××××年××月××日起生效。

编修部门/日期		审核部门/日期		执行部门/日期	

2.3.3　过程控制：战略实施监控报告

战略委员会负责实施发展战略监控工作，各部门协助战略委员会定期收集和分析相关信息。对于战略实施过程中暴露出的问题和偏差，战略委员会应当及时采取措施予以控制和纠正，并编制战略实施监控报告。

下面是战略实施监控报告，仅供参考。

战略实施监控报告

×××企业全体股东：

按照《公司法》、公司章程、发展战略管理制度的相关要求，我们定期收集和分析了企业发展战略实施的相关信息，对战略实施工作进行了监控。现出具战略实施监控报告，具体内容如下。

一、监控对象

1. 企业文化。监控企业培育的企业文化与发展战略实施的匹配程度，以及企业文化能否发挥凝聚、导向、约束和激励等作用，能否促进战略的实施。

2. 资源配置。监控在发展战略实施过程中，是否对已拥有的资源进行了优化配置，资源是否与战略相匹配，从而可以保证战略的顺利实施。

3. 管理模式。监控企业调整后的管理模式是否集约化和扁平化，并且能否为发展战略的有效实施提供强有力的支撑。

4. 战略实施各阶段。监控战略发动、计划、运作、控制与评估四个阶段的各项工作是否按既定的要求顺利实施。

5. 业务和财务指标。战略实施后，各部门的业务指标和财务指标是否朝正向且积极的趋势发展。

二、问题暴露

1. 发展战略宣传不到位。通过调查与评估得知，约19.91%的企业员工不知道发展战略的具体内容，这可能导致发展战略流于表层，无法得到实质性的执行。

2. 发展战略管理力度不够。企业经理层分解、细化发展战略的工作存在一定滞后性，如销售部门的全面预算的分解、细化工作中缺少月度预算。

3. 发展战略实施效果不佳，表现为财务和业务数据不理想。如×××新产品投放市场后的第二季度，销量仅为16 556台，远低于行业平均销量（30 000台），利润率仅为8.77%，投资回报率过低。

三、问题解决措施

（一）提升战略意识

1. 把战略意识和战略思维的提升管理工作纳入企业董事、监事和高级管理人员的绩效量化考核与薪酬体系设计中，促使其在战略制定与实施过程中发挥模范带头作用。

2. 通过采取内部会议、培训、讲座、知识竞赛等多种方式，把发展战略及其分解、落实情况传递给全体员工，营造战略宣传的氛围，并让各部门负责人制定战略实施考核方案，定期对员工进行战略学习与考核。

3. 战略委员会应制定战略考核方案，把企业高管层与广大员工的沟通次数、时间、效果纳入考核，使全体员工充分认清企业的发展思路、战略目标和具体举措，自觉地将发展战略与自己的具体工作结合起来，促进发展战略的有效实施。

（二）强化组织管理

1. 企业经理层应遵循"统一领导、统一指挥"的原则，推动企业资源配置、内部组织机构优化、企业文化培育、信息共享沟通、考核激励等相关制度的建设工作，确保发展战略的有效实施。

2. 各部门负责人应注意对不相容职务分离控制，组建部门内的战略实施监控预警小组，确定战略目标和经营计划的预警指标，适时提出预警信息。

（三）推动业财融合管理

1. 总经理与财务总监共同编制财务人员业财融合管理制度，组织财务人员定期、系统地学习各部门业务的经营和管理模式，其他各部门负责人则组织员工积极配合财务人员的工作，组织员工与财务人员进行深入沟通。

2. 推动财务分析的多维度、深层次、业务化分析，为具体业务提供数据支持和经营建议，各部门负责人及员工应系统地学习基本财务知识，及时与财务人员沟通，反馈数据、信息、经验等。

战略委员会

××××年××月××日

——— 第 3 章 ———

人力资源——风险点识别与管控规范

3.1 人力供需失衡风险

人力供需失衡就是人力资源供给与需求不能在数量上和质量上达到平衡，这种状态往往会导致企业内部人力资源缺乏、过剩，人力资源结构不合理等问题，还可能影响企业的发展与企业战略的实施。

3.1.1 风险点识别与评级

人力供需失衡风险点识别与评级如表3-1所示。

表3-1   人力供需失衡风险点识别与评级

风险点	风险点描述	风险评级	风险发生频率	对业务影响	风险应对策略
人力资源不足	企业内部人力资源缺乏，人员短缺，存在空余岗位	4	高	一般	风险规避
人力资源过剩	企业内部人力资源过剩，人员冗杂，存在多余员工	4	高	一般	风险规避

3.1.2 市场预测：人力供给状况预测

1. 人力供给状况预测

人力供给状况预测是预测企业在将来某个时期内，可以从内部和外部得到的员工的数量和质量，其主要目的是满足企业对员工的要求，优化企业人力资源结构。人力供给状况预测可以从内部人力资源供给状况预测与外部人力资源供给状况预测两个方面进行。

（1）内部人力资源供给状况预测。企业内部人力供给往往是企业人力供给的主要部分，企业可先分析内部人力资源状况，然后根据得出来的结果，判断一段时间内企业内部人力资源的供给情况，最后通过人事变动来满足企业的需求。

（2）外部人力资源供给状况预测。当内部人力资源供给不足以填补企业的职位空缺时，企业就需要从外部补充人员。这时需要对外部的人力资源供给状况进行预测，以确定企业所需人员的市场供给情况，方便企业采取相应的措施对空缺职位进行补充。

2. 人力供给状况预测流程

人力供给状况预测流程如图3-1所示。

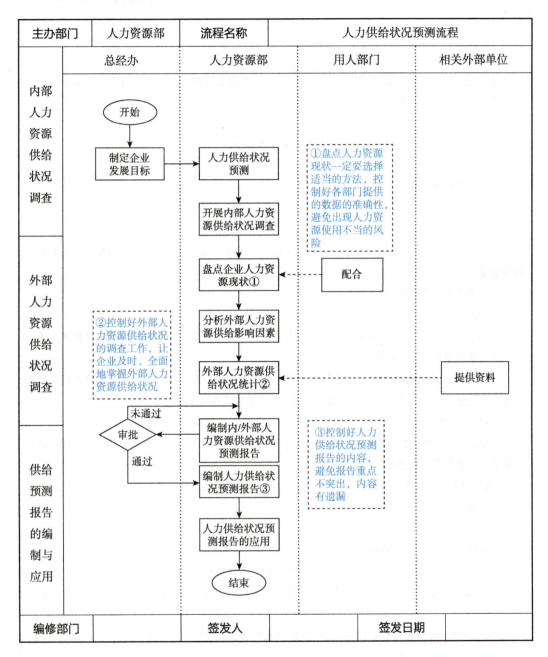

图3-1　人力供给状况预测流程

3．人力供给状况预测管理方案

以下是人力供给状况预测管理方案，仅供参考。

方案名称	人力供给状况预测管理方案	编　号	
		受控状态	

一、控制目标

为了满足企业所需人员的正常供给，并科学、合理地预测企业在内部和外部所能得到的员工的数量和质量，特制定本方案。

二、实施范围

本方案适用于企业的人力资源供给状况预测相关工作的管理。

三、任务与方法

（一）人力资源供给预测任务

1．预测规划期内的内部人员拥有量。根据现有人力资源及其未来的变动情况，预测出规划期内各时间点的人员拥有量。

2．预测规划期内的外部人员供给量。预测出规划期内各时间点上可以从企业外部获得的各类人员的供给量。

（二）人力资源供给预测方法

1．人员接替法。

（1）将人力资源计划范围内的每个职位都视为空缺，将每个员工都视为职位的潜在供给者，并以每个员工的绩效作为预测依据。

（2）绩效较高或较低都会产生职位空缺，应首先确定职位空缺状况，然后再以员工绩效确定每个关键职位的接替人员，这样就可以明确企业的人力资源供给与需求状况。

2．马尔科夫链法。

（1）企业现有内部人力资源情况调查统计。统计企业内部各职位的人员分布情况、各职位初期人员数量、各职位的人员流入及流出情况。

（2）根据收集到的数据，编制人员变动矩阵表，找出各职位过去的人员变动规律，以预测未来的人事变动趋势。

四、执行细节

（一）内部人力资源供给的调查与现状盘点

1．人力资源结构分析。主要内容包括在职员工人数、职位结构、年龄分布等。

2．人力资源动态数据分析。主要内容包括新员工入职数量、辞职员工数量、辞退员工数量、晋升员工数量等。

3．对现有人力资源能力进行数据统计分析，对企业骨干员工提升潜力进行盘点。

（二）员工调整比例的确定

1．分析企业内部的职务调整政策，并确定在预测期内是否有所调整。

2．收集历年员工调整数据，向各部门主管了解将来可能出现的人事调整状况，确定员工调整比例。

3．人力资源部将内部人力资源供给调查与现状盘点以及员工调整比例进行汇总、分析，得出企业对内部人力资源供给量的预测。

（三）外部人力资源供给调查与分析

1．人力资源供给的影响因素。

（1）企业因素。企业自身吸引力、企业薪酬与福利条件的吸引力。

（2）地域性因素。包括但不限于企业所在地和行业的人力资源整体现状、有效的人力资源供给现状以及企业对人才的吸引程度等。

（3）社会性因素。包括但不限于人口结构、劳动力结构、毕业生人数、就业方面的政策与法律规定、企业所在行业的人才供需情况、行业内薪酬水平和差异。

（4）竞争对手。竞争对手所能提供给人才的薪酬和福利待遇、竞争对手的人员流动情况、竞争对手的招聘需求等。

2．人力资源部通过分析上述因素，得出企业外部人力资源供给预测。

3．人力资源部将企业内外部人力资源供给预测进行汇总，得出企业人力资源供给预测，并编制"人力资源供给预测报告"，送总经理审批。

五、附则

1．本方案由人力资源部负责编制、解释与修订。

2．本方案自××××年××月××日起生效。

编修部门/日期		审核部门/日期		执行部门/日期	

3.1.3　制订计划：人力资源部年度工作计划

以下是某企业人力资源部2022年度年度工作计划，仅供参考。

×××企业人力资源部2022年度工作计划

一、人力资源部2022年度工作目标

1．进一步完善母企业和子企业的组织结构，确定和区分每个职能部门的权责，争取做到组织结构的科学适用，保证企业在既定的组织结构中平稳运行。

2．完善人力资源部招聘与配置工作，保证各岗位人员的有效配置。

3．参考先进企业的绩效考核办法，实现绩效管理体系的完善与正常运行。

二、组织结构工作计划

（一）实施安排

1．2022年1月，人力资源部要完成企业现有组织结构和在编职位的合理性调查及企业各部门未来发展趋势调查。

2．2022年2月，人力资源部要完成企业组织结构设计草案，并报请董事会审阅和修改。

3. 2022年3月，人力资源部要完成企业各部门组织结构图和人员编制方案，并要求企业各部门在2021年编制的本部门组织结构图的基础上对本部门的岗（职）位说明书、工作流程进行改进。人力资源部负责将其整理成册并归档。

（二）注意事项

1. 设计组织结构要本着简洁、科学、务实的方针，以提高组织工作效率为目标。

2. 设计组织结构不是对现有组织结构状况进行记录，而是综合企业整体发展战略和在未来一定时间内企业运营的需求并对其进行完善。

3. 设计组织结构时应注重可行性和可持续性。

三、人力资源部招聘与配置工作计划

（一）实施安排

1. 招聘计划制订。

（1）人力资源部应在招聘前一周，制订招聘计划并走完审批流程。

（2）招聘计划主要内容包含需招聘人员岗位、各部门所需职位的等级和人数、招聘场地情况、招聘点所需物品情况、招聘所需表格等。

2. 明确招聘的方式。

（1）以网络招聘为主，校园招聘和现场招聘为辅，网络招聘主要通过在收费网站和招聘软件上发布职位的方式进行。

（2）2022年2月、3月，考虑参加由地方人力资源部和社会保障厅主办的大型招聘会，同年6月、7月，参加各院校举办的校园招聘会等。

3. 具体招聘时间安排。

（1）2—3月，根据企业需求参加至少3场大型招聘会。

（2）6—7月，根据企业需求参加至少5场校园招聘会。

（3）长期关注各大网络招聘平台的简历投递情况，建立人才储备信息库。

4. 招聘广告发布。

（1）在收费网站、公众号等网络平台上发布招聘广告、招聘简章。

（2）在招聘软件上发布招聘信息，载明岗位、薪酬、工作地点、专业要求、企业情况等内容。

5. 招聘有效性反馈。

（1）人力资源部招聘小组于每次招聘工作结束后对招聘过程的有效性进行反馈和

评估，并编制评估报告，然后送交人力资源部经理进行审核。

（2）招聘小组在招聘过程中所产生的费用可向财务部申请报销。

（二）注意事项

1. 招聘前应做好准备工作。

2. 安排面试前要先明确面试方式、面试官名单和面试题内容，并准备好相关面试表单等。

四、员工培训与开发工作计划

（一）实施安排

1. 人力资源部根据企业培训需求，编制"2022年度企业员工培训计划"。

2. 培训形式包括外聘讲师到企业授课、派员工到外部学习、对有潜力的员工进行轮岗培训和员工自我培训等。

3. 培训内容根据企业发展需求和各部门需求确定。

4. 培训时间安排。

（1）外聘讲师到企业授课或外派员工参加培训时，要根据企业生产经营实际情况和部门工作计划合理安排时间。

（2）组织员工进行内部学习或开展读书会等文化交流活动的，原则上一个月不得少于一次。

（二）注意事项

1. 人力资源部平时应注意收集国内知名咨询和培训企业的讲师资料与培训课程资料，结合企业和部门需求，不定期地向有关部门推荐相关课程，并做好培训课程开发工作。

2. 培训不能形式化，要针对培训设立相关的考核指标，对员工的培训效果进行评估。

3. 人力资源部应注意组织培训后的考评，并将结果存入员工个人培训档案，作为员工绩效考核、升职和调薪等的依据。

五、绩效评价体系建设与运行工作计划

（一）实施安排

1. 2022年1月，人力资源部完成"企业绩效考核制度"和配套方案的撰写与修订工作，并提交各部门经理审议。

2. 2022年2月，人力资源部按修订后的绩效考核制度布置员工绩效考核工作。

3. 结合上一年绩效考核工作中存在的不足，对现行"绩效考核规则"和"绩效考

核具体要求"等进行完善，形成绩效考核评价体系，对考核形式、考核项目、考核办法、考核结果反馈与改进情况跟踪、考核结果与薪酬体系的挂钩措施等进行修改，保证绩效考核工作正常运行。

4. 人力资源部根据完善后的绩效考核评价体系，对全体员工实施绩效考核。

（二）注意事项

1. 人力资源部要做好绩效考核过程中的传达和释疑工作，并对绩效考核工作进行优化。

2. 人力资源部在绩效考核的过程中要注意纵向和横向的沟通，确保绩效考核工作顺利进行。

人力资源部
年度工作盘点

3.2　重要人才流失风险

重要人才在企业实现发展战略的过程中的重要性是不言而喻的，企业既要做好重要人才的引进，也要通过完善人力资源管理体系，建立良好的专业人才激励与约束机制，来确保重要人才得以留存，避免因重要人才流失而对企业造成损失。

3.2.1　风险点识别与评级

重要人才流失风险点识别与评级如表3-2所示。

表3-2　重要人才流失风险点识别与评级

风险点	风险点描述	风险评级	风险发生频率	对业务影响	风险应对策略
人才引进制度不完善	企业的人才引进制度不完善，导致重要人才难以引进	4	中	一般	风险规避
人才开发计划不规范	企业的人才开发计划不规范，导致重要人才很难获得新的知识来提升能力	4	高	一般	风险规避
人才发展机制不健全	企业的人才发展机制不健全，导致重要人才难以留存	2	高	重要	风险规避

3.2.2　提前规划：人力资源开发计划

以下是人力资源开发计划，仅供参考。

×××企业人力资源开发计划

一、任务目的

1. 通过建立和运用人力资源开发机制，为企业提供持续的、优秀的人力资源，加强企业的人才梯队建设。

2. 帮助员工实现个人技能的强化及扩充，提升团体学习能力，搭建学习型组织。

3. 确保人才管理、组织结构适应企业战略，促进企业的可持续成长。

二、人才盘点

人才盘点是一项基于组织视角去审视人才状况的管理活动。通过人才盘点，企业可以识别到关键岗位、关键人才、关键素质。

（一）关键岗位

1. 关键岗位是企业承担业务流程中的关键环节，并对企业战略目标的实现承担重要、不可或缺责任的职位。

2. 确定关键岗位——打分法。

维度	子维度	比重	级别划分	级别具体描述	分值区间	分数	计算结果
岗位战略价值	岗位在企业战略中的地位	60%	企业级别影响力	该岗位对企业目标实现负直接责任；企业战略目标分解至该岗位，占较大比重	$X \geq 60$		
			部门级别影响力	该岗位对部门目标实现负直接责任；企业战略目标分解至该岗位，占较小比重	$X < 60$		
	岗位在业务流程中的角色	40%	主要业务流程	承担全盘负责管理的角色，其工作结果影响整个企业，且影响长远	$X \geq 60$		
			支持性业务流程	承担支持协同的角色，其工作结果间接、局部影响企业	$X < 60$		

维度	子维度	比重	级别划分	级别具体描述	分值区间	分数	计算结果
岗位可替代性	岗位要求知识结构及独立性	60%	复合知识结构及高独立性	深入了解多领域知识，形成自己的知识结构，工作独立性较高	$X \geqslant 60$		
			单一知识结构及低独立性	了解单一的知识技能，工作独立性较低	$X < 60$		
	岗位培训周期	40%	长期	1年及以上	$X \geqslant 60$		
			短期	1年以内	$X < 60$		

3. 分数界定。

岗位战略价值	岗位可替代性	
	$X < 60$	$X \geqslant 60$
$X \geqslant 60$	通用岗位	关键岗位
$X < 60$	辅助岗位	非常设岗位（独特性）

（二）关键人才

1. 关键人才指业绩与能力素质达到标准甚至超标的员工，这类员工一般符合晋升的标准，也是企业重点保留、培养的对象。

2. 确定关键人才——人才九宫格。

能力素质	业绩		
	超标	达到标准	未达标准
超标	关键人才	能力之星	待开发人员
达到标准	绩效之星	骨干	差距员工
未达标准	熟练员工	基本胜任	问题员工

（三）关键素质

1. 关键素质指员工能够具备关键人才所具备的能力、知识、动机及人格特质等方面的素质。

2. 分类。

（1）能力素质：管理能力、组织能力、领导能力、语言表达能力等。

（2）知识素质：专业知识、行业知识、技能知识等。

（3）动机素质：动机、态度、兴趣等。

（4）人格特质：性格、气质、情绪稳定性等。

三、人才测评

人才测评通过综合利用心理学、管理学等多方面的学科知识，对人的能力、个人特点和行为进行系统、客观的测量和评估，为招聘、选拔、配置和评价人才提供科学的依据。

1. 心理测验。

（1）能力测验：智力测验、特殊能力测验、职业技能测验、专业知识测验。

（2）人格测验：卡特尔16种人格因素测验（16PF）、明尼苏达多项人格测试（MMPI）、DISC个性测验。

（3）兴趣测验：霍兰德职业偏好测验、斯特朗·坎贝尔兴趣测验（SCII）。

（4）动机测验：组织行为动机测验、莫瑞主题统觉测验、罗夏墨迹图投射测验。

2. 评价中心技术。

（1）面试：行为面试法、结构化面试、半结构化面试、非结构化面试。

（2）情景模拟：无领导小组讨论、文件筐测验。

四、人力资源开发实施

1. 根据企业战略及岗位特性，确定关键岗位、通用岗位、辅助岗位、非常设岗位，并设置相应管理策略。

2. 收集员工的业绩、能力素质等信息，进行人才测评，形成人才测评报告，整合核心评鉴指标，构建人才盘点模型。

3. 根据业绩与能力素质，对人才进行界定及分类，形成人才九宫格，并对不同类型人才设置相应培养、激励方式。

4. 企业人力资源部筹备并组织人才盘点会，确定员工个人发展计划、培养计划、激励方式及人才梯队。

5. 整理人才盘点数据及人才报告，录入人才数据库。

6. 员工及管理者执行个人发展计划，人力资源部从旁协助、监督。

7. 管理者须长期关注员工个人发展计划执行情况，并反馈至人力资源部，然后人力资源部通过绩效水平评估人才开发效果。

五、培养及激励方式

1. 不同类型岗位的培养及激励方式。

关键岗位	以内部选拔为主，提供定制化培训、有针对性的薪酬策略，为职责、能力付薪，股权激励
通用岗位	以外部招聘为主，提供满足工作需求的短期培训，按绩效付薪
辅助岗位	采取外包或批量招聘方式，提供流程化培训，为工作结果（计件/计时）付薪
非常设岗位	聘用外部专家、咨询企业人员，采用合同聘用制，协商待遇

2. 不同类型人才的培养及激励方式

能力素质	业绩		
	超标	达到标准	未达标准
超标	关键人才：定制培训或由高管直接指导，给予重要项目机会，确保有竞争力的薪酬，优先提供晋升机会	能力之星：由直接上级组织绩效面谈，制订绩效改进计划，促进其成长为关键人才	待开发人员：沟通、传达企业对其当前角色的期望，并给予6～12个月的培养期
达到标准	绩效之星：接触不同业务，有助于培养商业敏感度，安排职业导师，提供晋升机会	骨干：参与短期工作轮换计划，扩充能力范围，监控绩效并定期沟通，为其提供在职学习机会	有差距员工：制订个人绩效改进计划，检查个人障碍和工作所需的技能，提供可测量的改进目标
未达标准	熟练员工：保持目前角色，小幅度稳定加薪	基本胜任：制订个人改进计划，给予其改进机会，若改进无效，则考虑淘汰	问题员工：考虑淘汰

六、开发效果评估

1. 反映形式。以调查问卷形式了解被开发员工对培训、绩效沟通、改进辅导的满意度。

2. 考核形式。通过笔试、任务模拟等考核形式来评估被开发员工的知识、技能、态度、行为等收获情况。

3. 行为评估。以工作行为的改善情况来评估。

4. 结果评估。以绩效考核结果的提升情况来评估。

3.2.3　激励控制：优秀人才晋级方案

以下是优秀人才晋级方案，仅供参考。

方案名称	优秀人才晋级方案	编　号	
		受控状态	

一、目的

为促使本企业晋级通道清晰、畅通，满足企业和员工的发展需求，提高优秀人才的留存率，进而提升经营业绩，特制定本方案。

二、实施范围

本方案适用于本企业全体员工的晋级管理。

三、基本原则

1．德才并重原则。晋级须全面考虑员工的个人素质、能力以及在工作中取得的业绩。

2．逐级晋升原则。员工一般逐级晋升，对企业有突出贡献者或有特殊才干者，可以越级晋升。

3．多维结合原则。员工职位能升能降，纵向晋级与横向晋级相结合。

4．内部优先原则。职位空缺时，优先考虑内部人员。

四、晋级准备工作

1．岗位空缺报告。

（1）人力资源部组织调查各部门岗位空缺情况，提报岗位空缺报告，报请企业总经理审批。

（2）岗位空缺报告应载明空缺岗位的名称、空缺的原因、空缺岗位需要的人数、候选人名单以及相关情况的介绍。

2．人事信息收集。

（1）通过调查表的形式记载员工的个人情况，包括专业知识、技能情况、健康状况、家庭环境、绩效考评记录、工作经验、业务经验、主要业绩、教育培训等信息。

（2）以管理储备表的形式记载管理者的有关情况，其中应该包括管理者的职务、任职年限、工作业绩、个人优缺点、工作态度、工作能力、可晋级岗位、预期晋级时间、待改进问题等信息。

五、晋级程序

（一）晋级申请

业务部门负责人按照部门的发展计划，预测需要增补员工的岗位，再根据本部门岗位空缺情况提出本部门员工的晋级申请。

（二）人力资源部审核及调整

人力资源部在审核各部门提出的晋级申请时，应该注意下列几个问题。

1．各部门的发展计划是否可行。

2．各部门的员工流动数据是否属实。

3．核对申请晋级岗位是否在岗位空缺报告上。

4．各候选人是否符合晋级岗位的标准。

（三）确定晋级对象

1. 选拔依据。

（1）工作绩效：从工作完成的质量和数量两个方面进行考察。

（2）工作态度：评价候选人工作的责任感、事业心和进取精神。

（3）工作能力：综合考察候选人与工作相关的能力和岗位技能。

（4）岗位适应性：考察候选人适应新岗位和新环境的能力。

（5）人品：从个人的诚实性、勤勉性、容忍性、合作性等多方面进行评价。

（6）资历：查看候选人的服务年限和以往的各种经历。

2. 选拔方法。

（1）晋级考核：人力资源部组织各部门开展晋级述职会，由候选人作述职报告，报告应包含以往工作情况、工作改善计划、对竞聘岗位的认识等，之后评审人员再根据职位要求及选拔依据，对所有人选进行任职资格的考核。

（2）竞聘：当符合条件的候选人超过2人时，由人力资源部组织专项竞聘会，由候选人进行述职报告，然后评审人员再根据职位要求及选拔依据对候选人的述职内容、答辩思路进行评比。

（四）批准与任命

1. 批准。

（1）人力资源部组织整理考评结果，最高分者为最终人选。

（2）最终人选的晋级经人力资源部审核，再报请总经理批准。

2. 任命。

（1）公示晋级结果3个工作日内，若无异议，人力资源部将晋级任职通知发送给员工，并由其主管组织晋级面谈，对晋级员工提出具体的期望和要求。

（2）将有关文件存入人事档案。

六、晋级结果评估

1. 面谈法。通过与当事人及当事人的上级、同事和下属座谈，了解当事人的工作表现。

2. 评价法。通过人事调动评价表来评价当事人晋级后的表现，以检验晋级工作是否规范、合理，以及晋级管理是否存在明显的失误。

七、附则

1. 本方案由人力资源部负责编制、解释与修订。

2. 本方案自×××年××月××日起生效。

执行部门/责任人		监督部门/责任人		编修部门/责任人	

3.3　人才激励不当风险

人才激励机制不合理，可能导致企业难以稳定内部人才，难以吸引外部人才等情况，这些情况会对企业的经营和战略目标的实现埋下隐患。

因此，企业在经营管理过程中，要建立合理、完善、规范的人才激励机制，确保人才引进顺利，留存率高，从而提高企业的核心竞争力。

3.3.1　风险点识别与评级

人才激励不当风险点识别与评级如表3-3所示。

表3-3　人才激励不当风险点识别与评级

风险点	风险点描述	风险评级	风险发生频率	对业务影响	风险应对策略
人才工作动机不足	人才激励制度不合理，可能导致企业对于人才的管理和控制难以满足激发人才工作动机的需求	4	中	重要	风险规避
人才难以引进	人才激励制度不完善，可能导致企业对于外部人才没有足够的吸引力，难以从市场上引进优秀的人才	4	中	一般	风险规避
人才难以留存	人才激励制度不健全，可能导致人才对于自身发展前景出现悲观心理，难以在企业稳定工作	3	高	重要	风险规避

3.3.2　薪酬设计：薪酬管理制度

以下是薪酬管理制度，仅供参考。

制度名称	薪酬管理制度	编　　号	
		受控状态	
第1章　总　则			
第1条　为了进一步规范企业的薪酬管理体系，把员工的个人业绩与团队的业绩有效结合起来，激发员工的工作积极性，形成吸引人才与留住人才的管理机制与企业氛围，特制定本制度。 第2条　本制度适用于企业内部的薪酬管理工作。			

第2章 薪酬构成

第3条 岗位工资。

1．岗位工资从岗位价值和员工的经验积累方面考虑员工的贡献，岗位工资的额度主要取决于员工的岗位性质和工作内容。

2．以工作分析与岗位评估的结果为依据，采取"岗位分等、等内分级、一岗多薪"的原则，确定员工的岗位工资。

第4条 技能工资。技能工资是企业依据员工的学历、职称和工作经验等确定的工资单元。

第5条 绩效工资。绩效工资是企业根据年度内员工绩效考核的结果确定的工资单元，其内容主要包括绩效奖金、年终奖。

第6条 福利。本企业提供的福利主要包括国家强制性社会保险、补充保险和企业为员工提供的出差、住房、交通、食宿等方面的补助。

第3章 薪酬确定

第7条 月岗位工资的确定。

1．企业员工月岗位工资的计算公式：月岗位工资＝月岗位薪酬基数×岗位系数。

2．企业员工的月岗位工资基数由人力资源部根据企业承受能力和岗位相对价值测算得出，一经确认，无特殊原因，当年度内不予调整。

第8条 月技能工资的确定。

1．企业月技能工资的计算公式：月技能工资＝月技能工资基数×岗位系数。

2．各岗位的月技能工资基数由人力资源部根据技能要求测算得出，一经确认，无特殊原因，当年度内不予调整。

第9条 企业员工月绩效奖金的计算公式：月绩效奖金＝月奖金基数×岗位系数×员工个人考核系数。

第10条 年终奖金的确定。

1．企业非项目人员年终奖金的计算公式：员工年终奖金＝（岗位工资＋技能工资）×年终奖金系数×年终个人绩效考评系数。

2．企业项目人员年终奖金的计算公式：员工年终奖金＝固定工资×年终奖金系数×$T/8$×年终个人绩效考评系数（T表示当年度内项目工作的总时间，企业以8个月为基准）。

3．年终奖金总量：人力资源部根据企业当年度的利润、年度经营目标的实现情况，以及企业下年度的预算计划确定。

第11条 企业员工福利项目如下。

1．社会保险。根据国家和地方相关规定予以执行。

2．午餐补贴。企业每月发放给员工午餐补贴_____元。

3．节日津贴。每逢春节、端午节、中秋节等节日，企业会给员工发放随机的节日福利。

4．带薪年休假。

（1）在企业工作1~5年的员工，享有_____天带薪年休假。

（2）在企业工作6~10年的员工，享有_____天带薪年休假。

（3）在企业工作10年以上的员工，享有_____天带薪年休假。

第4章　薪酬预算、调整与发放管理

第12条　薪酬预算。人力资源部应于每年12月开展员工薪酬满意度调查及劳动力市场薪酬调查，并结合内部岗位评价及企业财务状况编制下年度薪酬预算，初步确定各岗位薪酬总额标准。

第13条　整体薪酬调整。整体薪酬调整是指调整企业所有员工的薪酬，调整周期原则上为一年。

第14条　个别薪酬调整。个别薪酬调整是根据员工个人技能、工龄或岗位变动等情况而进行的薪酬调整。

第15条　薪酬发放。静态工资和福利工资于每月5日结合考勤情况发放，绩效工资根据每期绩效考核结果发放，个别岗位的补助工资于每月15日，凭票据到财务部自行报销并领取。

第16条　薪酬异议。员工对每月薪酬、奖金及福利有异议的，可向直接上级主管领导反映，也可到人力资源部进行查询，经过相关部门复核后仍有异议者，可以书面形式向总经理反馈。

注意：薪酬异议的处理须在全体员工的薪酬下发完毕后的三日内完成，人力资源部要提前告知员工及时对所得薪酬进行核算，逾期不予受理。

第5章　附　则

第17条　本制度由人力资源部负责编制、解释与修订。

第18条　本制度自××××年××月××日起生效。

编修部门/日期		审核部门/日期		执行部门/日期	

3.3.3　股权设计：股权激励制度

以下是股权激励制度，仅供参考。

制度名称	股权激励制度	编　号	
		受控状态	

第1章　总　则

第1条　为促进企业持续、稳定、高速发展，并吸引、激励、稳定企业的核心人才，使核心人才与企业成为紧密依靠的利益共同体，最终实现核心人才与企业的互利共赢，特制定本制度。

第2条　本制度适用于企业内部的股权激励工作。

第2章　股权激励对象的确定

第3条　股权激励对象是企业的核心人才，包括高层管理人员、中层管理人员、技术骨干等。

第4条　股权激励限制条件。有下列情形之一的，核心管理人员不能取得股权激励资格。

1．有严重失职、渎职行为，或严重违反企业章程、规章制度，以及有其他有损企业利益的行为的。

2．在任职期间，有贪污、受贿、挪用或盗窃企业财产，泄露企业商业秘密，严重损害企业声誉与利益等行为，给企业造成损失的。

3．为取得相关利益，虚报业绩，进行虚假会计记录的。

4．有其他恶劣行为的。

第5条　核心管理人员可采用自行筹集资金或向原始股东借款等方式购得股权。采用借款方式时，核心管理人员须与借款人签订协议，双方约定还款方式、还款期限及还款利息等。

第6条　如企业已上市，企业可采用股票期权的方式激励核心管理人员，即由核心管理人员个人出资购买相应数量的股份。企业与核心管理人员约定股份锁定期、锁定期满或锁定期内核心管理人员的权利和义务等。

第7条　股份价格。用于股权激励的股份的价格，应根据企业每股净资产的账面价值确定，并由董事会进行商定和批准。

第3章　股权激励模式

第8条　业绩股票。

1．业绩股票的激励模式是指在年初确定一个较合理的业绩目标，如果被激励对象在年末达到预定目标，则企业授予其一定数量的股票或授予其一定的奖励基金以供其购买企业股票。

2．业绩股票的流通变现通常有时间和数量限制。

第9条　业绩单位。业绩单位与业绩股票相似，也是一种长期的激励方式，但业绩单位授予被激励对象的是现金而非股票。

第10条　股票期权。

1．股票期权是指在一定的期限内，企业按照固定的期权价格授予核心管理人员购买一定份额的股票期权，被激励对象可行使该权利，也可以放弃该权利。

2．行使股票期权有时间和数量的限制，被激励对象须自行支付现金方可行使股票期权。

第11条　虚拟股票。虚拟股票是企业授予被激励对象的一种虚拟的股票。这种虚拟的股票不能转让和出售，并在被激励对象离开企业时自动失效，但被激励对象可以据此享受一定的分红和股价升值收益。

第12条　股票增值权。股票增值权是指企业授予被激励对象的股票增值的一种权利。

第13条　限制性股票。限制性股票是指获得条件和出售条件均受到限制的股票。企业可按事先确定的条件授予被激励对象一定数量的企业股票，被激励对象只有在工作年限或业绩符合规定条件时，才可出售限制性股票并从中获益。

第14条　延期支付。延期支付是指企业为被激励对象提供的股权激励收入。股权激励收入往往不在当年发放，而是在一定期限之后，以企业股票的形式或根据届时的股票市值以现金的方式支付给被激励对象。

第15条　被激励对象持股。被激励对象持股是指让被激励对象持有本企业一定数量的股票。这些股票可分为企业无偿赠予被激励对象的；被激励对象自行筹集资金购买的；企业补贴部分资金给被激励对象购买的。被激励对象在股票升值时获取收益，在股票贬值时遭受损失的。

第16条　被激励对象收购。被激励对象收购是指被激励对象通过融资购买本企业的股份，成为企业股东，并与其他股东共担风险、共享利益，从而实现对企业的持股经营。

第4章　附　则

第17条　本制度由股东大会授权，董事会负责编制、解释与修订。

第18条　本制度自××××年××月××日起生效。

编修部门/日期		审核部门/日期		执行部门/日期	

3.4　人力资源招聘风险

　　人力资源招聘是企业满足自身人力资源需求的重要手段，企业要设计规范的人力资源招聘广告书，提升企业对人才的吸引力，降低招聘过程中可能面对的各种风险。同时，企业需要做好重要人才的背景调查工作，避免因重要人才的背景信息调查不到位而使企业遭受损失。

3.4.1　风险点识别与评级

　　人力资源招聘风险点识别与评级如表3–4所示。

表3–4　人力资源招聘风险点识别与评级

风险点	风险点描述	风险评级	风险发生频率	对业务影响	风险应对策略
招聘信息不对称	企业与应聘者之间信息不对称，导致应聘者可能会提供或伪造虚假的个人信息	4	中	一般	风险规避
对招聘信息管理不当	企业没有做好招聘信息的管理工作，导致招聘信息可能出现就业歧视内容或违规内容	5	低	一般	风险规避
人才测评不准确	企业招聘者对应聘者的客观信息了解不完全，导致人才测评的准确性无法得到保证	4	高	轻微	风险规避、风险降低
背景调查工作不规范	人才背景调查工作程序不规范、不完整，导致企业用错人，损失招聘成本与用人成本	4	中	重要	风险规避、风险降低

3.4.2　执行控制：招聘广告书写规范

　　以下是招聘广告书写规范，仅供参考。

规范名称	招聘广告书写规范	编　　号	
		受控状态	
第1章　总　则			
第1条　为了使招聘广告可以满足企业的招聘需求，吸引企业所需的外部人才，特制定本规范。			
第2条　本规范适用于招聘广告的书写工作。			

第2章　招聘广告主体内容

第3条　企业情况简介。

1．以简洁的语言介绍企业最具特色和富有吸引力的内容。

2．招聘广告中最好使用企业标志并提供企业网址，以便感兴趣的求职者可以通过浏览企业的网址获取更全面的应聘信息。

第4条　岗位情况介绍。招聘广告中可写明岗位名称、所属部门、主要工作职责等信息。

第5条　任职资格要求。招聘广告中可对求职者的基本任职资格和条件提出要求，包括专业范围、学历学位和工作经验等。

第6条　人力资源政策。招聘广告中可提及应聘岗位能够享受的相应的人力资源政策，包括薪酬水平、劳动合同、培训机会等内容。

第7条　求职准备说明。招聘广告中可注明应聘者必须准备哪些材料，如中英文简历、学历学位证书复印件、资格证书复印件、身份证复印件、照片以及对薪酬的要求和户口所在地等信息。

第8条　具体联系方式。招聘广告中须载明企业通信地址、传真号码或电子邮件地址、应聘的有效时间段和截止日期。

第3章　招聘广告注意事项

第9条　禁止在招聘广告中放置虚假的信息，不可提出企业本身无法向员工兑现的涉及录用人员劳动合同、薪酬、福利等政策性的承诺。

第10条　严禁在招聘广告中设置不符合国家及地方的法律法规和政策的内容。

第11条　不得在招聘广告中体现出招聘歧视信息，规避性别歧视、年龄歧视、学历歧视和区域、籍贯歧视等现象。

第4章　附　　则

第12条　本规范由人力资源部负责编制、解释与修订。

第13条　本规范自××××年××月××日起生效。

编修部门/日期		审核部门/日期		执行部门/日期	

3.4.3　信息控制：背景调查信息辨别方法

背景调查信息辨别方法如表3-5所示。

表3-5　背景调查信息辨别方法

序号	名称	详细描述
1	进行自行选择	进行背景调查时，不完全通过应聘者提供的证明人信息进行背调，而是自行寻找应聘者前任企业的其他人员，并对应聘者提供的信息进行核查
2	建立专业团队	企业内要成立专门的信息收集与审查团队，对收集到的资料进行多方面、多角度的调查，并将调查得到的相关信息以书面形式记录、保存，以此作为相关证据

续表

序号	名称	详细描述
3	明确调查信息	为保证背景调查工作的客观性，背景调查工作应重点从身份、教育背景、工作表现、工作期间奖惩记录、离职原因等与应聘者之前工作相关的个人履历信息入手
4	利用权威渠道	进行背景调查时，需要多渠道、多角度地进行核查，同时要核查渠道的权威性，如企业对应聘者学历和学位的核查，可通过获得应聘者提供的相关证件后，登录"学信网"等官方网站进行核查

3.5　人力资源退出风险

实施人力资源退出可以保证企业人力资源团队精益化、高效化和活力化。同时，制定明确的管理制度，明晰人力资源退出时的各种规范，可以有效帮助企业避免因员工离职可能带来的部分潜在风险。

3.5.1　风险点识别与评级

人力资源退出风险点识别与评级如表3-6所示。

表3-6　人力资源退出风险点识别与评级

风险点	风险点描述	风险评级	风险发生频率	对业务影响	风险应对策略
员工退出机制不完善	企业的员工退出机制不完善，导致企业在辞退员工时可能面临法律风险	5	中	一般	风险规避
保守关键技术、商业机密的期限的约定机制不健全	企业与退出员工对保守关键技术、商业机密的期限的约定机制不健全，导致企业的关键技术或商业机密被泄露	3	中	重要	风险规避、风险降低
竞业限制条款不完整	企业的竞业限制条款不完整，导致企业与离职员工发生纠纷，或企业因离职员工违反竞业限制条款而给企业造成损失	4	中	一般	风险规避

续表

风险点	风险点描述	风险评级	风险发生频率	对业务影响	风险应对策略
离任审计制度不完善	企业的离任审计制度不完善，导致企业对被审计人员的工作进行不恰当的评价，或没能及时发现被审计人员存在的问题	5	中	重要	风险规避、风险降低

3.5.2　离职控制：员工离职管理制度

以下是员工离职管理制度，仅供参考。

制度名称	员工离职管理制度	编　号	
		受控状态	

第1章　总　则

第1条　为了规范企业员工离职管理工作，维护企业和离职员工的合法权益，特制定本制度。

第2条　本制度适用于企业员工离职管理的全部相关工作，包括合同期满离职、员工自动离职、员工辞职、企业辞退、企业开除等。

第2章　离职界定

第3条　合同期满离职。合同期满离职是指员工与企业签订的劳动合同期满，双方不再续签劳动合同而离职。

第4条　员工自动离职。员工自动离职是指员工因个人原因离开企业，包括不辞而别和申请离职但未获得企业同意而离职。

第5条　员工辞职。员工辞职是指合同期未满，员工因个人原因申请辞去工作。

第6条　企业辞退。企业辞退或解聘是指员工因各种原因不能胜任工作岗位，企业可予以辞退，或者企业因不可抗力等因素，可与员工解除劳动关系，但应提前发布辞退通告。

第7条　企业开除。企业开除是指员工因严重违反企业规章制度、国家相关法律法规而被企业开除。

第3章　离职申请审批管理

第8条　离职申请时限。

1．试用期内，须提前3天申请离职。

2．试用期满并成为正式员工后，须提前30天提交离职申请。

第9条　离辞申请审批。员工填写离职申请（须详细写明离职原因、时间），由部门负责人签字确认后，提交人力资源部经理审核、总经理审批，审批通过后再通知当事人办理离职手续。

第10条　协商解除劳动合同工作。

1．部门负责人提出协商解除劳动合同申请，由人力资源部经理负责审批。

2．人力资源部须提前30天以书面的形式通知被解除劳动合同的员工并请其签收。

第11条　合同到期离职流程。

1．人力资源部提前60天向部门经理提交劳动合同到期人员名单。

2．部门负责人根据各部门人员的工作表现决定续签劳动合同人员和不续签劳动合同人员的名单，并在15个工作日内将名单反馈给人力资源部人事专员。

3．若企业不再与员工续签劳动合同，人力资源部须提前30天向该员工以书面的形式提出劳动合同不续签通知并请其签收。

4．若员工个人提出不愿意续签合同的，须提前30天以书面的形式通知人力资源部人事专员。

第4章　离职手续办理

第12条　离职手续办理指将离职人员经办的各项工作、保管的各类工作性资料移交至直接上级所指定的人员，并要求交接人在"工作交接单"上签字确认。

注意：工作移交过程要仔细，避免敷衍了事，为工作的连续开展埋下隐患。

第13条　物品移交。

1．离职员工就职期间所有领用物品的移交，须交接双方签字确认。

2．领用办公用品的移交。

3．企业配置的通信工具的移交。

4．考勤卡、钥匙（办公室、办公桌）的移交。

5．借阅资料的移交。

6．各类工具（如维修用品、移动存储、保管工具等）的移交。

第14条　款项移交。

1．将经手的各类项目、业务、个人借款等款项事宜移交至企业财务部。

2．将经手办理的业务合同（协议）移交至企业财务部。

3．以上各项交接均应由交接人、接管人签字确认，并经总经办审核、备案后方可认为交接完成。

第15条　离职员工结算款项。

1．结算工资。

2．可享受但尚未使用的年休假时间。

3．应付未付的奖金、佣金。

4．离职补偿金，按国家相关规定执行。

5．企业拖欠员工的其他款项。

6．与离职员工结算款项时，须扣除以下项目。

（1）员工拖欠未付的企业借款、罚金。

（2）员工对企业未交接手续的赔偿金。

注意：结算款项后要让离职员工及时核算并确认无误，避免因款项结算不清而产生纠纷。

第16条　关系转移。

1．转移前提。

（1）交接工作须全部完成，以交接双方签字确认为准。

（2）违约金、赔偿金等须结算完成，以结算双方签字确认为准。

2．转移内容主要包括档案关系、社保关系等。

第5章　附　则					
第17条　本制度由人力资源部负责编制、解释与修订。					
第18条　本制度自××××年××月××日起生效。					
编修部门/日期		审核部门/日期		执行部门/日期	

3.5.3　合同控制：竞业限制合同

以下是竞业限制合同模板，仅供参考。

员工保密合同

合同编号：_____

竞业限制合同：_____

甲方：_____

地址：_____

法定代表人：_____

乙方：_____

地址：_____

身份证号码：_____

鉴于乙方已经（可能）知悉甲方重要商业秘密或对甲方的竞争优势具有重要影响，为保护企业的合法权益和促进企业的发展，也为保护员工的合法权益，甲、乙双方根据国家有关法律法规，本着平等、自愿、公平、诚信的原则，经充分协商一致后，共同订立本合同。

甲、乙双方须共同确认已经仔细审阅过合同的内容，并完全了解合同各条款的法律含义。

一、双方的权利和义务

1. 未经甲方同意，乙方在任职期间，不得在与企业生产、研发、销售同类产品或提供同类服务的其他企业担任任何职务。

2. 乙方不论何种原因从甲方离职，在乙方离职后_____年内（自劳动关系解除之日起计算，到劳动关系解除_____年后的次日止）都不得到与甲方有竞争关系的单位就职。这些单位包括但不限于同行业与本企业有竞争关系且本企业认为已经成为或可能成为竞争对手的企业。

3. 乙方不论何种原因从甲方离职，在乙方离职后_____年内（自劳动关系解除之日起计算，到劳动关系解除_____年后的次日止）都不得自办与甲方有竞争关系的企业或从事与甲方商业秘密有关的产品的生产。

4. 从乙方离职后开始计算竞业限制时起，甲方应当按照竞业限制期限向乙方支付一定数额的竞业限制补偿费。补偿费支付方式如下：

_____

二、违约责任

1. 若乙方的违约行为侵犯了甲方的合法权益，则甲方可以选择根据本合同要求乙方承担违约责任，或者依照有关法律法规要求乙方承担侵权责任。

2. 若因甲方拒绝支付乙方的竞业限制补偿费而给乙方造成的其他方面的直接损失，则乙方有权要求获得赔偿。因拒绝支付乙方的竞业限制补偿费而导致的直接损失，以甲方延迟或未支付的价款加上延迟支付期间按同期银行贷款利息来计算。

三、合同的终止

甲、乙双方商定，出现下列情况之一时，本合同自行终止。

1. 乙方所掌握的甲方的重要商业秘密已经公开，乙方对甲方的竞争优势已无重要影响。

2. 其他法律法规规定的情形。

四、争议解决

1. 因履行本合同所发生的劳动争议，甲、乙双方应协商解决，若协商不成，任何一方可向当地仲裁机构申请仲裁或向人民法院提起诉讼。

2. 任何一方不服仲裁的，可向甲方所在地的人民法院提起诉讼。

五、其他

1. 本合同如与甲、乙双方的口头约定或书面合同有抵触的，以本合同为准。本合同的修订必须征得甲、乙双方的书面同意。

2. 本合同未尽事宜，应按照国家法律或政府主管部门的有关规章、制度执行。

3. 本合同一式两份，甲、乙双方各执一份，具有同等法律效力。

4. 本合同自甲、乙双方签字并盖章之日起生效。

甲方（盖章）：_____   乙方（盖章）：_____

代表人签名：_____   签　　名：_____

日　　期：____年___月___日   日　　期：____年___月___日

3.5.4　审计控制：离任审计报告

以下是离任审计报告，仅供参考。

×××企业关于×××的离任审计报告（以生产部经理为例）

×××企业领导：

根据×××企业领导的批示，我审计企业于××××年××月××日至××××年××月××日对×××企业生产部的×××进行离任审计工作，并编制如下审计报告。

一、员工概况

×××于××××年××月××日到××××年××月××日，担任×××企业生产部的×××职位，于××××年××月××日离任。

二、经营业绩审计结果

审计人员按要求对×××离任时的经营业绩状况及相关的遗留问题和发展问题进行了调查、审计，现将审计结果总结如下。

1. ×××在任期内，负责的生产计划基本顺利完成，本年度的生产计划正在进行中，经审查确认，并未发现延误现象及其他异常状况。

2. ×××在任期内，着手开展并实施了生产部关于效率提升的改进计划。此计划在实施前获得了有关领导的审批，且已取得部分成效，但×××离任时，改进计划并未全部完成。

3. 经调查核实，×××在任期间，生产部一直秩序井然，未曾出现重大问题，其离职后也未曾发现相关遗留问题。

三、客户关系审计结果

审计人员按要求对×××的客户关系状况进行了调查、审计，现将审计结果总结如下。

1. 调查数据显示，客户对于×××的信任度与好评度较高。

2. ×××在任期间的客户投诉事件较少，基本与×××的指挥、领导无直接责任关系，且投诉事件都得到了妥善处理，并未因此而影响到客户对企业的信任感。

3. ×××企业是×××通过人脉关系发展的长期客户，与企业有重要利益合作关系，且该企业领导与×××交情匪浅。

四、员工关系审计结果

审计人员按要求对×××的员工关系状况进行了调查、审计，现将审计结果总结如下。

1. 经审查确认，×××任职期间，生产部的员工流失率较低，每次考核，该项指标都能取得高分的优异成绩。

2. 调查数据显示，×××的员工满意度较高，通过随机抽查的数名员工对×××的评价可以看出，×××任职期间与员工关系密切，其能力和品质都备受认可。

3. 生产部的部分管理人员反映，×××任职期间乐于助人，经常帮助部门员工解决困难。

五、个人自律审计结果

审计人员按要求对×××的个人自律状况进行了调查、审计，现将审计结果总结如下。

1. 经核查确认，×××在任职期间，其个人基本无违纪行为，曾于××××年被企业评为"年度优秀模范管理人员"。

2. 经核查确认，×××任职期间，生产部关于招待费用、差旅费用、交通费用、通信费用、车辆费用等管理费用均具备完整与合格的原始票据，审批程序也都符合企业的规章制度要求。在向财务部报销管理费用时，×××不仅提供了充足的报销凭证，还对相关事项进行了明确说明。

3. 通过审查相关账目，×××在任职期间仅有2次借款行为，且理由正当、充分，借款流程符合企业相关的审批规范，并在规定时限内还清。

六、审计建议

根据×××的离任审计结果，我审计企业现向×××企业高层领导提出如下建议。

1. ×××任职期间的相关责任已基本完成，生产部并无重大遗留问题和特殊情况。

2. ×××品行优良，能力出众，是难得的管理人才，他的离职是企业的重大损失，企业最好能够将其追回，避免其成为竞争对手。

3. 新任生产部经理，应着手进行如下事项，以做好衔接工作。

（1）熟悉企业的组织结构、规章制度以及生产部的业务能力和人员配置等基础情况，并准确掌握当下年度生产计划的目标和要求。

（2）检查年度生产计划的进展情况，确定目前的进度，分析是否存在异常问题，并给予正确的指导和管理。如果年度生产计划无法按期完成，应由新任经理承担责任。

（3）关于生产部的效率改进计划，新任经理应接手继续，确保未完成的部分顺利完成。

（4）新任经理应维持客户对于企业的信任，并向客户承诺，企业生产不会因为×××的离职而出现问题。

（5）×××企业是×××通过人脉关系开发的重要客户，新任经理应及时与其进行沟通，说明本企业的雄厚实力和长期合作愿望，以避免该企业因为×××的离职而改变合作意向。

（6）新任经理到任后，应尽快树立威望，稳定人心，避免员工流失，将部门员工对于×××的尊敬与认可情感转移到自己身上。

×××审计企业

××××年××月××日

第 4 章

社会责任——风险点识别与管控规范

4.1　重大安全事故风险

重大安全事故不仅会使企业经营受损、形象受损，甚至会让企业面临法律风险。所以，企业在生产经营过程中，要设立安全管理部门与安全监督机构，完善安全生产相关制度，制定重大事故应急预案，控制好企业的生产经营过程，降低重大安全事故带来的风险。

4.1.1　风险点识别与评级

重大安全事故风险点识别与评级如表4-1所示。

表4-1　重大安全事故风险点识别与评级

风险点	风险点描述	风险评级	风险发生频率	对业务影响	风险应对策略
安全生产措施不到位	安全生产措施没有做好，导致企业在生产过程中发生重大安全事故	2	中	重要	风险规避
安全生产责任未落实具体	安全生产责任没有具体落实到员工或部门，导致事故发生后，员工或部门之间互相推卸责任	3	中	重要	风险规避、风险降低
安全生产管理体系不健全	企业未建立健全的安全生产管理体系，导致生产过程存在安全隐患	3	中	重要	风险规避
安全生产操作不规范	企业对员工的安全生产操作培训不到位，导致员工在进行生产时未按照安全生产操作规范操作，从而引发生产事故	4	高	重要	风险规避、风险降低
安全生产应急预案不完善	企业未建立完善的安全生产应急预案，导致事故发生时不能及时应对，使得事故造成的损害和影响被扩大	4	中	重要	风险规避

4.1.2　职能设计：安全管理部门与安全监督机构

安全管理部门与安全监督机构的主要职能如表4-2所示。

表4-2　安全管理部门与安全监督机构的主要职能

序号	部门/机构名称	职能描述
1	安全管理部门	（1）制定企业内部的安全生产管理相关的制度文件，根据国家有关安全生产的规定，建立企业的安全生产管理体系，完善企业的安全生产措施方案 （2）在企业的生产过程中，做好安全管理和监督工作，定期巡查企业生产现场，排除企业生产隐患，及时上报生产现场存在的不安全问题
2	安全监督机构	（1）按照国家对安全生产的有关法律法规对企业的生产安全进行监督 （2）严格遵守企业制定的与安全生产相关的规章制度，并对企业的生产现场安全进行监督

4.1.3　责任控制：安全事故责任追究制度

以下是安全事故责任追究制度，仅供参考。

制度名称	安全事故责任追究制度	编　号	
		受控状态	

第1章　总　则

第1条　为了规范安全事故的调查处理工作，严格对安全事故的责任追究，将安全责任明确到部门或员工，减少重大安全事故发生的频率，特制定本制度。

第2条　本制度适用于企业生产经营安全事故的责任追究与控制工作。

第2章　安全事故责任的认定

第3条　根据事故调查的结论，对照国家和企业有关法律、法规的相关规定，对事故责任人进行处理，落实重复事故发生的措施，对其进行责任认定，应遵循如下原则。

1．实事求是、尊重科学的原则。按照法规、规范、规章制度、岗位职责等实事求是地对事故进行认定，并科学、合理、规范地分析与处理。

2．客观、公正、公平的原则。在一定范围内将安全事故相关情况公开，能引起各部门对安全生产工作的重视。让相关部门和员工吸取事故的教训，有利于减少事故的影响。

3．分级管辖的原则。在认定安全事故责任时，以直接当事人的行为对发生安全事故所起的作用为根本点，分级认定责任，确定该责任过错的严重程度。

4．责任追究原则。对事故原因没有查清楚、事故责任人没有受到处理、员工没有受到教育、防范措施没有落实等行为坚决追究责任。

第4条　在处理安全事故、追究事故责任时，按各级安全责任规定，先分清事故的直接责任人、主要责任人、领导责任人、部门领导责任人、技术责任人，再进行安全事故责任认定。

1．直接责任人。其行为与事故的发生有直接关系的人。

2．主要责任人。在直接责任中对事故的发生起主要作用的人。

3．领导责任人。由事故发生部门的上级领导承担的责任的人。

4．部门领导责任人。由事故发生部门的部门领导承担的责任的人。

5．技术责任人。由事故发生技术部门及相关专业技术人员承担的责任的人。

第3章　安全事故常规责任的界定

第5条　直接责任界定。

1．违章作业、指挥、冒险作业。

2．违反安全生产责任制、劳动纪律和操作规程。

3．安全措施未落实或落实不到位，发生事故不报告，未采取补救措施。

第6条　领导责任界定。

1．安全生产各项制度不健全，未对职工进行安全技术教育和培训。

2．不按期研究安全工作，不及时解决存在的安全隐患。

3．生产经营设备设施长期失修、过期不换。

4．忽视劳动环境条件，削弱劳动保护措施。

5．挪用安全事故资金，影响安全隐患整改。

6．事故应急处理不力，导致事故扩大。

7．重大作业、特殊作业时未到现场，致使现场管理混乱，从而引发事故。

第7条　部门领导责任界定。

1．对发生的事故隐瞒不报、虚报或者故意拖延。

2．事故调查后隐瞒事故真相，弄虚作假。

3．对违章作业、强令冒险作业劝阻不听，造成事故发生。

4．玩忽职守或发生事故隐患时不采取果断措施，不积极处理。

5．明知自己的行为将造成事故、损失和人员伤亡。

第4章　安全事故责任追究

第8条　安全事故处罚分类。根据处罚方式，可将安全事故责任分为如下几类。

1．写书面检查，批评教育，通报批评。

2．经济处罚追究。

3．警告、记过、降职、撤职、留用察看等行政处罚追究。

4．民事责任追究，刑事责任追究。

第9条　特大事故责任追究。

1．负有领导责任的企业主要领导、部门领导，视情节严重程度和责任大小，给予撤职、留用察看等行政处罚及经济处罚。

2．负有直接责任的领导、主管专员等管理人员，根据情节严重程度和责任大小，给予留用察看等行政处罚及经济处罚。

3．事故直接责任人和主要责任人，给予留用察看等行政处罚及经济处罚，触犯法律的，由司法机关依法追究刑事责任。

第10条　重大事故责任追究。

1．负有领导责任的企业主要领导、部门领导，视情节严重程度和责任大小，给予降职、撤职、留用察看等行政处罚及经济处罚。

2．负有直接责任的领导、主管专员等管理人员，根据情节严重程度和责任大小，给予留用察看等行政处罚及经济处罚。

3．事故直接责任人和主要责任人，给予留用察看等行政处罚及经济处罚，触犯法律的，由司法机关依法追究刑事责任。

第11条　较大事故责任追究。

1．负有领导责任的企业主要领导、部门领导，视情节严重程度和责任大小，给予通报批评、警告等行政处罚及经济处罚。

2．负有直接责任的领导、主管专员等管理人员，根据情节严重程度和责任大小，给予记过、记大过、降职等行政处罚及经济处罚。

3．事故直接责任人和主要责任人，给予记大过、留用察看等行政处罚及经济处罚。

第12条　一般事故责任追究。

1．负有领导责任的企业主要领导、部门领导，视情节严重程度和责任大小，给予批评、通报批评、警告等行政处罚及经济处罚。

2．负有直接责任的领导、主管专员等管理人员，根据情节严重程度和责任大小，给予通报批评、警告等行政处罚及经济处罚。

3．事故直接责任人和主要责任人，给予记过、记大过、留用察看等行政处罚及经济处罚。

第5章　重大安全责任事故调查

第13条　重大安全责任事故上报。

1．出现重大安全责任事故，本企业各级车间、班组必须实事求是地上报总经办，不得徇私舞弊或隐瞒不报。

2．经总经办调查后确属重大安全责任事故的，必须及时上报相关部门。

第14条　安全事故调查小组。

1．本企业快速成立安全事故调查小组，由总经理担任小组组长，负责安全管理的部门和员工担任安全事故调查小组成员。

2．安全事故调查小组应查清事故的具体情况，尽力提取事故现场的录音、录像，检查记录和生产记录等一手资料，确保调查结果真实可信。

3．安全事故调查小组经调查之后，将事故原因和责任人员上报总经办，等候处理。

第15条　调查规范。

1．重大安全责任事故应在事发当天立案进行调查，轻伤事故由安全管理部进行调查，重伤事故由安全事故调查小组会同企业工会成员进行调查。

2．重伤3人以上的死亡事故和重大伤亡事故必须上报当地相关部门，请求其进行事故调查。

3．安全事故调查小组对相关人员进行调查时，应同时有至少两人参加，并做好笔录。笔录必须交给被调查人校阅签字，被调查人有书写能力的，必须由被调查人亲自书写书面材料。

4．安全事故调查小组对情节严重和后果严重的事故，必要时应请外部技术鉴定部门进行技术鉴定。

5. 当安全事故调查小组对事故原因、责任的分析意见不能达成一致时，须向本企业所在地相关部门申请仲裁，若仍不能达成一致的，由其报请上一级相关部门裁决。

第6章 事故责任追究和处理

第16条 一般事故责任人处理。

1. 一般事故责任人的处理意见由其所在部门提出，安全事故调查小组审核批准。

2. 一般事故责任人是所在部门负责人时，处理意见由安全事故调查小组提出，总经办审议通过后执行。

第17条 重大事故责任人处理。

1. 重大事故责任人应积极配合政府相关部门的调查，并提出处理建议，由其进行裁决。

2. 对重大事故责任人，本企业予以辞退，情节特别严重并构成犯罪的，上报司法机关，由其依法提起公诉，并积极配合司法部门调查。

3. 重大事故责任人的处理意见由上级行政主管单位或者司法机关提出，本企业积极予以配合。

第18条 隐瞒不报处理。对发生事故隐瞒不报、谎报、拖延不报或破坏事故现场以及无正当理由而拒绝调查的部门和个人要追究责任，从严处理。情节特别严重者，移交司法机关，请求其依法处理。

第19条 情节特别恶劣处理。

1. 事故责任人因违反规章制度受到批评教育或行政处罚而拒不改正，并再次违反规章制度，造成重大事故的，本企业予以解聘，并移交司法机关处理。

2. 对事故责任人屡次违反规章制度，或者明知没有安全保证，甚至已发现事故苗头，仍然不听劝阻、一意孤行，拒不采纳他人意见，甚至用恶劣手段强令工人违章冒险作业的，应立刻辞退，并移交司法机关，请求其秉公处理。

3. 事故发生后，对责任人表现特别恶劣，不积极采取抢救措施抢救伤残人员或阻止危害扩大，只顾个人逃命或抢救个人财物，使危害蔓延、扩大，或者事故发生后，责任人为逃避罪责，破坏、伪造现场，隐瞒事实真相，嫁祸于人的，本企业应予以辞退，并移交司法机关，请求其秉公处理。

第20条 对特大、重大安全事故的防范与发生的直接责任人和领导责任人，应按照本制度给予其行政处罚，构成玩忽职守罪或者其他罪的，依法追究其刑事责任。

第21条 对特大、重大、较大安全事故的发生部门及个人的行政处罚、经济处罚和刑事责任，应依据国家有关法律、法规和规章的规定执行。

第7章 附 则

第22条 本制度由总经办负责编制、解释与修订。

第23条 本制度自××××年××月××日起生效。

编修部门/日期		审核部门/日期		执行部门/日期	

4.1.4　认证控制：特殊岗位资格认证制度

以下是特殊岗位资格认证制度，仅供参考。

制度名称	特殊岗位资格认证制度	编　号	
		受控状态	

第1章　总　则

第1条　为使特殊岗位任职人员能够及时接受技能提升培训，实现特殊岗位全部持证上岗，保证企业可以对产品质量及生产安全的控制，特制定本制度。

第2条　本制度适用于企业对特殊岗位人员的岗位技术培训、考核、发证、复审等相关工作的监督和管理。

第2章　特殊岗位的分类及资格认证条件

第3条　特殊岗位的分类。

1．电工作业。包括发电、送电、变电、配电，以及对电气设备的运行、维护、安装、检修、改造、施工、调试等。

2．焊接与热切割作业。

3．高处作业。包括登高架设作业，如高处安装、维护、拆除等。

4．制冷作业及爆破作业。

5．企业内机动车辆操作。包括电瓶车、叉车等机动车的操作。

6．危险化学品安全作业。包括从事危险化工工艺的过程操作及化工自动化控制仪表的安装、维修、维护等。

第4条　特殊岗位的资格认证条件。

1．年满18周岁，且不超过国家法定退休年龄。

2．身体健康，无妨碍从事相应特殊作业的疾病和生理缺陷。

3．具有初中及以上文化程度，具备相应工种的技术知识与技能，参加国家规定的技术理论考试和实际操作技能考核且成绩合格。

4．符合企业相应特殊作业需要的其他条件。

第3章　特殊岗位资格认证培训

第5条　特殊岗位资格认证培训准备。

1．安全管理部根据实际情况制订培训计划，进行统一安排。

2．安全管理部根据培训计划，发出培训通知，接收相关人员的培训报名申请。

3．安全管理部和安全管理委员会负责审核相关人员的报名资格。

第6条　安全管理部根据生产部提供的特殊岗位操作规范，按照国家安全生产综合管理部门的培训要求，编写相应的特殊岗位培训和考核制度，并报安全管理部经理审批。

第7条　特殊岗位作业人员，除按国家相关法律法规规定取得"特种作业操作证"外，须经企业相应的特殊岗位培训，待考核合格并取得企业颁发的特殊岗位资格认证后，方可上岗作业。培训具体操作程序如下。

1．安全管理部安排申请资格合格的特殊岗位作业人员进行培训。

2．安全管理部和人力资源部根据培训计划安排培训课程和培训讲师。

3．安全管理部通知参加培训的人员具体的培训时间和培训地点。

4．安全管理部安排参加培训的人员参与培训并签到。

5．安全管理部安排的培训应包括理论知识和实际操作两个部分。

6．安全管理部根据参加人员的培训效果，调整培训内容。

7．安全管理部应建立特殊岗位资格认证作业人员的培训档案。

第4章　特殊岗位资格考核及发证

第8条　认证考核。

1．安全管理部和人力资源部组织统一考核，安全管理委员会负责监督。

2．安全管理部组织评审，由安全管理委员会审核考核结果，并确定具有特殊岗位资格的人员名单。

3．考核内容必须保密，考核过程和评审过程必须公正。

4．评审指标必须根据国家相关规定或企业特殊岗位的实际需求进行合理设定。

第9条　考核合格的作业人员，由安全管理委员会统一颁发企业特殊岗位资格证书，并进入相应岗位操作。

第5章　特殊岗位资格认证评审

第10条　认证年度考核评审。

1．安全管理部根据实际情况制定年度特殊岗位资格认证的审查标准，组织对特殊岗位资格认证进行年度的考核评审。

2．安全管理部根据考核评审结果，编写考核评审报告，提出相应的处理建议，并提交给安全管理委员会审核。

3．考核未通过的人员，安全管理部应进行相应的培训，并组织补考。

4．安全管理委员会有权撤销补考未通过人员的特殊岗位资格认证。

5．特殊岗位资格认证被撤销人员，将不得进入相应岗位工作，直至再次取得特殊岗位资格证书。

第11条　特殊岗位作业人员有下列情形之一的，安全管理委员会有权撤销资格认证。若违反以下第3项和第4项规定的，3年内不得再次申请特殊岗位资格认证。

1．特殊岗位作业人员的身体条件已不适合继续从事特殊作业的。

2．对发生生产安全事故负有责任的。

3．特殊岗位作业档案记载虚假信息的。

4．以欺骗、贿赂等不正当手段取得特殊岗位资格认证的。

第6章　特殊岗位资格证书管理

第12条　安全管理委员会将特殊岗位资格证书颁发给评审合格的人员。

第13条　特殊岗位资格证书应注明评审合格人员的姓名、照片，证书的有效期限、颁发机构及编号，并加盖企业公章。

第14条　安全管理委员会对到期的证书应进行回收和更换。

第15条　安全管理委员会对丢失的证书先进行作废处理，再进行补办。

第16条　安全管理委员会应做好特殊岗位资格证书发放、审核、更换和补办的记录。

<table>
<tr><td colspan="3" align="center">第7章　附　则</td></tr>
<tr><td colspan="3">第17条　本制度由安全管理部负责编制、解释与修订。</td></tr>
<tr><td colspan="3">第18条　本制度自××××年××月××日起生效。</td></tr>
<tr><td>编修部门/日期</td><td></td><td>审核部门/日期</td></tr>
</table>

编修部门/日期		审核部门/日期		执行部门/日期	

4.1.5　预案控制：重大事故应急预案

以下是重大事故应急预案，仅供参考。

预案名称	重大事故应急预案	编　号	
		受控状态	

一、控制目标

1．保障企业员工生命财产安全，尽可能地防止突发性重大事故发生。

2．确保在发生安全事故时，企业能够及时进行应急救援，并能迅速、有效地控制和处理，最大限度地减少生产安全事故给企业和员工所造成的损失。

二、适用范围

1．本预案适用于企业内部对安全事故应急处理工作的管控。

2．本预案所称的重大事故主要是指可能导致重大人身伤亡或者重大经济损失的事故，如重大安全生产事故、重大火灾事故、重大砸伤事故、重大触电事故、重大爆炸事故等。

三、重大事故应急管理机构与职责

（一）应急指挥领导小组

1．应急指挥领导小组的具体应急工作由总经办统一组织，总经理担任组长，生产总监担任副组长，具体成员为企业各部门经理。

2．应急指挥领导小组职责：组建应急救援队伍；组织预案的实施和演练；检查、督促事故应急救援的各项准备工作；事故状态下按照应急救援预案实施救援。

（二）应急组织机构的应急小组

1．应急组织机构由消防灭火组、警戒疏散组、抢险抢修组、物资供应组、交通运输组、医疗救护组、联络协调组7个应急小组组成。

2．在发生重大事故时，各个应急小组的主要职责如下。

（1）消防灭火组。若发生火灾或其他重大突发性事故时，应立即赶到事故现场进行火灾扑救或应急救援工作。

（2）警戒疏散组。负责布置安全警戒，保证现场秩序；实行交通管制，保证现场道路畅通；加强保卫工作，禁止无关人员、车辆通行；紧急情况下组织人员疏散。

（3）抢险抢修组。负责设备维修、复位，制定安全措施，监督、检查安全措施的落实情况。

（4）物资供应组。负责应急状态下应急物资的供应保障，如设备零配件、工具、沙袋、铁锹、消防泡沫、水泥、防护用品等。

（5）交通运输组。负责运输车辆的保障工作。

（6）医疗救护组。负责联系医疗机构；组织救护车辆及医务人员、器材进入指定地点；组织现场抢救伤员等。

（7）联络协调组。负责应急抢险过程中的通信与联络事项，保证通信畅通，负责各小组之间的协调以及与外部机关的联系、协调工作。

四、应急程序

1．重大事故发生与应对。

（1）当企业发生重大事故时，第一发现人应立即找附近的电话，向应急指挥领导小组说明重大事故地点、事故类型等概况。

（2）事故若发生在夜间或节假日，报告人员应向行政值班人员报告，由行政值班人员向应急指挥领导小组组长及副组长报告事故情况。

（3）值班人员、行政值班人员、应急指挥领导小组组长及副组长在接到重大事故报告时，应问清报告人姓名、部门、联系电话、事故发生时间、地点、事故原因，做好电话记录，并向上级有关部门报告。

2．组建救援队伍。

（1）应急指挥领导小组组长及副组长接到报告后，应立即通知应急指挥领导小组所有成员到达事故现场。

（2）应急指挥领导小组各位成员接到通知后，应立即组织本组的工作人员并准备抢险装备，然后赶往事故现场，向现场组长报到，了解现场情况，接受任务，并实施统一的救援工作。

3．设立临时指挥部及急救医疗点。

（1）各救援队伍进入事故现场后，应选择有利地形设立临时指挥部及急救医疗点。

（2）各救援队伍应尽可能地靠近应急指挥领导小组，随时保持与应急指挥领导小组的联系。

（3）应急指挥领导小组、各救援组、医疗组应设置醒目标志，方便救援人员和伤员识别。

4．抢险救援。进入现场的各支救援队伍要尽快按照各自的职责和任务开展救援工作，现场指挥领导小组要迅速查明事故原因，明确事故危害程度，然后制定救援方案，并根据事故灾情严重程度，决定是否需要外部援助。

5．现场医疗急救。

（1）医疗救护组在事故初起阶段就应与离企业最近的医院联系，说明事故情况及人员伤亡情况，做好紧急救护的准备。

（2）医疗救护组必须第一时间在现场对伤员进行急救处理，急救时按伤情先重后轻的原则进行治疗。

（3）经现场处理后，迅速护送伤员至医院救治，并提前与医院沟通以做好伤员的交接，防止危重伤员伤情加深。

6．疏散撤离。在发生安全生产事故时，企业应进行紧急疏散，具体措施包括但不限于以下6点。

（1）紧急疏散的信号发布后，员工应按照企业制定的紧急疏散路线图，有序、快速地到指定的安全地点集合。

（2）由各部门指定的负责人进行人数清点。

（3）如果企业车间发生火灾事故，应紧急启动应急系统，并对车间人员进行疏散。

（4）应急救援义务队员，戴防毒面具，穿防护服，并到现场疏散人员到安全地。

（5）及时抢救车间成品库的成品物资。

（6）组织供电检修人员及时抢修照明系统，并打通所有门窗，尽可能地转移成品物资，以减少更大的财产损失。

五、附则

1．本预案由总经办负责编制、解释与修订。

2．本预案自××××年××月××日起生效。

执行部门/责任人		监督部门/责任人		编修部门/责任人	

4.2　产品质量不合格风险

　　产品质量不合格是企业对社会和公众不负责的表现，也是企业没有承担社会责任的表现。如果企业不严格做好产品的质量控制，当缺陷产品流入市场后也不积极召回，那么企业在公众心目中的形象与公信力就会大打折扣。

4.2.1　风险点识别与评级

　　产品质量不合格风险点识别与评级如表4-3所示。

表4-3　产品质量不合格风险点识别与评级

风险点	风险点描述	风险评级	风险发生频率	对业务影响	风险应对策略
产品质量标准体系不健全	企业的产品质量标准体系不健全，导致企业生产出不合格的产品	2	中	重要	风险规避
质量控制和检验制度不完善	企业的产品质量控制和检验制度不完善，导致劣质产品流入市场，损害企业形象，甚至会引发产品安全事故	3	中	重要	风险规避、风险降低
产品售后服务不重视	企业对售后服务工作不重视，导致企业难以获得消费者的信赖与支持	4	中	轻微	风险规避、风险转移

4.2.2　检验控制：产品质量控制与检验制度

以下是产品质量控制与检验制度，仅供参考。

制度名称	产品质量控制与检验制度	编　号	
		受控状态	

第1章　总　则

第1条　目的。

1．为保证产品质量，使其符合法律法规规定和市场需求。

2．为加强产品质量检验工作的管理，使检验工作客观、公正地进行，保证检验结果的准确性。

第2条　本制度适用于对企业产品质量的控制与检验工作的管理。

第2章　产品质量检验标准

第3条　质量检验标准的范围。

1．原辅料质量检验标准。

2．生产过程质量检验标准。

3．成品质量检验标准。

第4条　质检部要严格执行国家标准、行业标准和企业标准。已有国家标准、行业标准的产品，不得另订标准，但可以制定高于国家标准或行业标准的企业标准；没有国家标准、行业标准的产品，可以制定企业标准。企业标准的制定和修订，由质检部提出标准草案。

第5条　质检部会同生产部、营销部、研发部及有关人员开会讨论，分别将原辅料、生产过程以及成品的检查项目规格、质量标准、检验频率、检验方法及使用仪器设备等填制成"质量检验标准表"，并将其交有关部门主管核签并经总经理核准后，分发给有关部门。

第6条　对于质检部自行制定的产品质量检验标准，应于每年年底前参照以往质量实绩后至少重新校正一次。

第3章　原辅料质量检验

第7条　原辅料质量检验程序。

1．质检部在收到原辅料检验申请后，应制定相应的检验方案，包括检验项目、检验标准、具体检验方式及操作要求等。

2．质检人员对到货的原辅料实施质量检验，并按照操作标准进行检验。

3．质检人员出具"原辅料质量检验报告"，签署意见，并交质检部经理审核。

4．若判定原辅料不合格，则填制"质量异常处理表"，报质检部经理审批核准后，作出处理，必要时通知采购部联络客户处理。

5．原辅料检验合格后，材料保管人员根据审核后的检验报告，办理原辅料入库手续。

6．质检人员依据情况在必要时针对原辅料向相关部门提出改善意见和建议。

7．反馈原辅料检验情况，及时将原辅料供应商交货质量情况及检验处理情况登记于"供应商资料卡"内，供采购部掌握情况。

第8条　原辅料质量检验操作规定。

1．质检人员必须有高度的责任感和认真负责的工作态度，不得马虎粗心，防止漏检和错检，更不能弄虚作假。

2．只有经过检验达到质量标准，并由检验员签署"合格"的原辅料，材料保管人员方能办理正式的入库手续，否则若出现问题，则由材料保管人员承担责任。

3．质检人员在检验时如遇到无法判定合格与否情况时，应快速向部门主管汇报并安排或请求有关技术人员会同验收，判定合格与否，会同验收者亦必须在检验记录单上签字。

4．对于特殊重要物（如特别昂贵、特别稀有的），应实行全检操作。

5．对于随机抽样物，在发现有疑点时应反复多次抽样，以防误差严重。

6．对于须使用仪器等检测工具时，应校正并确认工具合格后方能使用。

第4章　生产过程质量检验

第9条　生产前准备工作。

1．操作人员在开始操作前，须对生产设备、工具、原辅料按照操作规范进行检查。

2．操作人员在正式生产前，须对生产设备、工具及此次生产投入的原辅料进行试运行。

3．操作人员发现不合格的原辅料应停止使用，并及时上报上级领导。

4．操作人员对不准确的设备、工具应停止使用，并及时进行校正或通知相关部门进行维修。

第10条　生产过程实行三检制进行质量把关工作。

1．自检。由操作人员按照质量标准对自己的生产加工对象在生产过程中进行控制与把关。

2．互检。车间内部各工段班组之间在进行下道工序接到上道工序的制品时，应检查上一工段的质量合格后方能继续作业。

3．总检。由质量检验人员进行总体把关和检查。

第11条　生产过程中的报检规定。

1．操作人员在本工段生产完成后，须经质检人员实施首检并确认合格后方能转入下一工段继续生产。

2．在自检与互检中发现异常而又无法确认是否合格时，应及时报检。

3．每个工段生产完成后须转下一工段时，应报检。

4．已形成产成品且须入仓库时，应报检。

第12条　操作人员在生产过程中发现异常现象，应及时将信息反馈给当班生产主管进行处理。如因工艺备品质量或设备因素不能调整时，应向主管领导汇报，立即停止生产作业，待找出异常原因并加以处理且确认正常后，方可继续生产作业。

第13条　质检人员在抽检中发现异常时，应及时将存在的问题反馈至当班生产主管。如因工艺备品或设备问题异常导致问题得不到处理时，其有权责令停止生产作业，并向生产主管或相关领导汇报情况，待问题解决后方可继续进行生产。

第14条　发现的异常原因与相关部门相关时（如原料问题属采购部，设备故障属设备管理部，工艺问题属工艺技术部），生产部应及时通知各相关部门加以解决，不得延误。

第5章　成品质量检验

第15条　成品入库质量检验程序。

1．质检人员根据质量检验标准对成品进行检验，然后出具成品检验报告，并签署意见。

2．若发现成品存在质量问题，则填制"质量异常处理表"，报质检部经理审批核准后，作出处理。

3．质检部会同生产部及相关人员，进行质量异常原因分析，制定相应的处理措施和纠正预防措施，并监督相关部门执行。

4．质检人员对预定入库的批号，逐项依"制造流程卡"及有关资料审核，确认后方可入库。

第16条　成品出货质量检验操作规定。成品须经质检人员鉴定合格后，方可出库发货。成品出货质量检查内容包括以下4项。

1．检查成品是否变形、受损，配件、组件、零件是否松动、脱落、遗失。

2．测试成品是否符合规格，零配件尺寸是否符合要求，包装袋、盒、外箱是否符合要求。

3．检验成品的物理、化学特性是否产生变化及对成品的影响程度。

4．检查成品的包装和标识是否符合要求。

第6章　附　则

第17条　本制度由总经办负责编制、解释与修订。

第18条　本制度自××××年××月××日起生效。

编修部门/日期		审核部门/日期		执行部门/日期	

4.2.3　召回设计：产品召回管理制度

以下是产品召回管理制度，仅供参考。

制度名称	产品召回管理制度	编　号	
		受控状态	

第1章　总　则

第1条　为避免已流入市场的缺陷产品对消费者权益造成损害，维护消费者人身健康安全与企业的公众形象，使企业可以规范地召回流动中的缺陷产品，特制定本制度。

第2条　本制度适用于企业控制与管理缺陷产品的召回工作。

第2章　产品召回启动

第3条　产品召回条件。

发生以下问题的产品，企业应对其实施紧急召回，不得放任产品继续流通。

1．含有特殊危险成分，已经导致部分使用者出现生命危急的产品。

2．可能诱发严重疾病、传染病的产品。

3．因产品本身存在问题，容易发生爆炸、火灾、有害物质泄漏等情况的产品。

4．对于特定群体的用户，可能会使其在使用过程中造成伤残、窒息等后果的产品。

5．法律法规规定的其他不安全产品。

第4条　产品召回领导小组。

1．产品召回的管理工作由产品召回领导小组统一组织，总经理担任组长，生产总监、研发总监、营销总监担任副组长，具体成员为企业各部门经理。

2．产品召回领导小组要定期对即将流入市场或已经流入市场的可能存在安全隐患的产品进行质量评估，并制订召回计划。

3．产品召回领导小组要严格控制产品召回工作的处理进度，并对产品召回工作的全过程做好记录。

第3章　产品召回准备

第5条　质量管理部发现产品可能存在质量缺陷后，应及时上报研发总监，由研发总监对产品质量进行确认，若确认产品存在质量缺陷，须及时向总经理汇报。

第6条　当质量管理部未发现产品可能存在质量缺陷，但售后服务部收到了消费者或其他相关部门反映的产品质量问题时，须对收集到的产品质量问题进行核查，一旦查实，应立即向总经理汇报。

第7条　产品召回计划。

1．总经理收到产品质量问题反馈后，应组织并带领各部门进行问题调查、产品召回和生产改进活动，具体为组织相关部门负责人收集有关缺陷产品的材料和数据，确定存在问题的产品类型及发货批次数量、流通范围，分析召回行动应该如何实施，最大程度地减少对社会及企业的危害。

2．总经理确定缺陷产品的基本情况后，应组织各部门负责人召开会议，商议并制订产品召回计划，产品召回计划主要内容包括但不限于以下几项。

（1）缺陷产品可能造成的危害。

（2）产品型号、已销售数量、库存数量。

（3）召回信息发布渠道。

（4）召回实施途径。

（5）缺陷产品的补救措施。

第8条　产品召回信息发布。

1．各部门负责人向本部门人员发布缺陷产品召回通知，并停止缺陷产品的生产、交易、发货活动，封存库存产品。

2．总经理通过各种媒体或经销商向社会发布缺陷产品召回信息，召回信息的主要内容如下。

（1）缺陷产品的名称、照片、型号及潜在危害，并告知各界对此应采取的一系列措施，使消费市场及时停止此产品的销售、消费活动。

（2）产品召回方式。

第4章　召回工作实施

第9条　召回时限。

1．自发布召回通知三日内，全面停止缺陷产品流通和消费，七日内召回缺陷产品。

2．缺陷产品的危害程度越大，召回时限应越短。

第10条　召回实施职责分配。

1．若产品材料存在问题，采购部负责通知问题材料的供应商。

2．生产部负责提供召回产品的内部生产信息，并协助核对召回产品的数量，对需要改进的工艺或流程等实施改进活动。

3．市场部负责通知客户、批发商、零售商等，实施产品召回并给予相应的维修服务或退款、赔偿。

4．仓储部负责接收缺陷产品，并对其进行标识区分，隔离存放，留待后续处理。

5．质量管理部负责监督召回产品的生产改进活动，确认召回活动能够实现预期的目标。

6．财务部实施召回活动的财务预算、资金调配与支出记录。

第11条　召回产品入库。

1．产品召回领导小组回收缺陷产品后须组织入库前检验，检验人员须现场对产品进行检验，检验的主要内容是产品的品名、批次、规格、数量，确认无误后对产品进行入库管理，并将产品统一放置在仓库内的召回品专用区域。

2．召回产品入库后，须有专门的人员进行统一管理，未经产品召回领导小组组长或副组长同意，其他人员不得移动或挪用召回产品。

第12条　召回终止。当召回项目已完成，企业能力所及范围的缺陷产品已全部回收完毕后，召回活动即可终止。各部门应于发出召回通知的20日内提交召回信息及总结报告。

**第13条　**若因质量问题对产品进行召回，质量管理部应于产品召回工作完成后，对召回产品进行质量检验，确定召回产品存在的质量问题和可能造成的影响，并作出相应处理。

**第14条　**质量管理部应会同生产部及其余有关部门，制定针对质量问题的纠正措施，并详细记录质量问题的成因和可能产生的影响，上报总经理，由总经理审批通过后，责令有关部门进行整改，防止相同的问题再次发生。

第5章　产品召回反馈

第15条　召回记录备案。召回协调官向总经理及当地监管机构提交召回结果报告，并将召回事件原因、规模、采取的措施、达到的效果进行汇总与记录，并在企业事故档案中备案。

第16条　产品改进反馈。收集客户对于缺陷产品召回措施的反馈情况，制定相应的生产改进应对策略，由质量管理部监督后续改进效果的持续情况，并将相关记录汇入该产品的召回档案中。

第6章　附　则

**第17条　**本制度由总经办负责编制、解释与修订。

**第18条　**本制度自××××年××月××日起生效。

编修部门/日期		审核部门/日期		执行部门/日期	

4.3 环境保护不力风险

企业应按照国家有关环境保护与资源节约的规定，并结合自身实际情况，建立环境保护、资源节约、废物回收和循环利用的相关制度，承担应尽的节能减排的责任，并制定环境污染应急管理制度，做好应对紧急、重大污染事件的准备，降低因环境保护不力而给企业带来的风险。

4.3.1 风险点识别与评级

环境保护不力风险点识别与评级如表4-4所示。

表4-4 环境保护不力风险点识别与评级

风险点	风险点描述	风险评级	风险发生频率	对业务影响	风险应对策略
资源综合利用率不高	企业未建立完善的环境保护与资源节约制度，导致污染物排放工作失控，资源难以被充分利用	4	中	一般	风险规避
能耗与污染物排放水平超标	企业对环境保护工作的人力、物力、财力投入不高，难以改善工艺流程，降低能耗	3	中	一般	风险规避、风险降低
不可再生资源使用过度	企业不重视资源节约与资源保护，导致企业过于依赖不可再生资源	3	中	重要	风险规避
环境保护监控不到位	企业未建立完善的环境保护与资源节约制度，导致企业不能及时发现环境保护工作中存在的问题，使得问题的影响逐渐被扩大	4	高	一般	风险规避、风险降低
紧急污染事件处理不及时	企业未建立完备的环境污染应急管理制度，导致企业难以及时地解决紧急的环境污染问题	1	高	重要	风险规避

4.3.2　环保设计：环境保护与资源节约制度

以下是环境保护与资源节约制度，仅供参考。

制度名称	环境保护与资源节约制度	编　号	
		受控状态	

第1章　总　则

第1条　为提高资源利用效率，减少废物的产生量和排放量，保护和改善环境，特制定本制度。

第2条　本制度适用于企业各部门资源节约和环境保护的管理工作，包括节能节水、废物回收利用等。

第2章　资源节约管理

第3条　禁止引进和生产被政府主管部门列入淘汰名录的技术、工艺、设备、材料和产品。

第4条　对在拆解和处置过程中可能造成环境污染的电器等电子产品，禁止设计与使用被国家禁止使用的有毒、有害物质。

第5条　技术和产品设计人员，在进行工艺、设备、产品及包装物设计时，应当按照减少资源消耗和废物产生的要求，优先选择易回收、易拆解、易降解、无毒无害或者低毒低害的材料和设计方案，且须符合有关国家标准的强制性要求。

第6条　技术和产品研发人员，应加强节能环保产品和技术的开发，逐步减少不可回收和限制材料的使用。

第7条　建设新项目应积极推行清洁生产，采用清洁生产工艺。

第8条　节水管理。

1．企业应采用先进或适用的节水技术、工艺和设备。

2．制订并实施节水计划，加强节水管理，对生产用水进行全过程控制。

3．开展节水减污活动，采取一水多用，循环使用，提高水的综合利用率。

4．企业应加强用水量管理，配备和使用合格的用水计量器具，进行水耗记录和用水状况分析。

5．新建、改建、扩建建设项目，应当配套建设节水设施。

6．尽量进行海水淡化和海水直接利用，节约淡水资源。

第9条　节电管理。

1．淘汰高耗电设备，积极采用节电新技术和设备。在进行项目建设和设备改造、更新时，淘汰被国家明令禁止使用的高耗电设备和产品。

2．在采购重要电气设备或元器件时，除符合企业要求外，尽量采购具有节能标识的电气设备或元器件。

3．合理安排生产计划，尽量避免在用电高峰期进行生产作业，并减少动力设备的空载操作。

4．各部门员工在下班时，应由负责人或最后离开的员工关闭电脑、饮水机、灯、空调等的电源。

5．会议室不使用时，应关闭会议室内的照明、空调和其他用电设施等电源。会议结束时，各部门员工应及时将照明灯、空调等电源关闭。

6. 夏季，办公室的空调温度应不低于26摄氏度，非工作时间尽量不使用空调。

7. 办公室禁止使用生活电器，严禁对企业的任何电源的配置进行擅自接触和改动。

第3章　综合利用管理

第10条　废物利用。

1. 对废物进行再利用和资源化过程中，应当保障生产安全，保证产品质量符合国家规定的标准，并防止产生再次污染。

2. 企业应采用先进或适用的回收技术、工艺和设备，对生产过程中产生的废渣、废水、废气、余热、余压等进行回收和综合利用。

3. 回收的电器等电子产品，经过修复后销售的，必须符合国际规定的再利用产品标准，并在显著位置标识为再利用产品。

4. 对生产过程产生的废品进行分类，提高废物回收利用工作的效率。

5. 加强员工对废物利用的宣传教育，提高员工的环保意识。

第11条　治理过度包装。设计产品包装物应当执行产品包装标准，防止因过度包装造成资源浪费和环境污染。

1. 企业严格执行国家包装标准和相关法律法规，做到不生产、不采购和不销售过度包装产品。

2. 根据国家规定和企业实际情况，制定合理的包装标准，并不断优化。

3. 对于可以利用回收的包装物，应尽量回收再利用，提高包装物的回收利用率。

4. 加强包装领域的技术创新，积极开发新材料、新工艺、新设备，减少材料用量、减少污染。

第4章　环境保护管理

第12条　废气、废水排放管理。

1. 废气、废水的排放，须严格按照政府主管部门规定的排放标准进行排放。

2. 加强废气、废水处理设施的建设和更新，以提高净化能力。

3. 建立和完善废气、废水排放控制制度，对废气、废水的排放进行严格检测和控制。

4. 各生产车间产生的工艺废气，应按要求接入废气吸收处理系统，达标排放。

5. 严格控制气体的无组织排放，所有桶、坛、罐等使用后，必须做好加盖密封措施。

第13条　噪声排放管理。

1. 对周边生活环境造成影响的工业噪声，应按照符合国家规定的排放标准进行排放。

2. 企业应严格控制生产活动中在使用生产设备时，产生干扰周围生活环境的噪声。

3. 造成环境噪声污染的设备的种类、数量、噪声值和防治设施如有重大改变的，须及时上报质量管理部，并采取应有的防治措施。

第14条　固体废弃物管理。

1. 对各类固体废弃物进行分类管理，特别是对危险性固体废弃物的跟踪与监督管理，并且危险性固体废弃物必须送到有环保处理资质的部门进行处理。

2. 对不可回收的固体废弃物和垃圾，由后勤部统一运至当地环卫部门进行处理，并做好相应的记录。

3. 对于可回收但企业不能再利用的废弃物，由后勤部统一集中进行回收处理。

4. 对于废电池、废旧日光灯管、墨盒等，由后勤部集中收集到指定位置进行处理。

第15条　其他环保管理。

1．质量管理部制定监督、巡查管理规范，加强对各环境因素的监督和管理，定期通报企业的环境状况并及时上报企业负责人。

2．新改扩建项目、新工艺、新产品和新设备引进时，环保设施必须与主体工程同时设计，同时施工，同时投产使用。

3．后勤部应保证企业区域内绿化带绿植的成活率，并定期修剪，及时增补，使绿化面积比例逐年提高。

4．质量管理部定期组织环保培训，逐步增强全体员工的环境保护意识，动员员工参与环境保护工作。

<h3 style="text-align:center">第5章　附　则</h3>

第16条　本制度由行政管理部负责编制、解释与修订。

第17条　本制度自×××年××月××日起生效。

编修部门/日期		审核部门/日期		执行部门/日期	

4.3.3　回收设计：废料回收与循环利用制度

以下是废料回收与循环利用制度，仅供参考。

制度名称	废料回收与循环利用制度	编　　号	
		受控状态	

第1章　总　则

第1条　目的。

1．使企业的生产材料、各类设备、各种器具以及其他各类物品得到最充分的利用，发挥其自身最大的价值和效用，避免一切浪费。

2．确保企业一切废料都能得到有效的管理和控制，保障企业整体环境的整洁和美观。

第2条　本制度适用于企业对废料的回收与循环利用工作的管理和控制。

第2章　废料归集管理

第3条　工件完工后，生产操作人员应及时把边角余料放入废料箱，当废料箱装满或某一批次产品完成后，填写"工序边角余料转交单"，通知仓库管理员办理转交手续，并转运到规定的废料区。

第4条　仓库管理员接转后，如无异议，在"工序边角余料转交单"上签字确认，转交单一式三份，仓储部、生产部与采购部各留存一份。

第5条　金属切屑的归集。每天下午下班前，当班人员应把自己所负责的区域内的金属切屑清扫干净，并放入规定的切屑存放区。

第6条　外购物品的包装物归集。按照包装中的物品"谁使用，谁归集"的原则，统一放置到企业规定的包装物存放区。

第7条　报废物品归集。由使用人、使用部门或归口管理部门提请书面报告，写明报废物品具体的名称、型号、原值、本品使用寿命、使用年限、报废原因，提交使用部门经理或归口管理部门经理、生产总监、总经理签字，原值在一万元以上的，还须由董事长签字批准。

第8条　报告人将签批的报告一份送交财务部作资产处理，一份交仓库管理员并办理转交手续，一份交采购部作变卖处理，一份由本部门留存。

<h3 style="text-align:center">第3章　废品、废料处置管理</h3>

第9条　生产工序中的边角余料、金属切屑、外购物品的包装物达到一定的储量或有必要时，仓库管理员应填写"废品、废料处理申报单"。申报单填写完毕后，提交行政总监审核，总经理审批后，转交采购部进行变卖处理。

第10条　当出现市场价格对企业非常有利的情况时，采购部应及时提示仓库管理员进行废品、废料申报。

第11条　为了确保企业在废品、废料处理时获取最大的经济效益和增加透明度，采购部应全面了解相关废品、废料的市场行情和价格发展趋势，积极寻找和联系买方，对于潜在的买方或者是有兴趣的买方，无论是企业还是个人，都要将其信息登记到"买方信息登记表"中。登记表如有更新，应呈报行政总监和总经理各一份。

第12条　采购部接到仓库管理员递交的"废品、废料处理申报单"后，应及时与买方联系，征询报价，必要时，可采取招标拍卖的形式进行处置，并通过广泛的价格对比，选择最高报价的客户作为废品、废料的买方。同时，采购部应把买方选择确定的情况形成书面报告呈报行政总监及总经理。

第13条　买方确定后，采购部废品处置员、仓库管理员和买方共同对所处置的物品进行数量或重量的确认，并由采购部填写"废品、废料发货单"。

第14条　"废品、废料发货单"须由仓库管理员、采购部废品处置员、买方代表三方签字，总经理签批。发货单一式三份，仓储部、采购部、买方各执一份，采购部将此发货单呈报行政总监及总经理。

第15条　财务部根据发货单收取货款，并开具收款收据，待买方付清货款后，财务部把收款收据交给买方，并按照发货单品类和数量为买方开具出门证。

第16条　账务处理。废品、废料被变卖后，财务部须根据相关凭证和单据进行账务处理。

<h3 style="text-align:center">第4章　附　则</h3>

第17条　本制度由行政管理部负责编制、解释与修订。

第18条　本制度自××××年××月××日起生效。

编修部门/日期		审核部门/日期		执行部门/日期	

4.3.4　应急设计：环境污染应急管理制度

以下是环境污染应急管理制度，仅供参考。

制度名称	环境污染应急管理制度	编　　号	
		受控状态	

第1章　总　则

第1条　为了加强对环境污染事故应急处理的管理，及时报告、调查和处理环境污染事故，最大限度地降低环境污染事故所带来的影响，特制定本制度。

第2条　本制度适用于企业对突发的环境污染事故的管理和控制。

第2章　环境污染事故分级

第3条　特别重大环境污染事故。凡符合下列情形之一的，为特别重大环境污染事故。

1．死亡人数为30人以上，或重伤（中毒）人数为100人以上的。

2．因环境事件须疏散、转移群众人数为5万人以上，或直接经济损失在1000万元以上的。

3．区域生态功能严重丧失或濒危物种生存环境遭到严重污染的。

4．因环境污染使当地正常的经济、社会活动受到严重影响的。

5．利用放射性物质进行人为的破坏事件，或因Ⅰ、Ⅱ类放射源丢失、被盗、失控造成大范围严重辐射后果，或者放射性同位素和射线装置失控导致3人以上（含3人）急性死亡的。

6．因环境污染造成重要城市主要水源地取水中断的污染事故的。

7．因危险化学品（含剧毒品）在生产和贮运中发生泄漏，严重影响人民群众生产、生活的污染事故的。

8．国家、省指令确认的核试验一级应急状态（红色）的。

第4条　重大环境污染事故。凡符合下列情形之一的，为重大环境污染事故。

1．死亡人数为10人以上30人以下，或中毒（重伤）人数为50人以上100人以下的。

2．区域生态功能部分丧失或濒危物种生存环境受到污染的。

3．因环境污染使当地经济、社会活动受到较大影响，疏散并转移群众人数为1万人以上5万人以下的。

4．因Ⅰ、Ⅱ类放射源丢失、被盗、失控，或者放射性同位素和射线装置失控导致2人以上（含2人）急性死亡，或10人以上（含10人）发生急性重度放射病、局部器官残疾的。

5．因环境污染造成重要河流、湖泊、水库及沿海水域大面积污染，或者县级以上城镇水源地取水中断的污染事件的。

6．国家、省指令确认的核试验二级应急状态（橙色）的。

第5条　较大环境污染事故。凡符合下列情形之一的，为较大环境污染事故。

1．死亡人数为3人以上10人以下，或中毒人数为（重伤）50人以下的。

2．因环境污染造成跨地级行政区域纠纷，致使当地经济、社会活动受到影响的。

3．因Ⅲ类放射源丢失、被盗、失控，或者放射性同位素和射线装置失控导致9人以下（含9人）发生急性重度放射病、局部器官残疾的。

4．国家、省指令确认的核试验三级应急状态（黄色）的。

第6条　一般环境污染事故。凡符合下列情形之一的，为一般环境污染事故。

1．死亡人数为3人以下的。

2．因环境污染造成跨县级行政区域纠纷，引起一般群体性影响的。

3. 因Ⅳ类、Ⅴ类放射源丢失、被盗、失控，或者放射性同位素和射线装置失控导致人员受到超过剂量限值的照射的。

第3章 环境污染事故应急处理小组

第7条 指挥领导小组。

1. 环境污染事故相关的应急处理事项主要由安全管理部牵头，各部门共同配合。

2. 安全管理总监与安全管理部经理共同组成指挥领导小组。

3. 安全管理总监负责指挥、协调整个污染事故应急救援工作，并在处理完环境污染事故后，进行事故调查、经验教训总结、伤亡人员的善后安抚等工作，以及协助相关政府行政部门进行调查，提供资料。

4. 安全管理部经理负责事故预警、防护及报警、事故处置的指挥；负责疏散、防护、医疗救护、物质供应、抢险、后勤保障、污染防治等工作的开展；负责事故原因的调查及隐患整改、经验教训总结等工作；负责安全管理总监不在时的职责。

第8条 救援与后勤保障小组。

1. 生产部经理与行政部经理共同组成救援与后勤保障小组。

2. 生产部经理负责组织各车间生产人员进行救援小组的劳动力调配，协调应急救援物质，维护好工器具的供应和保障等。

3. 行政部经理负责消防、治安、疏散等工作指挥，并联络医院及医护人员对中毒、受伤人员进行急救与救护等；负责现场应急救援人员、中毒人员的生活服务及后勤保障。

第9条 安全环保小组。

1. 安全管理部副经理及部分安全管理部专员共同组成安全环保小组。

2. 安全环保小组负责对事故突发现场有毒有害污染物扩散区域内的环境监测、污染防治的指挥。

第4章 环境污染事故应急处理程序

第10条 环境污染事故上报。

1. 突发环境污染事故现场人员应作为第一责任人立即向应急值班人员或有关负责人报警，其他获知该信息人员也有责任立即报警。

2. 应急值班人员或有关负责人接到报警后应立即向本厂应急指挥负责人及政府环境保护部门报告。

第11条 启动环境污染事故应急预案。工厂应急指挥负责人根据报警信息，启动相应的应急预案。

第12条 根据环境污染事故的危害特性和有关经验，对可能发生的突发事件进行分类，规定相应的处置方法和处理程序，内容包括排险、控制污染2个方面。

第13条 根据泄漏的危险物质种类、危害特性，作出应急救护的规定，包括个体防护、急救的方法、所需药品和医疗器材等。

第14条 事故调查。负责事故的责任调查，总结环境污染事故的经验教训，并提交污染危害评估报告。

第15条 环境污染事故应急救援终止。当救援工作结束后，应通知企业相关部门、周边社区及人员，告知环境污染事故危险已解除。

第16条 善后处理。清除环境污染事故现场遗留的污染物质，并制定相应的防范措施。

第5章　附　则		
第17条　本制度由安全管理部负责编制、解释与修订。		
第18条　本制度自××××年××月××日起生效。		
编修部门/日期	审核部门/日期	执行部门/日期

4.4　批量裁员风险

企业必须对裁员的过程做好管理和控制，避免在正常经营过程中批量裁员，增加社会负担。若因经济性问题迫不得已必须裁员，则应该清楚与经济性裁员相关的法律法规，合法、合规地裁员，从而降低经济性裁员存在的潜在风险。

4.4.1　风险点识别与评级

批量裁员风险点识别与评级如表4-5所示。

表4-5　批量裁员风险点识别与评级

风险点	风险点描述	风险评级	风险发生频率	对业务影响	风险应对策略
人力资源政策贯彻不到位	企业没有贯彻人力资源政策或贯彻不到位，导致员工难以依法享有劳动权利，履行劳动义务	3	中	重要	风险规避
薪酬制度和激励机制不完善	企业未建立完善的员工薪酬制度和激励机制，导致员工就薪酬问题与企业发生纠纷	3	中	重要	风险规避、风险降低
员工福利待遇不完善	企业没有及时为员工提供保险、休假、健康监护等相关福利，导致员工不能享受应有的福利	4	中	一般	风险规避

风险点	风险点描述	风险评级	风险发生频率	对业务影响	风险应对策略
工作氛围建设不到位	企业没有建设一个平等、无歧视的工作氛围，导致员工没有享有平等的发展机会，得不到尊重	5	高	一般	风险规避、风险降低
社会公益相关意识不强	企业的社会公益相关意识不强，导致企业忽视社会公益方面应尽的责任与义务	5	中	轻微	风险规避、风险降低

4.4.2　合规裁员：经济性裁员法律法规

企业因自身原因须进行经济性裁员时，应根据国家制定的相关法律法规来进行合规裁员，以保障员工的合法权益，维护企业自身的形象。

《中华人民共和国劳动合同法》第四十一条规定："有下列情形之一，需要裁减人员二十人以上或者裁减不足二十人但占企业职工总数百分之十以上的，用人单位提前三十日向工会或者全体职工说明情况，听取工会或者职工的意见后，裁减人员方案经向劳动行政部门报告，可以裁减人员：

（一）依照企业破产法规定进行重整的；

（二）生产经营发生严重困难的；

（三）企业转产、重大技术革新或者经营方式调整，经变更劳动合同后，仍需裁减人员的；

（四）其他因劳动合同订立时所依据的客观经济情况发生重大变化，致使劳动合同无法履行的。

裁减人员时，应当优先留用下列人员。

（一）与本单位订立较长期限的固定期限劳动合同的；

（二）与本单位订立无固定期限劳动合同的；

（三）家庭无其他就业人员，有需要扶养的老人或者未成年人的。

用人单位依照本条第一款规定裁减人员，在六个月内重新招用人员的，应当通知被裁减的人员，并在同等条件下优先招用被裁减的人员。"

4.4.3　流程控制：经济性裁员报备流程

经济性裁员报备流程如图4-1所示。

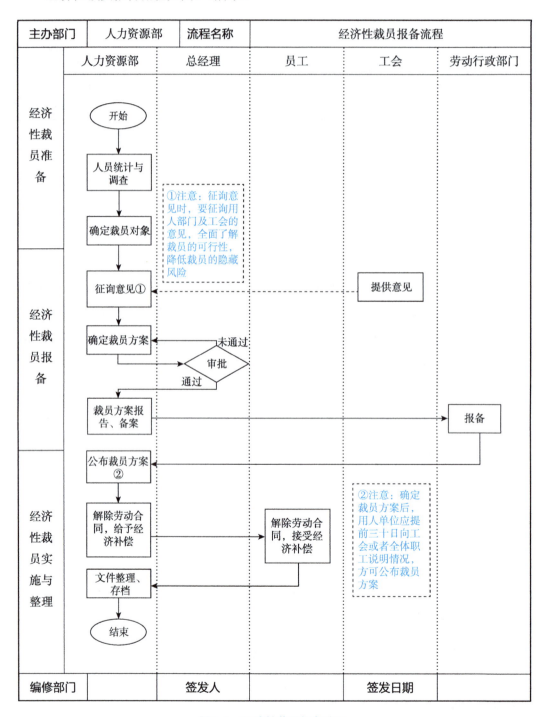

图4-1　经济性裁员报备流程

4.4.4　制定方案：经济性裁员方案

以下是经济性裁员方案，仅供参考。

方案名称	经济性裁员方案	编　号	
		受控状态	

一、控制目标

为了优化员工队伍，提高企业各部门的工作效率，为员工提供更好的工作条件，调整现有的人员配置情况，特制定本方案。

二、实施范围

本方案适用于企业对经济性裁员工作的管控。

三、核心任务

1. 通过裁减员工，为其余岗位人员提供更好的薪酬待遇。

2. 优化现有人员配置，淘汰工作效率比较低下的员工，提升企业各部门的工作效率。

四、实施原则

1. 合法性原则。企业在进行经济性裁员时，要清楚并遵守国家关于裁员的各项法律规定，合规地开展裁员工作。

2. 公平性原则。企业裁员的最终目的是提高企业的经营效率，在裁员时要按照公开的、统一的标准进行裁员，杜绝因人设岗的现象，提高企业的公信力，避免因不公平裁员引发纠纷。

3. 人性化原则。裁减员工时不能忽视员工的实际困难情况，对被裁员工要根据统一的标准切实做好精神上与物质上的安抚工作。

五、执行细节

（一）人员统计与调查

1. 人力资源部根据总经办下达的经济性裁员指令，通过逐岗查对、员工花名册查对等方式对所须裁员的部门进行人员情况统计。

2. 须裁员部门应按照现有的工作情况，重新进行本部门的组织架构设计，做到因事设岗，杜绝因人设岗，同时了解本部门的岗位设置是否合理，在岗员工的工作量是否饱和等，并提交给人力资源部。

3. 人力资源部根据自身收集到的信息，还有须裁员部门提供的部门岗位情况，得出人员调查结论并做好记录，最后根据人员调查结论确定须裁员人数。

（二）初步人员确定

1. 被裁减人员主要包括但不限于以下几类人员。

（1）工作期间玩忽懈怠者。

（2）工作饱和度较低者。

（3）经常不能按时完成上级领导布置的工作任务者。

（4）不服从工作管理者。

（5）多次受到批评处罚者。

2．人力资源部制定出初步的裁员名单，并征询须裁员部门经理的意见。

（三）人员确定与交流

1．人力资源部根据各部门经理的意见，确定最终裁员的名单。

2．各部门经理根据裁员名单，准备与被裁减人员进行沟通，安抚好其情绪。

3．各部门经理要充分了解被裁减人员的工作情况、性格、心态、家庭背景等，列出他们可能会提出的疑问及应对措施。

4．各部门经理要进一步了解被裁减人员的家庭情况，看有没有家庭特别困难的，有没有会因为离职而影响家庭生活的，关注一下受裁员影响较大的员工，并作出合理的安排。

（四）补偿标准确定

1．心理安抚。

（1）企业要关注被裁减人员的心理状况，适时对其进行安抚或是心理疏导，避免其因被裁减而产生严重的心理问题，避免劳动纠纷或被裁减人员因不服而打架斗殴甚至轻生等恶性事件的发生。

（2）企业对裁员工作中幸存下来的员工也要做好心理疏导，打消员工的顾虑，帮助员工消除紧张心理，树立信心。

2．经济补偿。

（1）企业需要密切关注被裁减人员的家庭情况，为其提供必要的生活救助。

（2）企业必须制定相应的补偿管理制度，依法对被裁减人员进行一定的经济补偿。

（五）不可裁减人员

1．从事接触职业病危害作业的劳动者未进行离岗前职业健康检查，或者疑似职业病病人在诊断或者医学观察期间的。

2．在本单位患职业病或者因工负伤并被确认丧失或者部分丧失劳动能力的。

3．患病或者非因工负伤，在规定的医疗期内的。

4．女职工在孕期、产期、哺乳期的。

5．在本单位连续工作满十五年，且距法定退休年龄不足五年的。

6．法律、行政法规规定的其他情形的。

（六）裁员方案公布

1．在制定裁员方案的过程中，相关人员必须对裁员方案的详细内容严格保密，违者重处。

2．企业须在正式实施裁员方案前，提前三十天将裁员方案的具体内容告知工会及全体员工，并向劳动行政部门报告裁员方案。

（七）离职手续办理

1．人力资源部负责主持裁员工作，做好与被裁减人员的谈话，并办理合同解除证明，签订裁员补偿协议。

2．用人部门负责协助做好被裁减人员的思想工作和工作交接，包括材料物资、设施设备的交接等。

3．财务部负责核算被裁减人员的工资，做好经济补偿及发放工作。

六、附则					
1．本方案由人力资源部负责编制、解释与修订。					
2．本方案自××××年××月××日起生效。					
执行部门/责任人		监督部门/责任人		编修部门/责任人	

4.4.5　补偿设计：经济性裁员补偿管理制度

以下是经济性裁员补偿管理制度，仅供参考。

制度名称	经济性裁员补偿管理制度	编　号	
		受控状态	

第1章　总　则

第1条　为了规范企业在经济性裁员时合法、合规地对被裁减员工进行补偿，避免企业与被裁减员工之间产生纠纷，特制定本制度。

第2条　本制度适用于企业对经济性裁员补偿的管控。

第2章　经济性裁员补偿原则

第3条　依法定偿原则。用人单位在对被裁减员工进行经济补偿时，必须且只须按照明确的法律规定对被裁减员工进行经济补偿。

第4条　已有补偿原则。企业只对被裁减员工已工作的年限进行补偿，无须对未履行的剩余合同期进行补偿。

第3章　经济性裁员方案制定

第5条　经济性裁员领导小组。

1．人力资源部经理与各部门经理共同组成经济性裁员领导小组，负责经济性裁员标准的确定和经济性裁员方案的制定。

2．经济性裁员领导小组制定出经济性裁员方案之后，上交总经理审批，通过后方可执行。

第6条　人力资源部应在确定裁员名单后，计算好被裁减员工的应得薪酬，并制作详细的"薪酬构成表"，应得薪酬与"薪酬构成表"须统一发放给被裁减员工。

第4章　经济性裁员补偿标准

第7条　入职不满六个月。对于入职不满六个月的员工，企业在裁减时须支付其半个月的工资作为裁员补偿。

第8条　入职已满六个月不满一年。对于入职已满六个月不满一年的员工，企业在裁减时须支付一个月的工资作为裁员补偿。

第9条　入职已超过一年。对于入职已超过一年的员工，每满一年，企业在裁减时支付一个月的工资作为裁员补偿。

第10条　最高限制。被裁减员工的工资高于用人单位所在直辖市、设区的市级人民政府公布的本地区上年度职工月平均工资三倍的，向其支付经济补偿的标准按职工月平均工资三倍的数额支付，并且向其支付经济补偿的年限最高不超过十二年。

第11条　月工资指被裁减员工在劳动合同解除或终止前12个月的平均工资，按照劳动者应得工资计算，包括计时工资或者计件工资以及奖金、津贴和补贴等货币性收入。

第12条　被裁减员工在劳动合同解除或者终止前12个月的平均工资低于当地最低工资标准的，按照当地最低工资标准计算。

第13条　被裁减员工工作不满12个月的，按照实际工作的月数计算平均工资。

第5章　经济性裁员补偿注意事项

第14条　进行心理疏导。企业在进行经济性裁员后，除给予经济补偿外，还要关注被裁减员工的心理状态，对被裁减且有较大情绪波动的员工，要做好安抚工作，并按照规定支付经济补偿，若有必要，可提供适当的心理辅导。

第15条　明确补偿标准。补偿标准要具有合法性、统一性、权威性，确定并公布之后，补偿工作就按照公布的补偿标准执行，不能随意修改。

第16条　补偿例外。若被裁减员工对企业作出过巨大或者突出贡献的，企业可考虑对这类员工进行额外补偿，但需要在补偿标准里列出明确的可参考依据，避免员工有异议。

第17条　异议处理。若被裁减员工对企业的经济补偿有异议，企业要先稳定被裁减员工情绪，然后通过统一标准向该员工进行解释、说明，并明确企业所提供的裁员补偿是严格符合法律规定的。

第6章　附　则

第18条　本制度由总经办负责编制、解释与修订。

第19条　本制度自××××年××月××日起生效。

编修部门/日期		审核部门/日期		执行部门/日期	

第 5 章

企业文化——风险点识别与管控规范

5.1   企业文化流于形式风险

企业只有有了优秀的文化，才会有向上奋发的基础，才会重视创新，营造出尊重人才和知识的氛围，才能蓬勃发展。因此，企业应当重视文化的养成，提升企业的核心竞争力，避免企业文化流于形式。

5.1.1   风险点识别与评级

企业文化流于形式风险点识别与评级如表5-1所示。

表5-1   企业文化流于形式风险点识别与评级

风险点	风险点描述	风险评级	风险发生频率	对业务影响	风险应对策略
企业文化建设不当	企业没有建设积极向上的企业文化，导致员工对企业文化缺乏信心与认同感	3	低	重要	风险规避
企业文化内容不健全	企业文化没有向员工传递开拓创新、团队协作和风险意识，导致企业发展目标难以实现，不能可持续发展	3	高	重要	风险规避、风险降低
企业文化理念不正确	企业没有树立诚实守信的企业文化理念，导致企业内舞弊事件的发生，损害企业信誉	3	中	重要	风险规避

5.1.2   落地设计：企业文化落地管理制度

以下是企业文化落地管理制度，仅供参考。

制度名称	企业文化落地管理制度	编　　号	
		受控状态	
第1章　总　则			
第1条　为加强企业文化管理，塑造推动企业发展的企业文化，同时加深员工对企业文化的认知，使企业文化可以落到实处，鼓舞和激励企业员工，特制定本制度。			

第2条　本制度适用于对企业文化的建设与落实进行管控。

第2章　企业文化落实准备

第3条　企业文化推进。

1．打造企业外部形象表层文化。

2．进一步完善企业各项规章制度和管理办法，持续推行企业的有效管理，夯实管理基础，着力打造企业管理中层文化。

3．着力培育企业与广大员工的共同利益体，努力达成企业文化与员工的价值观念一致，以企业文化指导员工的思想，推动企业的发展。

第4条　以安全文化落实为企业文化落实突破口，加强员工对企业安全核心理念、制度操作及规范、岗位应知应会、案例教育和员工手册等内容的掌握。

第5条　建立员工交流企业文化心得的平台，鼓励员工积极撰写与企业的文化活动有关的心得体会，并将写得较好的内容整合起来，在企业内部印发。

第6条　人力资源部应加强对员工的先进事迹、外部优秀企业文化落实案例、企业文化的格言、警句、故事等企业文化宣传重要素材的收集与整理，建立并丰富企业文化案例库。

第7条　人力资源部应依据企业文化落实总体规划要求，按照本企业文化活动安排部署，统一组织开展企业文化落实活动和内外宣传工作。

第3章　企业文化落实总体要求

第8条　建立企业文化领导机制，确保企业文化的落地和推进得到领导层的重视和支持，领导层需要成为企业文化的推动者和践行者。

第9条　制定年度企业文化宣传计划，包括企业文化宣传内容、宣传渠道、宣传形式等，确保企业文化能够得到有效的传播和宣传，从而提升员工对企业文化的认同和理解。

第10条　建立完善的企业文化培训计划，对新员工和现有员工进行企业文化培训，加强员工对企业文化的理解和认同。

第11条　建立企业文化激励机制，包括晋升、奖励、表彰等方式，鼓励员工践行企业文化，提升员工对企业文化的认同和推崇。

第12条　建立企业文化监督机制，对企业文化的落地情况进行监督和管理，确保企业文化的有效实施和持续推进。

第13条　建立企业文化反馈机制，让员工能够随时反馈对企业文化的认知和看法，企业可以通过反馈及时调整和完善企业文化的实施方案。

第14条　制定企业文化价值观的考核指标，对员工的表现进行评估和考核，并将其纳入绩效评估体系中，从而增强员工对企业文化的认同和重视程度。

第4章　企业文化培训

第15条　企业文化培训的目的应包括增强员工的责任感和使命感、提高员工的工作技能和素质、促进企业内部沟通和协作等方面。培训内容应与企业文化紧密相关，可以包括企业文化理念、价值观、行为规范等内容。

第16条　培训方案应包括培训时间、地点、讲师、培训材料等方面。培训形式可以选择多种形式，如线下培训、在线培训等，根据具体情况进行选择。

第17条　可以通过员工反馈、考核评估等方式，了解培训效果，并针对不足之处进行改进。					

第17条　可以通过员工反馈、考核评估等方式，了解培训效果，并针对不足之处进行改进。

第18条　在培训结束后，需要建立相应的落实机制，如通过考核、奖惩等方式，激励员工将培训成果转化为实际行动，从而落实到企业的各个方面。

第19条　通过定期评估、调查问卷等方式，了解员工的需求和反馈，并根据实际情况对企业文化进行调整和改进。

第5章　附　则

第20条　本制度由行政管理部负责编制、解释与修订。

第21条　本制度自××××年××月××日起生效。

编修部门/日期		审核部门/日期		执行部门/日期	

5.2　企业并购文化差异风险

　　文化整合的成功与否，决定了企业并购的成败。企业需要制定行之有效的并购重组后的企业文化建设方案，同时注重文化整合与文化创新，避免企业并购因文化差异而失败，给企业带来巨大的影响和难以挽回的损失。

5.2.1　风险点识别与评级

　　企业并购文化差异风险点识别与评级如表5-2所示。

表5-2　企业并购文化差异风险点识别与评级

风险点	风险点描述	风险评级	风险发生频率	对业务影响	风险应对策略
并购后，企业文化难以磨合	企业之间的文化存在较大差异，难以磨合，可能导致并购后的企业文化理念难以交融，最终并购失败	1	高	重要	风险规避
并购后，业务难以整合	企业在并购后，没有强调员工间的融合，导致并购后的企业员工间出现"分拨"现象，难以整合企业的业务	2	中	重要	风险规避

风险点	风险点描述	风险评级	风险发生频率	对业务影响	风险应对策略
并购后，子企业文化个性缺乏	母企业没有为子企业留有展示个性的空间，导致子企业难以培育和创造特色文化	3	中	一般	风险规避

5.2.2　重构设计：并购重组后的企业文化建设方案

以下是并购重组后的企业文化建设方案，仅供参考。

方案名称	并购重组后的企业文化建设方案	编　号	
		受控状态	

一、控制目标

为了促进并购重组后企业文化的融合，减少文化冲突，实现企业文化的有效对接，推动企业文化的整合与再造，确保并购重组最终真正获得成功，特制定本方案。

二、实施范围

本方案适用于企业对并购重组后的企业文化建设工作的管控。

三、核心任务

1．促进并购重组后的企业文化整合，减少因文化差异带来的冲突。

2．促进企业文化的再造与整合，使被重组企业的企业文化与主导企业的企业文化具有共性，同时也要体现自身特色。

四、实施原则

1．一致性原则。要保证被重组企业的企业文化与主导企业的企业文化具有一致性，拥有一致的企业精神、核心理念、价值观念。

2．包容性原则。主导企业允许被重组企业在统一指导下培育和创造具有自身特色的文化，展示自身的个性。

3．择优性原则。在建设并购重组后的企业文化时，应坚持将主导企业与被重组企业的优秀文化进行整合。

4．分清主次原则。在建设并购重组后的企业文化时，应以主导企业的企业文化为主体，被重组企业的企业文化为补充。

五、执行细节

（一）企业文化整合

1．企业并购后，要对双方企业的企业文化进行深入了解与分析评估，了解双方企业的文化差异，判断双方企业文化进行整合的可行性，选择合适的企业文化整合模式。

2．企业文化整合模式。

（1）以主导企业的文化进行整合。主导企业与被并购企业均将主导企业的企业文化作为企业文化。

（2）以主导企业的企业文化为主体，吸收被并购企业的企业文化中的优秀部分作为补充。

（3）将双方的企业文化当作基础，在此基础上建设一种共有的企业文化。

（二）以人为中心

1．以管理者为企业文化推进的中心。管理者要在文化整合后及时调整自身对企业发展定位、组织结构、组织目标、组织价值观的认识，并通过各种方式帮助员工加深对新的企业文化的理解与认同。

2．以员工为企业文化建立的中心。企业要重视员工在企业中的重要作用，使企业文化可以在精神层面与物质层面让员工有所收获，增强员工的凝聚力，使员工获得亲切感，让员工对企业文化有更强的认同感。

（三）加强沟通

1．企业在文化整合过程中，除建立明确、统一的制度外，还需要为企业内部员工开设专门的意见反馈通道，让员工能够向总经理或者各部门经理交流，促进员工与上级领导的沟通。

2．各部门经理要做好带头示范作用，在个人行动中去体现企业文化，多倾听员工对企业文化整合的相关意见。

3．加强自上而下的沟通，管理者对企业文化要有深刻理解，并促进下属对企业文化理念的理解与认同。

（四）开展团队培训

1．人力资源部要积极开展团队培训，加强员工之间的沟通与协调，增进员工彼此间的信任。

2．团队培训还可以促进员工对企业文化的新内容的学习，打破原企业文化的壁垒，加深对整合后的企业文化的理解。

（五）注意事项

1．在企业文化整合过程中，要注意对企业文化间的冲突进行控制与消除，避免因企业文化的冲突使企业内部分派别、拉阵营。

2．要做好整合后企业文化的推进与落实，避免企业文化流于形式。

3．企业文化不要过于抽象，要尽可能地变得实际、显化，使员工可以更容易理解和接受企业文化。

4．企业文化在统一整合的同时，要注重企业文化的创新，激发员工产生新的追求，使企业文化可以不断得到完善和丰富。

六、附则

1．本方案由行政管理部负责编制、解释与修订。

2．本方案自××××年××月××日起生效。

编修部门/日期		审核部门/日期		执行部门/日期	

第6章

资金活动——风险点识别与管控规范

6.1　企业筹资决策不当风险

资金是企业的血液，企业的资金活动包括筹资、投资和资金运营等，其中，筹资是资金活动的起点。

在复杂多变的市场环境中，企业应该对筹资决策不当可能引发的风险点进行识别与评级，并采取一系列控制措施对筹资决策各相关工作的风险进行控制与防范。

6.1.1　风险点识别与评级

企业筹资决策不当风险点识别与评级如表6-1所示。

表6-1　企业筹资决策不当风险点识别与评级

风险点	风险点描述	风险评级	风险发生频率	对业务影响	风险应对策略
筹资决策失误	企业高层的筹资决策失误，可能导致资本结构不合理或无效融资，筹资成本过高或引发债务危机	1	中	重要	风险规避
盲目筹资	企业盲目筹资可能导致资本结构、资金来源结构、利率结构等处于频繁变动中，从而给企业带来巨大的财务风险，还会导致筹资过度或者筹资不足	2	中	重要	风险规避
审批不严	企业缺乏完善的授权审批制度用以约束筹资行为，可能导致筹资方案决策草率、实施仓促，最终引发严重的潜在风险	3	低	重要	风险规避
合同审核不严	企业不重视对筹款合同中筹资条款的认真审核，可能导致因筹款合同条款审核不善而给企业带来经济纠纷，使得企业在诉讼中处于不利地位	3	中	重要	风险降低
成本支付不力	企业不能按期支付筹资利息，可能面临经济处罚、法律诉讼、资金链断裂等状况，并最终导致股东抛售股票，市值暴跌等恶性循环	2	中	重要	风险降低
管理不善	企业缺乏严密的筹资跟踪管理制度，用以控制和约束资金的使用，可能导致因资金被挪用而造成财务损失，最终引发因利息没有及时支付而被银行罚息的风险	2	中	重要	风险规避

6.1.2 筹资设计：企业筹资方案

以下是企业筹资方案，仅供参考。

方案名称	企业筹资方案	编　　号	
		受控状态	

一、控制目标

为指导企业筹资工作相关人员的筹资工作，实现以下目标，特制定本方案。

1．遵守国家相关法律法规，合法地筹措资金。

2．合理确定资金的需求量，提高筹资效率。

3．合理安排筹资的时间，保证资金的供需平衡。

4．合理选择筹资的渠道与方式，尽量降低筹资的成本。

5．合理安排筹资的结构，有效地控制筹资风险。

二、实施范围

本方案适用于指导和控制企业财务部的筹资活动。

三、方案提出控制

1．需求控制。企业财务部应掌握常见的、会产生资金需求的活动，即资本结构调整、投资活动和资金运营活动。

2．因素控制。提出筹资方案前应考虑的因素：国家筹资法规、金融市场状况、企业经营战略、企业年度全面预算安排和资金现状等。

3．内容控制。筹资方案的内容主要包括筹资规模、筹资渠道、筹资结构、筹资对象、筹资方式、筹资利率、筹资期限、筹资用途等，此外，筹资方案还要对筹资成本、筹资时机选择和潜在的筹资风险作出充分预测，境外筹资还应考虑所在地的政治、经济、法律、市场等因素。

四、方案论证控制

企业的战略委员会应围绕筹资方案是否具备可行性，对筹资方案进行论证，筹资方案应附带可行性研究报告，用以全面反映筹资风险的评估情况，以达成完备的控制。对筹资方案的论证控制可从以下三个方面进行。

1．战略性论证控制。战略委员会牵头，召开会议，主要论证筹资方案是否符合企业现阶段整体的发展战略，筹资规模是否符合资金需求。此处需要重点防范和控制因盲目筹资而给企业造成沉重的债务负担的风险。

2．经济性论证控制。财务总监带领财务部相关人员，围绕"砍成本、削费用"，开展筹资活动分析，分析是否还有比筹资成本更低的筹资方案，是否还有降低筹资成本的筹资方式，是否还有更经济、合理的筹资期限，是否把利息、股息等纳入企业可承受的范围之内。

3．风险性论证控制。通过对宏观经济走势、货币政策、财政政策等重要条件进行预测分析，对筹资方案面临的风险作出全面评估与论证，最终有效地防范可能出现的风险。

五、方案审批控制

1．筹资方案经评估、论证和修改后，需要进行审批控制，企业审批控制的对象可分为一般筹资方案和重大筹资方案。一般筹资方案要重点关注筹资用途的可行性和相应的偿债能力。重大筹资方案要按照规定的权限和程序实行集体决策或者联签制度。

2．若筹资方案因临时的变动因素发生重大变更，应当按照相应的审批程序，重新进行可行性评估与论证。筹资方案须经有关部门批准的，应当严格履行相应的报批程序。

六、筹资计划控制

筹资方案审批通过后，由筹资主管编制筹资计划，筹资计划通过审批后，应严格按照相关程序筹集资金。常见的筹资方式及其控制内容如下。

1．银行借款。筹资主管和筹资计划中选定的金融机构进行洽谈，重点应围绕借款规模、利率、期限、担保、还款要求、相关的权利与义务和违约责任等内容进行洽谈。

2．发行债券。财务人员通过计算分析，合理选择债券的种类，如普通债券或可转换债券等，并深入研究还本付息方案，确保按期、足额偿还到期本金和利息。

3．发行股票。以"合规"为中心，严格依照《中华人民共和国证券法》等有关法律法规和证券监管部门的规定，选择资质良好的中介机构，确保符合股票发行条件和要求，防范合规风险的发生。

七、资金用途控制

1．企业总经理和审计部经理要加强对筹资活动的监督、检查和审计，严格按照筹资方案中规定的用途使用资金。财务总监要确保款项的收支股息和利息的支付、股票和债券的保管等符合有关规定，防范和控制资金使用的风险。

2．由市场环境变化等因素导致确须改变资金用途的，应当严格履行相应的审批流程。

八、筹资活动会计系统控制

财务部应准确核算筹资业务、妥善保管筹资合同和凭证等资料，掌握资金动向，并以降低资金成本为目标，做好筹资活动全流程的会计系统控制，具体内容如下。

1．严格按照国家统一的会计准则，做好筹资活动的会计核算与账务处理，资金核算、本息偿付、股利支付等业务活动应设置专有的会计账户。

2．财务部的文档管理专员应对筹资活动的合同和协议、收款凭证、入库凭证等文件资料登记造册和妥善保管，以备内部审计时查用。

3．会计根据借款计划表、借款存量表、借款使用表、还款计划表等对资金动向进行监控，并与资金提供方定期进行账务核对，保证资金及时到位和资金安全。

九、附则

1．本方案由财务部负责编制、解释与修订。

2．本方案自××××年××月××日起生效。

执行部门/责任人		监督部门/责任人		编修部门/责任人	

6.1.3 分配设计：股利分配方案

以下是股利分配方案，仅供参考。

方案名称	股利分配方案	编　　号	
		受控状态	

一、目的

为规范企业的股利分配行为，正确反映企业的经营成果，使投资者公允地得到投资的收益，根据国家有关财务会计的政策法规，并结合企业的实际情况及相关管理要求，特制定本方案。

二、适用范围

本方案适用于企业年度股利分配工作的实施等管理工作。

三、相关名词解释

1．本方案所称"股利分配"，是指企业对在一定时期实现的税后净利润按照国家的有关规定在企业和投资者之间进行的分配，它是以价值形式对社会剩余产品来进行分配的。

2．本方案所称"股利分配政策"，是指企业对其收益进行分配或留存以用于再投资的政策，通常用股利支付率表示。

四、股利分配原则

在进行企业年度股利分配时，应遵循以下4个原则。

1．合规且合法分配的原则。

2．兼顾各方面利益的原则。

3．分配与积累并重的原则。

4．投资与收益对等的原则。

五、股利分配政策相关内容

企业股利分配政策虽然是由企业管理者制定的，但主观上、客观上仍然存在许多制约因素，使得企业决策者只能遵循当时的经济与法律环境作出有限的选择。制约企业股利分配政策的主要因素主要包括以下4个方面。

1．法律因素。为了保护债权人和股东的利益，国家法律对企业的股利分配顺序、分配比例、资本保全、留存收益限额都作出了明确规定。企业必须在法律许可的范围内进行股利分配。

2．企业因素。企业出于短期经营和长远发展的考虑，需要综合以下因素，制定切实可行的股利分配方案。这些因素主要包括盈利的稳定性、资产的流动性、举债能力、投资机会、筹资成本和偿债需要等。

3．股东因素。企业在制定股利分配政策时，必须考虑股东的要求。股东从自身需要出发，对企业的股利分配政策会产生一定的影响。企业需要考虑的因素主要包括控制权的稀释、稳定的收入和合法的避税等。

4．股利分配政策。企业股利分配政策受多方面因素的影响。一般来说，股利分配政策主要有以下4种。

（1）剩余股利政策。这一政策是指企业在分配收益时，会优先考虑投资需求。在满足投资需求后，才将剩余的利润作为股利，分配给股东。这种政策一般在良好投资机会时采用。

（2）稳定或稳定增长的股利政策。这一政策是指企业将每年发放的股利固定，并在相当长一段时间内保持不变。这种政策会给股东带来很强的信心，使企业对未来的发展充满希望。管理当局一般会在确信企业未来能够增长到较高水平的收益时，才宣布增加股利分配的政策。

（3）固定股利支付率政策。这一政策是指企业每年按净利润的一定比例，作为股利分配给股东的政策。这种政策使得股东的股利收入随企业经营业绩的波动而波动，体现了风险与收益对等的关系，易导致投资者对企业经营的平稳性产生质疑，继而对股价产生不良影响。

（4）固定股利加额外股利政策。这一政策是指企业在一般情况下，每年只支付固定股利，在净利润增长较多的年度，再向股东分配额外股利的政策。它使企业在股利分配环节上有较大的灵活性，因此，在企业净利润与现金流量不稳定时，采用这种政策对企业和股东都是有利的。

六、股利的发放形式

股利的发放形式是企业股利分配决策中又一重要的环节，股利的发放形式主要有以下3种。

1. 现金股利。现金股利是指以现金的形式向股东支付股利。投资者一般都希望得到现金股利，而且企业发放股利的数目，直接影响企业股票的价格、企业的筹资能力。一般来说，企业在发放股利时以现金作为主要的形式，但前提是企业要有足够的现金储备以应付支付。

2. 股票股利。股票股利是指企业以赠送股票的形式向股东支付股利。股票不需要企业支付现金，缓解了企业的财务压力，同时又满足了股东的收益需要，但应当注意的是，股票股利会导致企业股份的稀释，从而可能降低大股东对企业的控制权。

3. 实物股利。实物股利是指企业以发放实物的方式向股东支付股利，相比于前两种股利发放形式，实物股利很少被采用。

七、股利分配的一般程序

为了保障企业的持续发展，维护企业职工的正当权益，遵照《企业会计制度》的相关规定，股利分配程序如下。

1. 以企业缴纳所得税后的净利润，加上年初未分配利润（或减去年初未弥补亏损）和其他转入后的余额，为可供分配的股利。

2. 可供分配的股利减去提取的法定盈余公积、法定公益金等后，则为可供投资者分配的股利。

3. 可供投资者分配的股利经过一系列分配后的余额，则为未分配股利（或未弥补亏损）。

4. 未分配股利可留待以后年度进行分配。企业若发生亏损，可以按规定由以后年度股利进行弥补。

八、股利分配的具体顺序

除非国家另有规定，一般按以下顺序进行。

1. 弥补以前年度亏损。这里的以前年度亏损是指用超过所得税前的利润抵补亏损的法定期限后，仍未补足的亏损。

2. 提取法定盈余公积。法定盈余公积按照净利润扣除弥补以前年度亏损后的10%提取，法定盈余公积达到注册资本的50%后，可停止提取。

3．提取法定公益金。法定公益金按企业当年净利润额的5%提取，主要用于职工住宅等集体福利设施支出。

4．提取储备基金。储备基金是企业未分配利润的一种转化形式，是企业的一项准备金。储备基金平时可作为企业生产经营周转资金使用，当企业发生亏损时，还可以使用储备基金来弥补。

5．提取企业发展基金。企业发展基金用于企业生产发展，可作为流动资金，也可以构建固定资产，或用于企业技术改造。企业发展基金也是未分配利润的一种转换形式。

6．提取职工奖励及福利基金。职工奖励及福利基金只能用于职工非经营性奖金，如特别贡献奖、年终奖等和职工集体福利，不能挪作他用，即使企业解散也不能改变其性质和用途。当企业解散时，应将未用完的职工奖励及福利基金转入职工新的工作单位。虽然职工奖励及福利基金来源于企业税后利润，但性质上属于企业对职工的负债。

7．利润归还投资，指企业按照规定在合作期内以利润归还投资者的投资。

8．应付优先股股利，指企业按照股利分配方案分配给优先股股东的现金股利。

9．提取任意盈余公积，指企业按规定提取的任意盈余公积。

10．应付普通股股利，指企业按照股利分配方案分配给普通股股东的现金股利。非股份制企业分配给投资者的利润，也列在本项目核算。

11．转作资本（或股本）的普通股股利，非股份制企业以利润转增的资本，也列在本项目核算。

完成上述分配后，企业收益的余额即作为企业的未分配利润，留待以后分配使用。

九、附则

1．本方案由财务部负责编制、解释与修订。

2．本方案自××××年××月××日起生效。

执行部门/责任人		监督部门/责任人		编修部门/责任人	

6.1.4　流程控制：资金用途改变审批流程

资金用途改变审批流程如图6-1所示。

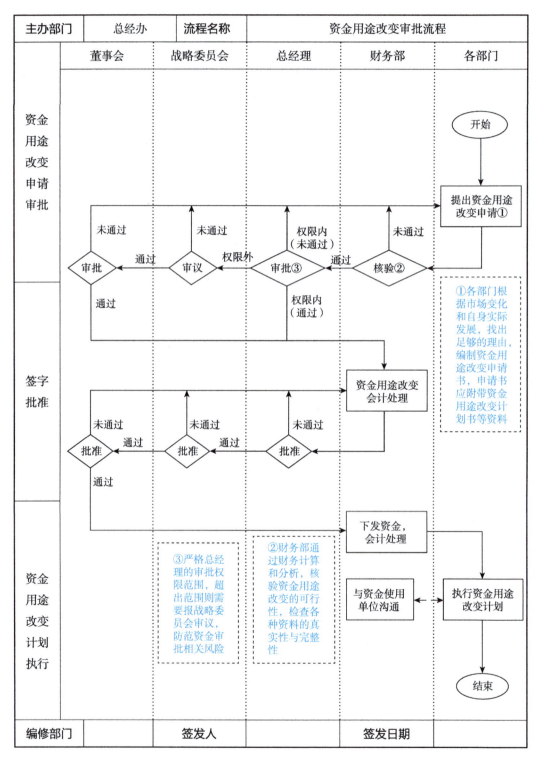

图6-1　资金用途改变审批流程

6.1.5　债务控制：企业债务偿还细则

以下是企业债务偿还细则，仅供参考。

细则名称	企业债务偿还细则	编　号	
		受控状态	

第1章　总　则

第1条　为了详细地说明和指导企业的债务偿还工作，实现依法合规、发放有序、安全支付的工作目标，特制定本细则。

第2条　本细则适用于对企业的债务偿还管理制度或债务偿还办法作进一步解释。

第2章　债务偿还计划

第3条　财务部根据资产负债表，计算出企业未来需要用多少资产或劳务清偿债务以及清偿时间。

第4条　财务部开展财务分析工作，重点开展企业的偿债能力分析工作，分别分析企业短期和长期的偿债能力，形成财务分析报告，并根据报告编制债务偿还方案，拆分方案，形成债务偿还计划草案。

第5条　财务总监审核债务偿还计划，提出修改意见，将修改后的债务偿还计划报总经理、董事会、股东（大）会，层层审批，债务偿还计划经股东（大）会审议通过后生效。

第6条　总经理与财务总监根据债务偿还计划，适时开展债务偿还工作。

第7条　审计部负责债务偿还的监督和审计工作，防范债务偿还过程风险发生。

第3章　债务偿还资金来源

第8条　财务总监根据资产负债表，明确企业的资产总额和结构，判断企业资本保值、增值的情况以及对负债的保障程度，初步确定债务偿还资金的来源。

第9条　财务部工作人员通过现金流量表，研究现金及现金等价物的流入、流出情况，据此评价企业的支付能力、偿债能力和周转能力，预测企业未来的现金流量，进一步确定债务偿还资金的来源。

第10条　董事长召开企业债务偿还研讨会，统筹全局，协调各方，多次论证，在货币偿还、劳务偿还、应收账款抵消、股份或债券偿还四种偿还方式中选取适合的偿还方式或组合，经债权人同意后，最终确定债务偿还资金的来源。

第4章　债务到期无法偿还预案

第11条　财务总监和财务部要编制债务到期无法偿还预案，预案应对重大错报以及市场变化等内外部风险导致的债务到期无法偿还情况作出预测。

第12条　债务到期无法偿还预案应同债务偿还方案一起制定，并具备同债务偿还方案一样的效力，当债务到期无法偿还时即生效。

第5章　特殊情况处理

第13条　对于企业经营不善导致破产的情况。若企业财产变价较好，可供分配的破产财产数额大于破产费用、共益债务和担保债权等费用总额，就不存在特定的偿债顺序。

第14条 若企业可供分配的破产财产数额小于破产费用、共益债务和担保债权等费用总额，则首先需要偿还的是欠职工的工资和医疗、伤残补助、抚恤费用等，并将其划入职工个人账户的基本养老保险、基本医疗保险费用，以及法律、行政法规规定应当支付给职工的补偿金。其次是清偿欠缴的社会保险费用和破产人所欠税款。最后是清偿普通破产债权，即除担保债权外的一般债权债务关系。而当破产财产不足以清偿同一顺序的清偿要求的，按照比例分配。

第6章　附　则

第15条 本细则由财务部负责编制、解释与修订。

第16条 本细则自××××年××月××日起生效。

编修部门/日期		审核部门/日期		执行部门/日期	

6.2　投资决策失误风险

投资活动是筹资活动的延续，也是筹资的重要目的之一。企业应该根据自身发展战略和规划，结合自身的资金状况，确定投资目标，制订投资计划，合理安排资金投放的数量、结构、方向与时机，谨慎选择投资项目，尽最大努力防范因投资决策失误而引发的风险。

6.2.1　风险点识别与评级

投资决策失误风险点识别与评级如表6-2所示。

表6-2　投资决策失误风险点识别与评级

风险点	风险点描述	风险评级	风险发生频率	对业务影响	风险应对策略
投资决策失误	投资决策失误可能导致企业盲目扩张或错失发展机遇，导致现金流短缺、资金链断裂、投资失败，或者资金使用效益低下，从而影响企业发展	2	低	重要	风险规避

续表

风险点	风险点描述	风险评级	风险发生频率	对业务影响	风险应对策略
盲目投资	投资活动与企业发展战略不符，会给企业实现发展战略目标带来不利影响，发生并购风险，危及企业生存	1	中	重要	风险规避
资金缺口	企业的筹资能力支撑不了投资项目所需资金，可能导致资金缺口，从而诱发财务危机	3	低	重要	风险规避
控制措施不力	缺乏严密有序的授权审批制度和对不相容职务的分离控制措施，可能导致投资活动中发生舞弊行为，造成投资失误和企业生产经营失败	2	中	重要	风险规避
管理不善	在投资活动中忽略了资产结构与流动性，可能导致资金周转缓慢、效益低下；疏于对资产的监控，可能导致资产流失、损毁及发生舞弊行为	2	中	重要	风险规避
资产处置不善	资产退出企业机制不完善，可能导致串通舞弊行为的发生，造成资产的价值被严重低估，最终损害企业利益	2	中	重要	风险规避

6.2.2　方案设计：投资方案

投资可行性
研究报告

以下是投资方案，仅供参考。

方案名称	投资方案	编　号	
		受控状态	

一、控制目标

1．缜密推进投资活动，确保符合相关法律法规。

2．做好投资项目的可行性论证工作，确保进行科学的投资。

3．严格授权审批流程，重视对投资风险的防范。

4．及时筹集到足额资金，确保投资项目资金链不断。

5．做好投资项目的会计核算与监督工作，保护投资活动的资产安全。

二、实施范围

本方案适用于指导、控制和规范企业的投资工作，防范投资风险。

三、方案控制

企业应当根据现阶段的发展战略、宏观经济环境、市场环境、政策环境、投资目标等因素,确定投资规模,合理安排结构化的资金投放,科学论证投资项目,初步拟定投资方案,方案中应重点关注投资项目的收益和风险。

四、实施项目研究、论证控制

投资可能是高风险、高收益的活动,也有可能是高风险、高亏损的活动。投资的风险性要求企业必须通过做好投资方案的可行性研究与论证工作,以达到控制和防范风险的目的。

1. 可行性研究控制。投资管理部通过研究投资项目是否符合企业的发展战略,投资市场是否饱和,投资前景是否广阔,是否有可靠的资金链,哪个阶段才能取得稳定的投资收益,投资的风险点是否可以规避和转移,风险是否出于可控或可承担范围内,投资活动是否有足够的技术支撑等,对投资的目标、规模、方式、资金构成、风险和收益等作出客观评价。

2. 可行性论证控制。企业的董事会、战略委员会、总经理、分管投资项目副总经理和投资管理部都应进行投资的可行性论证控制工作,由分管投资项目副总经理负责汇总可行性论证结论。

3. 专业机构研究与论证。重大的投资项目应委托具备相应资质的专业机构进行可行性研究与论证,并提供独立的可行性研究与论证报告。

五、投资决策审批控制

1. 企业按照规定的权限和流程对投资项目进行决策审批,重点审查投资方案是否可行,投资项目是否符合国家产业政策及相关法律法规,是否符合企业投资战略目标和规划,企业是否具有相应的资金能力,投资人资金能否按时收回,投资预期收益能否实现等。

2. 投资方案须经有关管理部门批准的,应当按照相应的审批流程进行报批;投资方案发生重大变更的,应当重新进行可行性研究与论证,并履行相应审批流程。

六、投资计划编制与审批控制

投资管理部严格依据审批通过的投资方案,与被投资方签订投资合同或协议,投资合同或协议中应明确出资时间、金额、方式、双方的权利和义务、违约责任等内容。董事会负责投资计划的制订,财务部配合总经理拟订详细的年度投资计划。年度投资计划中应明确不同阶段的资金投资数量、项目进度、投资内容、完成时间、质量标准与要求等,并按流程报有关部门批准。

七、投资计划实施控制

在投资计划的实施工作中,企业应当严格履行投资合同或协议,以不相容职务分离控制为原则,指定专门的机构或人员对投资项目进行跟踪管理和监督;及时收集被投资方经审计后的财务报告等相关资料,财务总监定期组织开展投资效益的分析工作;关注被投资方的发展战略变化、经营成果、财务状况、现金流量以及投资合同的履行情况,若发现异常情况,应当及时上报并妥善处理。

八、投资项目到期控制

投资项目完成投资周期后,投资管理部要严格履行相关审批流程,以实现企业最大化的经济收益为目标,做好投资收回和处置环节的内部控制工作。企业应对投资收回、转让、核销等决策和审批流程作出明确的规定,严格按照流程开展工作,在流程中应注明各环节的风险点。

1. 转让投资应当由相关专业机构或专业人员合理确定转让价格,报上级部门层层审批。

2. 核销投资应当取得不能收回投资的法律文书和相关证明文件，对于到期无法收回的投资，应当建立并依据责任追究制度，开展责任追究工作。

九、投资活动会计系统控制

充分发挥会计的核算和监督功能，按照会计准则的相关规定，对投资活动准确开展会计计量、会计记录和会计报告等工作。

1. 财务总监合理确定投资活动的会计政策，财务人员建立投资管理台账，准确核算投资业务，规范且详细地记录投资的对象、金额、持股比例、期限、收益等事项，妥善保管投资合同或协议、出资证明等资料，以备查用。

2. 对于被投资方出现财务危机、市值大幅下跌等情形的，企业财会部门应当根据会计准则和会计制度的规定，合理计提减值准备，确认减值损失。同时，企业必须准确且合理地对减值情况进行估计，而不应滥用会计估计，把减值准备作为调节利润的手段。

十、附则

1. 本方案由投资管理部负责编制、解释与修订。

2. 本方案自××××年××月××日起生效。

执行部门/责任人		监督部门/责任人		编修部门/责任人	

6.2.3 决策控制：投资项目决策审批流程

投资项目决策审批流程如图6-2所示。

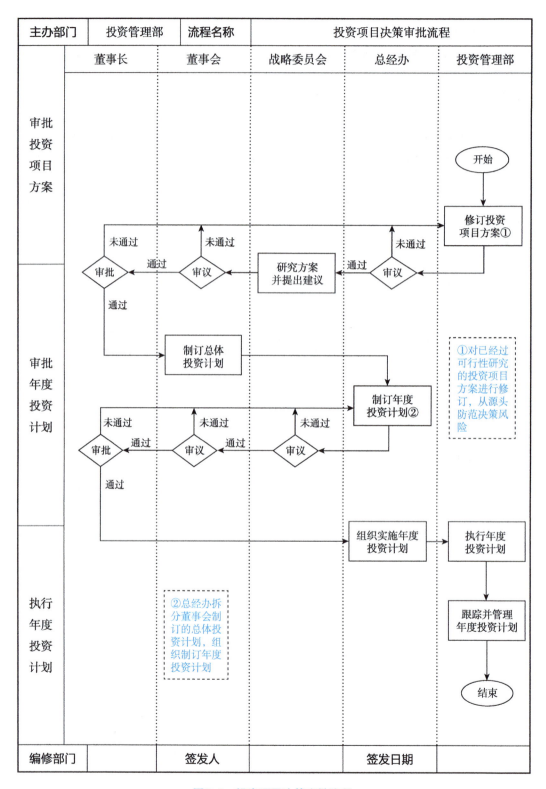

图6-2　投资项目决策审批流程

6.2.4　收回控制：投资回收审批流程

投资回收审批流程如图6-3所示。

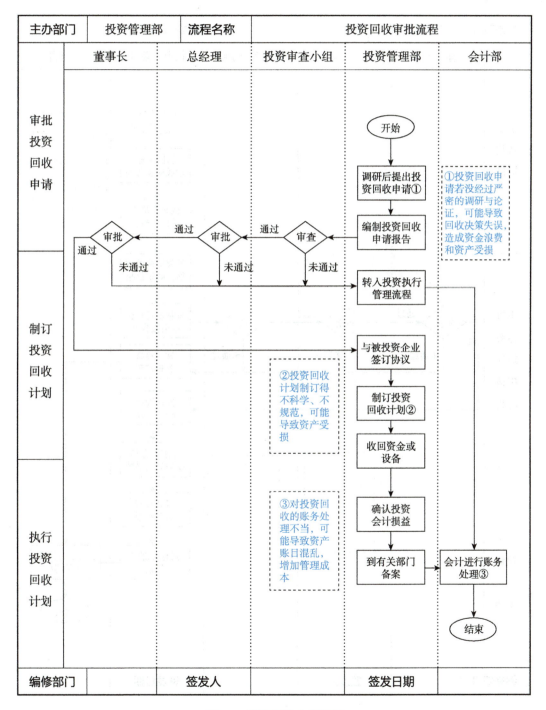

图6-3　投资回收审批流程

6.2.5　转让控制：投资转让审批流程

投资转让审批流程如图6-4所示。

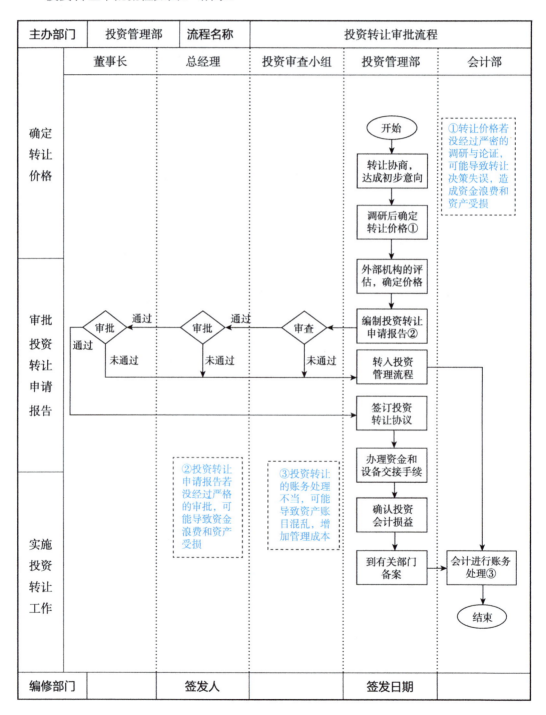

图6-4　投资转让审批流程

6.2.6　核销控制：投资核销审批流程

投资核销审批流程如图6-5所示。

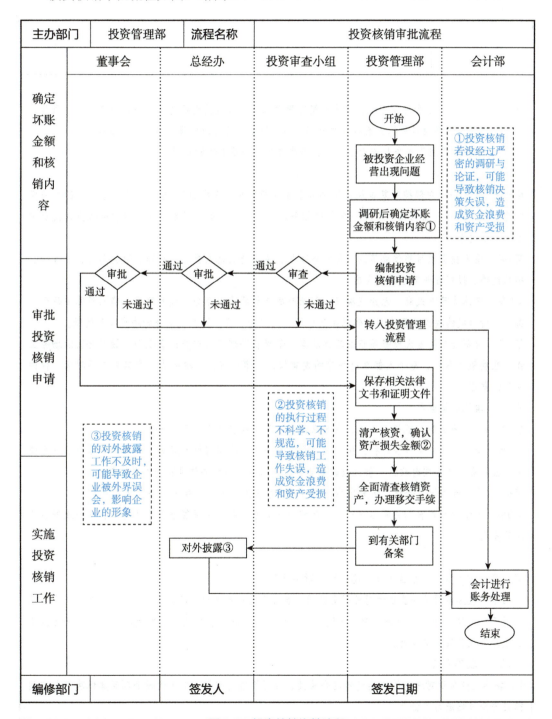

图6-5　投资核销审批流程

6.2.7　决策控制：重大投资项目集体决策与联签制度

以下是重大投资项目集体决策与联签制度，仅供参考。

制度名称	重大投资项目集体决策与联签制度	编　　号	
		受控状态	

第1章　总　则

第1条　为规范企业重大投资项目集体决策的管理工作，防范重大投资项目集体决策失误的风险，确保企业重大投资项目集体决策得以顺利实施，实现企业的健康发展，特制定本制度。

第2条　本制度适用于对企业重大投资项目集体决策与联签工作的管理。

第2章　集体决策

第3条　以《企业内部控制基本规范》和《企业内部控制应用指引第6号——资金活动》的相关条文为指导，按照《公司法》和企业章程的相关规定，以民主集中制为原则，速效进行重大投资项目的科学决策。

第4条　重大投资项目集体决策的成员有董事长、董事会其他人员、总经理、财务总监、分管投资副总经理、投资管理部经理等人员。

第5条　集体决策方式应为无异议决策，即所有成员都要达成完全一致的意见，确保集体中每个人都认为所达成的决议是最佳的，确保团队成员公开支持决议，把意见不合和冲突降到最低。

第6条　董事长牵头重大投资项目的集体决策，董事长助理等人按照议事规则，做好会议的场务工作。在决策过程中，每个人都享有平等的发言权，一事一议，一事一决，严禁表态不明确、模棱两可的发言。

第7条　集体决策重点。

1．重点对投资目标、规模、方式、资金来源、风险与收益等作出客观评价。

2．重点审查投资方案是否可行，投资项目是否符合投资战略目标和规划，是否具有相应的资金能力，投入资金能否按时收回，预计收益能否实现，以及投资和并购风险是否可控等。

第8条　专人专本记录会议，区分出席与列席，严禁多人轮流记录和多个会议交叉记录。

第9条　会议记录本和相关原始资料应及时移交档案室，防止因保管不善导致丢失、损毁或泄密等风险发生。

第3章　联签管理

第10条　联签人员包括董事长、总经理、财务总监。

第11条　联签范围是企业重大对外投资事项，表现为有形和无形资产、货币和实物资产、长期和短期投资，具体包括设立全资企业、收购兼并、合资合作联营、购买股票和债券、对所出资企业追加投资等权益性资本投资。

第12条　联签重点。

1．联签人员负责对递交的联签资料的合法性、合规性进行审核，对重大投资项目集体决策与方案拟订的全过程进行监督。

2．联签人员对于联签事项享有充分的知情权，有关部门对联签人员提出的建议和意见，应以口头或书面形式向联签人员反馈意见。

3．联签事项违反国家法律法规和违反本企业财务管理制度的，财务总监有权拒绝签字。

第13条　严格按照联签程序开展联签工作，联签程序依次为财务总监、总经理、董事长。

第14条　整个联签程序应做好时间控制和保密控制工作，若联签人员未在规定时间签字而造成重大投资项目集体决策事故发生的，应该负直接责任。

第15条　董事长签字当日即为重大投资项目集体决策生效时间，决策生效后，各部门应迅速着手投资方案的制定。

第4章　附　则

第16条　本制度由总经办负责编制、解释与修订，经董事会、股东（大）会批准后执行。

第17条　本制度自××××年××月××日起生效。

编修部门/日期		审核部门/日期		执行部门/日期	

6.2.8　责任控制：投资收回责任追究制度

以下是投资收回责任追究制度，仅供参考。

制度名称	投资收回责任追究制度	编　　号	
		受控状态	

第1章　总　则

第1条　为了明确投资收回的责任归属，规范投资收回的责任追究工作，以保障投资收回的顺利实现，特制定本制度。

第2条　本制度适用于企业所有投资业务的投资无法收回的责任追究工作。

第2章　明确投资收回情况

第3条　职责分工。

1．财务部负责协助审计部进行本制度的编写工作，并根据实际情况，定期进行制度的更新与修正。

2．财务部主管负责指导投资专员并密切关注投资项目的进展，核算投资资金的收回情况。

3．审计部负责按照投资收回计划的要求，对投资收回情况进行审查，并开展投资收回异常的责任追究工作。

4．总经理负责审批责任追究结果及处理措施。

5．各部门全力配合投资无法收回的责任追究工作。

第4条　明确投资收回目标规定。

1．整体性的投资收回情况，具体指标为投资收回期，即实现投资资金全部收回所花费的时间。

2．阶段性的投资收回情况，具体指标为投资收回率，即该阶段的实际投资收回额占全部投资金额的比率。

第5条　投资专员应密切关注投资项目的进展情况，定期核算投资收益，计算上述两项指标的实际完成情况，并编制投资收回报告。

第6条　审计部的投资审查小组对投资专员提交的投资收益进行审查，对比计划投资收回情况和实际投资收回情况。

第3章　责任追究的工作指南

第7条　追究责任前明确追究范围。

1．未在设定的投资收回期限内，实现投资金额的全部收回。

2．阶段性的投资收回率未能达到目标要求。

第8条　审计部的投资审查小组查看投资活动的会计管理台账，核验投资金额、期限、收益等事项，利用会计信息系统，发挥会计核算和监督的作用。

第9条　在明确追究范围后，审计部应审查财务部提供的投资收回报告，核查报告的真实性，了解投资项目的实际收回情况，判断其是否出现了上述两项问题，并对问题产生的根本原因进行分析。

第10条　针对原因分析结果，审计部应对造成投资收回异常的责任归属进行正确界定，拟定相应的处理措施，并编制投资收回责任追究报告，提交总经理审核。

第11条　责任追究报告经总经理签字批准后，反馈给有关部门。审计部负责报告的归档管理，有关部门负责落实报告的处理决定。

第4章　责任追究的具体操作

第12条　责任追究的程序。

1．企业对投资业务实行综合考核和责任追究制，在投资项目完成验收和评价后，根据投资评价结果及审计意见，由审计部组织相关部门对投资项目进行考核，并拟定考核报告，上报总经理审批。

2．项目考核报告、可行性研究报告、项目审计报告等是考核项目责任人的依据，总经理或董事会根据以上报告明确对相关人员的奖惩工作。

3．对投资项目达到或超出预期目标的，根据项目考核报告、项目审计报告等内容，经企业审计部、投资部、财务部审核并上报总经理或董事会审批通过后，给予项目责任人及相关人员奖励。

4．对造成投资损失的，董事会、总经理根据项目验收、审计报告、项目考核报告及企业有关规定，对项目责任人及相关人员进行责任追究，审计部应监督处罚措施的落实。

第13条　责任追究的内容。

1．隐瞒或篡改项目建议书、可行性研究报告、初步设计或实施方案的评估意见。

2．项目违背企业规定，未经审批便启动项目实施。

3．项目实施背离进度计划、资金预算，越权操作。

4．项目实施过程中徇私舞弊、收受贿赂，编制、提供虚假资料或有其他违法行为。

5．经营管理中出现重大安全、质量问题，故意违背股东大会、董事会、总经理的决策。

6．项目实施时拒绝监管，或监管失控。

7．项目竣工后拒绝验收。

8．项目正式运营后，在评价时隐瞒、谎报、虚报各种信息、数据。

第14条　责任承担的说明。

1．审计部审查通过的决策，若造成重大损失的，决策人员均应按照有关规定承担相应责任。

2．项目责任追究制具有可追溯性，责任人调离原工作岗位后仍要承担相应责任。

第15条　对于给企业造成重大经济损失并触犯法律的，移交司法机关处理。

第5章　附　则

第16条　本制度由审计部负责编制、解释与修订，并每年修改一次，经总经理签字批准后立即执行。

第17条　本制度自××××年××月××日起生效。

编修部门/日期		审核部门/日期		执行部门/日期	

6.3　资金营运不畅风险

资金营运是企业对生产经营过程中各项资金的利用、调度和管理的行为与过程。若企业无法合理调度、科学管理各项资金，可能导致资金营运发生风险。因此，企业应统筹协调内部各部门的资金需求，确保资金的综合平衡，实现资金营运的良性循环。

6.3.1　风险点识别与评级

资金营运不畅风险点识别与评级如表6-3所示。

表6-3　资金营运不畅风险点识别与评级

风险点	风险点描述	风险评级	风险发生频率	对业务影响	风险应对策略
资金冗余	投资资金存放分散，不能统一、集中使用，可能导致资金冗余	3	低	重要	风险规避
资金记录不当	资金记录不准确、不完整，可能导致企业存在账实不符或财务报表失真的风险	2	中	一般	风险降低
票据管理不当	有关票据遗失、变更、伪造、被盗用以及非法使用印章，可能导致企业资产受损或信用受损	3	中	重要	风险转移

6.3.2　预算控制：货币资金预算管理制度

以下是货币资金预算管理制度，仅供参考。

制度名称	货币资金预算管理制度	编　号	
		受控状态	

第1章　总　则

第1条　为了加强对企业货币资金预算的管理，搞好财务收支的综合平衡，提高货币资金收支的科学性、有效性和计划性，保证企业生产经营、基建、技改、财务融资等一系列经济活动的顺利进行，特制定本制度。

第2条　本制度适用于企业所有部门的货币资金预算收付活动，未涉及的内容，按企业预算管理制度的有关规定执行。

第2章　货币资金预算管理机构及职责

第3条　货币资金预算管理内容。货币资金预算管理是对企业计划期内的生产经营、基建、技改、财务融资等货币资金收付活动进行全面规划和测算，并对其执行过程与结果进行控制、分析和考核的一系列管理活动。具体包括以下内容。

1．各部门按时编制年度及月度"货币资金预算"草案。

2．企业审查、平衡各部门的"货币资金预算"草案，并下达企业年度及月度"货币资金预算"指标。

3．各部门严格执行"货币资金预算"指标。

4．定期编制反馈报告，对货币资金预算的执行情况进行分析。

5．企业对各部门货币资金预算的执行结果进行考核。

第4条　财务部主要职责。

1．审查、平衡各部门编制的"货币资金预算"草案。

2．编制供企业领导审批的"货币资金预算"预案。

3．根据企业领导的审批意见，编制、下达"货币资金预算"指标。

4．严格执行企业"货币资金预算"指标，确保货币资金预算工作的顺利完成。

5．对货币资金预算执行过程进行管理和控制，并定期进行分析。

6．根据需要，提出调整"货币资金预算"指标的建议方案。

7．对货币资金预算的执行情况进行检查、考核，并提出对有关部门的奖惩意见。

8．负责货币资金预算管理的其他日常工作。

第5条　企业其他部门主要职责。

1．按时编制、上报年度及月度"货币资金预算"草案。

2．严格执行企业下达的"货币资金预算"指标，确保货币资金预算的全面完成。

3．认真遵守企业货币资金预算管理制度，积极配合财务部的工作。

第6条　"货币资金预算"草案编制单位。

1．销售部负责编制"产品销售货款收入预算"草案和"销售费用资金支出预算"草案。

2．采购部负责编制"物资采购货款支出预算"草案。

3．制造部负责编制"外协件加工费支出预算"草案。

4．工程部及负责项目的部门负责编制"基建、技改资金支出预算"草案和"技术及新产品开发资金支出预算"草案。

5．人力资源部负责编制"员工工资支出预算"草案和"办公用品及礼品资金支出预算"草案。

6．储运部负责编制"货物运输费用支出预算"草案。

7．财务部负责编制"财务费用、税费等资金支出预算"草案和"货币资金借款及归还预算"草案。

8．投资发展部负责编制"企业对外投资预算"草案。

9．各分厂负责编制"生产资金支出预算"草案。

10．各管理部门负责编制本部门的"管理费用资金支出预算"草案。

11．其他凡是需要对外发生货币资金支出业务的部门，都要按财务部规定的格式和要求，遵照"由执行者编制预算草案"的原则，以部门为单位，按年度和月度编报本部门的"货币资金预算"草案。

第3章　货币资金预算的编制与审批程序

第7条　年度货币资金预算的编制步骤。

1．编制草案。每年12月1日前，企业各部门将经过部门负责人签字的本部门下年度的"货币资金预算申报表"编制完毕，报企业财务部。

2．审查平衡。12月10日前，财务部将各部门编制的当年度"货币资金预算申报表"审查、平衡完毕，汇总并编制企业下一年度"货币资金预算"草案，经财务负责人签字后，上报企业总经理。

3．审议批准。12月20日前，企业董事会及预算管理委员会审议、批准企业下一年度货币资金预算。

4．下达执行。财务部于每年12月31日前将企业新一年度的"货币资金预算"指标下达到各部门。

5．企业货币资金预算必须与企业其他预算相衔接。

第8条　月度货币资金预算编制步骤。

1．编制草案。每月23日前，企业各部门将经过部门负责人签字的本部门下月的"货币资金预算申报表"编制完毕，报企业财务部。

2．审查平衡。每月25日前，财务部将各部门编制的月度"货币资金预算申报表"审查、平衡完毕，汇总并编制企业下月货币资金预算草案，经财务部经理签字后，上报企业总经理。

3．审议批准。每月28日前，企业总经理召集有各部门负责人参加资金平衡会议，审议、批准企业下月货币资金预算。企业总经理不在企业的情况下，由企业财务总监主持召开资金平衡会议。

4．下达执行。财务部于每月30日前将企业下月的"货币资金预算指标"下达到各部门。

5．企业的月度货币资金预算必须与年度货币资金预算及其他预算相衔接。

第4章　货币资金预算的执行与控制

第9条　货币资金预算的执行。各部门到财务部办理付款时，除应办理有关领导签字、批准手续外，还须办理如下手续。

1．申请付款部门的业务经办人到有关责任会计岗位申领货币资金付款凭单。

2．各责任会计要审查各项付款业务的合法性、真实性和审批手续的完整性，并在月度"货币资金预算"指标内开具货币资金付款凭单。

3．业务经办人凭货币资金付款凭单及其他付款凭证（如发票等）到财务部出纳员处办理付款业务。

第10条　货币资金预算的控制。企业下达的"货币资金预算"指标具有指令性，各部门必须严格执行。

1．销售部要按时、按量组织产品销售货款资金的收入，确保货币资金收入预算的完成，力争超额完成货币资金收入预算。

2．财务部要按时、按量完成银行借款等资金筹措预算，搞好货币资金的收支平衡，控制资金支付风险。

3．各货币资金预算支出部门要严格将货币资金的支出控制在货币资金预算指标以内，不得突破月度货币资金预算支出指标。

4．财务部要严格控制货币资金支出，对于无预算、无合同、无审批手续及不合理、不合法的付款业务，一律不予支付。

5．财务部要根据企业每天货币资金收入、结存情况和月度货币资金预算，安排每天的货币资金支出计划。

第5章　货币资金预算的调整

第11条　货币资金预算的调整标准。月度货币资金预算批准下达后，一般不予调整。年度货币资金预算在执行过程中遇到下列情况时，可进行适当调整。

1．企业经营作出重大调整，致使货币资金预算与实际差距较大时。

2．国内外市场发生重大变化，企业必须调整营销策略和产品结构时。

3．突发事件及其他不可抗力事件导致现行货币资金预算不能执行时。

4．财务部认为应该调整的其他情形。

第12条　货币资金预算的调整程序。

1．企业调整货币资金预算，应当由货币资金预算执行部门向企业财务部提出书面申请，阐明调整的理由和调整幅度。

2．财务部对预算执行部门的预算调整申请进行审核与分析，编制企业年度货币资金预算调整方案，提交总经理及企业预算管理委员会审议批准，然后下达执行。

3．年度货币资金预算的调整频率为一年两次。

第6章　货币资金的预算外支出

第13条　付款项目未列入货币资金预算的原因。企业实行货币资金预算管理后，若因下列因素造成付款项目未列入货币资金预算，经法定程序后，财务部可安排预算外货币资金支出。

1．企业临时调整生产经营任务，致使货币资金收支项目漏报。

2．突发事件及其他不可抗力事件导致货币资金预算必须超支。

3．其他不可预知或很难预知的支付款项。

4．因货币资金预算管理制度实行初期，个别部门的负责人对工作的预见性还较差，允许有三个月的适应期。

5．财务部认为应该调整或追加的其他事项。

第14条　预算外货币资金支出办理手续。

1．用款部门填写预算外货币资金支出申批单。

2．用款部门负责人、分管副总签署意见。

3．财务部负责人签署意见。

4．财务部根据企业资金情况和支付款项的缓急程度安排资金支出。

第15条　所有预算外货币资金支出一律列入下月的货币资金预算（但不再安排支出），以实现各月货币资金预算的衔接和平衡。

第16条　因有关部门不重视货币资金预算管理而导致的预算外货币资金支出项目，由财务部按照支出数额的多少和支出性质，拟定500～2 000元的罚款通知，报总经理批准后，合并到被考核部门的月度工资中扣罚。

第17条　为确保预算外货币资金支出，企业在编制月度货币资金预算时应留有一定的资金支出额度。

第7章　货币资金预算的分析与考核

第18条　企业建立货币资金预算分析制度，由财务部按月召开资金分析会议，全面分析货币资金预算管理情况，通报企业的资金状况，研究、解决资金管理中存在的问题，提出加强和改进资金管理的政策措施，纠正预算执行中的偏差。

第19条　每月月末，财务部要编制货币资金预算执行情况表，全面分析、报告货币资金预算的执行情况，并依据预算执行情况对预算执行部门进行考核。

第20条　货币资金收入预算执行奖惩。货币资金收入预算的完成，是确保货币资金支出预算完成的基础。为提高货币资金预算的严肃性，实现企业货币资金收支的综合平衡，企业决定实行"货币资金预算奖惩制度"，对企业货币资金预算完成情况进行严格考核，奖罚兑现。具体办法如下。

1．销售部超额完成货款收入预算，按超额部分的____%予以奖励。未完成货款收入预算，则按差额部分的____%予以罚款。

2．财务部超额完成筹资收入预算，按超额部分的____%予以奖励。未完成筹资收入预算，则按差额部分的____%予以罚款。

3．为合理地确定销售部每月的货币资金收入完成情况，特作如下规定。

（1）以物易物的转账收入，不计算货币资金收入。

（2）处理固定资产、废料、转让无形资产等非产品及材料销售方面的收入，不得统计为销售部的货币资金收入。

（3）货币资金收入计划完成情况的考核由财务部负责，报总经理审批通过后，合并到被考核部门的月度工资中发放或扣罚。

第21条　货币资金支出预算执行奖惩。

1．对于严格控制资金支出、自觉压缩资金支出的部门和个人，财务部应及时总结其业绩，向企业领导提出奖励方案。

2．对于不认真遵守企业货币资金管理规定，频繁发生预算外资金支出的部门和个人，财务部应查明原因，并向企业领导提出惩罚方案。

3．货币资金管理的奖惩方案报总经理审批通过后，合并到被考核部门的月度工资中发放或扣罚。

第8章 附 则				
第22条　本制度由财务部负责编制、解释与修订。				
第23条　本制度自××××年××月××日起生效。				
编修部门/日期		审核部门/日期		执行部门/日期

6.3.3　调度控制：资金调度制度

以下是资金调度制度，仅供参考。

制度名称	资金调度制度	编　号	
		受控状态	
第1章 总 则			

第1条　为实现企业资金的统一调度，严格规范资金管理，提高资金使用效益，防范资金风险，特制定本制度。

第2条　本制度适用于企业总部及各分企业资金调度管理工作。

第2章　资金调度内部控制

第3条　资金调度内部控制总体要求。

1．合理地将资金安排到采购、生产、销售等活动中，保证资金动态平衡。

2．促进资金合理调度，提高资金使用效率，避免出现资金限制和沉淀等低效现象。

3．建立资金调度风险防范机制，保持资金链良性循环。

4．防止资金调度中的舞弊行为，保护企业资金安全。

第4条　企业应当通过授权控制措施明确资金收付经办人员的权力和责任，没有得到授权的部门或个人，无权办理资金的收付业务；获得授权的部门或个人，应当在授权范围内行使资金收付职权和承担责任。

第5条　不管是资金收入业务，还是资金支付业务，都必须以实际发生的业务为基础，制作或提交有关原始凭证。切实做到"收款有凭据，付款有依据"。

第6条　各项资金支付应当严格履行授权审批制度，行使审批职权的人员要在自己的职权范围内，审核有关业务及凭证的真实性、准确性和合法性，严格监督资金支付活动。

第7条　财会部门收到经过企业授权部门审批签字的相关凭证或证明后，应再次复核业务的真实性、金额的准确性，以及相关票据的齐备性、相关手续的合法性和完整性，并签字认可。

第8条　出纳人员在收款人签字后，审核收付款凭证的正确性，审核无误后按照凭证开列的金额收付资金，并加盖"收讫""付讫"戳记。

第9条　会计人员根据资金收付款原始凭证，编制记账凭证并登记有关账簿。

第10条　会计人员定期与银行往来，核对有关账目，并进行现金盘点，以做到"账账相符""账实相符"。

第3章　资金调度管理

第11条　资金调度管理方式。

1．企业直接管理的内部核算单位、分企业及其所管理的内部核算单位：实行收支两条线，统借统还，采取收入自动上划，支出按日拨付的方式进行。

2．企业直接管理的控股子企业、分企业所管理的控股子企业：实行有偿调度，采取委托贷款的方式进行。

第12条　资金调度会议。企业建立资金调度会议制度，由企业财务部主持，按照"年预算，月平衡，周调度，日安排"的原则，通过分析、预测、控制等方法，对企业的资金实行集中统一调度和管理。资金调度具体程序如下。

1．年预算。根据企业确定的年度利润预算、年度资本性收支预算，财务部会同相关部门主持并制定年度资金总预算和资金分项预算控制额，经预算管理委员会审核批准后执行。

2．月平衡。在年度资金总预算和资金分项预算控制额范围内，根据各企业上报的月资金需求，在分析上月资金调度执行情况和研究处理资金筹集、拨付等重大事项基础上，综合平衡当月资金流量，确定当月资金流入、流出预算。

3．周调度。财务部每周五召开周资金调度会议，在月资金平衡资金预算的基础上，对各企业上报的周资金滚动预算表进行审核和平衡，制定各企业每周的日资金流量预算，并安排下周的日拨款金额。

4．日安排。根据周资金流量预算，结合各企业银行存款结存情况，由企业财务部进行拨款。

第13条　资金调度日常管理。

1．各企业要加强对资金日常调度管理的领导，形成分管领导负责，以财务部为主，相关部门配合的日常资金管理调度体系和程序。

2．确定资金管理的专职人员，制定本企业年、月、周和日的资金预算；每月末和每周末及时报送生产单位资金滚动预算表和基建项目前期资金流动预算表。

3．每日16：00查询本企业在财务部的余额，并与当地银行出具的票据以及会计核算余额进行核对，保证发生额和余额无误。

4．及时催收应收账款，合理安排资金支出，保证资金周转正常。

第14条　根据资金调度管理的情况，企业制定对各分企业的考核指标，并予以考核。

第15条　对违反本制度规定的企业和个人，将作如下处理。

1．责令限期纠正错误。

2．给予通报批评，并结合经济责任制考核办法，对违纪企业给予经济或行政处罚。

3．有关人员如有挪用资金、虚报支出、少报收入等情况，将视情节轻重程度，给予行政处分和经济处罚。

第4章　附　则

第16条　本制度由企业财务部负责编制、解释与修订。

第17条　本制度自××××年××月××日起生效。

编修部门/日期		审核部门/日期		执行部门/日期	

6.3.4　检查控制：资金安全检查办法

以下是资金安全检查办法，仅供参考。

办法名称	资金安全检查办法	编　号	
		受控状态	

第1章　总　则

第1条　为做好资金的安全管理工作，指导资金安全的检查工作，防范资金风险，保证资金健康营运，特制定本办法。

第2条　本办法适用于检查有关资金营运的所有活动。

第2章　资金安全自检管理

第3条　资金安全检查分为各部门内部自查自纠和外部资金安全检查小组检查两种方式。

第4条　各部门应定期开展部门内部的资金安全检查工作，以实事求是和不搞形式主义为主要原则，全面开展资金安全检查，部门负责人应当对资金安全检查的全面性、真实性负责。

第5条　各部门应检查资金相关业务的工作流程是否规范和完善，若工作流程存在缺陷，则应及时修定、完善工作流程，并以文件形式予以公布。

第6条　各部门应检查资金安全管理制度是否健全和完善，并结合实际情况和管理需要，进一步完善印鉴管理制度、票据管理制度、定期对账制度、资金专户管理制度。

第7条　各部门应检查资金相关的岗位设置、财务管理、印鉴和票据管理、银行账户管理、对账管理等工作，并对经检查发现的问题及时进行整改。

第8条　各部门应重点检查资金的收付业务，检查收付业务是否严格按照规定开展，检查业务人员是否对相关合同、票证等支付凭证的完整性和合规性进行了认真审核，是否切实做到程序规范、手续完备。

第9条　各部门负责人应组织建立资金安全检查相关的奖惩制度，打击不合规、欺瞒舞弊的行为，鼓励严格遵守相关制度开展业务的行为。

第3章　资金安全检查小组管理

第10条　企业监事会、总经理、审计部经理、财务总监等组成资金安全检查领导小组，负责领导企业资金安全检查工作。

第11条　企业财务部部分人员组成资金安全检查小组，负责开展企业资金安全检查工作，财务总监任小组长。

第12条　企业审计部部分人员组成资金安全检查监督小组，负责监督资金安全检查小组的工作，审计部经理任小组长。

第13条　企业资金安全检查小组和资金安全检查监督小组依据《企业会计准则》《企业章程》《财务管理制度》《资金安全管理制度》等文件的有关条文，开展检查工作。

第14条　基本检查内容。

1. 检查资金活动涉及的部门和岗位是否按照不相容职务相分离原则进行岗位设置，是否存在交叉、重复设置岗位的情况。

2．检查企业资金活动有关工作人员是否严格按照规定的授权审批程序开展业务。

3．检查会计人员是否对资金活动相关凭证进行全面复核，是否落实凭证复核责任制，出纳人员是否按照规定开展收款和付款工作。

4．检查银行账户管理情况，是否按规定开立账户，办理存款、取款和结算等工作。

第15条　企业资金安全检查小组应当以防范资金风险，真抓实改，完善机制，强化责任，违规必究为工作原则，采取突击性检查的方式，对资金营运活动进行全面检查，确保检查不留死角。

第16条　企业资金安全检查小组和资金安全检查监督小组准备好资金安全检查表，表中应设置监督栏和联签栏。

第17条　资金安全检查的工作还应重点关注对业财融合的检查。

1．检查业务人员和财务人员关于资金安全的沟通和反馈情况，是否有共同拿出解决资金安全问题的方案。

2．检查并纠正管理人员认为财务管理人员的职能仅仅是记账、算账、报账、算税款等工作的观念。

3．检查并促进业财融合的管理工作，检查高层管理者是否将财务工作纳入到企业日常管理体系中去，发挥财务管理人员的财务分析工作对于防范财务资金风险的发生的积极作用。

第18条　检查财务人员的综合素质，包括财务人员的资金安全思想和业务培训，检查财务部管理层是否对在职财务人员进行系统、全面、深入的培训教育，财务人员是否及时、有效地采纳新的财务知识等。

第4章　附　则

第19条　本办法由财务部负责编制、解释与修订。

第20条　本办法自××××年××月××日起生效。

编修部门/日期		审核部门/日期		执行部门/日期	

6.3.5　使用控制：闲置资金使用办法

以下是闲置资金使用办法，仅供参考。

办法名称	闲置资金使用办法	编　号	
		受控状态	

第1章　总　则

第1条　为做好闲置资金的管理工作，对闲置资金作出合理的规划和投资决策，依据当前的经济环境和金融市场，作出科学的投资路径选择，提升闲置资金的利用率，保证闲置资金健康营运，特制定本办法。

第2条　本办法适用于指导企业闲置资金的使用管理。

第2章　闲置资金投资途径

第3条　节假日银行存款。办理通知存款的套餐，节前将闲置资金存入银行，节后再取出这些闲置资金，并将其投入到企业的生产经营当中。

第4条　委托贷款。通过专业的理财机构将闲置资金以贷款的形式贷给企业的分属企业，做到对企业内部的闲置资金进行合理的管控。

第5条　银行理财产品。和银行合作，委托银行开展基于银行之间的货币市场资金交易，提高闲置资金的流动性，增加利息，扩大企业的规模。

第6条　定期委托代理。聘请专业性的理财机构或人员对闲置资金进行理财，及时、高效地结算和处理闲置资金。

第7条　股票和期货投资。进行风险评估和自身能力分析，若具备承受风险的能力，并有自行投资理财能力、有良好的市场进入时机等，可开展股票和期货交易工作。

第3章　闲置资金理财所需条件分析

第8条　企业理财能力分析。

1. 财务总监组织财务人员开展企业理财能力的评估与分析工作，若企业有自行投资理财的能力，应成立闲置资金投资理财工作小组，编制相关管理制度，拿出投资理财方案，报上级部门审批。

2. 若企业无相应的投资理财能力，则应聘用专业的投资理财机构。

第9条　承受风险能力分析。企业高层与财务部共同分析企业的风险承受能力，若风险承受能力较弱，可以选取风险相对较低的理财形式，如储蓄、购买银行理财产品等；若风险承担能力较强，可以选取购买股票之类的、风险相对较大的理财形式。

第10条　理财时间分析。分析投资理财的时间，若资金闲置的时间不长，可以选取部分回收周期较短的理财产品；若资金闲置的时间较长，可以选取国债等回收周期较长的理财产品。

第4章　闲置资金使用控制

第11条　审批控制。严格按照流程审批投资理财方案，确定审批人对理财业务的授权批准方式、权限、程序与责任，不允许越权。审批过程中遵守不相容职务分离控制原则，最终选取、确定最佳投资方案。

第12条　资金流动性控制。出于防范偿债风险的考量，做好资金流动性的控制工作，资金流动率越高，营运资金越多，短期偿还能力就越强。因此，应合理地拆分闲置资金，选择不同的投资理财组合套餐，确保闲置资金的流动性整体处于中上等水平。

第13条　审计控制。审计部作为监督部门，主要负责资金理财的风险评估和监督控制，监督财务部资金理财的常规管理与运作。

第14条　风险控制。财务部评估资金理财产品的风险，详细划分风险等级，并制定风险评估报告，适时聘请专业评估机构，开展风险评估工作，提供风险评估报告。

第15条　收回控制。投资到期后，严格按照法律法规，收回资金，并做好投资复盘工作和投资相关的财务分析，形成总结报告。

第5章　附　则

第16条　本办法由企业财务部负责编制、解释与修订。

第17条　本办法自××××年××月××日起生效。

编修部门/日期		审核部门/日期		执行部门/日期	

6.4 资金活动管控不严风险

资金活动是企业筹资、投资和资金运营等活动的总称。资金活动是一个不断变化和发展的过程，这其中会面临各种来自内外部的风险，若是疏于对资金活动的审查、审计控制，会导致企业的重大资金风险，最终影响企业发展战略的实施和经营目标的达成。

6.4.1 风险点识别与评级

资金活动管控不严风险点识别与评级如表6-4所示。

表6-4 资金活动管控不严风险点识别与评级

风险点	风险点描述	风险评级	风险发生频率	对业务影响	风险应对策略
非法挪用	资金在使用过程中被非法挪用，可能导致正常资金交易的延误受损	2	低	重要	风险规避
审批不当	筹资、投资或营运未经适当程序的审批或超越权限审批，可能因存在重大差错、舞弊、欺诈行为而使企业受损	2	中	重要	风险规避
违反法律法规	违反国家相关法律法规，可能带来经济损失和信誉受损，甚至使企业受到处罚	3	中	重要	风险规避

6.4.2 审计控制：资金管控审计制度

以下是资金管控审计制度，仅供参考。

资金管控
审计流程

制度名称	资金管控审计制度	编　号	
		受控状态	

第1章 总 则

第1条 为加强资金管控的审计工作，保证资金的健康流动，特制定本制度。本制度所称资金是指包括库存现金、银行存款及其他货币资金在内的流动性很强的资产。

第2条 本制度适用于指导审计部对资金管控进行审计管理。

第2章　审计准备

第3条　审计工作。 审计部负责企业关于资金工作的审计工作，包括审计方案的编制、审计取证、审计材料的收集、审计资料的整理、审计意见的出具等。

第4条　审计对象。 从资金流入企业开始，审计企业各部门的销售与收款、采购与付款、生产、筹资、投资等工作。

第5条　审计目标。 审计部的总体目标是对资金活动相关的财务报表整体是否不存在由于舞弊或错误导致的重大错报提供合理而非绝对的保证。

1．合理保证资金的存在性和所有权。确认已记录的交易和事项在资产负债表日是否是真实发生的，是否被审计部所拥有或控制。

2．合理保证资金的完整性与准确性。确认已记录的交易是否是按正确金额反映的，是否都已被记录于恰当的会计账户和会计期间，确认资金是否已按照企业会计准则的规定在财务报表中作出恰当列报。

第6条　审计证据。 审计人员以保证审计证据的充分性和适当性为目标，应收集以下信息。

1．包括原始凭证、记账凭证、总分类账、明细分类账等在内的会计记录。

2．涉及资金活动的各部门提供的各种文件、信息、资料和记录。

第3章　审计实施

第7条　关键审计点。 审计部应当关注被审计部门的货币资金内部控制是否遵循了基本原则，资金活动相关业务的授权者、审核者、记录者、执行者、保管者是否在职务上恰当实现了不相容职务的相互分离、制约和监督。

第8条　库存现金常见偏差。

1．现金付款没有经过严格的审批和复核流程，相关人员疏于对付款业务的真实性、付款金额的准确性以及后附票据的齐备性进行审核。

2．对库存现金的管理不严格，如当日收入现金没有按规定及时送存银行。

3．库存现金保管制度不够完善，导致没有进行必要的定期盘点、核对等。

第9条　库存现金审计控制测试。

1．抽取并检查收款凭证。核对库存现金日记账的收入金额是否正确，实收金额与销货发票金额是否一致，收款凭证与应收账款明细账的有关记录是否相符等。

2．抽取并检查付款凭证。检查付款的授权批准手续是否符合规定，库存现金日记账的付款金额是否正确，付款凭证与应付账款明细账的记录是否一致等。

3．抽取并检查一定期间的库存现金日记账。检查加总金额是否正确无误，核对库存现金的日记账与总分类账是否相符。

4．评价库存现金的内部控制。量化库存现金内部控制的可信赖程度，找出内部控制存在的薄弱环节和缺点，然后据此提出优化库存现金管理程序的建议，以减少审计风险。

第10条　银行存款常见偏差。

1．银行存款收支与记账的岗位没有分离控制。

2．全部的收支没有及时、准确地入账，全部支出的核准手续不齐全。

3．未能按时编制银行存款余额调节表，并且银行存款余额调节表存在账实不相符的情形。

第11条　银行存款控制测试。

1. 抽取并检查收款凭证。核对收款凭证与货款存入银行账户的日期和金额是否相符，银行存款日记账的收入金额是否正确，收款凭证与应收账款明细账的有关记录是否相符，实收金额与销货发票金额是否一致等。

2. 抽取并检查付款凭证。检查付款的授权批准手续是否符合规定，银行存款日记账的付款金额是否正确，付款凭证与银行对账单是否相符，实付金额与购货发票金额是否相符等。

3. 抽取并检查一定期间的银行存款日记账。检查有无计算错误，与银行存款总分类账是否相符。

4. 抽取银行存款余额调节表。为证实银行存款记录的正确性，应抽取一定期间的银行存款余额调节表，将其同银行对账单、银行存款日记账及总账进行核对，确定被审计单位是否按月正确编制并复核银行存款余额调节表。

5. 评价银行存款的内部控制。量化银行存款相关的内部控制的可信赖程度，找出存在的薄弱环节和缺点，据此提出优化银行存款控制程序的建议，以减少审计风险。

第4章　审计工作后续管理

第12条　审计部应按规定将审计项目的相关资料进行审计工作底稿的归档，并按规定公开审计结果。

第13条　凡查出资金申请、使用、结算等工作中存在挪用专项资金、占用专项资金、徇私舞弊等严重问题的，一律交由国家相关部门处理。

第14条　在审计过程中，一律严办利用职权对审计人员施压、行贿等的行为。

第15条　凡在审计过程中，审计人员有收受贿赂、滥用职权、弄虚作假等行为，一律严办。

第5章　附　则

第16条　本制度由审计部负责编制、解释和修订。

第17条　本制度自××××年××月××日起生效。

编修部门/日期		审核部门/日期		执行部门/日期	

第 7 章

采购业务——风险点识别与管控规范

7.1   库存短缺或积压风险

库存内部控制，是指企业为了提高会计信息质量，保护资金的安全和完整而对企业内部库存进行把控，防止库存短缺或者积压对企业经营运作造成影响。面对库存短缺或积压风险，企业需要提前对风险点进行识别与评级并采取一定的规避措施。

7.1.1   风险点识别与评级

库存短缺或积压风险点识别与评级如表7-1所示。

表7-1   库存短缺或积压风险点识别与评级

风险点	风险点描述	风险评级	风险发生频率	对业务影响	风险应对策略
采购需求不合理	采购需求不合理，可能导致库存短缺或积压，造成企业生产停滞或资源浪费	3	高	重要	风险规避
请购依据不足、不合理	请购依据不足、不合理，可能导致企业资源浪费	3	高	重要	风险承受
请购审批程序不规范、不正确	请购审批程序不规范、不正确，可能导致企业资产受损、资源浪费或发生舞弊行为	2	中	一般	风险规避
采购预算编制依据不科学、不合理	采购预算编制依据不科学、不合理，可能导致企业资源浪费	2	低	重要	风险承受
采购预算调整审批程序不规范、不正确	采购预算调整审批程序不规范、不正确，可能导致采购活动出现重大差错、舞弊、欺诈行为	4	低	一般	风险规避

7.1.2   计划控制：物资采购计划

物资采购计划是指企业在了解市场供求情况，把握市场规律和企业内部需求的基础上，对计划期内物资采购管理活动所作的预见性的安排和

服务采购计划

部署。做好物资采购计划，有利于企业对库存的合理把控，提高采购管理水平。

以下是物资采购计划书，仅供参考。

物资采购计划书

为加强对企业物资采购工作的管理，确保采购的物资安全、可靠、经济、合理，满足企业要求，特制订本计划书。

一、指导思想

1. 物资采购计划必须同企业制定的发展规划保持一致，与企业的经营目标一致。

2. 采购部树立"为企业节约每一分钱"的观念，积极落实采购工作要点。

3. 采购部坚持"同等质量比价格，同等价格比质量，最大限度节约成本"的工作原则。

二、工作措施

（一）公开公正透明，实现公开招标

采用公开招标的方式，并保证竞标单位在三家以上，全程由总经办、招标部、采购部和其他相关部门共同参与，增加采购透明度，真正做到降低成本，维护企业利益。

（二）形成监督机制

1. 做好物资价格和质量监管工作，价格必须经采购部和审计部审核，质量必须经质检部和总经办审核，形成相互制衡的工作机制。

2. 防范、抑制腐败，建立相关物资价格信息库和相关物资价格监管机制，提高采购人员的自身素质和业务水平，保证货比三家，质优价廉地购买物资。

（三）做好成本控制

围绕"控制成本、采购性价比最优的物资"的工作目标，要求采购人员在充分了解市场信息的基础上，注重沟通技巧和谈判策略。

（四）加强对供应商的协调管理

1. 本着对每一位来访的供应商负责的态度，对其进行分类登记，确保供应商资料不会流失。

2. 全面加强对供应商信息的掌握，建立并完善供应商数据库，以便于对供应商进行管理。

三、工作步骤

（一）编制供应商管理计划

1. 确保供应商资料收集工作计划在 1 个月内完成。

2. 对收集到的供应商资料进行整理，计划在7天内完成。

3. 供应商资料整理完成后，接下来进行供应商资料核查工作，计划在10天内完成。

4. 接着制定供应商考核评估方案，计划于7天内完成。

5. 供应商考核评估方案制定完成后，开始进行供应商考核评估方案的试用，直至本年年底，均采用新的供应商考核评估方案。

（二）编制成本控制计划

1. 编制供应商管理计划的同时，开展市场物资成本调查，计划在1个月内完成。

2. 在财务报表和市场物资成本调查结果的基础上，进行采购成本分析，计划在7天内完成。

3. 根据采购成本分析结果，设立重点管控与非重点管控物资及供应商。

4. 采购成本管理人员需要根据成本分析的结果和日常采购运作状况，制定采购成本评估办法。

5. 根据采购成本评估办法控制采购成本。

6. 制定成本管控考核方案，并在采购成本考核中试用。

（三）编制物资采购计划

1. 汇总物资采购需求。物资采购人员汇总已通过审批的"物资申购单"或"物资采购需求通知书"，统计需要购买的物资名称、规格/型号、数量、需求日期等相关信息，为编制物资采购计划提供依据。

具体的物资采购计划表如下所示。

物资采购计划表

编号：　　　　　　需求部门：　　　　　　　　日期：　　　年　　月　　日

项次	名称	规格/型号	单位	库存数	数量	单价	总价	推荐供应商	需求日期
本单合计金额									
备注									

2. 编制物资采购预算。物资采购人员根据物资采购的历史数据、上期执行情况、物资采购需求报告书以及物资市场价格的变化等资料信息，编制物资采购预算。

3. 安排物资采购时间。物资采购人员根据工作安排及申购物资的最后需求日期，确定本次物资采购计划实施的时间为_____年____月____日____时—_____年____月____日____时。

7.1.3　趋势预测：市场供应趋势预测报告

在进行采购工作之前，采购部需要对市场供应趋势进行预测，根据市场调查和预测结果开展一系列工作，降低库存短缺和积压风险。下面是××木板生产企业关于木板市场供应趋势的预测报告，仅供参考。

××木板生产企业关于木板市场供应趋势的预测报告

××× 总经理：

现将企业本年度木板市场调查情况和木板市场供应趋势预测汇报如下，以便为后期购进原材料（树木）和生产木板提供合理依据，请审查。

一、前言

（一）调查背景

在市场竞争日益激烈的时代背景下，如何在企业内部实现采购的供需平衡，使资金正常流转并实现利益最大化，这是每个独立企业都该思考的问题。企业目前采购的痛点在于如何掌握市场需求，合理制订原材料（树木）采购计划。因此，在新的形势下，只有进行全方面的市场调查，作出合理的木板市场供应趋势预测，才能降低库存短缺和积压风险，维持企业的高效运转。

（二）调查方法

本报告中主要采用网络调查法和实地调查法。

1. 网络调查法。主要表现为通过网络收集木板市场规模和销量信息。

2. 实地调查法。主要表现为到大型木板企业和物流市场进行实地考察。

（三）调查内容

1. 调查木板市场规模，查看市场木板产量和销量情况，获取供需关系。

2. 调查木板库存结构，获取市面上其他大型木板生产企业库存情况。

3. 调查木板价格，获取木板价格同比及环比增减情况。

4. 调查物流企业，获取物流企业生存情况。

二、摘要

如今就业压力较大，居民收入不稳定，对木板需求逐渐减少，建筑行业和家具行业遭受了市场和行业的双重打击。与此同时，大多数同行木板生产企业由于自身库存积压或者短缺，导致资金运转不周，存在很大的风险。企业急需根据市场调查结果，对木板市场供需进行合理预测，以便于后期合理地采购原材料（树木）。

三、目录

（略。）

四、正文

（一）市场需求形式分析

1. 市场规模。木板市场规模减小，目前逐渐达到供需平衡。市场竞争态势下，建筑行业和家具行业受到重创，木板需求乏力，因此木板生产企业逐渐减少产量。同时为减少库存，很多木板生产企业纷纷限产促销，木板出厂价格和市场售卖价格纷纷向下调整。到今年三月底，木板市场规模已处于供需平衡状态。1—3月木板产量累计完成1.454亿吨，比上年同期减少9.21%，其中大中型木板生产企业产量为5 126万吨，比上年同期减少19.8%。到3月末，全社会木板消耗量达到1.45亿吨，供需基本维持平衡。

2. 库存结构。对市面上其他几家重点木板生产企业库存进行分析，至3月末，库存均有不同程度的下降。导致社会库存结构变化的因素是多方面的，其中最主要的原因是木板生产企业对市场低迷的大环境的嗅觉，使得它们纷纷谨慎地出入市场，不再大规模地购进原材料（树木），从而逐渐减少木板的生产，并利用活动促销减少库存量，防止资金流通不畅。

3. 产品价格。由于市场萎缩，木板的有效需求减少以及同行的竞争，致使木板价格降低。据全国物资系统购销情况统计，第一季度物资部门木板购进量同比下降4.5%，木板平均销售价格同比下降4.2%。年初以来，木板市场销售形式不容乐观。3月，全国木板平均销售价格环比下降1.2%，大部分地区价格呈现下降趋势，其中，北京、上海是受经济环境影响最严重的、下降程度较大的一线城市，分别环比下降1.9%和2.1%。其他西部地区由于基建项目正常运作，对木板的需求量下降幅度较低，木板销售价格下降幅度较小，环比下降0.7%。

4. 物流。由于市场紧缩和木板销量降低的双重原因，大多数物流企业经营困难，同时各大物流企业之间的恶劣竞争也导致物流价格严重被打压。由于企业资金运转较慢，物流企业运输货物的资金不能及时收回，银行不肯放贷，部分小型物流企业运作困难，逐渐处于倒闭边缘。

（二）市场供应预测

1. 市场需求不会上升。从宏观环境来看，受市场环境影响，大部分建筑行业和家具行业的发展停滞不前，木板销售持续低迷，同时信贷规模逐渐减小，木板购入企业纷纷持谨慎态度，不再大量购进木板。木板市场受这些因素的影响，市场需求在短时间内不会上升。

2. 木板价格总体保持持续下降趋势。受木板消耗较大的建筑、家具等用材减少的影响，木板生产企业自身要想继续存活，势必会在行业内继续打价格战，木板价格也将保持持续下降趋势。

五、总结

企业在后续生产过程中，需要谨慎生产，根据以往木板销售情况和当前木板预订情况，合理购进原材料（树木），合理生产木板，最大限度地避免库存短缺和积压风险。

×××（报告人/部门）

××××年××月××日

7.1.4　审核控制：采购需求审核流程

采购需求审核流程如图7-1所示。

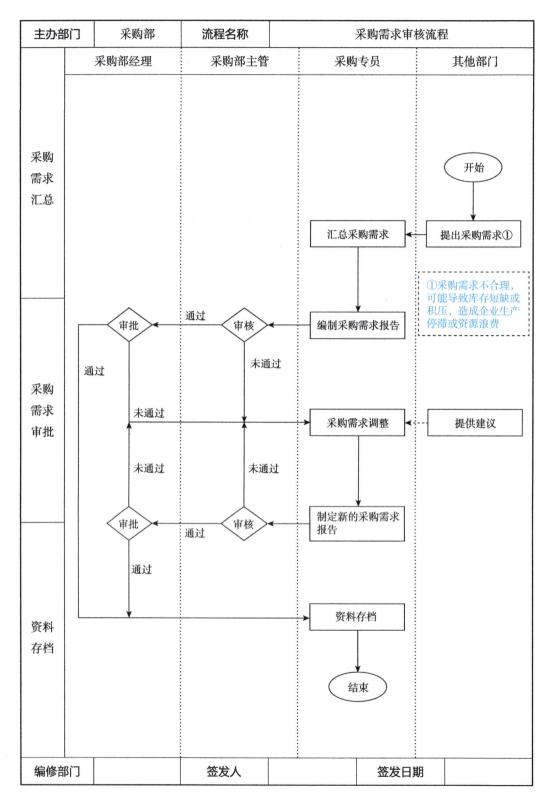

图7-1 采购需求审核流程

7.1.5 请购控制：物资请购流程

请购是指企业员工对工作或者生产过程需要用到的原材料或者办公用品有需求，向采购部提起申请的过程。企业相关部门需要对物资请购过程进行严格把控，提前识别可能出现的风险点并做好规避措施，确保物资请购合理进行。物资请购流程如图7-2所示。

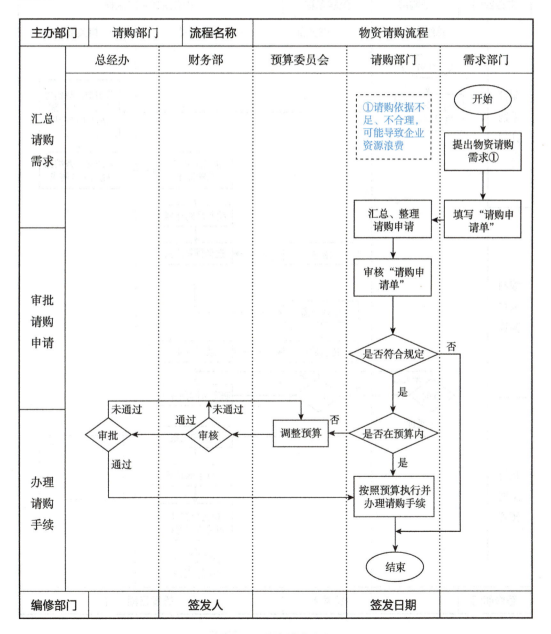

图7-2 物资请购流程

7.1.6 预算控制：采购预算制定流程

在采购工作正式开展前，企业采购部需要根据企业经营战略，制定合理的采购预算。采购预算制定的完整性、准确性直接影响到部门资金的使用范围和数额大小，以及企业的正常运转和资源的有效分配。采购预算制定流程如图7-3所示。

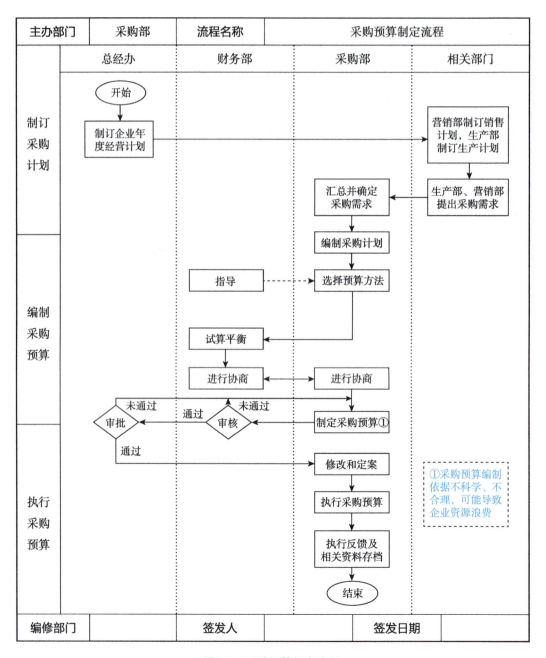

图7-3 采购预算制定流程

7.1.7　调整控制：采购预算调整流程

采购预算调整流程如图7-4所示。

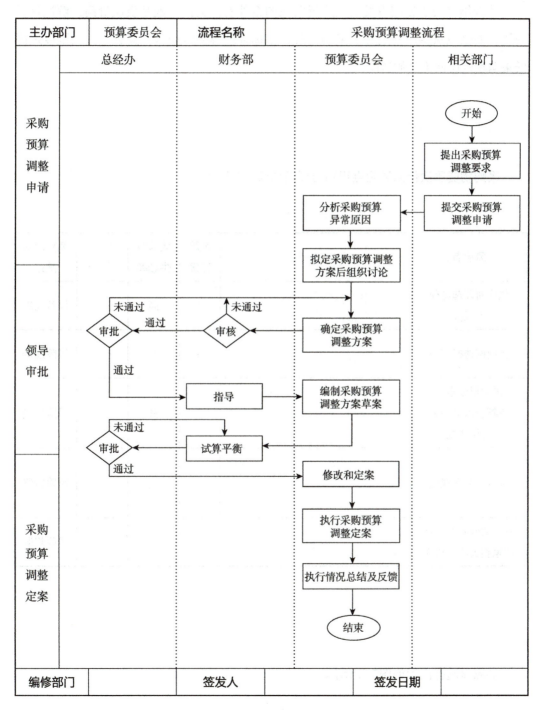

图7-4　采购预算调整流程

7.2 采购物资质次价高风险

从近年来采购领域引发公众广泛关注的案件看，突出问题是质次价高。解决这类问题需要企业从供应商选择、采购定价、招标管理等多方面进行监管，最大限度地降低采购物资质次价高的风险。

7.2.1 风险点识别与评级

采购物资质次价高风险点识别与评级如表7-2所示。

表7-2   采购物资质次价高风险点识别与评级

风险点	风险点描述	风险评级	风险发生频率	对业务影响	风险应对策略
供应商评选过程不规范	供应商评选过程不规范，可能导致企业选择的供应商不合格	3	高	重要	风险规避
供应商选择不当	供应商选择不当，可能导致采购的物资质次价高，甚至出现舞弊行为	3	高	重要	风险规避
采购招标程序不符合国家相关法律法规	采购招标程序不符合国家相关法律法规，可能导致企业遭受外部处罚、经济受损和信誉受损	2	低	重要	风险规避
采购评标不规范	采购评标不规范，可能使企业选择到不合格的供应商，导致采购物资质次价高	3	高	重要	风险转移
签订的合同不符合国家相关法律法规	签订的合同不符合国家相关法律法规，可能给企业带来不必要的损失	2	低	重要	风险规避

7.2.2 供应商控制：供应商选择流程

供应商选择流程如图7-5所示。

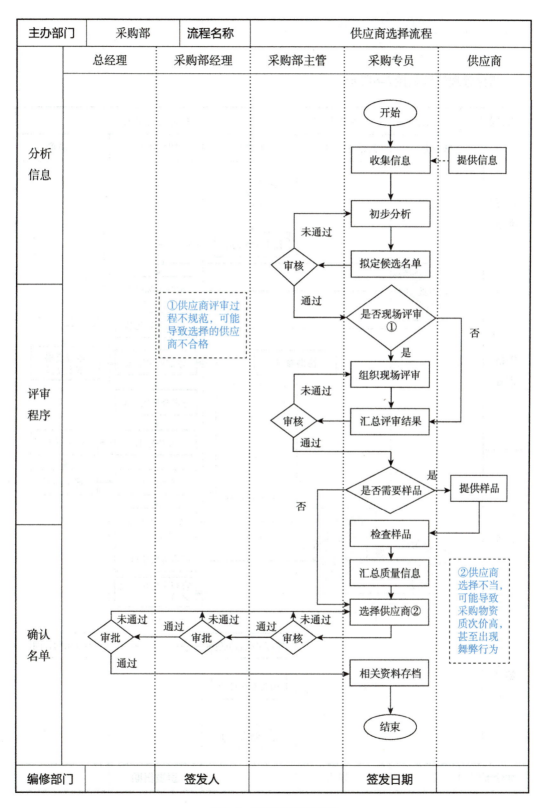

图7-5 供应商选择流程

7.2.3 招标控制：招标管理流程

招标管理流程如图7-6所示。

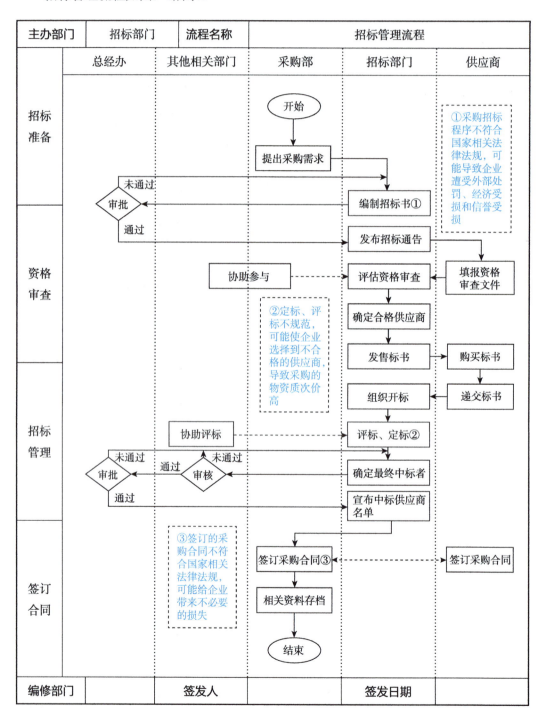

图7-6 招标管理流程

7.2.4　准入控制：供应商评估与准入制度

以下是供应商评估与准入制度，仅供参考。

制度名称	供应商评估与准入制度	编　号	
		受控状态	

第1章　总　则

第1条　目的。

1．确保通过评估筛选能够寻找到最佳的供应商。

2．保证供应商提供的产品和服务能够满足本企业的要求。

3．确保选择的供应商在保证质量的基础上价格合理，以降低企业的采购成本。

第2条　本制度适用于有意向为本企业提供产品与服务的供应商。

第2章　供应商调查管理准备过程

第3条　由企业招标部门成立供应商评估小组，每个小组成员由1名组长和3名组员构成，针对不同类型供应商编制相应的"供应商评估与准入表"，对有意愿的供应商开展评估工作。

第4条　供应商评估小组成员应实事求是，不得弄虚作假，若有严重损害企业经济利益的，须承担相应法律责任。

第5条　确定合格供应商标准。

1．供应商应有合法的经营许可证，以及必要的资金能力。

2．优先选择按国家标准建立质量保证体系并已通过认证的供应商。

3．对于关键原料，应对供应商的生产能力与质量保证体系进行考察，其中包括下列5个方面的要求。

（1）进料的检验是否严格。

（2）生产过程的质量保证体系是否完善。

（3）出厂的质量检验机制是否符合我方要求。

（4）生产的配套设施、生产环境、生产设备是否完好。

（5）考察供应商的历史业绩及主要客户，其产品质量应长期稳定、合格、信誉较高，主要客户最好是知名的大型企业。

4．具有足够的生产能力，能满足本企业连续的需求及进一步扩大产量的需要。

5．能有效处理紧急订单。

6．有具体的售后服务措施，且令人满意。

7．样品通过试用且合格。

第6条　供应商评估小组根据目前采购物料的需要，调查参与投标的供应商的资质。

1．供应商的基本情况，包括发展战略、全国销售代理的扩张情况。

2．供应商的年度销售额及本企业的采购量占其总销售量的比例。

3．供应商在本地域的发展预测。

4. 供应商的信用状况、理赔及涉讼记录。

5. 供应商的价格敏感程度，供货的及时准确性。

6. 供应商产品质量体系及生产组织、管理体系。

7. 其他可收集的数据。

第3章　供应商评估与准入管理

第7条　供应商评估小组对所收集到的资料分门别类地进行整理，以供后期评估。

第8条　供应商初步评价。

1. 招标部门发出采购招标通告，并要求有合作意向的供应商填写"供应商基本资料表"。

2. 供应商评估小组对"供应商基本资料表"进行初步评价，挑选出值得进一步评审的供应商。

第9条　供应商的现场评审。招标部门召集本部门、采购部及设计部的相关人员，根据供应商调查所收集到的资料，对采购部初步评价合格的供应商进行现场评审。现场评审时使用"供应商现场评审表"。

1. 根据所采购材料对产品质量的影响程度，将采购的物资分为关键、重要、普通三个级别，不同级别实行不同的评估方式。

2. 对于提供关键与重要物资的供应商，须进行现场评审，并由供应商评估小组填写"供应商现场评审表"，采购部、设计部签署意见，供应商现场评审的合格分数须达70分。

3. 对于提供普通物资的供应商，无须进行现场评审。

第10条　"供应商质量保证协议"的签订。

1. 采购部负责与现场评审合格的，提供关键、重要物资的供应商和提供普通物资的供应商签订"供应商质量保证协议"。

2. 协议一式两份，双方各执一份，作为供应商提供合格物资的一种契约。

第11条　提出样品需求。

1. 如企业有样品需求，由采购部采购人员通知供应商送交样品，质量管理部相关人员须对样品提出详细的技术质量要求，如品名、规格、包装方式等。

2. 样品应为供应商正常生产情况下的代表性产品，数量应多于2件。

第12条　样品的质检。

1. 样品在送达企业后，由设计部、质量管理部完成对样品的材质、性能、尺寸、外观、质量等方面的检验，并填写"样品检验确认表"。

2. 经确认合格的样品，须在样品上贴"样件标签"，并注明合格标识的检验状态。

3. 合格的样品至少为两件，一件返还供应商，作为供应商进行生产的依据，另一件留在质量管理部，作为今后检验的依据。

第13条　供应商评估小组依据评估标准对供应商进行评估，评估结果分为A、B、C三个等级。

1. 各项指标综合得分前5%的供应商等级为A级。

2. 各项指标综合得分前50%的供应商等级为B级。

3. 其余供应商等级划分为C级。

第14条　供应商评估小组负责对各供应商评估结果进行汇总，由组长签字后上报给招标部门主管。招标部门主管应在每月25日前，将本月供应商评估结果报送给总经理审批。

第15条　确定准入的名单。在"供应商基本资料表""供应商现场评审表""供应商质量保证协议"和"样品检验确认表"四份资料基础上，根据供应商评估结果，采购部将合格供应商列入"合格供应商名单"，并上报总经理批准。

第4章　附　则

第16条　本制度由招标部门负责编制、解释与修订。

第17条　本制度自××××年××月××日起生效。

编修部门/日期		审核部门/日期		执行部门/日期	

7.2.5　资信控制：供应商资信调查制度

以下是供应商资信调查制度，仅供参考。

制度名称	供应商资信调查制度	编　号	
		受控状态	

第1章　总　则

第1条　为了选择合格的供应商，消除产品的不安全隐患，保证供应质量，特制定本制度。

第2条　本制度适用于有意向为本企业提供产品与服务的供应商以及向本企业长期供应产品与服务的供应商资信的管理。

第2章　供应商资信调查准备过程

第3条　企业可委托具有相应资质的中介机构对供应商进行资信调查，由中介机构成立资信调查小组，针对不同类型供应商制订相应的"供应商资信调查计划"，对有意愿的供应商以及已经建立合作关系的供应商开展资信调查工作。

第4条　采购部与资信调查小组共同制定供应商资信调查内容，经过采购部主管和经理审批后，编制"资信调查表"。

1．对供应商的调查主要包括财务能力、生产设施、生产能力、成本调查与分析、管理能力、质量体系、绩效评估、营销战略、贸易政策等内容。

2．根据供应商的特点，由资信调查小组对"资信调查表"进行合理调整。

第5条　采购部与资信调查小组共同拟定供应商资信调查标准，其他相关部门提出建议。以往期采购记录和市场客户购买反馈记录为已经建立合作关系的供应商的资信调查提供依据。资信等级通常分为A、B、C、D四个等级，在同一级别内常常还区分三等，如在A级中又分为AAA级、AA级、A级。具体内容如下。

A等级：资信等级高，供应商财务能力、物资质量等各方面指标都比较高。

B等级：资信等级为中等，供应商物资质量高，但是财务能力不强，容易受到经济、政策的影响。

C等级：资信等级比较低。

D等级：资信等级为很低，不建议建立采购合作关系。

第6条　资信调查小组成员由外部中介机构组成，企业内参与协助调查的成员应避免与所调查的供应商有亲属关系，或者有采购业务联系。企业内参与协助调查的成员名单确定后，上报采购部经理进行审批。

第3章　实施供应商资信调查

第7条　资信调查小组对供应商展开资信调查工作，具体途径有以下几个方面。

1．直接对供应商进行现场资信调查。

2．与供应商合作的企业、客户进行侧面接触，进行间接资信调查。

3．从供应商的宣传信息，如广播、电视、报纸、杂志等媒体的报道，对资信进行信息的收集与核实。

4．与相关服务机构合作，进行资信信息的收集与核实，如金融机构、担保机构和信用服务管理机构。

5．利用政府部门及其管理的网站，进行资信信息的收集与核实，如司法、劳动保障网站等。

第8条　资信调查小组成员根据调查结果进行讨论，对供应商资信能力进行等级划分。

第9条　资信调查小组成员经讨论后，对各个供应商的资信情况进行整理，并编制"供应商资信调查报告"，由小组组长审核签字，再经中介机构负责人审批通过后上报到企业采购部主管。小组成员同时还应对供应商进行随时监控，制定口头的日常报告和紧急报告。

第10条　确定合格供应商。企业采购部根据各个供应商的评估等级，筛选掉C、D等级的供应商，对A、B等级的供应商按照供应商资信标准进行排序，以备后续采购招标时作参考。

第11条　采购专员对合格供应商信息进行整理并存档，以供采购时选择。

第12条　采购部和中介机构应定期对供应商的资信进行审查。根据划分的供应商资信等级，对合格的供应商进行后续的定期审查。具体标准如下。

1．A~AAA等级供应商，每半年审查一次即可。

2．B~BBB等级供应商，每三月审查一次即可。

第13条　建立投诉举报渠道。企业员工、管理层、外界社会人士可通过采购部设置的实名、匿名举报箱（电子信箱）、举报电话等通道进行举报（投诉），接到举报（投诉）过程中，要求采购部对举报（投诉）人信息进行保护，不得随意透露举报（投诉）人的相关资料和举报内容。

第4章　资信调查注意事项

第14条　企业采购部或资信调查机构如果发现供应商资信状况发生变化，应立即向上级主管报告，并按"紧急事件"进行处理。该过程必须按照上级的指示采取对策，不允许擅自做主。

第15条　供应商资信调查人员及企业内协助调查的人员应实事求是，不得弄虚作假，若有严重损害企业经济利益的，须承担相应法律责任。

第5章　附　则

第16条　本制度由总经办负责编制、解释与修订。

第17条　本制度自××××年××月××日起生效。

编修部门/日期		审核部门/日期		执行部门/日期	

7.2.6 定价控制：采购物资定价制度

以下是采购物资定价制度，仅供参考。

制度名称	采购物资定价制度	编 号	
		受控状态	

第1章 总 则

第1条 为了规范采购物资定价的管理，降低采购成本，提高企业的经济效益，特制定本制度。

第2条 本制度适用于企业对采购物资的定价管理。

第2章 采购底价的确定

第3条 采购底价的作用。

1. 采购底价是采购该物资的最高价格，实际采购价格必须低于事先所定的采购底价，通过采购底价，可以有效地把采购价格控制在计划范围内。

2. 采购底价可作为衡量供应商报价的标准，避免采购定价过高。

第4条 财务部制定采购底价时，须调查和收集企业过去的采购记录、市场资料、市场行情、同业公会牌价、著名供应商的报价、其他机构的采购价格等相关资料。

第5条 采购底价的确定。

1. 财务部根据合理的原材料成本、人工成本及作业方法，计算物资的采购底价。

2. 在实际操作中，若供应商无法接受底价时，财务部须根据与采购价格相关的资料，逐一分析原因。原因合理的，则报财务部经理和总经理审批通过后，修正采购底价。

第3章 采购定价实施

第6条 编制采购报价单。

1. 采购专员根据询价、比价、议价结果编制采购报价单，经采购部经理签字后，提交财务部。

2. 采购报价单应包含采购物资名称、规格、数量、供货商报价、商定价格、供货商详细信息、交货周期、交货方式等内容。

第7条 财务部根据采购底价和采购部送达的采购报价单，填制采购价格评估表的相关内容。

第8条 由财务部、采购部及其他相关部门人员共同组成价格评估小组。财务部将采购报价单和采购价格评估表一并提交价格评估小组，作为其评估的工具。

第9条 价格评估小组根据采购报价单和采购价格评估表，召开小组会议，讨论价格评估方法，并依此评估采购价格。

第10条 价格评估小组在定价之前，须了解、掌握采购物资的相关信息。具体内容如下。

1. 采购物资的基本信息，如规格、用途、质量标准等。

2. 采购物资的安全库存。

3. 采购物资的库存成本费用情况。

4. 采购物资的替代品情况。

5. 采购物资的底价。

6．其他须明确的内容。

第11条　价格评估小组在了解采购物资的基础上，根据采购报价单提供的信息，调查、了解应供应商情况，包括确认供应商实际报价，调查供应商产品质量稳定性，调查供应商信用情况，调查供应商交货期情况，掌握供应商的优惠政策，调查供应商的经营状况等。

第12条　采购价格的确定。

1．价格评估小组通过对采购物资与供应商两个方面进行调查和了解后，讨论其采购价格的合理性，最终讨论确定采购价格。

2．在价格评估过程中，价格评估小组须考虑采购报价日到评估价格日期间，此采购物资的价格波动情况和市场通货膨胀水平。

3．采购文员做好相关会议记录，并将评估结果填入采购价格评估表。

4．价格评估小组成员会签评估表，采购文员向采购部、财务部等相关部门传达会议结果。

第13条　采购定价后的处理。

1．采购价格评估通过的，价格评估小组人员通知采购专员办理采购。

2．采购价格评估未通过的，价格评估小组人员向采购部传达评估意见和未通过的原因，采购部根据结果，重新选择供应商议价，并努力改进采购工作。

3．价格评估结果须运用到考核采购部相关人员的工作中。

第14条　企业采购部在定价后，如果发现供应商所提供货物质量有问题、市场定价发生变化，应立即向上级主管报告。该过程必须按照上级的指示采取对策，不允许擅自做主。

第15条　参与物资定价的所有工作人员在采购定价中应实事求是，不得弄虚作假，若有严重损害企业经济利益的，须承担相应法律责任。

第4章　附　则

第16条　本制度由采购部负责编制、解释与修订。

第17条　本制度自××××年××月××日起生效。

编修部门/日期		审核部门/日期		执行部门/日期	

7.2.7　招标控制：招标管理制度

以下是招标管理制度，仅供参考。

制度名称	招标管理制度	编　号	
		受控状态	
第1章　总　则			

第1条　目的。

1．保证所采购产品、设备的价格合理。

2．保证采购的物资符合规定的质量和交期要求。

3．保证采购招标活动按照公开、公平、公正、择优的原则来进行。

第2条 本制度适用于企业进行采购公开招标和邀请招标以及评标的全过程管理工作。

第2章 采购招标准备

第3条 招标准备程序。

1．编制招标文件。

2．对外发布招标信息。

3．在规定日期内接受招标人编制的资格预审文件以及相关资料。

4．向资格预审合格的供应商发售招标文件。

第4条 编制招标文件。招标文件是供应商准备投标文件和参加投标的依据，同时也是评标和签订合同的重要依据，招标文件至少应包括投标邀请、投标须知、合同条款、技术规格、标书编制要求、投标保证金、供货表和报价表、履约保证金和合同协议书格式等内容。

第5条 招标部门在正式招标前，应在官方指定的媒体上刊登招标公告。如果是国际性招标采购，还应在国际性的刊物上刊登招标通告，或将招标通告送到可能参加投标的企业所在国家的驻华大使馆。

第6条 资格预审。

1．招标部门在正式组织招标前，须对供应商的资格进行预审，资格预审包括基本资格预审和专业资格预审。基本资格预审是指供应商的合法地位和信誉，包括是否注册，是否破产，是否存在违法违纪行为等。专业资格预审是指已具备基本资格的供应商履行拟定采购项目的能力。

2．资格预审需要按照以下程序来进行。

（1）编制资格预审文件。

（2）邀请潜在的供应商参加资格预审。

（3）发售资格预审文件和提交资格预审申请。

（4）招标部门进行供应商资格评定。

第7条 招标部门将招标文件直接发售给通过资格预审的供应商。在没有资格预审程序的情况下，应将招标文件发售给所有对招标通告作出反应的供应商，并要求供应商在收到招标文件后立刻通知招标部门。

第3章 采购开标管理

第8条 开标应按招标通告中规定的时间、地点公开进行，并邀请投标商或其委派的代表参加。

第9条 宣读投标文件。

1．开标前，应由招标负责人以公开的方式检查投标文件的密封情况，当众宣读供应商名称、有无撤标情况、提交投标保证金的方式是否符合要求、投标项目的主要内容、投标价格以及其他有价值等内容。

2．开标时，对于投标文件中含义不明确的地方，允许投标商作简要解释，但所作的解释不能超过投标文件记载的范围，或有实质性地改变投标文件的内容。以电传、电报方式投标的，不予开标。

3．招标文件中规定使用密封投标方式的，宣读投标文件时，不得透露投标商的价格信息。

第10条 开标时由招标专员做好开标记录，其记录的内容主要包括采购项目名称、招标号、刊登招标通告的日期、发售招标文件的日期、购买招标文件单位的名称、投标商的名称及报价、截标后收到标书的处理情况等。

第11条　在特殊情况下，可以暂缓或推迟开标时间，特殊情况包括但不限于以下4种。

1．招标文件发售后对原招标文件作了变更或补充。

2．开标前，发现有足以影响采购公正性的违法或不正当行为。

3．采购单位接到质疑或诉讼。

4．变更或取消采购计划。

第4章　采购评标和定标管理

第12条　招标部门组织人员成立评标小组，评标小组负责对收到的标书作出评价，并用统一的评标标准确定中标供应商。

第13条　审查投标文件。

1．评标小组对所有投标文件进行审查，对不符合招标文件基本条件的投标确定为无效。

2．对投标文件不明确的地方进行必要的澄清和提问，但不能作实质性修改。

3．运用事先在标书中确定的评标方法进行最后的评标。

第14条　一般情况下，招标采购的评标方法包括最低标价法、综合评分法和性价比法，评标小组应根据具体的情况选择合适的评标方法，以保证本企业的利益。

1．最低标价法。在全部满足招标文件的实质性要求前提下，以价格决定中标候选供应商或者中标供应商。

2．综合评分法。综合考虑采购要求的各种因素，确定得分最高者为中标供应商。

3．性价比法。用技术项目的得分除以报价，以商数高低决定中标供应商。

第15条　评标结束后，评标小组须写出完整的评标报告，经招标部门经理审核通过后，报采购部和总经办审批。

第16条　定标。

1．总经办审核确认招标过程和结果都合理后，方能确定评标结果。

2．确定中标供应商后，招标部门应向中标供应商发出中标通知书，并通知所有未中标投标商结果。

3．采用密封投标方式时，严禁透露竞标失败投标商与竞标成功投标商的价格差距。

第5章　合同谈判与合同签订

第17条　合同谈判。

1．根据中标通知书要求的时间、地点和中标内容，采购部与中标供应商进行合同谈判，并与中标供应商签订书面合同。

2．合同必须在30日内订立，合同的内容不得对招标文件和中标人的投标文件作实质性修改。

第18条　合同起草与确定。

1．采购合同由采购部负责起草，企业法律顾问予以协助配合。

2．合同草案编制完毕后，应送采购部经理与法律顾问审核，按照审核意见修改后，报总经办批准后方定为正式合同。

第19条　合同签订注意事项。

1．尽量采用由政府工商部门监制的合同样本签订合同。

2．签订合同时，合同条款必须能确保本企业的利益不受损。在可能的情况下，应规定货到验收合格后付款，中标供应商所提供的物资要求在一定期限内无偿提供售后服务。

3．签订合同时应拟定诚信条款，双方都必须严格遵守，对未能完全履行合同的处理方法需要列明。

第20条　采购过程中的各种事项均应按照合同中相关条款执行，合同未尽事宜，应由采购部和供应商协商确定处理方法。

第6章　附　则

第21条　本制度由招标部门负责编制、解释与修订。

第22条　本制度自××××年××月××日起生效。

编修部门/日期		审核部门/日期		执行部门/日期	

7.3　采购舞弊与欺诈风险

　　从采购计划制订到供应商选择，再到物资采购付款，整个过程中可能存在采购舞弊和欺诈的风险。对相应的风险点进行提前识别与评级并制定相应的措施，有利于采购的顺利进行，提高企业运转效率。

7.3.1　风险点识别与评级

　　采购舞弊与欺诈风险点识别与评级如表7-3所示。

表7-3　采购舞弊与欺诈风险点识别与评级

风险点	风险点描述	风险评级	风险发生频率	对业务影响	风险应对策略
采购审批程序不规范	采购审批程序不规范，可能导致采购活动出现重大差错、舞弊、欺诈行为	3	中	一般	风险规避
舞弊行为处理不及时	舞弊行为处理不及时，可能导致企业出现重大损失	3	高	重要	风险规避
反舞弊体系不完善	反舞弊体系不完善，可能导致采购活动出现重大差错	2	中	重要	风险规避

7.3.2　舞弊控制：采购舞弊调查制度

以下是采购舞弊调查制度，仅供参考。

制度名称	采购舞弊调查制度	编　号	
		受控状态	

第1章　总　则

第1条　为防治采购过程出现舞弊行为，加强企业治理与内部控制，维护企业和员工的合法权益，特制定本制度。

第2条　本制度适用于采购人员和供应商在采购作业中的舞弊行为的调查与管理。

第2章　采购舞弊行为定义及调查职责规范

第3条　本制度所称舞弊，是指管理层、治理层、员工或第三方在采购定价、采购招标、选择供应商、采购付款和采购验收等各环节使用违法、违规的手段，以谋取不正当的利益，从而损害企业的经营利益的行为。

第4条　总经理有责任督促管理层建立并营造企业范围内的反舞弊环境，建立健全反舞弊调查内部控制体系。

第5条　管理层应建立完善的舞弊调查机制，设置内部监察小组，对采购全流程进行严格监察，并实施一定的监督和奖惩措施。

第6条　与采购相关的工作人员应当遵守企业行为准则、采购规范、道德规范及国家、行业所涉及的法律法规。如果发现异常情况，应当立即向监察小组举报。

第7条　对监察小组成员、采购部管理层的任用，先要进行背景调查，如教育背景、工作经历和犯罪记录等，然后将背景调查资料进行整理并存档。

第3章　采购舞弊行为的调查

第8条　监察小组对采购作业的相关人员进行检查审计，确定其是否存在舞弊行为。调查内容包括采购实物、凭证、账册及有关资料，索取有关证明材料，进行必要的调查取证。

第9条　调查的注意事项。

（1）由于采购过程涉及多方，所以，调查取证中应力争从采购人员与供应商等多方获取证据。

（2）从证据的要求看受贿方面的舞弊，要求监察小组人员调查取得的行贿与受贿两方的证据所反映的数额、交付方式等一致，否则难以确定其收受贿赂的行为；其他方面的舞弊，也要求证据尽可能地齐全。

（3）以回扣方式出现的贿赂，监察小组应查明采购人员因舞弊而获得的利益的来龙去脉，对于涉及的时间、地点、商品数量、价格、金额以及由此获取的利益等，都应取得确凿的证据。

第10条　监察小组对调查过程结果进行整理，编制采购舞弊调查报告，由组长审核签字并上报给总经理。

第11条　采购舞弊调查报告经总经理审核之后，在企业内部进行为期3天的公示，并将调查结果通知采购过程中参与舞弊的人员，与其进行谈话，了解原因，记录谈话内容，并要求相关人员签字确认。

第12条　在3天的公示期内，涉及采购舞弊名单的工作人员可向审查部以书面报告、邮件等方式提起申诉，并提交相关反驳证据。监察小组收到申诉后应立即对此展开进一步调查。

第13条　采购舞弊调查涉及企业高层管理者的，监察小组在获取相关证据之后，须立刻汇报至企业董事会，由董事会主持展开进一步调查，董事会在开展调查时，可聘请外部审查机构协助调查。

第14条　企业员工、管理层、外界社会人士可通过监察小组设置的实名、匿名举报箱（电子信箱）、举报电话等通道进行举报（投诉），接到举报（投诉）过程中，要求监察小组成员对举报（投诉）人信息进行保护，不得随意透露举报（投诉）人的相关资料和举报内容。

第4章　采购舞弊行为的处理

第15条　针对供应商的舞弊行为，企业应采取必要的处理措施。

1．供应商违反规定，在物资供应过程中有舞弊行为的，停止对其进行的采购活动，终止当下合作。

2．情节严重的，三年内不能参加本企业的招标活动或者成为本企业的供应商。

3．构成犯罪的，本企业有权向司法机关举报，依法追究其刑事责任。

第16条　针对采购人员的舞弊行为，企业应采取必要的处理措施。

1．企业采购人员利用职务之便，进行舞弊行为的，应责令其将非法所得上交工商管理机构，并予以解雇，永不录用。

2．采购人员的舞弊行为致使本企业遭受损失的，除上述处罚外，还应对企业损失进行赔偿。

3．造成企业损失数额较大或者数额巨大的，本企业有权移交司法机关，根据相关的法律法规进行处理。

第5章　附　则

第17条　本制度由总经办负责编制、解释与修订。

第18条　本制度自××××年××月××日起生效。

编修部门/日期		审核部门/日期		执行部门/日期	

7.4　采购物资、资金受损风险

　　企业在进行采购的过程中，一定要对采购全过程进行严格把控，对可能出现的风险点进行提前识别与评级并采取一定的防范措施，避免采购物资、资金受到损失，确保采购工作可以按照既定目标顺利完成。

采购舞弊
调查流程

7.4.1   风险点识别与评级

采购物资、资金受损风险点识别与评级如表7-4所示。

表7-4   采购物资、资金受损风险点识别与评级

风险点	风险点描述	风险评级	风险发生频率	对业务影响	风险应对策略
采购验收程序不规范	采购验收程序不规范，可能造成账实不符或资产受损	3	高	一般	风险规避
质量检验工作不符合国家和企业的相关规定	采购物资质量检验工作不符合国家和企业的相关规定，可能使企业经济受损和信誉受损	2	低	重要	风险规避
质量问题解决不及时	采购物资质量问题解决不及时，可能给企业带来经济损失	3	高	一般	风险降低
付款方式不恰当	采购付款方式不恰当，可能导致企业资金受损或信用受损	3	高	一般	风险规避
退货条件不明确	退货条件不明确，可能导致企业信誉受损和经济受损	3	高	一般	风险降低
退货方案考虑不周全	退货方案考虑不周全，可能导致企业资金受损	3	高	一般	风险降低
退货手续办理不及时	退货手续办理不及时，可能导致退货款项收回困难	3	高	一般	风险规避

7.4.2   验收控制：采购验收流程

采购验收流程如图7-7所示。

采购验收制度

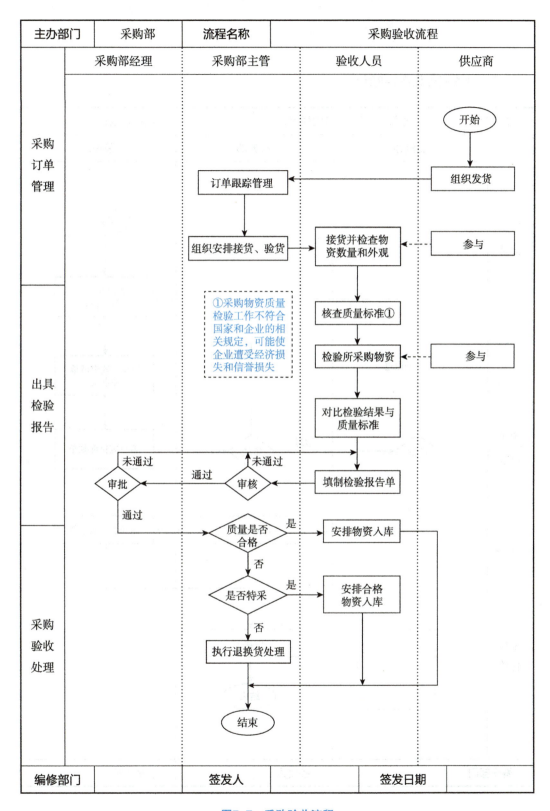

图7-7　采购验收流程

7.4.3　付款控制：采购付款流程

采购付款流程如图7-8所示。

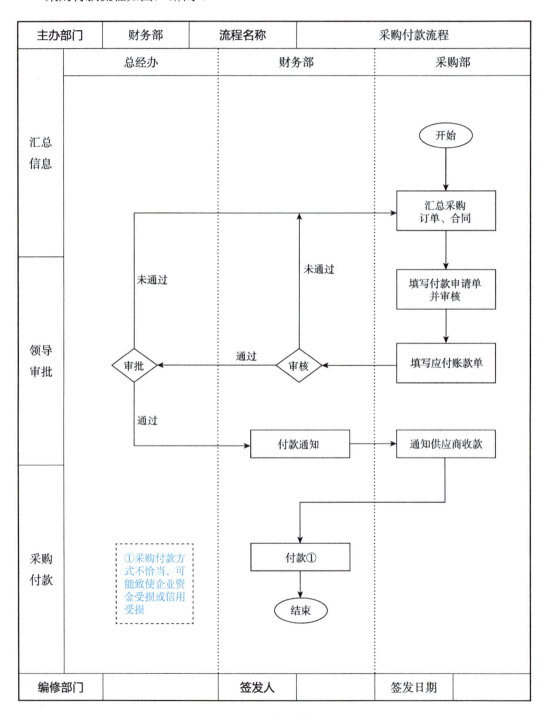

图7-8　采购付款流程

7.4.4 预付控制：预付账款和定金管理制度

以下是预付账款和定金管理制度，仅供参考。

制度名称	预付账款和定金管理制度	编　号	
		受控状态	

第1章　总　则

第1条　为加强企业物资采购预付账款和定金的结算与管理，保证各项款项使用合理、结算及时，有效控制坏账风险，特制定本制度。

第2条　本制度适用于企业预付账款和定金的处理工作。

第2章　预付账款和定金的定义

第3条　预付账款是指企业按照购货合同的规定，预先支付给供应商或者劳务单位的账款。在会计核算上一律通过"应付账款"借方进行核算。

第4条　定金是指为了保证合同的正常履行，双方约定由当事方事先支付给对方一定数额的货币作为担保。定金的数额由双方共同约定，但不得超过主合同标的额的20%。

第5条　预付账款和定金的适用范围。

1．合同明确约定以"先款后货"方式结算的。

2．合同中规定了超额度进购需要"先款后货"的。

3．合同外临时进购约定的。

第3章　预付账款与定金的管理要求

第6条　在签订采购合同时，采购部需要确定预付账款与定金的比例和时间，以确保供应商对订单的确认和承诺，并为供应商提供合理的资金支持。通常预付账款比例应在合同总金额的10%～30%。

第7条　在签订采购合同前，采购部需要对供应商的信用状况进行评估，包括了解供应商的经营状况、财务状况等，以确保供应的稳健性和可靠性，降低风险。

第8条　在预付账款与定金的管理中，采购部需要建立明确的流程，包括开具预付账款发票、核对预付账款金额、收款确认等，以确保资金流向和收支情况的可追溯性。

第9条　采购部财会人员应按规范在预付账款的会计科目和账户中，对采购预付账款进行核算、记录和管理，并定期进行预付款的审计和复核。

第10条　采购部应采取措施，控制预付账款与订金的风险，如分期支付、分批交付、担保或保证金等，以确保交易的合规和风险可控。

第4章　预付账款和定金的财务与审计处理

第11条　预付账款与定金的支付需要开具发票或付款凭证，并及时记录和归集相关资料。

第12条　预付账款与定金需要进行核算、记录和管理，并定期进行审计和复核，以确保资金流向和收支情况的可追溯性。

第13条　预付账款需要在实际发生交易时进行核销，将预付账款转为应付账款，并及时进行相关的凭证处理。而定金需要在实际发生交易时进行核销，将定金转为应付账款或预付账款。

第14条　审计人员必须定期对预付账款账户进行追踪检查，同时对预付账款操作过程中的各类疑点进行追查处理。

第15条　审计人员在审阅预付账款账户或有关会计凭证时如果发现线索或疑点，应及时追踪查证。

第16条　对预付账款账户审计内容如下。

1．由于预付账款业务须以合法合同为基础，因此对每一笔预付账款业务，应看其是否有对应合同，查证合同上规定的预付账款数额是否同预付账款发生额相符。并要对采购合同的合法性、合理性进行查证，以确定是否存在以虚假或不合理合同串通舞弊，虚列预付账款的问题。

2．查阅预付账款总账与明细账，看其余额是否相符，还应注意明细账中相关摘要的叙述是否清晰，必要时可调阅相关记账凭证和原始凭证，以确定是否存在预付账款账户所反映的经济业务超出其核算范围的情况。

3．审计人员应查证预付账款业务关联单位，确定是否存在虚假预付账款业务，以及预付账款余额是否正确。

4．查证购货入库记录，看有无重复付款或将同一笔已付清的账款在预付账款和应付账款两个科目中同时挂账的情况。

5．查证预付账款明细账的账龄长短及相关的记账凭证、原始凭证。如果账龄过长，则有利用预付账款转移资金或进行其他舞弊行为的可能。

第17条　审计人员在审查过程中应特别关注并审查以下情况。

1．预付账款账户是否存在挂账问题。

2．采购业务预付账款账户的摘要栏说明不真实或模糊不清。

3．采购业务中是否存在会计凭证不真实、不合法，是否缺乏原始凭证。

4．是否存在证证、账证不符的情况。

第5章　附　则

第18条　本制度由财务部负责编制、解释与修订。

第19条　本制度自××××年××月××日起生效。

编修部门/日期		审核部门/日期		执行部门/日期	

7.4.5　退货控制：退货管理流程

退货管理流程如图7-9所示。

采购退货
管理制度

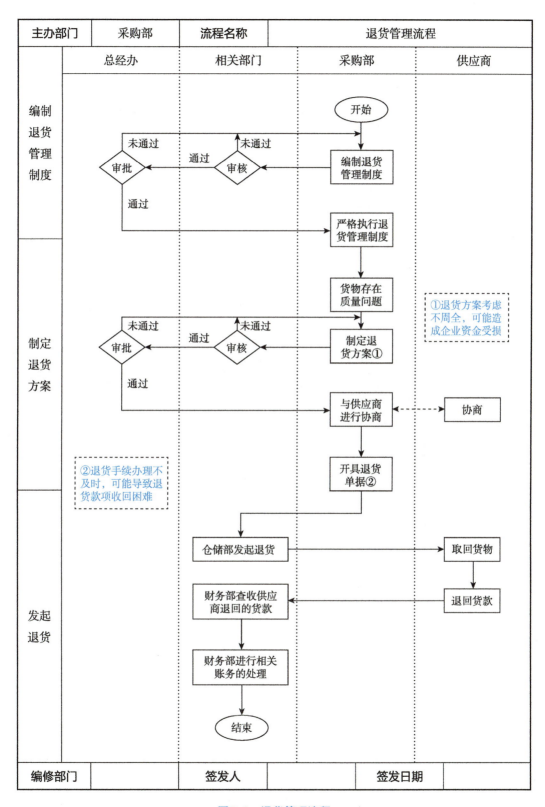

主办部门	采购部	流程名称	退货管理流程		

图7-9　退货管理流程

第 8 章

资产管理——风险点识别与管控规范

8.1   存货积压或短缺风险

存货积压或短缺风险是指企业由于缺乏存货管理意识、管理机制导致的存货周转缓慢、存货损失大等现象的风险。存货积压或短缺，可能造成企业经营成本增加、存货贬值、企业生产经营中断等风险。

8.1.1   风险点识别与评级

存货积压或短缺风险点识别与评级如表8-1所示。

表8-1   存货积压或短缺风险点识别与评级

风险点	风险点描述	风险评级	风险发生频率	对业务影响	风险应对策略
存货盘点不及时	未对存货进行及时的盘点，可能引发存货积压或短缺现象，导致库存管理成本增加	1	高	重要	风险降低
存货控制不合理	存货控制不合理，可能造成库存积压，仓库空间被占用	2	高	一般	风险降低
存货管理不当	对存货的管理不当，可能导致存货损坏、贬值，引发企业信誉危机	3	高	轻微	风险规避
企业资金分配不合理	企业资金分配不合理，可能导致生产经营成本上升，利润下降	1	高	重要	风险降低
存货盘点不合理	缺乏对存货的合理盘点，不能及时补货，可能导致生产经营中断	1	中	重要	风险规避

8.1.2   存货控制：存货管理流程

存货管理流程如图8-1所示。

存货管理办法

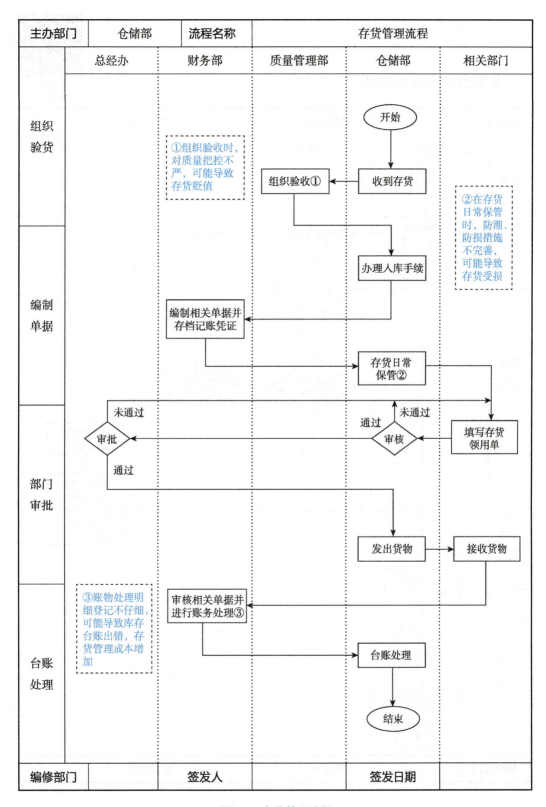

图8-1　存货管理流程

8.1.3　验收控制：存货验收流程

存货验收
管理办法

存货验收流程如图8-2所示。

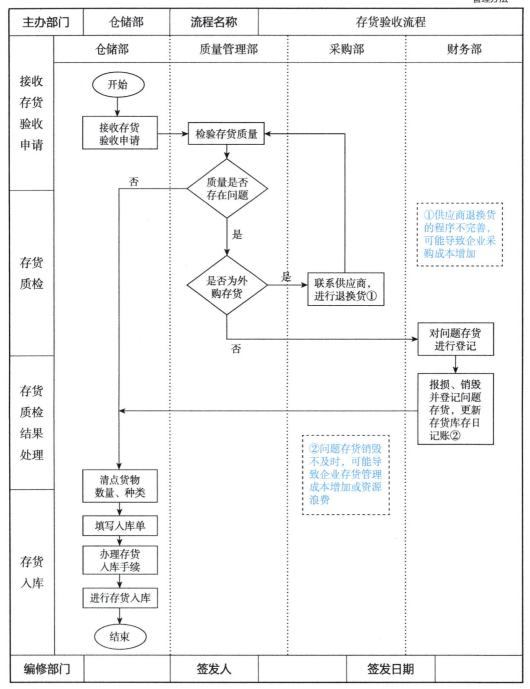

图8-2　存货验收流程

8.1.4　保管控制：存货保管制度

以下是存货保管制度，仅供参考。

制度名称	存货保管制度	编　　号	
		受控状态	

第1章　总　则

第1条　为了存货保管程序有序、规范地运行，提高存货保管工作的效率，确保存货适量、安全，特制定本制度。

第2条　本制度适用于存放在仓库内和生产现场的存货的保管管理工作。

第2章　仓库内存货保管

第3条　仓储部落实存货保管岗位责任制，安排专人负责入库存货的保管工作，禁止无关人员接触存货。

第4条　存货保管人员须全面掌握仓库存货的贮存环境、堆放与搬运注意事项、存货特性及相关故障排除方法。

第5条　存货保管人员须根据存货类别、出入库情况等内容，合理地划分库位。

第6条　存货保管人员须根据存货的销售类别或原材料类别，将存货在指定库位上分类存放，并注明品名、规格、型号、款式、数量、质量（等级）、产地、生产厂家、生产日期、保质期等信息。

第7条　存货保管人员须根据存货的进出库情况，及时登记存货明细账，记录存货类别、编号、规格、数量、计量单位等内容，并定期同财务部进行核算，确保账实相符。

第8条　存货保管人员须严格遵照存货的贮存环境要求保管、贮存存货，并定期对存货进行清洁和整理。

第9条　存货保管人员须定期检查存货的情况，具体检查内容如下。

1．防潮、防水、防火、防盗安全设施是否完好。

2．存储环境中是否存在易燃、易爆等危险品。

3．存货是否出现变质、残损、积压、短缺等情况。

第10条　存货保管人员如发现存货安全防护设施出现故障，须立即上报仓储部主管进行相关处理。

第11条　存货保管人员如发现存货储存环境中存在易燃、易爆危险品，须请示仓储部主管，并根据仓储部主管的指示进行危险品的处理。

第12条　存货保管人员如发现存货变质、残损、积压、短缺等情况，须及时上报仓储部主管，由其通知相关部门进行协同处理。

第3章　生产现场存货保管

第13条　生产部须做好生产现场存货的防损、防潮、防火措施。对易变质、已损坏材料进行妥善保管。

第14条　生产部须根据生产计划，填写存货领用申请单，然后向仓储部申领原材料等存货。

第15条　生产部须根据生产的实际情况及存货的特性，在生产现场内划分存货储存区域。

第16条　生产部须安排专人负责现场存货的保管工作。

第17条　收到存货时，存货保管人员须根据存货领用申请单，核对存货型号、数量、质量等内容，并登记存货明细账。

第18条　存货保管人员须认真盘点现场存货，确认现场存货的数量与质量。

第19条　生产人员须根据生产需要，填写存货领用单，注明领用存货类别、名称、规格、数量及质量要求等内容，并报车间主任审批后，凭领用单领取存货。

第20条　存货保管人员须核实存货领用单信息，并在核实无误后，根据存货领用单发放存货。

第21条　如出现现场存货不足，存货保管人员须根据生产需要填写存货补领单，注明补领存货名称、规格、数量及补领原因，报生产主管审批后，到仓库领取存货。

第22条　如出现现场存货剩余，存货保管人员须进行存货盘点，并编制退料单，注明退料名称、规格、数量等信息，报生产部主管审批通过后，将存货退回仓库。

第4章　仓储部管理人员岗位职责控制

第23条　对企业物品进行仓储定位管理，将不同的物品分类、分区管理。

第24条　建立码放位置图、标记、物料卡并将其置于明显位置，以便出入库存取。物料卡上须载明物资名称、编号、规格、型号、产地、厂商、有效期限、储备定额等。

第25条　注意仓库的温度与湿度，保持良好的通风，保持干燥、不潮湿。

第26条　仓库内须设有防水、防火、防盗等设施，并定期检查与保养，发现故障应及时维修、排除，以保证库内物品的安全。

第27条　每日清扫并操持仓库环境卫生，做好防潮、防锈、防腐、防鼠、防霉、防虫、防尘等各项工作，每次作业完毕要及时清理现场，保证库容整洁。

第28条　库存物资在装卸、搬运过程中要轻拿轻放，不可倒置，要保证完好无损。

第29条　考虑到效率与安全，企业须制定仓库作业时间。

第30条　做好安全保卫工作，严禁闲人进入库区。建立健全出入库登记制度，对因工作需要出/入库的人员、车辆，应按规定进行盘查和登记，签收"出门证"或填写"出入门证"。夜间定时巡逻，提高警惕。

第31条　完善存货库存量控制程序。仓储部管理人员与财务部、采购部等部门协商制定合理的采购批量和库存安全量。

第5章　附　　则

第32条　本制度由总经办负责编制、解释与修订。

第33条　本制度自××××年××月××日起生效。

编修部门/日期		审核部门/日期		执行部门/日期	

8.1.5 盘点控制：存货盘点清查制度

以下是存货盘点清查制度，仅供参考。

制度名称	存货盘点清查制度	编　　号	
		受控状态	

第1章　总　则

第1条　为了保证企业各项资产的安全、完整，规范存货盘点工作，有效控制库存存货，特制定本制度。

第2条　本制度适用于企业存货盘点的各项管理工作，包括盘点准备、盘点实施及差异处理。

第2章　存货盘点

第3条　盘点人员须根据存货类型及目的的不同，选择合适的盘点方式。具体盘点方式有如下4种。

1．定期盘点。选择一个固定的时期，将所有物料进行全面的盘点，可选择在月末、年中、年底的固定日期盘点，但盘点时必须停止仓库作业。

2．临时盘点。由审核部门根据企业实际情况所发起的突击性的盘点。

3．年中（终）盘点。在年中或年终时，由财务部发起，对仓库全部存货逐一盘点。

4．抽样盘点。根据企业的特定目的，对存货进行抽样盘点。

第4条　盘点工作必须统一领导，事先制订计划，确定存货盘点的方式、盘点所需的计量工具和计量方法，做好组织工作。

第5条　设计盘点表和盘点标签，制定盘点期间存货移动的控制措施。

第6条　存货盘点计划内容，应包括盘点时间、盘点分组、盘点人员分配、盘点程序、特殊存货的盘点方法。

第7条　整理存货。盘点前应进行仓库清理、整顿，分类、分区域按规定存放，并张贴好物料标识卡。

第8条　存货应按品种、类别、规格分类堆放，有序排列，按数码齐，方便盘点。严格区分原材料与半成品、产成品，不同工序半成品，成品与废品，本企业产品与其他企业产品。

第9条　编制连续编号的存货标签或盘点清单。

第10条　盘点人员根据盘点计划的安排进行存货盘点，并在盘点单上记录品种、规格、数量等内容，盘点负责人进行账目和支持文件的核对。

第11条　各项财务账册应于盘点前登记完毕，如因特殊因素无法完成时，应由财务部将尚未入账的有关单据，如入库单、领料单、退料单、交运单、收料单等利用结存调整，将账面数据调整为正确的账面结存数。

第12条　盘点期间已收到料而未办妥入账手续的原、物料，应另行分别存放，并予以标识。

第13条　做好相关的人力配置与任务分工，组织仓库管理人员和财务部人员组成盘点小组，包括盘点、复盘、监督人员。

第3章　存货盘点清查实施

第14条　应按顺序进行盘点。采取科学的计量方法，每项财物数量应于确认后再进行下一项盘点，盘点后不得更改。

第15条　盘点物品时，盘点人员应依据盘点实际数量做翔实记录。一名盘点人应按事先确定的方法进行盘点，另一名盘点人要做好协助及监督工作。

第16条　盘点期间原则上暂停收发物料，对于各生产单位在盘点期间所需用料，经相关领导批准后，可以作特殊处理。

第17条　初盘完成后，将初盘数量记录于"盘点统计表"上，并将"盘点统计表"转交给复盘人员。

第18条　复盘时，由初盘人员带领复盘人员到盘点地点，复盘人员不应受到初盘的影响。

第19条　盘点结果必须经相关人员签名确认，一经确认，不得更改。

第20条　盘点完毕，盘点人员应将"盘点统计表"汇总并编制"盘存表"，"盘存表"一式两联，第一联由经管部门自存，第二联送往财务部，以供核算盘点盈亏金额。

第4章　存货盘点清查注意事项

第21条　进行存货盘点前要通报盘点程序和职责分工，强调盘点纪律。

第22条　进行盘点前要发放盘点表，并对盘点表做连续编号，记录发放给各个盘点人员的盘点表编号，做到人表一一对应。

第23条　在盘点过程中，应注意以下3大事项。

1．盘点人员应特别关注存货的移动情况，防止遗漏或重复盘点。

2．盘点标识卡应放置在已盘存货的显眼位置，避免漏盘或重复盘点。

3．填表者应重复盘点者所念的各项名称及数量，以确保填写正确。

第24条　监督人员应在场进行监督，确保盘点过程中使用了正确的计量方法，遵守盘点规则，盘点没有遗漏和重复。

第25条　仓储部应对库存物资进行每月一次盘点，并填报库存盘点表，发现盈余、残损或变质的情况，必须查明原因，分清责任，写出书面报告，提出处理建议，呈报上级和财务部。

第26条　仓库管理人员要积极配合财务部做好全面盘点和抽点工作，定期与财务部对账，保证账表、账物相符。

第27条　仓库管理人员须与采购人员及时地沟通，以方便到货的存放，同时，应适时提出存货不足的预警通知，以防缺货。

第28条　盘点完毕后，正确的盘点表应包含盘点者、填表者和监督人员三人的签字。

第29条　特殊存货的账务处理。以下几类存货的账面价值全部转入当期损益。

1．霉烂变质的存货。

2．已经过期且无转让价值的存货。

3．企业经营活动中已不再需要，并且已无使用价值和转让价值的存货。

4．其他足以证明已无使用价值和转让价值的存货。对于上述几类存货，财务部应按存货的账面价值借记"管理费用——计提的存货跌价准备"，按已计提的存货跌价准备借记"存货跌价准备"，按存货的账面余额贷记"库存商品"等科目。

5．部分存货的价格会因为市场、时间等因素而产生增减量，这些变化在经企业总经理审核后，须根据货品盘点盈亏及价目增减更正表修改。

第5章　盘点清查结果总结及处理

第30条　存货盘点人员汇总盘点结果，财务部相关工作人员组织召开盘点结果总结会议。

第31条　由仓储部、生产部配合财务部进行盘盈与盘亏的分析、调查与处理。

1．财务部根据盘点结果的差异情况，追究差异原因及责任部门或人员并提出相应的处理意见，提交企业总经理审批。

2．经企业总经理审批通过后，执行差异处理决定和对相关责任人的处罚决定。同时财务部根据企业管理层的决定，再对存货的盘盈、盘亏按照会计核算的要求进行处理。

3．盘盈的存货，应冲减当期的管理费用；盘亏的存货，在减去过失人或者保险企业等赔款和残料价值之后，计入当期管理费用；属于非常损失的，计入营业外支出。

第32条　由财务部编制盘点报告，呈交主管领导审阅。

第6章　附　则

第33条　本制度由财务部负责编制、解释与修订。

第34条　本制度自××××年××月××日起生效。

编修部门/日期		审核部门/日期		执行部门/日期	

8.2　固定资产贬损风险

固定资产是企业开展正常生产经营活动的重要支撑条件之一。伴随着企业的生产经营活动，固定资产的价值逐渐被转移到产成品的成本中。

固定资产的安全、完整将直接影响企业生产经营的可持续性。因此，企业要进行全面的固定资产贬损风险控制。

8.2.1　风险点识别与评级

固定资产贬损风险点识别与评级如表8-2所示。

表8-2　固定资产贬损风险点识别与评级

风险点	风险点描述	风险评级	风险发生频率	对业务影响	风险应对策略
新增固定资产验收程序不规范	新增固定资产验收程序不规范，可能导致资产质量不合格，影响企业正常运行	1	中	重要	风险规避

续表

风险点	风险点描述	风险评级	风险发生频率	对业务影响	风险应对策略
固定资产信息登记不完善	固定资产信息登记不完善、资料不全，可能导致信息失真，资产流失	2	低	一般	风险规避
固定资产投保制度不健全	固定资产投保制度不健全，可能造成投保被遗漏，导致资产受损	1	中	重要	风险降低
设备操作不当	设备操作不当、失修或维护不到位，引发安全事故，导致生产经营中断	1	高	重要	风险规避
仪器设备老化	企业仪器设备缺乏更新，可能导致产品生产线老化，产成品缺乏市场竞争力	1	低	重要	风险降低

8.2.2 清查控制：固定资产清查制度

固定资产
清查流程

以下是固定资产清查制度，仅供参考。

制度名称	固定资产清查制度	编　号	
		受控状态	

第1章　总　则
第1条　为有效地进行企业资产管理及资产保全，规范企业资产经营管理行为，特制定本制度。
第2条　本制度适用于对企业全部固定资产工作的管理。

第2章　固定资产清查方法
第3条　定期清查法。根据企业相关制度规定，定期地进行常规的固定资产清查。
第4条　不定期清查法。根据企业经营需要或其他突发事项的需要，不定期地进行固定资产清查。
第5条　对于企业内存放使用的固定资产，按规定程序到保管或使用现场，对固定资产的实物数量、质量等进行核查。
第6条　对于存放在异地的固定资产，采取派出专门清查盘点人员进行实地盘存或账物核对法两种方法并用，进行核实、确定固定资产状况。

第3章　固定资产清查具体情形
第7条　为确保年度会计报表的正确性与可靠性，每年度决算前都要进行固定资产的全面清查盘点。
第8条　企业合并、分立、撤销或改变隶属关系时，为了明确经营责任，确定资产负债实际数量和金额，必须进行固定资产全面清查盘点。
第9条　改变固定资产管辖权限或更换固定资产管理人员时，先针对保管的资产进行清查，以厘清前固定资产管理部或保管人员的责任。

第10条　发生意外灾害或者损失时，企业须对受损货物进行清点，以查明固定资产受损状况。

第11条　在企业进行并购、重组或吸引外资前，须进行企业的固定资产盘点清查。

第4章　固定资产清查前准备

第12条　确定固定资产清查的组织领导与分工，具体如下。

1．开展全部清查时，应成立由企业高层领导、财务部、行政部及相关专业人员组成的固定资产清查小组，对清查工作进行指导。

2．开展局部清查时，由专人负责，制订清查计划，确定相关人员的分工和职责，以使清查工作不重复、不遗漏。

3．固定资产中的生产设备由生产部或投资发展部负责清查，其余的固定资产由财务部负责清查。

4．明确职责划分以及清查出现问题时的处理机制。

5．财务部工作人员与资产管理部相关工作人员进行沟通，确定固定资产清查时间及固定资产清查方式。

6．财务部按照固定资产类型，制定固定资产清查明细表。

7．资产管理部根据固定资产的种类，编制固定资产清查标识卡。

第13条　企业行政部应当编制固定资产目录，对每项固定资产进行编号，按照单项资产建立固定资产卡片，详细记录固定资产的各项信息。

第14条　企业应至少提前一周进行固定资产清查动员工作，并对相关固定资产清查人员进行业务培训。

第15条　正式清查前，先由各使用部门对其所使用和占有的固定资产进行自查，并根据固定资产的实际权属、折旧、分布等情况，编制"固定资产部门清查表"，交由行政部进行汇总后上报固定资产清查小组。

第16条　财务部选定清查前的某天为基准日，编制"固定资产明细表"，提交固定资产清查小组。

第17条　固定资产清查小组根据汇总的"固定资产部门清查表"与财务部提供的"固定资产明细表"进行对比，初步判断固定资产出现的问题，再根据问题的严重程度和固定资产的分类和分布情况，制订实地清查计划，包括清查进度规划、具体项目清查负责人、清查方法、计划时间等。

第5章　固定资产的清查与核算

第18条　固定资产清查小组对企业内所有固定资产进行现场清查，内容如下。

1．清查盘点时要以账查物，确认账、卡、物是否相符。

2．查明固定资产的使用情况。

3．计算固定资产当前的价值状况。

4．查证固定资产的变动情况，并收集相关产权证明文件，明确固定资产的产权归属。

5．如在清查过程中发现盘盈、盘亏，还须进行相关证明文件的取证。

第19条　清查人员根据实际清查结果，填制"固定资产清查表"，并要有清查人员和使用部门负责人的签字确认。

第20条　清查过程中，如发现盘盈、盘亏，应与固定资产使用管理部门共同查明或分析原因，落实责任人，及时提出处理意见报告，经财务副总、总经理批准后，追究相关人员责任，情节严重的，要追究其法律责任。之后，财务部及时调整固定资产账面价值，确保账实相符。

第21条　清查核算结束后，行政部、财务部应当根据固定资产的实际情况，进行内部资源调配或相关处理。

第6章　固定资产清查后的处置

第22条　固定资产清查后涉及的处置措施，如固定资产的转移、出售与报废等，均须按照国家相关法律规定执行。

第23条　固定资产清查后的处置，应由除财务部和使用部门之外的其他部门或人员处理。

第24条　经清查后，固定资产转移、调拨的具体实施过程，应当遵循下列2个步骤。

1. 固定资产在企业内部转移、调拨的，须到行政部办理固定资产转移登记。

2. 行政部将固定资产转移登记情况书面通知财务部，以便进行账务处理。

第25条　自有固定资产报废，由固定资产使用部门或管理部门根据不同情况，提出相应的报废申请报告，之后遵照相关法律法规程序，经企业授权部门或人员批准后，由专人予以出售或转让。

第26条　资产管理部编制、汇总固定资产盘点清查报表和工作报告。

资产管理部首先对财务账目数据、固定资产卡片、固定资产实际清查信息相互核实，并对差异部分进行分析，提出解决意见和整改方案后，报总经理审批，以保证会计信息的完整、清晰与可靠。

第7章　附　则

第27条　本制度由财务部负责编制、解释与修订。

第28条　本制度自××××年××月××日起生效。

编修部门/日期		审核部门/日期		执行部门/日期	

8.2.3　投保控制：固定资产投保流程

固定资产投保流程如图8-3所示。

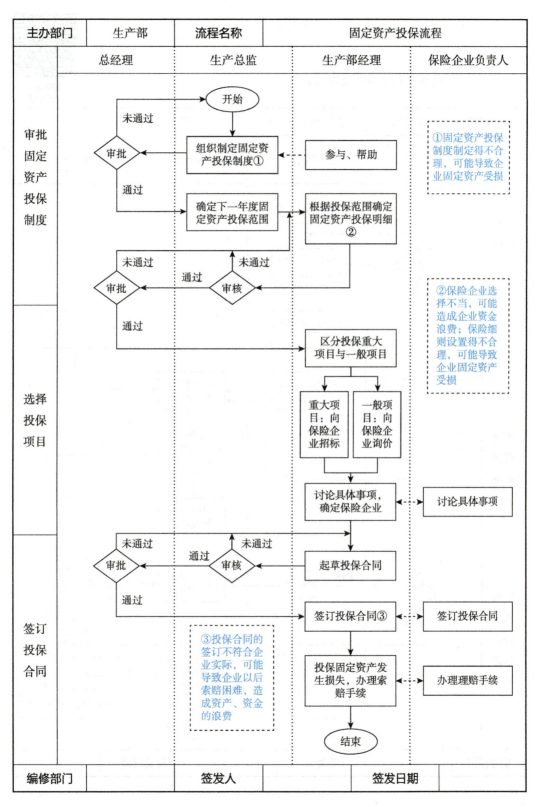

图8-3　固定资产投保流程

8.2.4 抵押控制：固定资产抵押流程

抵押资产
管理制度

固定资产抵押流程如图8-4所示。

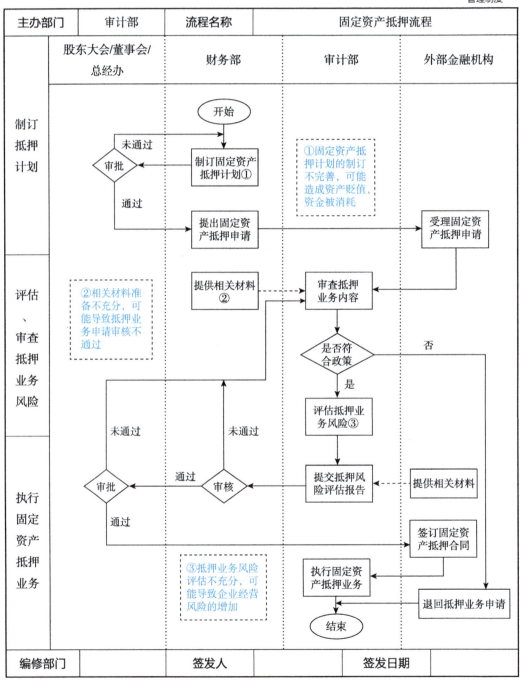

图8-4　固定资产抵押流程

8.3　无形资产权属风险

　　企业的无形资产是企业的核心竞争力之一，企业应当加强对品牌、商标、专利、专有技术、土地使用权等无形资产的管理，促进无形资产的有效利用，充分发挥无形资产对提升企业核心竞争力的作用。

8.3.1　风险点识别与评级

　　无形资产权属风险点识别与评级如表8-3所示。

表8-3　无形资产权属风险点识别与评级

风险点	风险点描述	风险评级	风险发生频率	对业务影响	风险应对策略
会计处理不规范	会计处理不规范，可能导致数据不真实，摊销出错，无形资产的实际价值与账面价值不符	3	高	重要	风险降低
无形资产权责不清	无形资产权责不清，可能引发经济纠纷或使经济受损	3	中	重要	风险规避
无形资产处理不规范	无形资产处理不规范，可能导致企业资产流失	2	高	一般	风险规避
合同权益处理不当	未经审核即变更合同文本中涉及的权利和义务，可能引起法律纠纷	4	中	重要	风险规避
无形资产处置不当	无形资产被长期闲置或低效使用，可能导致无形资产失去其原有价值	2	高	一般	风险降低
无形资产购买决策不当	无形资产购买决策失误，可能导致非必要成本支出被增加	3	高	重要	风险规避

8.3.2　评估控制：无形资产评估流程

　　无形资产评估流程如图8-5所示。

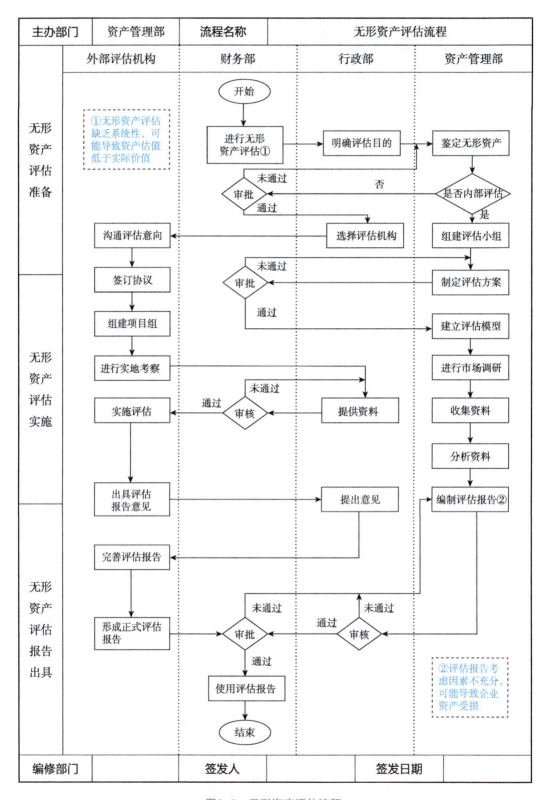

图8-5　无形资产评估流程

8.3.3　管理控制：无形资产管理制度

以下是无形资产管理制度，仅供参考。

制度名称	无形资产管理制度	编　　号	
		受控状态	

第1章　总　则

第1条　为了加强对企业无形资产的管理，规避无形资产业务中的错误操作，保护无形资产的安全，特制定本制度。

第2条　本制度适用于企业关于无形资产相关工作的管理。

第2章　无形资产的划分

第3条　本制度所称的无形资产，主要指企业拥有或控制的、没有实物形态的、可辨认的非货币性资产。

第4条　无形资产通常包括企业所拥有的专利权、非专利技术、商标权、著作权、特许权、土地使用权等。

第5条　非专利技术的特别说明。本制度所指的非专利技术主要指企业自主研发的，拟永久拥有的独家专有技术。

第3章　无形资产的取得

第6条　外购无形资产。企业通过外购方式获取无形资产时，应按照以下程序进行。

1．各有关部门根据年度预算提出无形资产的外购申请，对无形资产采购项目进行可行性论证，并确认结果可行，对请购的无形资产的性能、技术参数作出明确且详细的要求，编制"无形资产购置申请表"并上报主管副总和总经理进行审批。

2．外购部门负责与无形资产卖方确定购买合同的各项条款，并由法务部审核该合同条款的合规性。

3．由申请外购的部门负责组织无形资产外购的具体工作，并与卖方签订合同，明确双方的权利和义务。对于非专有技术等具有非公开性的无形资产，还应注意外购过程中的保密、保全措施。

4．无形资产的外购部门按照合同、技术交底文件规定的验收标准进行验收，同时取得无形资产所有权的有效证明文件、完整的产品说明书及其他相关说明资料。

5．法务部对卖方提供的各项文件的合规性进行审核。

6．无形资产的外购部门持发票和相关资料到财务部办理无形资产入账手续。

7．投资者投入、接受捐赠、债务重组、政府补助、企业合并、非货币性资产交换、外企业无偿划拨转入以及其他方式取得的无形资产均应办理相应的手续，并参照外购程序执行。

第7条　自行研发无形资产。无形资产在研发过程中应注意如下4点事项。

1．无形资产在研究阶段产生的各项支出应计入当期损益，一般计入"管理费用"科目；在开发阶段发生的支出须进行资本化处理，计入到无形资产成本当中。

2．自制无形资产开发完成后，技术研发部会同无形资产的使用部门进行验收，必要时可聘请外部专家对自主研发的无形资产进行验收，并根据验收结果填写验收报告。

3．财务部依据验收报告制作部门提供的验收报告、相关验收单据进行相应的账务处理。

4．企业自行研发并按照法律程序申请取得的无形资产，按依法取得时发生的注册费、聘请律师费等费用，作为无形资产的实际成本。

第8条   对于投资者投入的无形资产，财务部应当按照投资合同或协议约定的价值入账，但合同或协议约定价值不被公允的除外，会计人员应借记"无形资产"，贷记"实收资本"。

第9条   在企业获取无形资产时，财务部应注意以下2点。

1．取得的无形资产应该在有关法律和会计准则规定的范围内。

2．财务部必须保证无形资产占注册资本的比例不超过70%。

第10条   企业建立了严格的无形资产投资预算管理机制，具体内容如下。

1．企业无形资产投资预算的编制、调整、审批、执行等环节，按"预算控制制度"执行；对于超预算或预算外无形资产的投资项目，由无形资产相关责任部门提出申请，按照审批权限审批后再办理相关手续。

2．财务部应根据企业发展战略和生产经营的实际需要，并综合考虑无形资产投资方向、规模、资金占用成本、预计盈利水平和风险程度等因素编制预算。

3．主管副总在对无形资产投资项目进行可行性研究和分析论证的基础上，合理安排投资进度和资金投放。

第4章   无形资产日常管理

第11条   无形资产使用或管理部门负责根据无形资产的使用状况，及时维护本部门无形资产台账。无形资产管理台账登记的内容包括无形资产的名称、价值、数量、使用部门、摊销年限、使用状态等。

第12条   财务部应根据购置合同明确的使用期限与估计使用年限孰低确定无形资产的摊销年限并进行摊销，其摊销要求如下。

1．摊销时间。财务部应从无形资产取得当月起，在法律规定的有效使用期内平均摊入管理费用，法律没有规定使用年限的，按照合同或单位申请书的受益年限摊销，法律和合同或单位申请书都没有规定使用年限的，按照不少于十年的期限摊销。

2．摊销方法。无形资产的摊销方法应由主管副总确定，该摊销方法应当反映与该无形资产有关的经济利益的预期实现方式。

3．摊销科目。无形资产的摊销金额一般计入当期损益，会计准则中另有规定的除外。

4．摊销金额。无形资产的摊销金额为其成本扣除预计残值后的金额，对已计提减值准备的无形资产，有关会计人员还应扣除已计提的减值准备金额。

第13条   计提无形资产减值准备。

1．财务部应定期对无形资产进行减值测试，至少一年1次，按照账面价值与可收回金额孰低计量，对可收回金额低于账面价值的差额计提无形资产减值准备。

2．无形资产若存在以下状况时，财务部应进行资产减值测试，如有需要，则计提无形资产减值准备。

（1）某项无形资产被其他新技术所替代，使其为企业创造经济利益的能力受到重大不利影响。

（2）某项无形资产的市价在当期大幅下降，在剩余摊销年限预期内不能恢复。

（3）某项无形资产已超过法律保护期限，但仍具有部分使用价值。

（4）其他足以证明某项无形资产实质上已发生减值的情形。

第14条　对于无形资产的使用，企业实行"全员监督，重点负责"的制度，相关要求如下。

1．凡使用企业无形资产的，必须向无形资产的归口管理部门提出申请，由其向财务部进行申报，该申报通过总经办审批通过后，方可予以执行。

2．企业出租、出借无形资产，应由无形资产管理部门会同财会部门按规定报经上级批准后予以办理；通过审批后，无形资产的管理部门签订合同，明确无形资产特许使用期间的权利和义务。

3．企业所有员工都有权利和义务监督企业无形资产的管理情况，有责任劝阻、制止和举报违反无形资产管理规定的人员，对检举有功的部门和个人，企业将给予保护和一定的物质奖励。

4．企业内部员工如有侵犯企业无形资产，违反有关法律与规定者，企业视情节轻重给予处罚。

5．对于侵犯企业无形资产权益的外部单位或个人，企业将运用法律手段保护自身利益不受损失。

第15条　无形资产的各归口管理部门应根据无形资产性质确定无形资产保全范围和政策，并应当限制未经授权人员直接接触技术资料等无形资产，对技术资料等无形资产的保管及接触应保有记录，对重要的无形资产应及时申请法律保护。

第5章　无形资产的处置

第16条　进行无形资产的处置时，审批与执行岗位要分离。

第17条　企业出售无形资产的工作程序如下。

1．确定无形资产不能为企业继续创造价值，归口管理部门提出将该无形资产出售的申请。

2．主管副总和总经办对无形资产的出售申请予以审批。

3．审批通过后，无形资产归口管理部门负责无形资产的具体出售事宜，财务部负责有关账务的处理，取得的价款与无形资产账面价值间的差额计入当期损益。

第18条　无形资产的报废应按照以下程序进行。

1．无形资产不能继续使用时，由归由管理部门详细填写"无形资产处置申请表"，注明报废理由、估计清理费用和可回收残值、预计出售价值等。

2．各级负责人按权限对无形资产管理部门上报的"无形资产处置申请表"进行审查，并签署意见。

3．审计部在处置前，应会同相关部门或人员对无形资产的处置依据、处置方式、处置价格等进行审核，重点审核处置依据是否充分，处置方式是否适当，处置价格是否合理。

4．财务部在处置后，可根据审计结果进行财务报表更新。

第6章　附　则

第19条　本制度由财务部负责编制、解释与修订。

第20条　本制度自××××年××月××日起生效。

编修部门/日期		审核部门/日期		执行部门/日期	

8.3.4　责任设计：无形资产管理责任制

无形资产管理责任制如表8-4所示。

表8-4　无形资产管理责任制

岗位名称	职责概括	主要职责明细	不相容职责
行政主管	非技术类无形资产获得	①负责商标权、著作权等非技术类无形资产的开发 ②组织商标权、著作权、土地使用权等资产的购入或换入	非技术类无形资产管理
	非技术类无形资产日常管理	①登记无形资产台账 ②编制无形资产应用计划，并安排资产的日常应用 ③负责无形资产的保密管理	
	非技术类无形资产处置	①提出无形资产处置建议 ②执行无形资产处置意见	
技术主管	技术类无形资产获得	①负责技术专利的开发 ②组织技术专利的购入	技术类无形资产管理
	技术类无形资产日常管理	①登记无形资产台账 ②负责无形资产应用规格的确认，并组织实施无形资产在企业的应用 ③更新无形资产，并定期维护	
	技术类无形资产处置	①协助进行无形资产盘点清查 ②提出无形资产处置建议 ③执行无形资产处置意见	
法务主管	无形资产产权管理	①负责无形资产产权相关信息调查，提出购入或处置意见 ②负责无形资产相关合同的编制或审核，并参与合同的签订 ③负责无形资产产权纠纷的处理	无形资产的日常管理
无形资产管理会计	无形资产会计核算	①核算无形资产各项明细 ②负责核对无形资产明细账与总账 ③负责健全无形资产管理活动中会计核算的二、三级科目	无形资产产权管理

续表

岗位名称	职责概括	主要职责明细	不相容职责
无形资产管理会计	无形资产账务管理	①审核无形资产的相关单据 ②建立无形资产明细账 ③及时登记无形资产明细账 ④定期检查无形资产利用率 ⑤负责全面清查无形资产的使用情况，并编制无形资产清查报告 ⑥综合无形资产管理相关部门建议，提出无形资产处置意见 ⑦负责无形资产的账务核销	—

8.3.5　保密控制：无形资产保密制度

以下是无形资产保密制度，仅供参考。

制度名称	无形资产保密制度	编　号	
		受控状态	

第1章　总　则

第1条　为了增强对企业无形资产的管理，及时纠正无形资产业务中的各类过失和舞弊行为，保护企业无形资产的安全，特制定本制度。

第2条　本制度适用于企业无形资产保密工作的管理。

第2章　岗位职责控制

第3条　企业综合管理部负责保管企业各种无形资产的纸质凭证，企业风险控制部负责对无形资产权利进行保护。

第4条　无形资产的摊销和报告由财务部负责，操作程序应当符合会计准则的规定。

第5条　配备专业的人员保管无形资产。保管无形资产业务的人员应当具备良好的业务素质和职业道德素养。

第6条　企业须对无形资产保管人员每月进行一次集中培训，培训内容包括保密意识、保管意识、职业道德、保管技能及其他需要重点培训的内容。

第7条　对接触企业核心技术相关无形资产的人员，实行授权批准制，严禁未经授权的机构或人员接触企业的核心技术。

第3章　无形资产的保管和保护

第8条　企业应指定可接触企业专利技术和非专利技术的人员，并与其签订保密协议。

第9条　有权接触企业专利技术和非专利技术的人员在进行业务对接时，保管人员应在登记簿上登记，详细记录业务对接的时间、地点、目的、审批人。

第10条　由技术部负责保管的专利技术和专有技术资料副本，除特殊情况外，其他人员一律不得接触全套资料。

第11条　在计算机上保存或运行的无形资产，应严格遵守企业关于信息系统安全的相关规定。

第12条　企业商标除依法进行登记外，还应对商标的印模加强保密管理。

第13条　无形资产的会计年度报告，企业可根据保密需要，选择不公开。

第14条　无形资产的保管、使用及保护、处置及报废等环节的流程应清晰、严密。

第15条　企业无形资产遭到侵害时，企业风险控制部应在董事会的领导下，立即成立调查处理小组，对本次侵害无形资产事件的行为进行调查取证，及时采取维权措施。

第16条　企业应定期对所拥有的专利、专有技术等无形资产进行价值评估，并督促研发部加大创新，推动企业内部技术升级。

第4章　附　则

第17条　本制度由董事会负责编制、解释与修订。

第18条　本制度自××××年××月××日起生效。

编修部门/日期		审核部门/日期		执行部门/日期	

8.3.6　更新控制：无形资产更新迭代制度

以下是无形资产更新迭代制度，仅供参考。

制度名称	无形资产更新迭代制度	编　号	
		受控状态	

第1章　总　则

第1条　为了规范企业无形资产的管理，使企业能够及时地跟踪无形资产的状态，增强企业竞争力，特制定本制度。

第2条　本制度适用于企业对无形资产更新迭代工作的管理。

第2章　无形资产日常检查

第3条　企业无形资产的检查内容主要包括专利权、非专利技术、商标权、著作权、土地使用权、特许权等。

第4条　检查企业核心技术。检查企业核心技术竞争力情况，评估企业核心竞争力。

第5条　企业无形资产权属不清、技术落后、存在重大技术安全隐患，可能导致企业遭受法律纠纷、缺乏可持续发展能力。

第6条　根据企业经营战略，明确企业无形资产更新周期。

第7条　企业信息部要随时更新相关政策，了解外界政策。根据最新政策，核查企业无形资产。

第8条　确定企业不同产品的技术周期，根据生产计划，检查企业核心技术现状。

第3章　无形资产的更新迭代评估

第9条　无形资产的获利能力评估。无形资产的获利能力越强，其评估值越高；获利能力越弱，其评估值越低。若无形资产创造成本高，但市场需求低，收益能力低微，则其评估值也低。

第10条　无形资产的先进度评估。无形资产越先进，其领先水平越高，使用期限越长。无形损耗程度越低，其具有实际超额收益的期限越长。

第11条　无形资产的科学价值和发展前景。若无形资产的科学价值和发展前景低，则将其列入待更新范畴。

第12条　技术水平的高低。科技成果技术水平越高，垄断性越强，使用期限越长，成果所获得的超额收益能力越强，其评估值越高。

第13条　科技成果的成熟度。科技成果开发程度越高，技术越成熟，运用该技术成果的风险性越小，其评估值就会越高。

第14条　无形资产的成本。评估无形资产的创造发明成本、法律保护成本、发行推广成本，并进行成本计算。成本越高，则无形资产的评估值越低；反之，则越低。

第15条　对于可出售、转让的无形资产，市场需求越大，则其评估值就越高；市场需求越小，且有同类无形资产替代时，则其评估值就越低。

第16条　无形资产的适用范围越广，适用程度越高，需求者越多，需求量越大，其评估值就越高。

第4章　无形资产的更新迭代处理

第17条　根据企业核心技术评估情况，若企业核心技术缺乏竞争力，则须加大创新，增强企业核心竞争力。

第18条　企业在确定旧无形资产不能为企业继续创造价值后，须进行旧无形资产的淘汰处理。

第19条　加大企业资金投入，购入新无形资产。

第20条　迎合市场需求，更新企业无形资产。

第21条　缩减成本，创新无形资产管理模式，提高无形资产的价值。

第5章　附　则

第22条　本制度由董事会负责编制、解释与修订。

第23条　本制度自××××年××月××日起生效。

编修部门/日期		审核部门/日期		执行部门/日期	

8.3.7　评估控制：无形资产评估管理办法

以下是无形资产评估管理办法，仅供参考。

办法名称	无形资产评估管理办法	编　　号	
		受控状态	

第1章　总　则

第1条　为加强对企业无形资产的管理，规范对企业无形资产的评估工作，根据《资产评估操作规范意见（试行）》的有关规定，特制定本办法。

第2条　本办法适用于企业拥有的专利权、专有技术、商标权、著作权、特许权、土地使用权等无形资产的评估管理工作。

第3条　企业成立评估小组，负责无形资产的评估管理工作。评估小组由财务部领导，成员有行政部、市场营销部、技术部等相关人员。

第2章　评估依据

第4条　评估原则。根据国家财政部有关规定，评估过程中应遵循客观、公正、独立和科学性原则及其他一般公允原则。

1．坚持客观、公正的原则。在评估工作中，一切从实际出发，认真进行调查研究，采取符合实际的评估标准和方法，以得出合理、可信、客观、公正的评估结果。

2．坚持独立的原则。在评估过程中，排除一切干扰，确保评估资料和信息的真实性和可靠性。

3．坚持科学性原则。在具体评估过程中，根据特定目的，制定科学的评估方案，采用科学的评估程序和方法，用资产评估基本原理指导评估操作。

第5条　评估方法。无形资产评估方法主要包括成本法、市场价值法和收益法3种。

1．成本法。通过计算替代或重建某类无形资产所需的成本，来确定该类无形资产的价值。它适用于评估能被替代的无形资产的价值。

2．市场价值法。根据市场交易，确定无形资产的价值。它适用于评估专利、商标和版权等无形资产的价值。

3．收益法。根据无形资产的经济利益或未来现金流量的现值，计算无形资产价值。它适用于评估特许代理等无形资产的价值。

第6条　无形资产评估的法律依据如下。

1．《无形资产评估事务所机构管理办法》。

2．《外商投资财产鉴定管理办法》。

3．《国有资产评估管理办法》。

4．《国有资产评估管理办法施行细则》。

5．《资产评估操作规范意见（试行）》。

6．《资产评估报告基本内容与格式的暂行规定》。

第7条　经济行为文件的依据主要参考资产评估委托合同。

第8条　取价标准的依据主要参考《全国资产评估参数资料选编》。

第3章　评估活动实施

第9条　评估目的。资产评估的方法，是由资产评估的目的和标准所决定的。无形资产评估的目的，主要有以下2个。

1．为无形资产的成本、费用摊销服务。

2．为无形资产的投资和转让服务。

第10条　确定评估对象。根据无形资产评估的计划和目的，确定评估对象。

第11条　组建评估小组。由财务部牵头，内外联动，组建评估小组。

第12条　制定评估方案。根据被评估对象的类型，制定评估方案。

第13条　确定评估方法。根据被评估对象，确定评估方法。

第14条　确定评估小组组内分工。根据评估方法、评估对象及组内成员情况，合理确认组内分工。

第15条　进行资产评估。根据预定计划，开展资产评估。

第16条　控制评估过程。根据预定计划，合理进行评估过程的控制。

第17条　得出评估结果。评估结束后，根据所获得的信息，通过相关计算，得出评估结果。

第18条　编制无形资产评估报告。

无形资产评估报告的内容，应包括评估目的、评估范围和对象、专利说明、评估基准日、评估依据、评估方法及计算过程、评估过程、评估结果、资产评估结果的使用范围、评估基准日期后重大事项、评估报告法律效力等。

第19条　提交评估报告。按照无形资产评估审核制度和程序，对评估报告进行反复修改、校正后，提交评估报告。

第4章　注意事项

第20条　资产评估中的一切取价标准均为评估基准日有效的价格标准，考虑评估基准日应尽可能地使其与评估目的的实现日接近，因此，评估基准日的评估结果要能准确反映资产本身的价值。

第21条　资产评估报告有效期一般为一年。当评估目的在有效期内实现时，要以评估结论作为资产价值的参考依据（还须结合评估基准日的期后事项进行调整）。若超过一年，须重新进行资产评估。

第22条　评估须在独立、公正、客观、科学的原则下作出，评估机构及参加评估工作的全体人员与资产处置各方之间，须无任何特殊利害关系，评估人员在评估过程中，应恪守职业道德和规范。

第23条　进行资产评估时，企业及评估方对申报材料负完全的法律责任、管理责任与会计责任，对所填报资产的完整性、合法性和真实性负责，对其提供的文件资料的真实性承担法律责任。

第5章　附　则

第24条　本办法由总经办负责编制、解释与修订。

第25条　本办法自××××年××月××日起生效。

编修部门/日期		审核部门/日期		执行部门/日期	

第 9 章

销售业务——风险点识别与管控规范

9.1 销售不畅与库存积压风险

很多企业往往不重视库存控制，尤其是处于业务增长阶段的企业，其更多关注的是销售额的增长而非库存周转的问题。这就极易出现销售不畅和库存积压风险，严重的可能导致企业资金链断裂，产品积压。

9.1.1 风险点识别与评级

销售不畅与库存积压风险点识别与评级如表9-1所示。

表9-1　销售不畅与库存积压风险点识别与评级

风险点	风险点描述	风险评级	风险发生频率	对业务影响	风险应对策略
营销策略不健全	市场变化预测不准确，营销策略不健全，可能导致企业陷入资金链断裂的困境	1	低	重要	风险规避
销售计划不可行	缺乏有效的调研，销售计划的制订脱离企业的实际情况，可能导致计划无法落地，不能实施	1	低	重要	风险规避
产品不适销	产品设计不符合客户需要，产品出现功能缺失或质量低下问题，可能引发销售不畅、库存积压等问题	2	中	一般	风险降低
运输管理不规范	未严格遵照运输流程运输产品，造成产品在运输过程中出现质量、数量或者产品供应时间上的损失，导致销售不畅	4	高	轻微	风险转移
营销渠道选择不当	选择的经销商或代理商实力不足，各个经销商或代理商之间恶性竞争，扰乱市场价格或者有其他违约行为，造成预期目标无法实现	2	高	一般	风险承受
定价不合理	未按照价格政策定价，可能导致价格过高或过低，市场竞争力下降，用户利益受损	3	中	一般	风险承受

9.1.2　策略设计：销售策略制定流程

销售策略制定流程如图9-1所示。

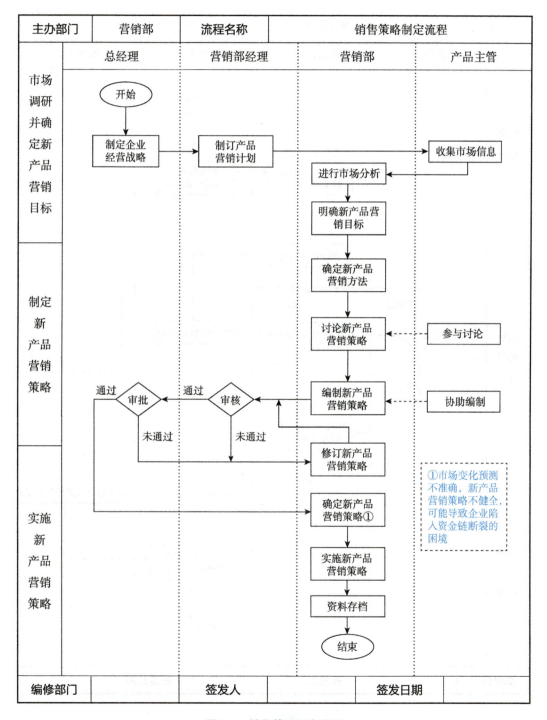

图9-1　销售策略制定流程

9.1.3 计划控制：销售计划制订流程

销售计划制订流程如图9-2所示

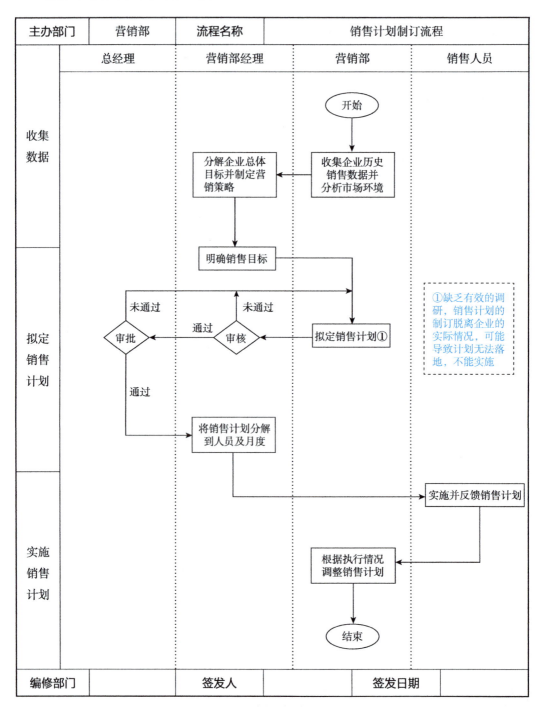

图9-2 销售计划制订流程

9.1.4 业务控制：销售业务管理流程

销售业务管理流程如图9-3所示。

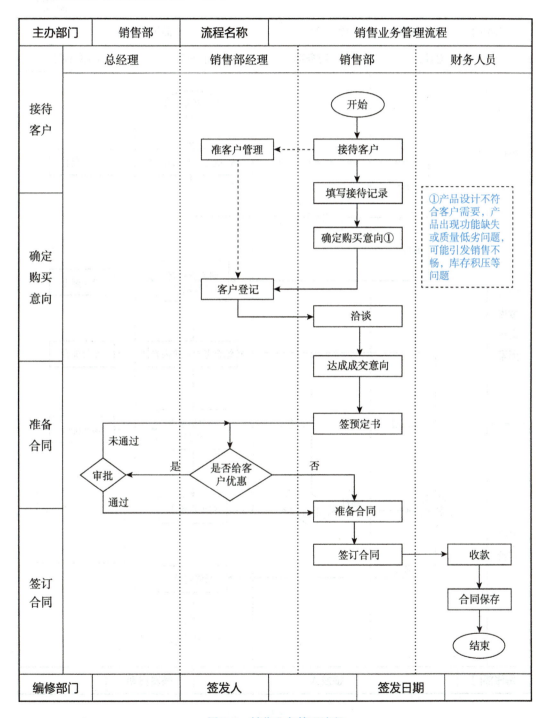

图9-3 销售业务管理流程

9.1.5 定价控制：产品定价流程

产品定价管理制度

产品定价流程如图9-4所示。

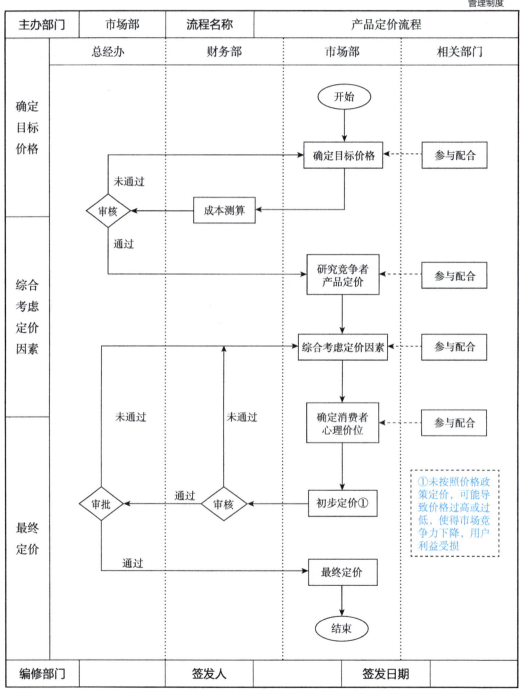

图9-4 产品定价流程

9.1.6　渠道控制：营销渠道管理制度

以下是营销渠道管理制度，仅供参考。

制度名称	营销渠道管理制度	编　号	
		受控状态	

<table>
<tr><td colspan="4" align="center">第1章　总　则</td></tr>
</table>

第1条　为了实现营销发展战略，提高市场占有率，加强对产品营销渠道的管理，明确渠道管理中的各项责任，规范产品渠道运营秩序，保证营销目标的顺利实现，特制定本制度。

第2条　本制度适用于企业渠道管理工作中的各项事务，主要适用以下3个方面事项的管理。

1. 企业营销渠道的设计和修订。

2. 渠道成员的选择。

3. 营销渠道的控制。

第3条　本制度所称的营销渠道，是指本企业产品从工厂向消费者转移过程的具体通道或路径。渠道成员是指商品流通过程中的各级中间商。

第2章　客户需求分析

第4条　分析消费者需求。

1. 营销部主管应根据企业产品或者服务的特点，对目标市场中的消费群体进行需求调查，了解消费者的真正需求，从而指导渠道的设计工作，并制定相应的营销渠道政策。

2. 消费者需求的调查，应该以渠道设计、策略等对消费者购买商品问题的解决程度为目标而开展。

第5条　分析渠道成员需求。

1. 营销人员应对渠道成员的需求进行详细调查，调查内容包括渠道政策、渠道设计、渠道管理等方面，从而为企业渠道管理工作提供依据。

2. 营销部主管在渠道调研完成后，应及时撰写"渠道管理市场调研方案"，上报营销部经理及分管副总进行审核、审批。

第3章　营销渠道建设

第6条　确定渠道设计目标。

1. 营销部经理应通过对客户消费水平及渠道成员作用的预测，联系本企业产品的特点，以及本企业对营销渠道的要求和期望，确定渠道设计的目标。

2. 确定好营销渠道设计目标之后，营销部经理应当撰写"渠道设计分析报告"，并上交分管副总进行决策。

第7条　编制渠道选择方案。营销部主管应根据营销人员收集的渠道信息与渠道设计目标制定"渠道选择方案"，其具体内容包括以下3个方面。

1. 商业中间机构的类型。

2. 商业中间机构的数量。

3．每个加入成员的条件及其相互责任等。

第8条　渠道并无先天优劣之分，只有效率、成本、体验和服务的差异。由于企业处于发展期，对渠道的控制力还不够强，所以企业需要采用"宽、短"的策略，不能设计过多级别的渠道商，可以适当增加同一级别渠道商的数量来拓展市场。

第9条　选择中间商时应综合考虑其市场范围、产品政策、地理区位、财务状况、管理水平、促销政策和预期合作水平等因素，以保证所选择的中间商能够有效地开拓产品市场并维持良好的合作关系。

第10条　建立营销渠道体系。

1．在全国直辖市、省会城市各设计一个一级代理商，其他城市的零售商由代理商根据各地区的实际情况酌情考虑，但各地区零售商的发展方案必须事先报企业营销部批准。

2．营销渠道纵向管理最多为四级。即营销部—代理商—经销商—零售商。

3．营销渠道管理实行营销人员按销售区域进行管理，而各区域代理商按片区进行管理的方式。

4．线上、线下营销渠道趋于融合，综合考虑产品、品牌认知度、价格、目标市场群体，要随内外部环境的变化及时调整。

第11条　渠道成员选择方法和程序。

1．建立渠道成员数据库，将符合本企业需要的渠道成员全部纳入数据库，并对成员进行基础信息的收集、整理，从而为甄选渠道成员作好准备。

2．确定渠道"宽度、长度、层次"的实施策略。

3．营销人员应当对备选渠道成员进行走访调查，确定渠道成员各项信息的真实性，并依据企业制定的策略选择适合的渠道成员，并与其进行谈判，达成合作意识。

4．营销部经理经过甄选和谈判后，可以与渠道成员签订合同，建立长期的正式的合作关系。

第4章　营销渠道管理与监控

第12条　营销渠道管理方法。

1．分级管理。责任到位，由营销部对代理商进行管理和考核，由代理商对该地区的零售商进行管理和考核。每年派营销人员定期到地区市场进行检查和指导，帮助代理商管理和发展。

2．量化管理。企业营销部与代理商之间每年要签订年度销售目标任务书、促销计划合作协议书、销售目标完成奖励兑现书等，实行量化考核指标管理。

3．程序化管理。

（1）企业营销部直接管理代理商。代理商所有的产品销售、促销、库存、市场信息、零售商发展等相关信息都要按一定的管理规定上报，同时企业营销部对代理商的经营情况给予指导。

（2）各地区零售商由代理商直接负责。

第13条　渠道商资质管理措施。

1．每年营销部应对原有的代理商、经销商、零售商、直销商等渠道商重新进行资质复查。

2．满足条件者保留渠道商资质，资质复查不合格者取消其经营资格或作降级处理。

3．渠道商资质的各类复查要求与条件应与确认渠道商资质时相同。

第14条　渠道商销售目标管理。

1．每年年底，各渠道商须向营销部上报下一年度销售目标，营销部根据当地市场需求情况对其销售目标进行审核，在双方均可接受的基础上，制定切合实际且有一定挑战性的销售计划。

2．营销部应按照销售目标制订相应的营销计划、促销计划和营销政策等，协助渠道商完成销售任务。

3．营销部应派营销人员对渠道商的销售情况进行监督、考核，确保销售目标的完成。

第15条　渠道商日常销售业务管理。

1．企业的各类渠道商，均须按照本企业的相关规定，及时向主管该区域的营销人员上报产品销售信息和市场竞争对手的相关信息，为企业制定决策提供重要依据。

2．营销部应根据渠道上的业务状况制定相应的管理策略，为不断提升和优化企业渠道销售政策作准备。

第16条　渠道商库存管理。

1．本企业负责各区域的营销人员需要定期对区域管辖范围内的渠道商进行巡视，检查其库存状况。

2．营销人员还须对各渠道商的进库量进行监控、统计和分析，及时了解和监控代理商的库存状况，并予以指导。

<h3 style="text-align:center">第5章　营销渠道维护</h3>

第17条　营销政策管理。

1．营销部与渠道成员建立合作关系之后，应及时组织人员制定适合渠道管理和本企业特点的渠道政策，应当包括销售政策、促销政策、结算政策、返利政策等。

2．为配合各类销售政策的执行，可对渠道商开展技术培训、新技术研讨等相关的技术服务活动，以提高品牌的知名度和产品的市场占有率。

第18条　在渠道管理的过程中，营销部应定期对渠道成员进行评估，并不断完善评估体系，从而提高管理渠道的水平。

第19条　渠道与改进。

1．市场营销部须建立完善的渠道管理和激励机制，强化营销过程中的考核评估，加强对违规操作人员的惩罚力度，做好优秀渠道商的奖励工作。

2．在工作过程中，营销部应及时分析、总结突发事件和重复出现的问题，快速调整渠道政策，并报分管副总审批通过后执行改进工作。

<h3 style="text-align:center">第6章　附　则</h3>

第20条　本制度由营销部、仓储部负责编制、解释与修订。

第21条　本制度自××××年××月××日起生效。

编修部门/日期		审核部门/日期		执行部门/日期	

9.1.7 分配控制：销售激励分配方案

以下是销售激励分配方案，仅供参考。

方案名称	销售激励分配方案	编　号	
		受控状态	

一、目的

1．实现企业销售目标，激发员工的工作积极性，建立与员工双赢的局面。

2．提高员工的绩效，贯彻多劳多得的原则，创建高效团队。

3．促进部门内部良性、有序的竞争。

二、适用范围

本方案适用于销售岗位的所有正式员工。

三、相关人员

1．人力资源部经理、薪酬主管、薪酬专员。

2．各部门主管。

四、执行细节

（一）薪资激励

企业销售人员的薪酬由底薪、提成、福利、中长期激励四部分构成。

1．底薪。由企业根据其实际情况确定。

2．提成。根据销售人员的业绩，按销售总额的____%提取。其具体提成办法是一个月内达到____万元~____万元的销售额，按销售额的____%提取。

（1）将销售团队或人员上一年的历史业绩作为今年的基础业绩目标，将超过基础业绩目标的部分视为业绩增长部分。

（2）明确企业的奖金提成比例，通常和上一年的保持一致。

（3）针对业绩增长部分设置加速系数，加速系数要大于1，对于业绩增长的部分企业将给予最高的被放大的奖金提取比例，业绩增长难度越大，加速系数就必须越大才足够有吸引力。

（4）业绩增长型的奖金方案：基础业绩目标×提成比例＋业绩增长部分×提点比例×加速系数。

3．福利。销售人员的福利主要包括各项津贴与补助，如交通津贴____元/月、通信津贴____元/月等，津贴的额度也可以根据环境的变化及时调整。

4．中长期激励（年度激励）。年底根据销售人员业绩回款额的____%作为对销售人员的额外奖励。

（二）竞赛激励

1．每月最佳表现奖。对每月表现最佳的人员提出精神或者物质的表扬。

获奖以业绩为评定标准，也可以是其他多方面的内容，比如最佳精神风貌奖（注重自身形象）、最佳服务奖（对客户服务优秀）、最佳礼仪奖（注重自身礼仪）、最佳表现奖（对工作积极、认真、负责）等，还可以设置合理化建议奖。

2．每月最佳业绩奖。直接与业绩挂钩，对每月业绩最好的销售人员提出表扬，并进行奖励。

3. 每季最佳业绩奖。与每月最佳业绩奖结合，在激励销售人员的同时，有效地保持团队精英的稳定性，强化薪酬的激励作用。

（三）职位晋升激励

1. 多维度设置晋升标准，采用积分模式，以业绩为核心参考因素。

2. 采用公平、公正、公开的晋升流程，根据员工的工作表现和工作能力，将其晋升到合适的管理岗位。同时设置特殊情形，允许对企业作出重大贡献的员工得到跨级提拔。

3. 明确晋升路径。分线条制定，如常见的双通道、多通道晋升体系。并对晋升路径进行界定，如纯职工晋升、普通职级员工晋升为经理人员等。

（四）专项奖激励

1. 最佳销售奖。

2. 最佳回款奖。

3. 最佳开拓奖。

（五）情感激励

主要表现在给予销售人员充分的信任，增进管理人员与销售人员的沟通，加强对员工生活的关怀，通过综合运用物质手段和精神手段奖励优秀员工，如为销售人员举办生日宴会、开会表扬、发放纪念品等。

五、附则

1. 本方案由人力资源部负责编制、解释与修订。

2. 本方案自××××年××月××日起生效。

执行部门/责任人		监督部门/责任人		编修部门/责任人	

9.2 销售货款回收风险

销售货款回收风险主要是指企业不能按照约定从分销商、客户处及时回收货款而产生的货款被占用、损失等风险。销售款项不能回收会给企业带来资金风险，更严重的是，应收款项也可能产生坏账，导致企业需要付出一定的处置成本。

9.2.1 风险点识别与评级

销售货款回收风险点识别与评级如表9-2所示。

表9-2　销售货款回收风险点识别与评级

风险点	风险点描述	风险评级	风险发生频率	对业务影响	风险应对策略
信用管理不到位	客户档案不健全，客户信用评估缺乏，客户资质检查不严，可能导致客户选择不当，销售货款不能收回	2	高	重要	风险规避
回款期限不合理	回款期限违背企业销售政策或不符合合同约定，可能导致企业经济利益受损	2	中	一般	风险降低
结算方式不明确	销售合同中没有货款支付结算方式的具体条款，可能造成销售回款困难的风险	3	低	轻微	风险转移
会计系统管理不健全	缺乏有效的销售业务会计系统控制，可能导致企业账务混乱，影响销售收入、销售成本、应收款项等会计核算的真实性和可靠性	4	低	一般	风险承受
回款责任不规范	未建立健全回款责任制，销售人员无责任感，从而增加销售回款的风险	3	中	一般	风险降低

9.2.2　信用控制：客户信用审核流程

客户信用审核流程如图9-5所示。

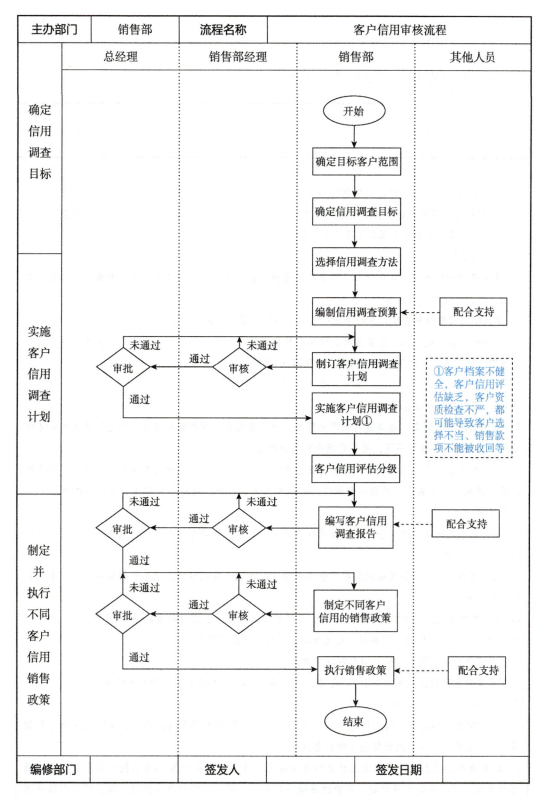

图9-5　客户信用审核流程

9.2.3　信用控制：客户信用保证制度

以下是客户信用保证制度，仅供参考。

制度名称	客户信用保证制度	编　号	
		受控状态	

第1章　总　则

第1条　为建立和规范客户信用管理工作体系，通过科学、严谨地评估客户信用等级，制定合理的客户信用额度，有效规避和预防企业经营风险，保障销售应收账款按时回收，特制定本制度。

第2条　本制度适用于企业客户信用的保证管理工作。

第3条　基本原则。

1．在与客户合作之前，要先对客户信用情况进行调查，保证客户的信息真实、有效，尤其是针对首次合作、成交额较大的客户，更要关注。

2．客户信用管理应根据客户实际情况的变化，不断调整，并跟踪记录。

3．财务部应及时统计客户付款情况，评估客户信用状况，并将其纳入客户信息资料库，然后提交销售部，销售人员对于信用不好的客户可采取相应措施。

第2章　客户信用调查

第4条　客户信用调查渠道。

1．通过金融机构调查。该渠道可信度比较高，所需费用少，但很难掌握其全部资产情况及具体细节，因客户的业务银行不同，所花费调查时间会较长。

2．利用专业资信调查机构调查。该渠道能够在短期内完成调查，能满足本企业的需求，但所需费用多。调查人员的素质和能力对调查结果的影响很大，因此，应选择声誉高、能力强的专业资信调查机构。

3．通过客户或行业组织调查。该渠道可以进行深入、具体的调查，但会受地域限制，难以把握整体信息，并且难辨真伪。

4．内部调查。询问同事或委托同事了解客户的信用状况，或从本企业派生机构或新闻报道中获取客户的有关信用情况。

第5条　客户分类。对客户信用实行分类、分级管理，企业基本信用分为A、B、C三类。

1．A类客户是指规模大、信誉高、资金雄厚、属超一流企业的客户。

2．B类客户是信用状况一般、信誉较好的客户。

3．C类客户主要包括一般的中小客户、新客户、警示客户、失信客户、严重失信客户等。

第6条　客户信用报告编制。

1．调查完成后编写客户信用调查报告，定期写成书面的客户信用调查报告，及时上报给主管领导。平时还要进行口头的日常报告和紧急报告。

2．调查报告应按企业统一规定的格式和要求编写，并于指定月份的10日前提交给主管领导。撰写调查报告时，切忌主观臆断，不能过多地罗列数字，要以资料和事实说话，调查项目应保证明确、全面。

3．对于A类客户，每半年编制一次信用报告即可；对于B类客户，每三个月编制一次信用报告；对于C类客户，要求每月编制一次信用报告。

第7条　信用状况突变情况下的处理。

1．销售人员如果发现自己所负责的客户的信用状况发生变化，应直接向上级主管报告，按"紧急报告"处理。采取对策必须有上级主管的明确指示，不能擅自处理。

2．对于信用状况恶化的客户，原则上可采取如下对策：要求客户提供担保人和连带担保人；增加信用保证金；交易合同取得公证；减少供货量或实行发货限制；接受代位偿债和代物偿债，有担保人的，向担保人迫债，有抵押物担保的，接受抵押物还债。

第3章　客户信用信息的归集

第8条　客户信息专员应以客户信用数据为基础，为客户建立信用档案，记录客户存续期间的所有信用信息。

第9条　客户信用管理档案的主要内容。

1．身份信息：如客户个人基本情况、家庭情况、社会信用情况等。

2．良好信息：如客户良好信用信息记录情况。

3．提示信息：如客户不良信用信息记录情况。

4．警示信息：如客户被企业处罚情况。

第10条　客户档案归档。

1．在企业内建立统一的客户信用信息管理体系，实现信息共享。

2．客户服务部指定专门的客户调查人员负责客户信用的信息收集工作。对须归档的客户信用信息资料，应先由客户信息专员填写客户信用信息资料归档表，经客户服务部经理审定签字后，方可归档。

3．客户调查人员要对所提供的信用信息资料的真实性负责。

第4章　客户限度的确定

第11条　确定不同客户的信用限度。

1．根据实际情况，划分出不同的信用限度。例如，针对前述的A、B、C三类客户，对于A类客户，其信用限度可以不受限制；对于B类客户，可先确定一个信用限度基数，以后再逐渐放宽限制；对于C类客户，则应仔细审核，适当地给予少量的信用限度。

2．对同一客户的信用限度也不是一成不变的，而应随着实际情况的变化而有所改变。

3．可确定一个最高限额，然后根据客户实际情况设定不同的信用限度额。

4．销售人员所负责的客户要超过规定的信用限度时，须向销售部经理乃至总经理汇报。

第5章　交易开始与中止时的信用处理

第12条　交易开始时的信用处理。

1．销售人员应制订详细的客户访问计划，如某一客户已访问5次以上而无实效，则应从访问计划表中删除。

2．交易开始时，应先填制客户交易卡。客户交易卡由企业统一印制，一式两份，有关事项交由客户填写。

3．无论是新客户，还是老客户，都可依据信用调查结果设定不同的附加条件，如交换合同书，提供个人担保，提供连带担保或提供抵押担保等。

第13条　中止交易时的信用处理。

1．在交易过程中，如发现客户存在问题和异常应及时报告上级，作为应急处理业务可以暂时停止供货。

2．当票据或支票被拒付或延期支付时，销售人员应向上级详细报告，并尽一切可能收回货款，将损失降至最低点。销售人员根据上级主管的批示，通知客户中止双方交易。

第6章　客户信用监督与管理

第14条　企业财务部经理负责提供相应的财务数据及往来情况资料，每月填写客户授信额度执行评价表交企业总经理审批，财务部经理对财务数据的真实性负责。

第15条　客户服务部必须建立授信客户的月度/季度检查、审核制度，对客户授信实施动态管理，根据客户信用情况的变化及时调整授信，确保授信安全，发现问题立即采取适当的解决措施。

第16条　企业财务部经理具体承担对销售部授信执行情况的日常监督职责，应加强对业务单据的审核，对于超出信用额度的订单，必须在得到财务总监的正式批准之后，方可办理。发生超越授权和重大风险情况时，应及时上报企业总经理。

第17条　对于原赊销欠款或代销铺底金额大于所给予信用额度的客户，应采取一定的措施，在较短的期间内将金额压缩至信用额度之内。

第18条　对于原来已有赊销欠款或代销铺底金额不享有信用额度的客户，应加大货款清收力度，确保欠款额或铺底额只能减少不能增加，同时应采取一定的资产保全措施，如担保、不动产抵押等。

第7章　附　则

第19条　本制度由客户服务部负责编制、解释与修订。

第20条　本制度自××××年××月××日起生效。

编修部门/日期		审核部门/日期		执行部门/日期	

9.2.4　回款控制：销售回款管理流程

销售回款管理流程如图9-6所示。

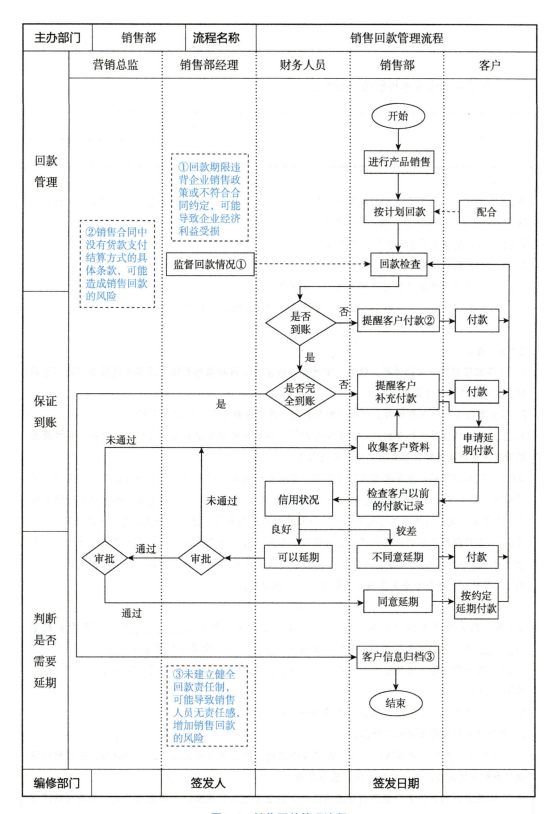

图9-6　销售回款管理流程

9.2.5　审核控制：客户信用审核制度

以下是客户信用审核制度，仅供参考。

制度名称	客户信用审核制度	编　　号	
		受控状态	

第1章　总　则

第1条　为进一步提高企业风险预测和控制能力，规范和完善风险评估体系，根据有关法律法规，结合企业业务的实际情况，特制定本制度。

第2条　本制度适用于企业客户信用审核管理工作。

第3条　相关职责。

1．客户服务部负责客户信用资料的收集、整理与分析。

2．风险控制部、财务部等相关部门负责进行客户信用审核管理工作。

第2章　客户信用审核步骤

第4条　准备初评。

1．业务部根据客户实际情况，收集、审核客户的基础资料和基础数据，对客户进行全面的实地调研，确保客户信息的真实性。

2．业务部应连续收集两年以上经审计的客户的年度财务报表及当期财务报表。

3．客户企业成立不满两年的或不能提供连续两个完整年度财务报表的，应根据该企业上年度及当期财务报表数据折算，形成客户信用等级报告。

第5条　风险控制部对业务部报送的客户信用评级初评结果进行审查。在审查过程中，需要进一步了解客户相关情况、补充相关资料的，风险控制部应通过电话调研、实地考察等方式进行调研核实，以保证评定结果的准确性及真实性。风险控制部审查无误后报企业分管副总、总经理审定。

第6条　客户经理应密切关注被评对象的情况，如发现被评对象的内外部因素发了重大变化，以至于须对现有信用等级进行调整的，客户经理应将情况及时汇报风险控制部，由风险控制部对客户的信用等级进行调整审查并报请分管副总、总经理审定。

第3章　客户信用等级划分

第7条　客户信用等级评定实行百分制：其中定性指标权重为_____%，定量指标权重为_____%，即信用等级得分＝定性分析得分×_____%+定量分析得分×_____%。

第8条　客户信用等级用信用级别表示，分为AAA级、AA级、A级、B级、C级，共5级。

第9条　等级说明。

1．客户信用等级标准是衡量客户偿还债务能力的相对尺度。

2．各个信用等级的含义如下所示。

（1）AAA级。表明客户各项经济指标都完成得很好，经营管理状况好，经济效益好，有很强的清偿能力和支付能力，市场竞争力强，信誉度高。

（2）AA级。表明客户各项经济指标完成良好，经营管理状况较好，经济效益良好，有较强的清偿和支付能力，信誉度良好。

（3）A级。表明客户有一定的经济实力，经营管理状况一般，经济效益不太稳定，有一定的清偿能力和支付能力，信誉度一般。

（4）B级。表明客户各项经济指标完成一般，经营管理状况一般，经济效益较差，请偿能力和支付能力较弱，信誉度较低。

（5）C级。表明客户各项经济指标完成差，经营管理状况差，经济效益差，请偿能力和支付能力弱，信誉度很低。

第10条　出现下列情况之一的客户，信用级别直接认定为C级以下。

1. 发生了造成重大损失的事故或重大人事变动，可能或实际已经严重影响企业生存发展和债务清偿能力的。

2. 因严重违法违纪受到税务、海关、工商、公安等部门的追究和处罚的。

3. 被银监会等权威机构列入"黑名单"或取消相关资格的。

4. 因较为严重的不良行为被新闻媒体曝光的。

5. 有影响企业债权实现的其他情况的。

第4章　审核实施管理

第11条　各类客户信用等级依照评定指标和计分标准所列指标、内容进行评分，汇总核定后确定不同的信用等级。

第12条　评级实施要求。

1. 评级小组在进行客户信用评级时，应深入现场调研核实，获取第一手资料，汇总核定后确定不同的信用等级。

2. 初评为AA级（含AA级）以上的客户，评级小组形成审查意见，上报客服总监审批，审批结果归入信用评级管理档案。

3. 其他级别的评级结果，经评级小组审核后直接归入信用评级管理库。

第13条　评级时间要求。

1. 评级小组每年＿＿＿月开始对客户进行信用评级，信用评级报告在一个月内完成。

2. 客户信用等级原则上＿＿＿年评定一次，评定的信用等级时效为24个月。

第14条　业务部应加强对客户信用状况的动态监控，客户出现下列情况之一的，应及时按规定调整其信用等级。

1. 行业或经济环境发现变化，对客户产生重大不利影响时，下调一个等级。

2. 客户出现重大经营困难或财务困难时。

3. 有必要调整客户信用等级的其他情况。

第5章　审核报告的编写与管理

第15条　客户信用等级报告要清晰地描述客户的基本情况、竞争的优劣势、偿债能力、财务效益情况、营运情况、发展前景等信息。

第16条　客户信用等级报告有效期为一年，自风险控制部审查后报企业决策部门审定之日起算。

第6章　附　则

第17条　本制度由风险控制部负责编制、解释与修订。

第18条　本制度自××××年××月××日起生效。

编修部门/日期		审核部门/日期		执行部门/日期	

9.3　销售舞弊风险

销售是企业获得经营成果的重要环节，也是极易产生舞弊风险的环节。销售舞弊是指销售人员利用企业相关制度、监管中的漏洞，在销售过程中谋取私利或虚报销售额的行为。销售环节的舞弊行为一般可以分为企业舞弊和员工舞弊两种，它们都会导致企业利益受损。

9.3.1　风险点识别与评级

销售舞弊风险点识别与评级如表9-3所示。

表9-3　销售舞弊风险点识别与评级

风险点	风险点描述	风险评级	风险发生频率	对业务影响	风险应对策略
管控环境不力	管控环境不力，可能导致销售人员在销售过程中谋取私利，致使出现舞弊行为，导致企业利益受损	3	中	重要	风险规避
销售过程不真诚	销售人员在销售过程中销售套路太多，真诚太少，可能导致客户满意度下降	4	高	一般	风险降低
合同流程不规范	销售合同签订未经适当审核或超越授权审批，可能导致企业资产受损，出现舞弊行为，引起法律诉讼	2	低	重要	风险规避
招标文件不专业	招标文件中存在的异议或者争议点未向投标人解释清楚，导致大量投标文件不符合企业规定	3	低	一般	风险承受
投标管理过程不严	投标过程中，有关人员擅自拆开投标人密封的投标文件，并泄露投标人的投标信息，存在舞弊行为	3	低	重要	风险规避

9.3.2　过程控制：销售过程管控流程

销售过程管控流程如图9-7所示。

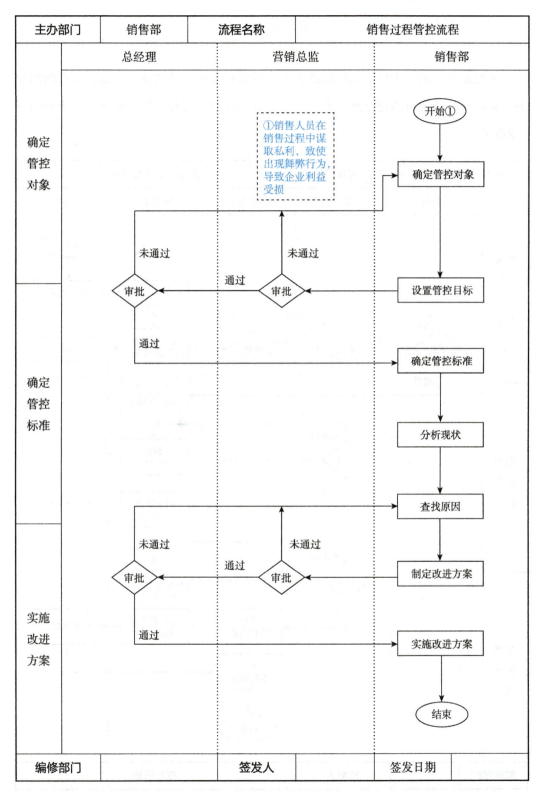

图9-7　销售过程管控流程

9.3.3　审批控制：销售环节审批流程

审批是企业销售中最常用的功能之一，销售环节审批是描述各企业、人员间的业务关系，从申请表单的提交到审批结果的签署所流转的过程。销售环节审批流程如图9-8所示。

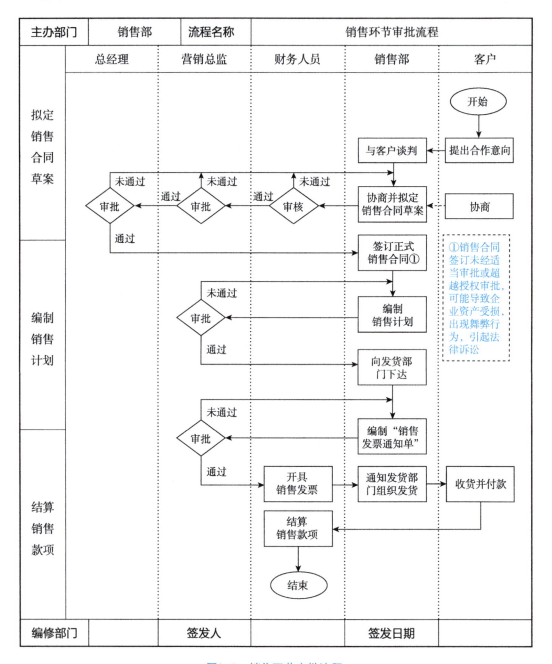

图9-8　销售环节审批流程

9.3.4　投标控制：投标管理流程

投标管理流程如图9-9所示。

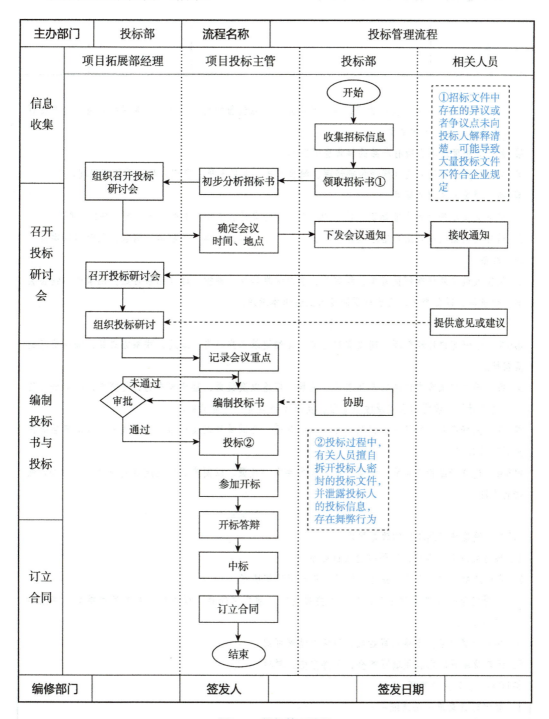

图9-9　投标管理流程

9.3.5 登记设计：销售登记制度

以下是销售登记制度，仅供参考。

制度名称	销售登记制度	编　号	
		受控状态	

第1章 总 则

第1条 为规范企业销售登记管理，保证可以追溯产品销售的去向，确保必要时能以最快的速度召回有关产品，特制定本制度。

第2条 本制度适用于所有产品的销售登记工作。

第3条 权责单位及人员包括销售部经理、销售人员、发货人员、登记人员、质检部经理。

第4条 销售人员职业要求。

1．销售人员必须经过专业知识、技能的培训，能独立开展工作，对企业产品有充分的了解。

2．销售人员必须做好用户信息收集、管理工作，建立客户档案，了解客户需求，及时作好供货、送货准备。

3．销售人员必须保存好提货单、结算单、客户信息等相关票据，建立销售台账，记录产品销售去向、数量等，以备查阅，便于出现问题时能够追本溯源。

第2章 销售登记的内容

第5条 做好客户资料管理，建立客户档案，详细记录客户姓名、地址、联系方式等，确保信息的真实性。

第6条 详细记录客户订购的产品名称、批号、规格以及数量，整理客户的订货需求，登记好发货人、发货时间、收货地点以及收货单位，及时作好供货、送货准备。

第7条 做好产品资料管理，记录产品的检验单号、合同单号以及产品运输方式等，以便日后有需要时可及时查询。

第8条 建立产品销售台账，记录产品的销售去向、数量，以便产品出现质量问题时能够根据台账进行溯源。

第3章 销售登记的填写要求

第9条 销售登记及单据的填写要求。

1．填写应及时、准确，不得提前或过后填写。

2．字迹清楚，内容真实、完整、详尽，不能用铅笔填写。

3．不得随意撕毁或任意涂改，确实需要更改时，须在错处画一横线后，在其旁边重写，签上姓名、日期，并盖章确认。

4．签名须填全名，不得只写姓氏，印章须清晰可辨。

5．记录及单据的内容须填写齐全，不得空格、漏项。

第10条 登记注意事项。

1．登记时计量单位必须统一。

2．同品种不同批号，或不同规格的产品，在登记及填写单据时，必须分开填写。

第4章　记录的收集和保管

第11条　销售部应规定销售人员负责收集销售记录及单据，一般每月收集一次，并与收发货台账进行核对，不得有误。必要时须与实物、账、卡核对，确保无缺失。

第12条　销售人员须逐页核对收集到的记录及单据，特别是关于产品去向及产品特征的项目。如有疑问须及时与有关文件或发货、运输凭证相核实，并将情况注明于备注项下，经核对人签字后归档。

第13条　记录保管。

1．登记实行专人、专柜保管。

2．注意防火、防盗、防遗失。

3．记录须保存到产品有效期后一年，或使用期限后一年。

第5章　记录的查阅

第14条　记录查阅。

1．记录的存放地点应便于查找、查阅。

2．查阅人须在查阅前办理查阅登记，查阅后要及时送还，并在有关记录上签字。

第15条　每年销售部管理人员将超过保存期的记录列出明细表，报质检部经理审批，质检部经理签字批准后的方可销毁，并及时登入销售记录管理台账。

第16条　本制度呈请总经理审批通过后实施；修改、废止时亦同。

第6章　附　则

第17条　本制度由营销部负责编制、解释与修订。

第18条　本制度自××××年××月××日起生效。

编修部门/日期		审核部门/日期		执行部门/日期	

9.3.6　发票控制：销售发票管理制度

以下是销售发票管理制度，仅供参考。

制度名称	销售发票管理制度	编　　号	
		受控状态	

第1章　总　则

第1条　为加强本企业对销售发票、购货发票的使用和管理，维护财务会计纪律，结合相关的法律制度，根据上级规定并结合本企业的实际情况，特制定本制度。

第2条　本制度适用于企业各业务部门。

第3条　术语解释。

1．发票取得行为是指企业在购买商品、接受服务以及从事其他经营活动支付款项时，应当向收款方取得发票，并经过验审合格登记入账的行为。

2．发票领购行为是指企业办税人员凭发票领购簿、IC卡和税务登记证副本等有关证件到税务机构购买合法发票的行为。

3．销售发票是企业销售产品及提供劳务时向客户开具的发票。

4．购货发票是本企业采购材料、物资、设备或接受劳务时，由销售单位向本企业出具的发票。

第2章　发票的领用

第4条　发票的领购由企业财务部根据本企业发票使用情况，按照国家关于发票领购的有关规定，统一向税务部门购买。

第5条　设置发票使用登记本，领用发票时要记载领用日期、数量、发票起止号、经手人。

第6条　发票开具时，按照规定时限、号码顺序，逐栏、全部联次一次性如实开具，要求填写项目齐全、内容真实、字迹清楚并加盖企业财务专用章或发票专用章。

第7条　严禁将企业领购的增值税专用发票和普通发票向他人提供使用。

第8条　确定专人负责发票管理、领、退、开具等日常工作。

第3章　发票的填制

第9条　填写发票时必须在发生经营业务确认收入时，没有经营业务一律不准开具发票。

第10条　取得发票时不得变更用途和金额，要严格按照规定的时限、号码顺序，逐栏、全部联次一次性如实开具，要求项目齐全、内容真实、字迹清楚并加盖企业财务专用章或发票专用章。

第11条　不得转借、转让、代开发票，未经税务机关批准，不得拆分使用发票，不得自行扩大专业发票的使用范围。

第12条　建立发票使用登记制度，设置发票登记簿，并定期向主管税务机关报告发票使用情况。

第13条　填写错误的发票不得丢弃，应加盖作废章或签写"作废"字样后，粘贴在存根上长期保存。

第4章　发票的保管

第14条　发票专管员负责发票的领用和保管。

第15条　发票的存放和保管严格按照税务机关的规定办理，不得丢失和擅自损毁，如有丢失，应于当日书面报告主管税务机关并在报刊和电视等传播媒体上声明作废。

第16条　已经开具的发票存根和发票登记簿保存5年，期满报经税务机关查验后销毁。

第17条　已缴销或使用完毕的发票，根据业务发生时间顺序按会计档案管理制度规定进行保管。

第18条　税务机关进行检查时必须出示税务检查证，财务人员应积极配合，税务人员检查，须将已开具的发票调出时应开具借用单，须调出空档发票查验时，应当开付收据。

第5章　发票的作废与缴销

第19条　开具专用发票当月，发生销货退回、开票有误等情形，收到的退回的发票联、抵扣联符合作废条件的，按作废处理；开具时有误的，可及时作废。

第20条　发票的缴销应当严格按照有关规定办理，经办人续购发票前，须持已使用完的发票存根、在规定期限内未使用或未使用完的发票及"发票领购簿"，向主管税务机关报验缴销。

第6章　发票的检查及盘点

第21条　发票应当由责任人妥善保管。

第22条　财务部应指定专人开展发票定期及不定期盘点工作，认真检查"发票领购簿"，做到账实相符。

第7章　奖惩规定

第23条　企业收款部门为财务部，其他任何部门和个人一律无权向客户收款。

第24条　企业人员违反本规定的，视情节轻重给予100~1000元的罚款，触犯刑法的移交司法机关追究刑事责任。

第8章　附　则

第25条　本制度由财务部负责编制、解释与修订。

第26条　本制度自××××年××月××日起生效。

编修部门/日期		审核部门/日期		执行部门/日期	

10

第 10 章

研究与开发——风险点识别与管控规范

10.1　研发失败风险

研究开发是指企业为获取新产品、新技术、新工艺等所开展的各项研发活动。研究开发的过程会伴随研发失败的风险，为避免或减少因研究开发管理不规范而造成的损失，企业应加强研究开发的内部控制工作。

10.1.1　风险点识别与评级

研发失败风险点识别与评级如表10-1所示。

表10-1　研发失败风险点识别与评级

风险点	风险点描述	风险评级	风险发生频率	对业务影响	风险应对策略
项目调研不科学	研发项目未经科学调研或调研不充分，可能导致创新不足或资源浪费	1	中	重要	风险规避
研发制度不健全	研发制度不健全，可能导致研发成本过高，出现舞弊行为或研发失败	2	高	重要	风险降低
项目管理不善	项目管理不善，可能导致费用失控或可计收入形成账外资产，影响研发效率，增加研发成本，甚至造成资产外流	2	中	一般	风险规避
资料保存不妥善	研发项目相关资料保存不妥善，可能导致重要研发信息泄露，损害企业利益	3	中	高	风险规避
研发过程中未能及时发现错误	研发过程中未能及时发现错误，导致修正成本增多	2	中	一般	风险承受
研发计划不匹配	研发计划与国家科技发展战略不匹配，可能导致研发失败，企业经济受损	1	低	重要	风险规避
知识产权保护意识缺失	未能有效识别和保护知识产权，权属未能得到明确，开发出的新技术或新产品被限制使用	3	低	重要	风险规避
验收人员不专业	因验收人员的技术、能力、独立性等不足，使得验收成果与事实不符	4	中	重要	风险承受

10.1.2　调研设计：研发项目调研流程

研发项目调研流程如图10-1所示。

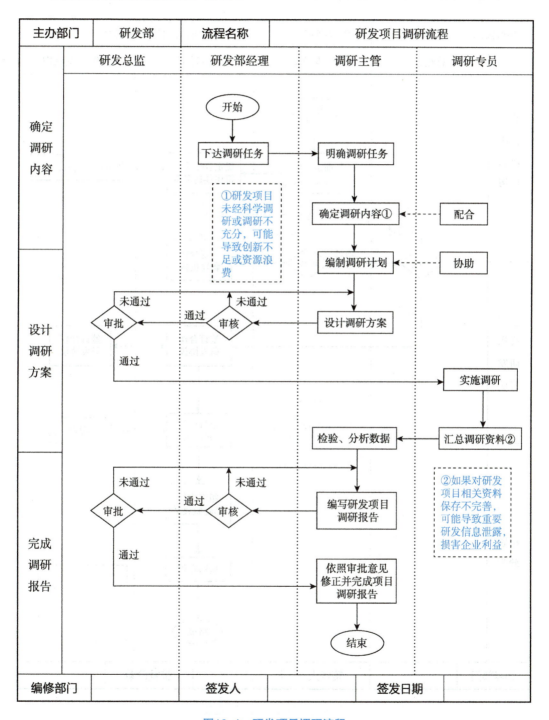

图10-1　研发项目调研流程

10.1.3　流程设计：研发项目管理流程

研发项目管理流程如图10-2所示。

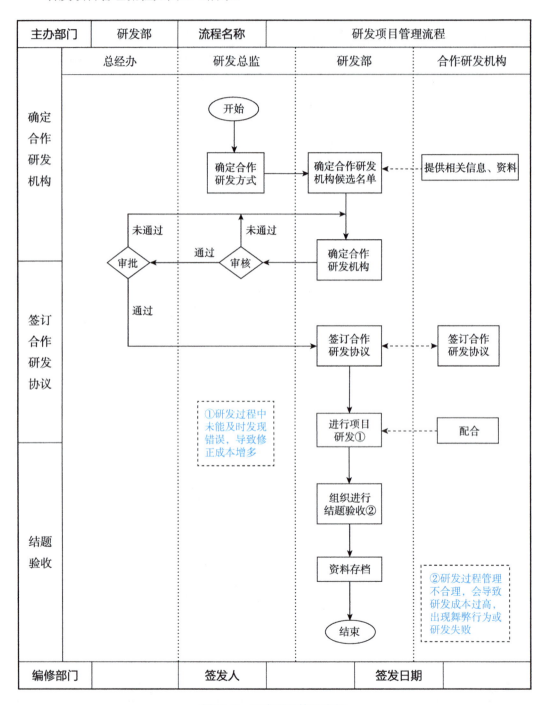

图10-2　研发项目管理流程

10.1.4　制订计划：研发计划制订流程

研发计划制订流程如图10-3所示。

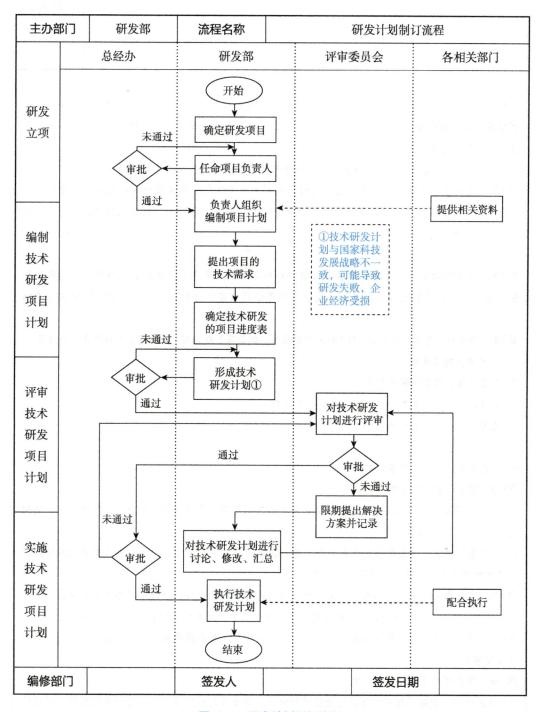

图10-3　研发计划制订流程

10.1.5　立项设计：研发项目立项制度

研发项目
立项流程

以下是研发项目立项制度，仅供参考。

制度名称	研发项目立项制度	编　号	
		受控状态	

第1章　总　则

第1条　为规范研发项目立项分析和审查工作，使研发项目立项程序规范化、制度化、科学化，提高研发项目立项资金的效益，保证研发项目立项的顺利实施，确保立项研发项目符合企业的发展需要，特制定本制度。

第2条　本企业研发项目的立项准备、立项程序管理等工作均依照本制度执行。

第3条　项目立项是指成立项目，执行实施，特别是大中型创业项目或行政收费项目，要列入政府、社会、经济发展计划中，项目通过决策者申请，得到政府相关部门的审议批准，并列入项目实施组织或者政府计划的过程。

第2章　项目立项前期准备工作

第4条　在任何项目开始之前，项目办公室应组织项目前期筹备人员对项目进行调研，对项目背景、项目需求、项目技术、项目预计收益情况等进行调查、分析，为项目可行性研究做好基础工作。

第5条　项目前期筹备人员根据调研资料的分析结果，编制项目建议书。项目建议书应包含以下内容。

1．项目提出的必要性。

2．产品方案、项目规模的初步设想。

3．对资源情况、实施条件、协作关系的初步分析。

4．投资估算和资金筹措设想。

5．项目大体进度安排。

6．对经济效益和社会效益的初步评价。

第6条　编制项目初步方案。

1．项目前期筹备人员根据项目建议书结合调研结果制定项目实施的初步方案，一般情况下，应制定三个以上的备选方案。

2．项目前期筹备人员应综合论证各备选方案，选出较为完善的方案，由项目办公室审批确定后，对方案的经济效益、技术可行性进行分析。

第7条　项目办公室应组织各部门相关人员对项目进行可行性分析，论证项目各方面是否满足项目启动要求。可行性分析结束后，项目前期筹备人员根据分析结果编制项目可行性分析报告。

第8条　项目可行性分析报告编制完成后，项目前期筹备人员应将项目可行性分析报告交由项目评审小组审批。

第9条　项目可行性分析报告的审批。

1．项目评审小组对项目可行性分析报告进行评审，审批通过后的项目可行性分析报告应及时被传达至项目办公室，由项目办公室据此组织项目立项策划工作。

2．如项目可行性分析报告审批未通过，则由项目办公室返还给项目前期筹备人员重新进行论证分析，并重新提交项目可行性分析报告。

3．如项目评审小组认为项目不可行，则本项目至此为止，半年内不再进行分析研究，相关材料交给项目办公室归档管理。

第3章　项目立项申请与审批管理

第10条　项目前期筹备人员根据项目可行性分析报告的评审结果，编制项目立项申请表，报给项目评审小组。项目评审小组须及时组织评审工作，确定项目是否符合立项条件。

第11条　项目评审小组的项目立项评审准备工作主要包括以下四个方面。

1．了解被评审项目的基本情况，收集和整理必要的评审依据，判定项目是否符合评审条件。

2．确定项目评审负责人，配置相应的评审人员。

3．通知项目前期筹备人员提供项目评审所必需的资料。

4．根据评审要求，制订项目评审计划。项目评审计划应包括拟定评审内容、评审重点、评审方法和评审时间安排等内容。

第12条　项目评审的实施过程如下。

1．查阅并熟悉项目的评审依据，审查项目前期筹备人员提供资料的合法性、真实性、准确性和完整性。

2．对项目实施现场进行调查。

3．核查、取证、计量、分析，并汇总、分析结果。

4．在评审过程中应及时与项目前期筹备人员进行沟通，重要证据应进行书面取证。

5．按照规定的格式和内容形成项目初审意见。

6．对项目初审意见进行复核并得出评审结论。

7．向项目办公室、项目前期筹备人员反馈评审意见，并出具正式的评估报告。

第13条　评审结果呈报。

1．项目前期筹备人员接受评审小组提出的评审意见，并在评审报告上签字。

2．项目前期筹备人员应将项目建议书、项目实施方案、项目可行性研究报告、项目评审报告等资料上交项目办公室审批。

3．项目资料经项目办公室审批通过后，该项目的立项工作完成。

第4章　项目评估

第14条　项目负责人要明确项目验收时项目成果是否满足项目立项时确立的各项目标，包括工艺技术目标、经济效益目标以及投资收益目标等。

第15条　项目负责人对项目实施过程进行评估，包括项目实施过程中的项目准备、项目进度控制、项目资源、项目安全、产品质量等。

第16条　项目负责人与财务部相关人员协同做好财务收益率、投资利润率等的计算以进行效益评估。

第17条　项目负责人要对产品项目的可持续性进行评估。

第5章　附　则

第18条　本制度由项目办公室负责编制、解释与修订。

第19条　本制度自××××年××月××日起生效。

编修部门/日期		审核部门/日期		执行部门/日期	

10.1.6　专利设计：成果专利申请流程

成果专利申请流程如图10-4所示。

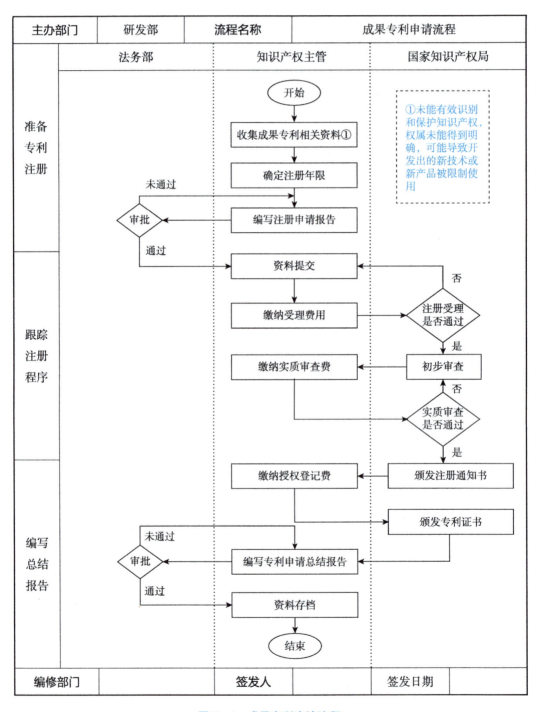

图10-4　成果专利申请流程

10.1.7　管理设计：研发项目管理制度

以下是研发项目管理制度，仅供参考。

制度名称	研发项目管理制度	编　　号	
		受控状态	

第1章　总　则

第1条　为了规范本企业的研发项目管理工作，使其符合企业发展的战略要求，不断提高研发项目管理的执行效率，特制定本制度。

第2条　本制度适用于对研发项目中调研、分析、立项、设计、试制与验收各项工作的管理。

第3条　根据研发项目的复杂性、影响程度及技术难度，把研发项目分为A、B、C三类，具体分类方式如下。

1．A类。

（1）新产品或技术研制、仿制、改制的项目。

（2）从外部引进的新产品和关键新技术的项目，或经总经理批准的项目。

2．B类。

（1）对引进的新产品或新技术进行评估，对产品和技术进行试验的项目。

（2）企业从未采用过的新工艺投入生产的试验和改造项目。

（3）对企业长期存在的产品生产技术、工艺、质量等进行攻关的项目。

（4）项目金额在5万元以上的其他项目。

3．C类。

（1）发明专利申请、国家强制要求执行的项目。

（2）其他临时可以由研发部经理批准执行的，或B类项目中金额在5万元以下的项目。

第2章　研发项目调研与分析管理

第4条　研发工程师须从市场需求、市场竞争状况及企业实际情况等方面进行调研、分析和预测，调研的具体内容如下。

1．调查国内市场和国际重大市场的技术现状和改进要求。

2．调查竞争对手的市场占有率、技术水平及使用情况。

3．调查企业内部的资源优势和劣势，预测现有资源和能力与新研发项目的匹配程度。

第5条　研发工程师根据调研内容进行分析论证，并编制"研发项目可行性分析报告"，研发项目的可行性分析应从以下三个方面进行。

1．技术可行性分析。

（1）企业是否具有技术能力研究和开发新项目。

（2）论证市场动态及发展该项目本企业所具备的技术优势。

2．成本可行性分析。

（1）进行研发项目成本核算。

（2）分析该项目是否具有成本优势。

3．经济效益可行性分析。

（1）分析该项目投产后能否产生经济效益。

（2）预期的经济效益或市场占有率是多少。

第3章　研发项目立项管理

第6条　研发项目立项程序。

1．研发部根据研发调研内容，填写研发项目立项申请书，提交研发部经理审核。

2．研发项目立项申请书审核通过后，研发工程师在市场部、财务部等部门的协助下进行研发项目可行性分析。

3．研发工程师编制研发项目可行性分析报告，经研发部经理审核通过后，报总经理审批。

4．研发项目可行性分析报告经总经理审批通过后，研发工程师编制研发项目立项报告。

5．研发项目立项报告主要包括技术和市场现状分析、项目可行性分析、研发方式、研发费用、项目周期等内容。

6．研发部经理组织评审小组进行立项评审，主要根据项目重要性、技术与质量要求、项目周期等指标，参照项目评分表，在项目立项阶段对项目进行综合评级。

第7条　项目立项审批。对不同分类的项目进行不同的项目立项审批流程，具体说明如下。

1．A类项目：经研发部经理审核通过后，提交总经理审批。

2．B类项目：经研发部经理审核通过后，组织相关人员召开立项评审会议，根据研发项目审批标准进行表决，决定研发项目立项是否通过。

3．C类项目：由研发部经理直接批准通过。

第4章　研发项目开发过程管理

第8条　项目设计。

1．项目设计阶段由负责研发项目的研发工程师完成技术设计报告和测试计划报告，以形成项目计划报告。

2．技术设计报告，应说明项目名称、对研发系统或设备的需求、总体功能、模块划分等内容。

3．测试计划报告，应注明项目名称、产品功能、测试项目、测试条件、测试方法、测试工期和时间计划等内容。

4．负责研发项目的研发工程师，应组织评审小组，对技术设计报告和测试计划报告进行评审。

5．项目计划评审标准，由评审小组根据具体研发项目讨论决定，主要审核项目计划的合理性和有效性。

6．评审没有通过的项目，负责项目的研发工程师须进行重新设计，再组织有关人员进行评审。

第9条　项目开发程序。

1．研发工程师在实现项目目标的过程中必须编制相关文档，文档必须有电子形式，包括项目功能性说明、电器原理图、结构示意图等内容。

2．研发部经理应按照项目计划报告，跟踪、监督项目的进展情况，并组织阶段性的评审。

3．研发产品由研发工程师自行调试，调试过程中必须撰写调试记录。

4．调试记录，应注明项目名称、编号、调试记录版本号、调试时间以及调试中发现的主要问题、调试环境、解决方法等有关内容。

第10条　项目测试程序。

1．测试阶段开始后，研发工程师将完成的研发项目，及研发调试记录移交给测试人员。

2．测试人员按照项目测试计划报告、研发调试记录，设计测试过程，并填写测试报告。

3．测试报告应该注明项目名称、编号、测试报告版本号、须测试功能、指标、测试方法、测试环境、测试条目、测试结果、结论等。

4．如研发项目不能通过测试，测试人员应将测试报告反馈给研发工程师。

5．研发工程师调整研发项目后重新进行调试，并相应更新研发调试记录内容和版本号，调试合格后提交测试人员再次检测。

6．研发项目测试达到要求后，测试人员在测试报告上签署意见，交研发工程师。

第5章　研发项目验收管理

第11条　研发项目验收程序。

1．研发项目测试合格后，研发部向评审小组提交内部验收申请和相关资料。

2．验收内容主要包括项目选择的合理性、评估的科学性、执行情况综合评估、费用使用情况评价、研发成果应用效果及前景评价等。

3．评审小组开会根据企业质量标准和企业实际情况，确定验收标准和验收方式。

4．评审小组提出验收过程中发现的问题。

5．研发工程师对问题进行分析、研究，并给出合理的解释。

6．评审小组编制内部验收报告，并提交总经理审批。

7．内部验收报告经总经理审批通过后，如有必要，由评审小组组织相关的外部验收。

8．外部验收通过后，研发部将研发项目移交给相关部门。

第12条　研发资料管理。

1．批准移交的新研发项目，必须有技术标准、工艺规程、装配图、零件图、工装图以及其他有关的技术资料。

2．研发项目技术资料必须按技术资料上签字档中规定的人员签字，全部底图要移交研发资料保管人员签收存档。

3．企业的任何人员不允许将任何研发资料带离企业，如出现此类情况造成的后果由当事人承担。

第6章　研发项目核心人员管理

第13条　核心研发人员日常管理。

1．企业应明确界定核心研发人员范围和名册清单。

2．企业在与核心研发人员签订劳动合同时，应签订"保密协议"。

3．企业在与核心研发人员签订劳动合同时，应当特别约定研究成果归属、离职条件、离职移交程序。

4．企业应不断加强对核心研发人员的保密和价值观教育培训。

5．在核心研发人员离职时，企业应与其签订"保密协议"，协议中应包括离职后的保密义务、离职后的竞业限制年限及违约责任等内容。

第14条 核心研发人员绩效管理。

企业应实施合理、有效的研发绩效管理，制定科学的核心研发人员激励体系，注重长效激励。

1．人力资源部和研发部，共同制定合理的核心研发人员年度绩效考核指标和目标，并及时与核心研发人员沟通。

2．人力资源部和研发部，定期对核心研发人员的目标完成情况进行评估、考核。

第7章 研发成果开发与保护

第15条 研发成果开发。

1．建立健全研发成果开发制度，促进成果及时、有效转化。

2．科学鉴定大批量生产的技术成熟度，力求降低产品成本。

3．坚持开展以市场为导向的新产品开发，并进行适当的市场需求测试。

第16条 研发成果保护。

1．研发完成后确定采取专利或技术秘密等不同保护方式。

2．在进行研发项目外部验收时，企业应选择合适的验收机构，并与之签订"保密协议"。

3．建立研发成果保护制度，加强对专利权、非专利技术、商业秘密及研发过程中形成的各类涉密图纸、程序、资料的管理，严格按照制度规定借阅和使用。禁止无关人员接触研发成果。

第8章 研发项目评估管理

第17条 研发评估过程管理。

企业应加强对研发活动各阶段的评估管理，遵循以下内容。

1．建立健全技术验收制度，严格执行测试程序。

2．组织专业人员对研发成果进行独立评审和验收。

3．对重要的研发项目可以组织外部专家参与鉴定，以降低技术失败的风险。

第18条 研发评估结果处理。

1．对验收过程中发现的异常情况，研发人员应重新进行验收申请或补充进行研发，直至研发项目达到研发标准。

2．企业可委托相关机构进行审查，确认是否申请专利或作为非专利技术、商业秘密等进行管理。

3．企业对于需要申请专利的研发成果，应当及时办理有关专利申请手续。

第9章 附   则

第19条 本制度由研发部负责编制、解释与修订。

第20条 本制度自××××年××月××日起生效。

编修部门/日期		审核部门/日期		执行部门/日期	

10.1.8 验收设计：研发成果验收制度

以下是研发成果验收制度，仅供参考。

| 制度名称 | 研发成果验收制度 | 编　号 | |
| | | 受控状态 | |

第1章　总　则

第1条　为了规范企业产品研发验收工作，提高产品研发管理水平，提高研发成果质量，结合企业的实际情况，特制定本制度。

第2条　本制度适用于指导研发成果验收工作的开展。

第3条　验收内容。

1．研发项目的目标和任务是否实现，包括研发对象、研发方法、实验设计、数据分析等方面的内容。

2．研发数据的准确性、完整性、可重复性、可靠性等方面的内容。

3．研发结果和结论的科学性、实用性、创新性和推广价值等方面的内容。

4．研发团队和合作机构的专业能力、合作关系和工作成效等方面的内容。

5．研发报告和论文的撰写规范、论证逻辑、数据支撑和参考文献等方面的内容。

6．研发过程中的安全、环保和伦理问题是否得到有效处理和解决等方面的内容。

7．研发经费和资源的使用情况、管理制度和效益等方面的内容

第4条　岗位职责。

研发项目验收工作由企业研发总监组织成立的验收小组负责。

注意：验收人员的技术、能力、独立性等不足，可能造成验收成果与事实不符。

第5条　验收方式。

验收主要采取专家现场考察、书面评议、会议验收三种形式。

第2章　验收程序

第6条　研发人员或团队需要向研发验收小组提交研发成果申报书，并提供相关的研发资料、数据和报告等。

第7条　验收小组对研发成果申报进行初步审查，确定是否符合验收条件和标准。

第8条　验收小组对研发现场进行检查，确认研发成果的真实性、可靠性和科学性等方面的内容。

第9条　研发人员或团队需要进行答辩，向验收小组汇报研发成果，并回答验收小组提出的问题。验收小组根据研发成果的实际情况进行评审和打分。

第10条　验收小组根据研发成果申报、现场检查、答辩和评审等内容，编写验收报告，详细说明研发成果的质量、可信度和实用性等方面的情况。

第11条　验收小组根据验收报告，结合研发成果的实际情况，对研发成果给出验收结论，判定研发成果是否符合验收标准和要求。

第12条　验收小组根据验收结论，及时向研发人员或团队反馈验收结果和意见，并提出改进和完善建议。

第3章　相关责任

第13条　研发人员或团队应该对研发成果的真实性、可靠性和科学性等方面负责，确保研发成果符合相关的技术标准和要求。如果发现研发成果存在造假、抄袭、篡改等违规行为，研发人员或团队应该承担相应的责任。

第14条　验收小组应该按照相关的验收标准和程序，对研发成果进行客观、公正的评估，确保研发成果的质量和可靠性。如果验收机构或专家组织存在失职、违规等问题，应该承担相应的责任。

第15条　企业相关部门或机构应该对研发成果的质量和可靠性进行审查和监督，确保研发成果符合相关的技术标准和要求。如果相关部门或机构存在失职、违规等问题，应该承担相应的责任。

第16条　研发成果的推广和应用方应该对研发成果的质量和可靠性进行评估和确认，确保研发成果的实用性和可行性。如果研发成果的推广和应用存在问题，应该承担相应的责任。

第4章　附　则

第17条　本制度由研发部负责编制、解释与修订。

第18条　本制度自××××年××月××日起生效。

编修部门/日期		审核部门/日期		执行部门/日期	

10.2　研发成果难以转化风险

　　研发成果转化包括"转"和"化"两部分，"转"是研发成果所有权和使用权的转移，"化"是研发成果不断具体化、产品化和产业化的过程。研发成果转化是研发成果落地的重要途径之一，但是在这个过程中也会面临研发成果难以转化的风险，因此，需要加以控制。

10.2.1　风险点识别与评级

　　研发成果难以转化风险点识别与评级如表10-2所示。

表10-2　研发成果难以转化风险点识别与评级

风险点	风险点描述	风险评级	风险发生频率	对业务影响	风险应对策略
制度不健全	缺乏健全的研发成果转化制度，会因研发成果转化应用不足导致资源闲置	2	低	重要	风险规避
缺乏长期、有效的转化途径	缺乏技术评价体系及市场化的评估方式，影响研发成果转化的积极性	2	高	重要	风险规避
对新技术的落地积极性不高	企业对新技术的使用存有疑虑，不愿意使用新技术或新成果，严重打击了研发人员的积极性，影响研发成果转化	3	高	重要	风险降低
人才结构不合理	人才引进与产业化结合不够紧密，高层次人才引进问题突出，制约了研发成果转化	3	中	重要	风险转移

10.2.2　转化控制：研发成果转化管理制度

研发成果
转化流程

以下是研发成果转化管理制度，仅供参考。

制度名称	研发成果转化管理制度	编　号	
		受控状态	

第1章　总　则

第1条　为了规范研发成果的转化管理工作，调动广大研发人员的工作积极性、主动性和创造性，参照有关法律法规，结合本企业的实际情况，特制定本制度。

第2条　本制度适用于研发成果转化过程中涉及的组织实施与管理、技术权益、收益分配和法律责任等内容，适用于企业研发成果转化的管理工作。

第3条　相关定义。

1. 研发成果。指科研人员在其所从事的某一科学技术研发项目或课题研发范围内，通过实验观察、调查研究、综合分析等一系列脑力、体力劳动所取得的，经过评审或鉴定，确认具有学术意义和实用价值的创造性结果。

2. 研发成果转化。指新产品、新技术、新工艺已转化成成品、样机或技术并得到全社会的推广与应用。

第4条　岗位职责。

1．中心办公室。

（1）负责企业研发成果的发布和需求信息的收集与沟通。

（2）负责组织研发成果完成人或企业下设研究所开展研发成果转化活动。

（3）协助企业做好以研发成果作价入股产生的技术股份的管理等相关工作。

2．研发成果完成人。

（1）负责组织做好设计、施工、调试、竣工验收、生产运营以及善后交接等技术标准文件的编制、整理和归档工作，

（2）保证每项工作和技术文件均符合国家法律法规、国家或行业标准及规范的有关要求。

第2章　研发成果转化的组织实施与管理

第5条　研发成果优先在中心合作企业转化，企业下设研究所应采取积极措施，协助合作单位对研发成果转化中的队伍组织、技术支撑环节等方面加强协调并给予必要的支持，推进成果转化工作。

第6条　成果完成人不得将职务研发成果及其技术资料据为己有，成果完成人可自行转化研发成果，但应事先向中心办公室报告并与中心办公室签订合同或协议，依法保证中心办公室应享有的权益。

第7条　研发成果转化的具体形式由中心办公室、需求单位和成果完成人共同商定，研发成果可以采用下列方式进行转化，并由中心办公室组织签订研发成果转化合同。

1．自行投资实施转化。

2．向他人转让研发成果。

3．许可他人使用研发成果。

4．以研发成果作为合作条件，与他人共同实施转化。

5．以研发成果作价投资，折算股份或者出资比例。

6．其他经协商确定的方式。

第8条　研发成果转化合同须由中心办公室和法律顾问共同审核，中心办公室主任负责技术审核，法律顾问负责法务审核，审核合格后，由中心办公室主任代表中心办公室签署合同。

第9条　中心办公室按照"科研档案管理办法规定"，对研发成果转化过程中产生的相关资料、协议、合同进行管理。

第3章　技术权益

第10条　中心办公室与其他单位合作进行研发成果转化的，应当以合同形式约定该研发成果有关权益的归属，合同未作约定的按照下列原则办理。

1．在合作转化中无新的发明创造的，该研发成果的权益归企业所有。

2．在合作转化中产生新的发明创造的，该新发明创造的权益归合作双方共有。

3．对合作转化中产生的研发成果，各方都有实施该项研发成果转化的权力，转让该研发成果应经合作各方同意。

第11条　企业与其他单位合作进行研发成果转化的，合作各方应当就保守技术秘密达成协议。

1．当事人不得违反协议或者违反权利人有关保守技术秘密的要求，披露、允许他人使用该技术。

2．技术交易管理机构或者中介机构在为企业从事技术代理或者服务中，对知悉的有关技术秘密负有保密义务。

第4章　收益分配

第12条　中心办公室的研发成果转化所得收益按照下列标准对成果完成人及成果转化人员给予报酬奖励。

1．将该项职务研发成果转让、许可给他人实施的，从该项研发成果转让净收入或者许可净收入中提取不低于60%，不超过90%的报酬。

2．利用该项职务研发成果作价投资的，从该项研发成果形成的股份或者出资比例中提取不低于50%比例的股份。

第13条　若有企业无力转化或自我转化的成本效益达不到要求的情形，鼓励中心办公室内外人员对企业研发成果转化进行中介，中心办公室统一管理与中介合作的事务，中介人员可以在转化收益中提取不超过5%的中介费用。

第14条　成果转化产生的收益分配，由中心办公室负责按照本制度规定的收益分配标准组织编制收益分配方案，成果完成人负责根据收益分配方案和实际研究绩效，形成二级分配方案。

第5章　法律责任追究

第15条　在研发成果转化活动中弄虚作假，给中心办公室造成经济损失的，应依法赔偿经济损失；构成犯罪的，中心办公室有权追究当事人法律责任。

第16条　如果中心研发人员违反知识产权保护和保密制度的规定，泄露研发技术秘密，私下转让、变相转让职务研发成果，或者以技术指导等其他方式损害企业知识产权权益的，中心办公室将根据知识产权相关法律法规、司法解释，追究其相应的法律责任。

第6章　附　则

第17条　本制度由中心办公室负责编制、解释与修订。

第18条　本制度自××××年××月××日起生效。

编修部门/日期		审核部门/日期		执行部门/日期	

10.2.3　评估控制：研发活动评估制度

以下是研发活动评估制度，仅供参考。

制度名称	研发活动评估制度	编　　号	
		受控状态	

第1章　总　则

第1条　目的。

1．使研发工作有序进行，确保项目按期、保质完成，有效规避研发失败的风险。

2．确保研发的产品能满足市场要求，符合技术质量要求，能满足大批量生产要求。

第2条　本制度适用于研发活动全过程的评估工作，包括立项阶段评估、研发过程的跟踪评估与信息反馈、研发成果的评估与保护等。

第3条　评估机构。

1．评审小组。质量部组织成立评审小组，小组成员有生产部、质量部、研发部、市场部、销售部等相关人员，主要负责研发活动过程的评估工作。

2．研发部。研发部负责研发活动和配合评审小组的评估工作。

第2章　研发活动评估范围

第4条　评估人员对照"研发项目可行性研究报告"中关于研发目标的描述，分析项目目标的实现程度以及成败的原因，讨论项目目标是否正确、合理，是否符合市场需求等。

第5条　研发立项决策评估。研发立项决策评估包括对项目立项决策程序、项目决策内容和项目决策方法三部分的评估。

1．项目立项决策程序评估。评估研发项目立项决策的依据和程序是否正确，是否存在先决策后立项，再评估，违背项目研发客观规律，执行错误的决策程序等情况。

2．项目决策内容评估。研发项目决策内容评估的重点在于项目能否促进企业发展，研发项目先进性、成果转化可行性能否实现。

3．项目决策方法评估。研发项目决策方法评估包括决策方法是否科学、客观，有无主观臆断，是否实事求是，有无哗众取宠之心等。

第6条　项目研发阶段的评估内容包括：项目经费管理情况、研发路线设计、项目岗位责任制落实情况、项目研发招标、项目进度、研发成果质量标准、研发项目能否适应市场需要等方面。

第7条　主要通过对照项目决策所确定的研发目标、效益和风险等相关指标，分析研发成果，找出差别，分析出现差别的原因。

第8条　主要通过对研发成果专利申请、相关技术资料的保密安排等方面进行评估，判断企业是否存在研发成果保护不力的情况，并提出相应的整改措施。

第3章　研发活动评估程序管理

第9条　研发活动负责人根据研发活动实际情况，组织评估研发活动。

第10条　研发活动负责人应进行评审准备，汇集需要评审的资料，并确定参加评估的部门及人员。

第11条　资料评审。

1．研发活动负责人将资料清单及人员名单，提交研发部经理审核通过后，报总经理审批。

2．相关人员根据总经理批示，组成评审小组，并确定评审小组负责人。

第12条　评估通知。

1．评审小组负责人应对确定参加评估的部门及人员发出评估通知，评估通知的时间至少要提前一周。

2．参加评估的部门及人员在接到评估通知后，应即时回应，如因工作安排不能参加时，应向评审小组负责人请假，并指定代理人代为参加。

第13条　评估内容确定。

1．评审小组在发出评审通知后，组织会议讨论评估内容和标准，并制订评估计划。

2．评审小组根据收到的资料，结合企业规定的评估内容，并考虑研发活动的实际情况，确定评估内容和标准。

3．评估内容确定后，评审小组将评估内容发送研发活动负责人，以便研发活动负责人了解评审内容，对存在的问题提出意见或建议。

4．评审内容一般以电子文档发出，如确须发出纸质文档，应按"研发资料管理制度"的规定发放并登记。

第14条　评估实施。

1．研发活动评估可采用会议、传阅、会签、现场等不同形式，由评审小组根据研发活动的不同阶段及评估对象、评估内容的需要与相关部门沟通确定。

2．产品图样、技术文件的审核、批准可视为评估。

3．研发活动评估由评审小组负责人主持，并由其负责评估会议的记录或传阅、会签资料的传递，填写"研发活动评估记录表"。

4．研发活动评审小组在收集信息和充分调查的基础上，进一步分析、研究，并编制研发活动评估报告，得出研发活动评估结论。

第15条　研发活动评估报告的内容。

1．研发项目背景。项目研发目标、项目研发内容、研发周期、资金来源与安排。

2．研发实施评价。研发路线设计与技术、组织管理、研发进度、其他。

3．效果评价。研发先进性分析、经济效益分析、研发成果分析、市场前景分析、环境和社会效益评价。

4．目标可持续性评价：研发目标实现程度分析、研发项目可持续性评价。

5．结论和经验教训：综合评价和结论、主要经验教训、建议和措施。

第4章　附　则

第16条　本制度由研发部负责编制、解释与修订。

第17条　本制度自××××年××月××日起生效。

编修部门/日期		审核部门/日期		执行部门/日期	

10.3　研发成果泄露风险

企业在对研发成果进行保护的过程中可能存在研发成果泄露的风险，研发成果泄露不仅会给企业造成损失，还会使企业失去制胜的筹码，这个筹码还有可能成为他人打击企业的利器。为避免或减少研发成果泄露的风险，企业应加强研究开发的内部控制工作。

10.3.1　风险点识别与评级

研发成果泄露风险点识别与评级如表10-3所示。

表10-3　研发成果泄露风险点识别与评级

风险点	风险点描述	风险评级	风险发生频率	对业务影响	风险应对策略
保护制度不完善	研发成果保护制度不完善，导致研发成果得不到有效保护，研发成果被泄露	1	高	重要	风险规避
人员管理不合理	对核心研发人员管理不到位，导致重要研发信息外泄，损害企业利益	2	中	一般	风险承受
激励制度不健全	对核心研发人员缺乏激励制度，导致形成新的竞争对手或技术秘密外泄	2	中	重要	风险降低
审核不规范	业务外包未经适当审核或超越授权审批，可能产生重大差错及舞弊，给企业造成损失	3	高	一般	风险规避
承包方资质遴选办法不当	承包方资质遴选办法不当，可能导致选择的承包方不符合企业要求	2	低	一般	风险规避

10.3.2　保护设计：研发成果保护制度

以下是研发成果保护制度，仅供参考。

制度名称	研发成果保护制度	编　　号	
		受控状态	

第1章　总　则

第1条　为了规范研发成果使用，保护企业研发成果，根据企业实际情况和法律法规，特制定本制度。

第2条　本制度适用于规范、约束和指导企业研发成果保护工作的开展。

第3条　研发部主要负责研发成果资料的保护工作，研发部应设立研发成果保护部门。

第2章　研发资料归类保管

第4条　研发部研发人员应该在研发开始时签署保密协议，在协议中明确保密义务及违反保密约定应承担的责任，并对研发成果进行保密处理。

第5条　研发成果应该根据其重要性和机密等级分类，并采取相应的保密措施，对于具体技术含量高、独特性强、对社会影响较大、具有实际应用价值等特征的研发成果应该划分为较高的密级，以防止信息泄露。研发成果密级划分如下。

1．无密级：一般的研发成果可以划分为无密级，即不需要进行保密处理。

2．秘密级：具有一定的商业价值、技术含量或实际应用价值的研发成果可以划分为秘密级，需要加强保密措施。

3．机密级：具有较高的商业价值、技术含量或实际应用价值的研发成果可以划分为机密级，需要采取更严格的保密措施。

4．绝密级：对国家安全、国家利益具有极其重要影响的研发成果可以划分为绝密级，需要采取最严格的保密措施。

第6条　在确定研发成果的密级时，需要遵循国家相关法律法规和保密标准，并根据具体情况进行综合评估。同时，还需要明确不同密级的保密措施和管理要求，确保研发成果的安全和保密。

第7条　研发成果的使用、转移、发表、公开、共享和合作应该经过研发总监、总经理、董事会等相关人员或部门的审批。

第8条　研发成果的商业化应该经过企业各部门的可行性研究，并形成可行性研究报告，报相关部门或机构审批。

第9条　研发成果的转化应该采取多种方式，包括技术转让、专利许可、合作开发等。

第10条　法务部和研发部应及时处理研发成果的知识产权侵权行为，维护企业合法权益，研发成果的保护应该注重国际合作和知识产权保护的国际化。

第11条　研发部应该加强对科研人员的教育和培训，提高其知识产权保护意识和能力。

第12条　研发成果的保护应该加强与产业界和政府部门的合作，促进研发成果的转化和推广。

第13条　研发成果的保护应该注重可持续发展的原则，避免对环境和社会造成不良影响。

第3章　研发成果资料使用管理

第14条　对于研发成果资料的存储，研发部应建立科学、规范、安全的存储体系，确保数据的安全性和完整性。同时，要保护知识产权，防止知识产权被盗窃或泄露。

第15条　需要使用研发成果资料的人员，应填写"研发成果资料使用申请审批表"，明确申请人员、申请目的、使用范围等，并由研发部经理或研发总监进行授权、审核或审批。

第16条　对于研发成果资料的使用，应按照授权的使用范围进行使用，并遵守有关法律法规和保密制度。

第17条　研发部的资料管理部门应建立归档制度，对使用部门或人员的使用痕迹进行记录，并将资料妥善归档。

第18条　研发成果资料归档是一个动态的过程，研发部相关人员应定期对数据进行更新、修订和补充，确保数据的完整性和准确性。

第19条　对于研发成果资料的交流，企业应建立相应的交流渠道和机制，鼓励学术交流和合作，促进研发成果的应用和推广。

第20条　对于不再需要使用的研发成果资料，应根据相关规定进行销毁处理，防止信息泄露。

第4章　附　则

第21条　本制度由研发部负责编制、解释与修订。

第22条　本制度自××××年××月××日起生效。

编修部门/日期		审核部门/日期		执行部门/日期	

10.3.3　人员控制：核心研发人员管理制度

以下是核心研发人员管理制度，仅供参考。

研发人员
竞业限制协议

制度名称	核心研发人员管理制度	编　号	
		受控状态	

第1章　总　则

第1条　为了吸引、凝聚和留住核心人才，充分调动和发挥他们的工作积极性，为企业创造更大的价值，同时减少核心研发人员的流失，确保核心研发人员待遇，根据《中华人民共和国劳动合同法》等法律法规的有关规定，结合本企业实际情况，特制定本制度。

第2条　本制度适用于对核心研发人员的管理。

第3条　职责分工。

1．人力资源部负责确定和制定核心研发人员的胜任特征和管理制度。

2．核心研发人员综合评审推荐委员会负责对核心研发人员进行确定和调整。

第4条　本制度所指的核心研发人员是指处于核心层的技术员工。

第2章　确定核心研发人员胜任特征

第5条　人力资源部结合企业战略发展规划和人力资源发展规划的实际，通过确立研发关键岗位，进行岗位评估等方法，确定核心研发人员胜任特征。制定企业核心研发人员的胜任特征可从内隐特征和外显特征两方面进行。

第6条　内隐特征。内隐特征主要涉及核心研发人员的心理动机和个人品德。核心研发人员的内隐特征如下。

1．具备良好的社会道德素质，并遵守职业道德，具有奉献精神。

2．有事业心、责任心、进取心，有不断学习提高的愿望。

3．具有团队合作精神、创新精神和奉献精神。

4．核心研发人员要认同企业核心价值观和企业文化，并忠诚于企业。

第7条　外显特征。外显特征是核心研发人员的专业素质，主要涉及专业知识和专业技能等，可以作为鉴别其工作绩效和发展潜力的素质特征。核心研发人员的外显特征如下。

1．基本特征。必须具备本科及以上学历，中级及以上职称，五年以上本专业岗位工作经历。

2．具体特征。企业根据实际情况，制定外显特征的具体条件，通常包括如下人员。

（1）获得市（部）以上的科技进步奖、自然发明奖、重大管理成果奖的主要完成人。

（2）主持或参与职务发明并获得国家发明专利或实用新型专利的主要完成人，其成果转化取得较好的经济效益和社会效益。

（3）在引进、消化、开发、推广国内外先进科学技术中，解决了关键技术问题，技术处于同行领先水平，并取得显著效益。

（4）被列为市级以上重点工程的主要技术完成人或负责人，研发成果处于同行领先地位。

第3章　建立核心研发人员管理制度

第8条　人力资源部首先须建立沟通机制，与核心研发人员建立联系，实现与核心研发人员的有效交流和沟通。沟通机制可以以召开核心研发人员座谈会的方式进行。

第9条　人力资源部建立培训制度，通过为核心研发人员提供培训，可以提高核心研发人员的专业知识和技能，并且通过培训可以提高企业的竞争力。具体的培训方式如下。

1．定期组织核心研发人员学习企业的重大方针、政策，不断提高其素养和全局观念。

2．组织核心研发人员参加国内外研发技术交流会，及时更新研发的相关知识，不断提高他们的研发能力，使他们跟上时代步伐。

第10条　建立绩效考核制度。

1．人力资源部结合实际，制定核心研发人员的绩效考核制度，以便对核心研发人员进行考核，实施奖励。

2．绩效考核制度规定企业的核心研发人员每年年初确定研发课题，具体的研发课题如下。

（1）新产品开发项目和技术引进、消化、吸收应用项目课题。

（2）在重大工程建设、设备研制和技术改造中采用新技术、新工艺、新材料的课题。

第11条　建立动态管理制度。人力资源部完善考核竞争机制，对核心研发人员队伍进行动态管理，鼓励其取得突出的工作业绩，让具有优秀技能的研发人员进入核心研发人员队伍，让一些跟不上企业发展需要的核心研发人员平稳地退出核心研发人员队伍。具体的办法如下。

1．核心研发人员每三年选拔一次，管理期限为三年。在管理期限内，取得新科研成果，作出突出贡献，继续符合核心研发人员胜任特征的，可作为下届人选。

2．在管理期内，因工作业绩不突出，或其他原因不再符合核心研发人员胜任特征的，经企业核心研发人员综合评审推荐委员会认定后，予以及时调整，不再享受核心研发人员的待遇。

3．人力资源部通过制定"1+3+5"的核心研发人员培养方案，即通过一年实习期，三年选择期和五年成长期的培养，为企业培养一批核心研发人员后备队伍，实现动态管理。

第12条　建立责任管理制度。

1．人力资源部将核心研发人员的管理责任落实到各所属项目团队，作为项目团队经济责任制考评的一项内容，并要求各项目团队每年就核心研发人员的管理情况向企业人力资源部做书面汇报。

2．对于核心研发人员提出要求调离本团队或离职的，要及时向企业人力资源部报告以便采取必要的措施。

3．核心研发人员流失与部门负责人的业绩挂钩，以督促部门负责人加强对核心研发人员的重视和关心。

第4章　建立激励制度

第13条　物质激励。

1．人力资源部采取多劳多得、多得光荣的原则，将绩效考核与薪酬挂钩，同时对参与核心研发并获奖的项目的完成人，根据其所获奖项，给予物质奖励。

2．企业核心研发人员在三年管理期内，每人每年享受核心研发人员特殊荣誉工作津贴，在每年春节前由企业一次性发放，以改善核心研发人员的生活条件。

3．企业每年组织核心研发人员进行健康保健检查，关心他们的身体健康。

第14条　精神激励。

1．人力资源部可采取精神激励的方法，让核心研发人员参加高层领导的工作会议，保障他们的知情权。

2．核心研发人员完成了工作任务，取得了成果后，由人力资源部对核心研发人员给予相应的表扬和奖励，并表达企业对核心研发人员劳动的尊重和工作的认可，以使其获得成就感。

3．对核心研发人员生活上遇到的困难和问题，积极施以援手，帮助引进的核心研发人员解决户籍问题、住房问题、配偶工作安置和子女就读问题等。

第15条　目标激励。

1．人力资源部利用企业广播、内部刊物和板报的形式宣传企业的长期目标、中期目标和短期目标，以及企业战略目标的实现与核心研发人员个人目标实现的一致性。

2．对核心研发人员申报的科研项目，所需的科研经费、图书资料、仪器设备或参加国内学术交流等活动，给予积极支持、优先安排。

3．当核心研发人员须配备助手或其他人员时，人力资源部应尽可能地尊重其本人的意见，以组成最佳创新团队和群体结构。

第5章　附　则

第16条　本制度由人力资源部负责编制、解释与修订。

第17条　本制度自××××年××月××日起生效。

编修部门/日期		审核部门/日期		执行部门/日期	

10.3.4　保密控制：研发人员保密合同

合同编号：

研发人员保密合同

甲方：＿＿＿＿＿＿＿＿＿＿＿＿＿＿＿＿＿＿＿＿

乙方：＿＿＿＿＿＿＿＿＿＿＿＿＿＿＿＿＿＿＿＿

甲、乙双方根据《中华人民共和国反不正当竞争法》和国家、地方的有关规定，就企业技术秘密保护达成如下协议。

一、保密内容和范围

1．乙方在合同期前持有且已被甲方应用和生产的科研成果和技术秘密。

2．乙方在合同期内研究发明的科研成果。

3．甲方已有的科研成果和技术秘密。

4．甲方所有的技术资料。

二、双方的权利和义务

1. 甲方为乙方的科研成果提供良好的应用和生产条件，并根据创造的经济效益给予乙方奖励。

2. 乙方必须按甲方的要求从事项目的研究与开发，并将研究开发的所有资料交甲方保存。

3. 乙方必须严格遵守甲方的保密制度，防止泄露企业的技术秘密。

4. 未经甲方书面同意，乙方不得利用技术秘密进行新的研究与开发。

5. 乙方在双方解除劳动合同后的两年内不得在生产同类且有竞争关系产品的其他企业内任职。

三、协议期限

☐ 劳动合同期内　　　　　　☐ 解除劳动合同后的两年内

四、保密费的数额及支付方式

1. 支付数额：_____。

2. 支付方式：_____。

五、违约责任

1. 乙方如果违反此协议，甲方有权无条件解除劳动合同，并收回有关待遇。

2. 乙方如果部分违反此协议，并造成了一定的经济损失，甲方将视情节轻重对乙方处以_____～_____元的罚款。

3. 如果乙方违反此协议，给甲方造成重大经济损失的，应赔偿甲方全部损失。

4. 以上违约责任的执行，如果超过法律、法规赋予双方权限的，可以申请仲裁机构仲裁或向法院提出诉讼。

六、补充条款

_____

_____。

甲方（盖章）：_____　　乙方（盖章）：_____

代表人签名：_____　　签　　　名：_____

日　　　期：____年____月____日　　日　　　期：____年____月____日

10.3.5　外包控制：研发项目外包合同

合同编号：

研发项目外包合同

甲方：＿＿＿＿＿＿＿＿＿＿＿＿＿＿＿＿＿＿＿

乙方：＿＿＿＿＿＿＿＿＿＿＿＿＿＿＿＿＿＿＿

甲方在此委托乙方进行研发项目的开发。为明确双方责任，经友好协商，双方达成以下协议，以资双方共同遵守。

第一条　项目内容

乙方在充分了解甲方待开发项目的基本要求后，签订本合同，由甲方向乙方提供该模块的《详细开发说明书》及其他相关文件、资料。（若在开发过程中甲方的开发需求有变动，则涉及合同的相关文件及费用由双方协商进行相应改变，合同的执行时间也作相应改变）。

第二条　开发费用

甲、乙双方认定本合同开发费用预计总金额为人民币＿＿＿＿＿＿元。如果乙方在研发过程中，超过预计的研发费用，则在双方协定下解决。

第三条　项目的承接、开发及验收

1. 承接。甲、乙双方经确定签订此合同之后，即正式承接该项目。＿＿＿＿年＿＿月＿＿日为甲方起始计时日。

2. 开发时间。乙方在甲方计划的时间内自由安排工作时间和地点，＿＿＿＿年＿＿月＿＿日前完成全部开发工作。如乙方不能按时完成，应在合同约定完工日期前的2个工作日内，以书面形式（包括电子邮件和书面文字）向甲方提出延期，并说明延期的理由和申请延期的具体时间，经甲方批准后方可延期，延期时间以甲方批准的时间为准。延期时间不得超过合作开发时间总长的一倍。若甲方不同意乙方的延期申请，则完工时间不予延长。

3. 开发标准。乙方必须做好相应的准备，让甲方进行验收工作。乙方保证模块的功能符合要求。

4. 验收。

（1）验收标准如下。

a. 程序正常运行。

b. 方案中提到的功能全部实现。

c. 项目按时完成。

d. 文档和源代码齐全。

（2）验收时间期限为____天。

（3）乙方提交项目的方式：_____。

（4）模块的最终验收工作完成后，甲方应出具最终验收报告和评分，经双方确认后作为合同验收阶段完成的证明。

第四条　甲方的权利和义务

1. 安排专人与乙方联络。

2. 提供项目需要的所有资料给乙方，并保证资料的正确性。

3. 及时支付费用，保证项目的开发费用及时到位。

4. 及时支付在项目研发中所用到的，购买器件、设备和测试的费用。

5. 本合同的相关作品、程序、文件源码的版权属甲方所有。

第五条　乙方的权利和义务

1. 安排专人与甲方联络，并定期向甲方提交项目阶段开发进度报告。

2. 按照项目进度要求及时完成系统的开发，同时保证项目质量。

3. 协助甲方完成所开发系统的实施、操作人员培训以及维护，并进行一个月的维护。

4. 开发完毕，乙方应将系统的文档、源代码移交给甲方，不得将其应用于其他企业。

5. 不得将甲方开发内容泄露给第三方。

第六条　付款方式

1. 合同签订后，甲方向乙方支付开发总费用的30%。

2. 项目验收完成后，甲方向乙方支付合同总价70%的合同款。

第七条　维护

1. 乙方应通过电话、电子邮件、现场服务等方式协助甲方的系统维护，乙方有义务及时响应和认真服务，努力确保甲方所委托开发系统的正常使用。

2. 甲方需要改动或需要委托乙方进行二次开发时，甲方应同乙方另订协议，作为本合同的附件，乙方应另收开发费用。

第八条　违约责任

1. 任何一方有证据表明对方已经、正在或将要违约的，应及时提醒违约方，若违约方仍然违反本合同，则未违约方可以解除本合同并要求违约方赔偿损失。

2. 因不可抗力而无法承担责任的一方，应在不可抗力发生的3天内，及时通知另一方。

3. 一方因不可抗力确实无法承担责任，而造成损失的，不负赔偿责任。本合同所称不可抗力是指不能预见、不能克服且不能避免的客观事件，包括但不限于自然灾害如洪水、地震、火灾和风暴等，以及社会事件如战争、政府行为等。

第九条　其他

1. 项目开发的技术方案和要求，在附件中说明。所有附件及本项目的要求文件、测试标准等均为本合同不可分割之一部分。

2. 本合同经双方法人代表或委托代理人签字并加盖公章后生效。

3. 本合同一式两份，甲、乙双方各执一份。

4. 本合同生效后，如有未尽事宜，须经双方友好协商一致后，拟定补充文件，经双方法人代表或委托代理人签字并加盖公章后生效，补充文件同样作为本合同不可分割的组成部分。

甲方（盖章）：_____　　乙方（盖章）：_____

代表人签名：_____　　代表人签名：_____

日　　期：____年____月____日　　日　　期：____年____月____日

第 11 章

工程项目——风险点识别与管控规范

11.1　工程项目失败风险

工程项目是企业自行或者委托其他单位进行的建造、安装活动。工程项目由于投入资源多、占用资金大、建设工期长、涉及环节多、多种利益关系错综复杂，是构成经济犯罪和产生腐败问题的"高危区"，因此，企业需要对工程项目进行严格管控，降低工程项目的失败风险。

11.1.1　风险点识别与评级

工程项目失败风险点识别与评级如表11-1所示。

表11-1　工程项目失败风险点识别与评级

风险点	风险点描述	风险评级	风险发生频率	对业务影响	风险应对策略
工程项目不符合国家法律法规	工程项目不符合国家法律法规，可能导致企业项目失败，遭受外部处罚，使企业经济和信誉受损	1	低	重要	风险规避
工程项目事项审批不严格	工程项目事项审批不严格，可能导致企业资产受损、资源浪费或项目失败	3	中	一般	风险规避
项目调研不充分	项目调研不充分，可能导致项目失败	3	中	一般	风险降低
项目评审不规范	项目评审不规范，可能导致企业项目失败和资产受损	3	低	一般	风险规避
对投标单位资质的审查不严格	对投标单位资质的审查不严格，可能导致招标质量受影响，增加招标成本	2	中	一般	风险规避

11.1.2　调研设计：工程项目调研流程

工程项目调研流程如图11-1所示。

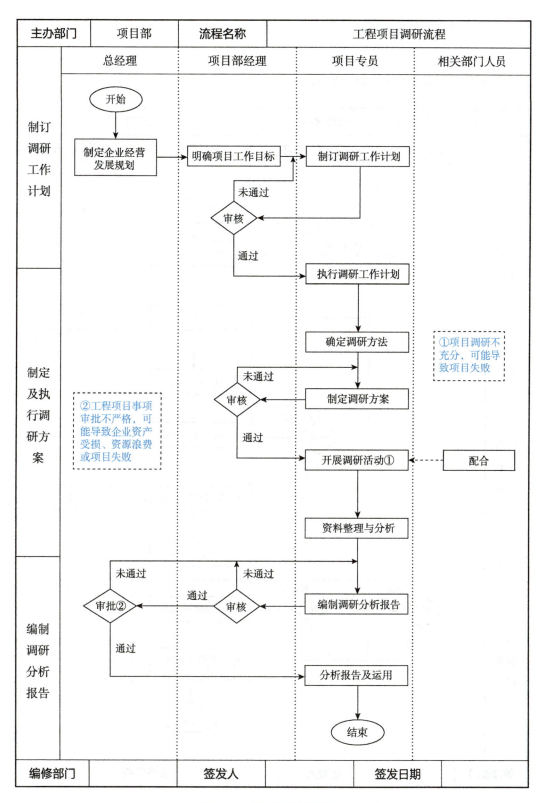

图11-1　工程项目调研流程

11.1.3　评审控制：工程项目评审流程

工程项目评审流程如图11-2所示。

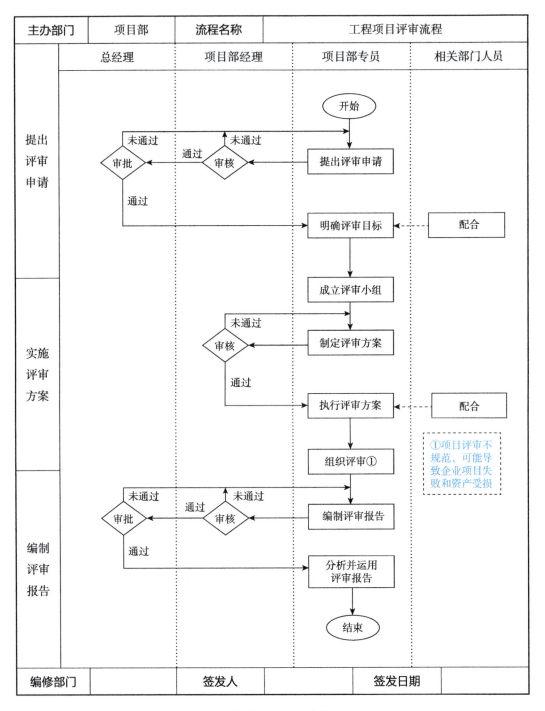

图11-2　工程项目评审流程

11.1.4　管理控制：工程项目一般流程

工程项目
管理制度

工程项目一般流程如图11-3所示。

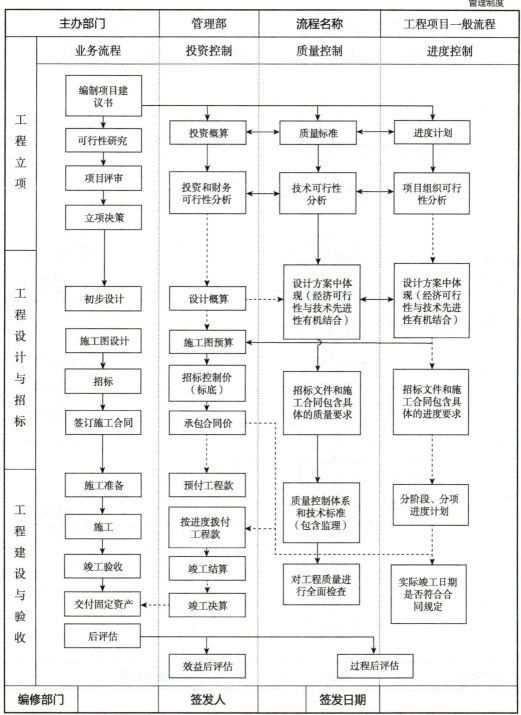

图11-3　工程项目一般流程

11.1.5　招标控制：工程项目招标流程

工程项目招标流程如图11-4所示。

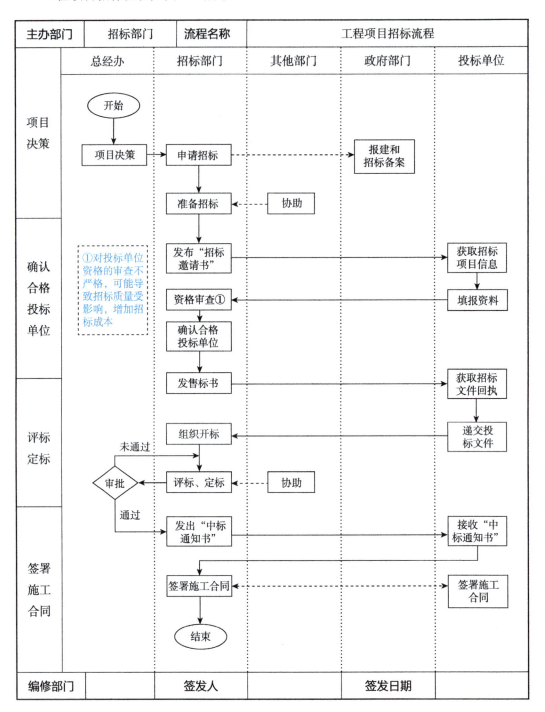

图11-4　工程项目招标流程

11.2　项目投资失控风险

市场的不稳定，会大大增加项目投资失控的风险。要想尽可能地降低项目投资失控风险，企业需要加强对内部各部门、各项目的管控。

11.2.1　风险点识别与评级

项目投资失控风险点识别与评级如表11-2所示。

表11-2　项目投资失控风险点识别与评级

风险点	风险点描述	风险评级	风险发生频率	对业务影响	风险应对策略
技术文件编制不合理	技术文件编制不合理，可能导致项目施工过程中出现重大差错，致使项目投资失控	2	中	一般	风险降低
造价方案编制不合理	造价方案编制不合理，可能导致项目施工进展不顺，项目投资失控	2	中	一般	风险降低
工程项目概预算编制不当	工程项目概预算编制不当，可能造成工程项目建造成本增加	2	中	一般	风险降低
工程项目预算编制审核不严	工程项目预算编制审核不严，可能导致预算额度偏差较大，造成预算编制成本和费用支出的浪费	3	高	一般	风险规避
预算与实际不符	预算与实际不符，可能导致项目施工进展不顺，项目投资失控	3	低	重要	风险规避

11.2.2　实施控制：技术方案实施流程

技术方案实施流程如图11-5所示。

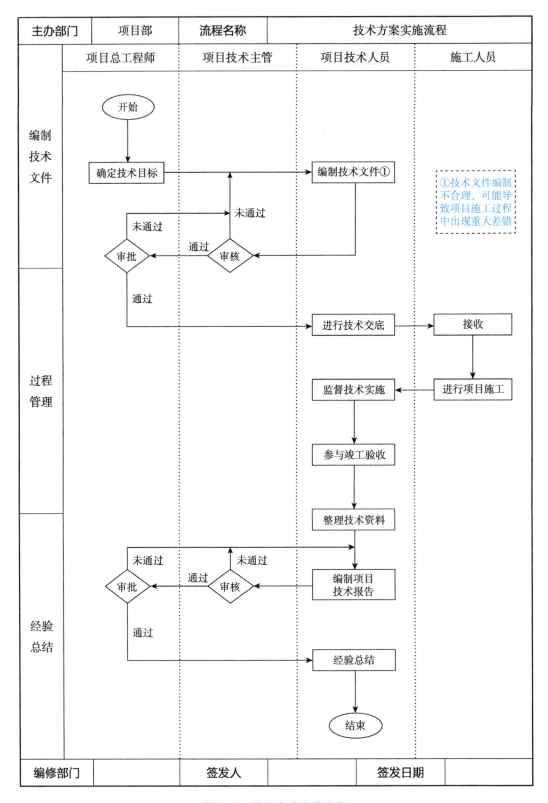

图11-5　技术方案实施流程

11.2.3　造价控制：工程造价信息审核流程

工程造价信息审核流程如图11-6所示。

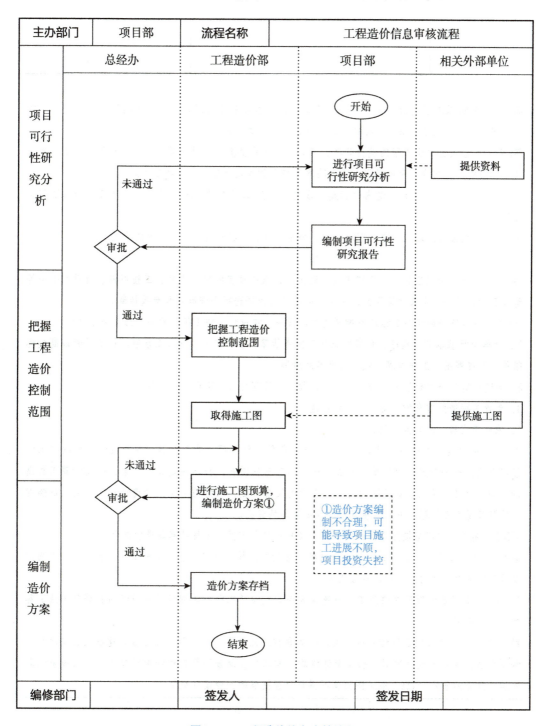

图11-6　工程造价信息审核流程

11.2.4　造价控制：工程造价管理办法

以下是工程造价管理办法，仅供参考。

办法名称	工程造价管理办法	编　号	
		受控状态	

第1章　总　则

第1条　为加强工程造价管理，规范造价行为，合理控制建设成本，保障工程质量和安全，根据《中华人民共和国建筑法》及相关行政法规，特制定本办法。

第2条　本办法适用于工程的造价管理，具体包括投资估算、设计概算、施工图预算、标底或者最高投标限价、合同价、变更费用、竣工决算等费用的确定与控制等各项工作。

第3条　在中华人民共和国境内的新建、改建、扩建工程（以下统称工程）的造价活动均适用本办法。

第4条　工程造价活动应当遵循客观科学、公平合理、诚实守信、厉行节约的原则。

第2章　造价确定和控制

第5条　工程造价应当针对工程建设的不同阶段，根据项目的建设方案、工程规模、质量和安全等建设目标，结合建设条件等因素，按照相应的造价依据进行合理确定和有效控制。

第6条　造价管理部承担工程造价控制的主体责任，在设计、施工等过程中，履行以下职责。

1．严格履行基本建设程序，负责组织项目投资估算、设计概算、施工图预算、标底或者最高投标限价、变更费用、工程结算、竣工决算等的编制。

2．对造价进行全过程管理和控制，建立工程造价管理台账，实现设计概算控制目标。

3．负责工程造价信息的收集、分析和报送。

4．依法应当履行的其他职责。

第7条　勘察设计单位应当综合分析项目建设条件，结合项目使用功能，注重设计方案的技术的经济比选，充分考虑工程质量、施工安全和运营养护需要，科学确定设计方案，合理计算工程造价。勘察设计单位应当对其编制的造价文件的质量负责，做好前后阶段的造价对比，重点加强对设计概算超投资估算、施工图预算超设计概算等的预控。

第8条　施工单位应当按照合同约定，编制工程计量与支付、工程结算等造价文件。

第9条　从事工程造价活动的人员应当具备相应的专业技术技能。从事工程造价活动的人员应当对其编制的造价文件的质量和真实性负责。

第10条　工程建设项目立项阶段，投资估算应当按照《工程基本建设项目投资估算编制办法》等规定进行编制。

第11条　工程建设项目设计阶段，设计概算和施工图预算应当按照《工程基本建设项目概算预算编制办法》等规定进行编制。初步设计概算的静态投资部分不得超过经审批或者核准的投资估算的静态投资部分的110%。施工图预算不得超过经批准的初步设计概算。

第12条　工程建设项目实行招标的，应当在招标文件中载明工程计量计价事项。设有标底或者最高投标限价的，标底或者最高投标限价应当根据造价依据并结合市场因素进行编制，且不得超出经批准的设计概算或者施工图预算对应部分。

第13条　造价管理部应当进行标底或者最高投标限价与设计概算或施工图预算的对比分析，合理控制建设项目造价。投标报价由投标人根据市场及企业经营状况确认，不得低于工程成本。

第14条　国家重点工程项目和省级人民政府相关部门批准初步设计的工程项目的建设单位应当在施工阶段，将施工合同的工程量清单报政府相关部门备案。

第15条　勘察设计单位应当保证承担的工程建设项目符合国家规定的勘察设计深度要求和勘察设计质量，避免因设计变更发生费用变更。发生设计变更的，建设单位按照有关规定完成审批程序后，合理确定变更费用。

第16条　在工程建设项目建设期内，造价管理部应当根据年度工程计划及时编制该项目年度费用预算，并根据工程进度及时编制工程造价管理台账，对工程投资执行情况与经批准的设计概算或者施工图预算进行对比分析。

第17条　由于价格上涨、定额调整、征地拆迁、贷款利率调整等因素需要调整设计概算的，应当向原初步设计概算的审批部门申请调整概算。原审批部门应当进行审查。未经批准擅自增加建设内容，扩大建设规模，提高建设标准，改变设计方案等造成超概算的，不予调整设计概算。

第18条　由地质条件发生重大变化、设计方案变更等造成的设计概算调整，实际投资调增幅度超过静态投资估算10%的，应当报项目可行性研究报告审批或者核准部门调整投资估算后，再由原初步设计概算的审批部门审查调整设计概算；实际投资调增幅度不超过静态投资估算10%的，由原初步设计概算的审批部门直接审查调整设计概算。

第19条　工程建设项目竣工验收前，造价管理部应当编制竣工决算报告及工程建设项目造价执行情况报告。若审计部对竣工决算报告提出审计意见和调整要求的，造价管理部应当按照要求对竣工决算报告进行调整。

第3章　监督管理

第20条　企业监察部门应当按照职责权限加强对企业工程造价活动的监督检查。被监督检查的人员应当予以配合，不得妨碍和阻挠依法进行的监督检查活动。

第21条　工程造价监督检查主要包括以下内容。

1. 造价管理过程中对工程造价管理法律、法规、规章、制度以及工程造价依据的执行情况。

2. 各阶段造价文件的编制、审查、审批、备案以及对批复意见的落实情况。

3. 造价管理台账和计量支付制度的建立与执行、造价全过程管理与控制情况。

4. 设计变更原因及费用变更情况。

5. 对项目造价信息的收集、分析及报送情况。

6. 从事工程造价活动的单位和人员的信用情况。

第4章　附　则

第22条　本办法由造价管理部负责制编制、修订和执行。

第23条　本办法自××××年××月××日起生效。

编修部门/日期		审核部门/日期		执行部门/日期	

11.2.5 预算控制：预算实施管控流程

预算实施管控流程如图11-7所示。

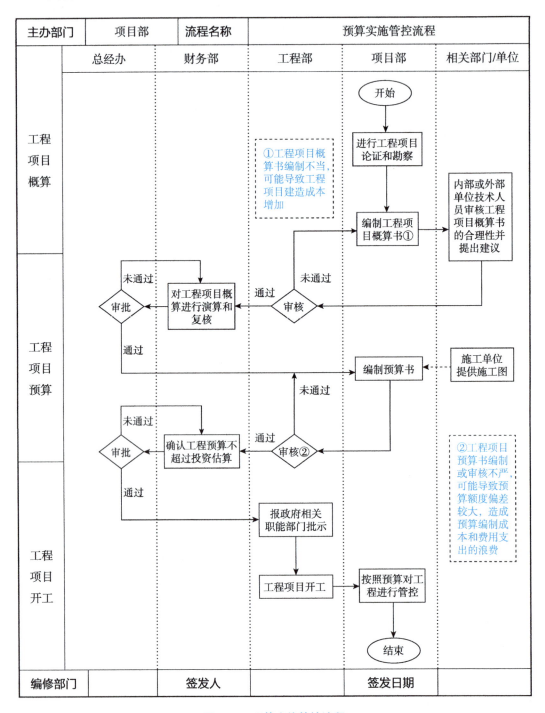

图11-7 预算实施管控流程

11.3　工程质量低劣风险

近些年来，虽然我国的工程建设水平有了很大的提升，但是工程质量领域还是存在很多问题，因质量低劣造成房屋坍塌、人员伤亡的情况时有发生，因此，企业需要对工程质量进行严格把控，以降低工程质量低劣的风险。

11.3.1　风险点识别与评级

工程质量低劣风险点识别与评级如表11-3所示。

表11-3　工程质量低劣风险点识别与评级

风险点	风险点描述	风险评级	风险发生频率	对业务影响	风险应对策略
企业项目变更申请审核不严	企业项目变更申请审核不严，可能导致工程质量低劣，给企业造成经济损失	3	高	重要	风险降低
工程项目质量控制中发现遗漏处理不及时	工程项目质量控制中发现遗漏处理不及时，可能造成工程项目质量低劣，增加工程项目成本	3	高	重要	风险降低
竣工决算资料不符合国家有关工程验收标准及技术要求	竣工决算资料不符合国家有关工程验收标准及技术要求，可能导致工程质量低劣	1	低	重要	风险规避
竣工验收审核、审批不严	竣工验收审核、审批不严，可能因重大差错、舞弊、欺诈等行为导致工程质量低劣，给企业带来资产损失	3	高	重要	风险降低

11.3.2　验收控制：工程项目验收制度

以下是工程项目验收制度，仅供参考。

工程项目
验收流程

工程验收标准

制度名称	工程项目验收制度	编　号	
		受控状态	

第1章　总　则

第1条　为使项目建设按照相关法律法规及合同要求进行，规范项目质量验收作业，确保项目结束后达到有关要求和标准，并能正常投入使用，特制定本制度。

第2条　本制度适用于企业各工程项目的竣工验收相关事项。

第2章　项目验收实施

第3条　项目验收依据包括项目合同书、国家标准、行业标准和相关政策法规、国际惯例等。

第4条　项目验收条件。

1．所有项目按照合同要求全部完成，并满足使用要求。

2．各个分项目全部初验合格。

3．已通过系统测试评审。

4．项目成果已置于配置管理之下。

5．各种技术文档和验收资料完备，符合合同的内容。

6．涉密信息系统须提供保密主管部门出具的验收合格证书。

7．各种设备经通电试运行，状态正常。

8．经过监理相关主管部门同意。

9．合同或合同附件规定的其他验收条件。

第5条　项目验收涉及资料。

1．基础资料。包括招标书、投标书、有关合同、有关批复文件、设计说明书、功能说明书、设计图、项目详细实施方案。

2．项目竣工资料。包括项目开工报告、项目实施报告、项目质量测试报告、项目检查报告、测试报告、材料清单、项目实施质量与安全检查记录、操作使用说明书、售后服务保证文件、培训文档及其他文件。

3．项目开发文档。包括需求说明书、概要设计说明书、详细设计说明书、设计报告、使用说明等。

4．项目开发管理文档。包括项目计划书、质量控制计划、配置管理计划、培训计划、质量总结报告、会议记录和进度月报。

第6条　项目验收实施程序。

1．需求分析。项目管理办公室组织相关人员对项目进行验收需求分析，并确定验收资料、标准、样表等。

2．编写并提交验收方案。项目管理办公室编写并提交验收方案，由验收部门对验收方案进行审定。

3．成立项目验收小组。企业内部成立项目验收小组，实施项目验收工作，具体负责验收事宜。

4．项目验收实施。验收人员严格按照验收方案对项目、文档资料等进行全面的测试和验收。

5．提交验收报告。项目验收完毕，验收人员对项目设计质量、实施质量、设备质量、运行情况等作出全面的评价，编写项目验收报告，得出结论性意见，对不合格的项目不予验收，对遗留问题提出具体的解决意见。

6. 召开项目验收评审会。项目管理办公室召开由验收全体成员参加的项目验收评审会，全面、细致地审核项目验收人员所提交的验收报告，给出最终的验收意见，形成验收评审报告。

第7条　项目初步验收规定。

1. 项目竣工后经试运行合格，施工单位根据合同、招标书、计划任务书，检查、总结项目完成情况，然后向项目管理办公室提出初验申请。

2. 项目管理办公室组织企业领导、质量主管等相关人员进行初验。

3. 施工单位须提供初验申请书、完工报告、项目总结，以及要求的其他验收评审资料。

第8条　项目最后验收规定。

1. 项目初步验收合格后，项目管理办公室根据初步验收的结果向验收小组提出进一步验收。

2. 验收工作由项目管理办公室、企业领导和专家组成的验收小组进行，验收小组一般由5~8人组成。验收工作分验收小组验收和评审两个步骤，由验收人员确定验收时间、评审时间及其他安排。

3. 经过验收、评审后形成验收报告和评审报告，然后由验收小组成员签字。

第9条　验收评审会议管理。

1. 验收小组须准备验收资料，包括需求分析文档、项目设计文档、使用操作说明、验收内容及指标、验收方案、验收报告、验收记录等。

2. 会议内容包括项目概况及成果介绍、项目实施方案、预验收或终验收的工作小结、项目运营介绍等。

第3章　项目验收结论管理

第10条　项目质量验收结果。

验收结果分为验收合格、需要复议和验收不合格三种。

1. 符合项目建设标准、系统运行安全可靠、任务按期保质完成、经费使用合理的，视为验收合格。

2. 由于提供材料不详难以判断，或目标任务完成不足80%而又难以确定其原因等，导致验收结论争议较大的，视为需要复议。

第11条　验收不合格情况。

项目凡具有下列情况之一的，按验收不合格处理。

1. 未按项目考核指标或合同要求达到所预定的主要技术指标的。

2. 所提供的验收材料不齐全或不真实的。

3. 项目的内容、目标或技术路线等已进行了较大调整，但未曾得到相关单位认可的。

4. 项目实施过程中出现重大问题且尚未解决，或项目实施过程及结果等存在纠纷尚未解决的。

5. 没有对系统或设备进行试运行，或者试运行不合格的。

6. 项目经费使用情况审计发现问题的。

7. 违反法律法规的其他行为。

第12条　验收结论处理规定。

1. 验收结论为验收合格的，项目管理办公室将全部验收材料统一装订成册，并连同相应电子文档，报相关部门备案。项目部组织各个验收单位签署"竣工验收报告"。

2. 验收结论为需要复议的，项目管理办公室以书面形式通知项目部在3个月内补充有关材料或者进行相关说明。

3. 验收结论为验收不合格的，项目管理办公室以书面形式通知设计部、项目部，限期整改，整改后试运行合格的，项目部重新申请验收。

4．未通过验收的项目，不得交付使用。

第4章　竣工验收后工作

第13条　施工现场清理。企业项目经理部督促施工单位拆除临时建筑、设施，撤离施工机械和设备、材料、配件等。

第14条　工程移交。施工单位应向项目经理部移交竣工验收合格的工程，办理移交手续，已竣工验收的工程，由项目经理部向其他部门办理移交手续。

第15条　验收资料编制管理。

1．工程验收资料的管理应按完整化、准确化、规范化、标准化、系统化的要求整理、编制。

2．凡合同、协议、签证、启动验收交接书等文件均应用正本归档，不得用副本或复印件归档。

3．施工技术记录、工程签证单、试运记录、试验单、设计变更单等表式和数据均应用合格的书写材料进行书写。

4．验收签证单中的各方人员必须签全名，不能以盖章或复印代替签名。

5．调试措施、方案和报告等均应用油印件或激光打印机打印件，不能用复印件或普通色打印件，以保证字迹耐久性。

6．验收所用记录表格和证书的格式应符合项目开发所在地及相关法规、标准、规范的统一要求。

第5章　附　则

第16条　本制度由总经办负责编制、解释与修订。

第17条　本制度自××××年××月××日起生效。

编修部门/日期		审核部门/日期		执行部门/日期	

11.3.3　变更控制：工程设计变更管理制度

以下是工程设计变更管理制度，仅供参考。

制度名称	工程设计变更管理制度	编　　号	
		受控状态	

第1章　总　则

第1条　为了合理地控制工程设计变更，规范工程设计变更作业，减少因工程设计变更带来的造价增加或施工工期延误，保证完成项目目标，特制定本制度。

第2条　本制度适用于各类工程施工中发生的设计变更。

第2章　设计变更的原则与条件

第3条　设计变更的执行原则。

1．设计变更必须坚持高度负责的精神与严肃的科学态度，尊重施工图设计，保持设计文件的稳定性和完整性。

2．未经立项同意的设计变更，一律不得实施；未经批准的设计变更，一律不得办理。

3．任何设计变更申报及批复均须以书面或网络形式上报且确认无误，无书面或网络形式确认的设计变更，一律不得实施。

4．设计变更图表原则上应由原设计单位编制，少数特殊情况经批准后也可委托其他有相应资质的设计单位进行编制。

5．各种设计变更应从成本费用、施工质量、施工进度等方面进行论证。

第4条　设计变更范围。凡符合下列条件之一的，可进行设计变更。

1．由于设计图纸错、漏、缺，导致发生做法变动、材料代换、纠正施工图纸中的失误或其他变更事项的。

2．项目定位发生改变，须对设计进行局部或大部分修改的。

3．由于环保、地质等方面的因素或其他不可预见因素，必须变更设计方案的。

4．当施工图设计与现场情况不符时，为符合现场情况而进行变更设计的。

5．由企业因素造成的工期紧张，为加快工程进度而须采取相关措施的。

6．在不降低原设计标准质量的前提下，设计变更可降低造价的。

7．在不降低原设计标准质量的前提下，能解决特殊的技术困难或对缩短工期效果明显的。

8．采用新技术、新材料、新设备，有利于提高工程质量标准，提高功效，增进技术进步的。

第3章　不同情况下的设计变更作业程序

第5条　设计单位提出的设计变更程序。

1．设计单位出于对施工图的自我完善和补充，在不改变原始功能和不提高原工程造价的前提下，由设计单位自行出变更图或变更通知，经企业项目经理部、监理单位、施工单位审核确认后下发。

2．设计单位虽出于对施工图的自我完善和补充，不改变原使用功能，但提高了工程造价，应事先书面征求企业意见并填写设计变更申请报告，经企业批准后，方可出设计变更图或变更通知，经企业项目经理部、监理单位、施工单位确认后下发。

第6条　本企业提出的设计变更程序，由企业项目经理部填写设计变更申请报告并通知设计单位，由设计单位制作设计变更图或变更通知，经监理单位、施工单位确认后下发。

第7条　施工单位或监理单位要求对施工图变更的程序。

1．相关人员应先填写设计变更申请报告报企业项目经理部审批。

2．项目经理部审批通过后通知设计单位做设计变更。

3．设计单位根据设计变更申请报告的要求，进行合理变更，设计变更图，变更通知经企业项目经理部确认后下发。

第8条　一般设计变更是指不涉及变更设计原则，不影响质量、安全、经济运行，不影响整洁、美观的变更事项，经工程管理部组织工程施工人员、监理人员、内部审计人员评估，待审核批准后实施。

第9条　重大设计变更条件范围。

1．涉及结构安全。

2．影响使用功能。

3．因设计变更而造成投资额大于3万元或延误工期大于5天。

4．改变了原平面布置或外观效果。

第10条　重大设计变更申请审批。重大设计变更由企业有关职能部门提出意见，项目经理部组织进行可行性论证并形成报告，报企业总经理批准后，书面通知设计单位进行变更。

第11条　设计变更申请报告。设计变更申请报告一式四份，企业项目经理部、设计单位、施工单位、监理单位各一份，设计变更报告包括以下内容。

1．设计变更申请人。

2．设计变更原因。

3．预测设计变更方案可能增加或降低工程造价的估算，包括返工重做的经济损失和工期影响等。

4．批复意见。

第4章　其　他

第12条　为加强施工图纸管理，项目部与施工单位现场代表须认真建立施工图设计变更台账。

第13条　设计变更文件应完整、清晰、格式统一，作为项目检查、结算、审计、决算和工程验收时的依据。设计变更文件应列为竣工资料移交。

第14条　一般设计变更、重大设计变更应提前提出申请并于核准后实施，未履行审批程序的，视为私自变更，并视为不合格工程不予验收，造成实际损失的，由私自变更人员负责赔偿。

第15条　设计变更图应与工程进度同步，不得事后补图。若遇特殊情况，相关部门可开展协调会议要求先行施工，但应及时补办设计变更手续。否则，该设计变更图为无效变更图。

第5章　附　则

第16条　本制度由企业设计管理部负责编制、解释与修订。

第17条　本制度自××××年××月××日起生效。

编修部门/日期		审核部门/日期		执行部门/日期	

11.3.4　监理控制：工程监理管理制度

以下是工程监理管理制度，仅供参考。

制度名称	工程监理管理制度	编　号	
		受控状态	

第1章　总　则

第1条　为做好对工程监理单位的管理工作，保证工程质量，缩短建设周期，提高投资效益，特制定本制度。

第2条　本制度适用于企业工程项目监理工作和对监理人员的管理工作。

第2章　监理单位的选择

第3条　项目经理部组织确定监理单位，签订建设工程委托监理合同，明确工程监理的任务，施工阶段监理单位依据合同规定按时进驻施工现场。

第4条　监理单位应具备的资质条件。

1．具备相应的资质。

2．具备同类工程的监理经验或全过程监理经验。

3．具备与该工程所包括的设计、土建、安装、装修全部工作内容相适应的实际工作能力，全面进行"三控"（进度控制、质量控制、投资控制）、"两管理"（合同管理、信息管理）、"一协调"（企业与实施方以及实施方之间的协调）和安全文明施工。

4．具有进行工程建设项目现代化管理的能力。

5．具有完成与该工程类似的工程项目招标、评标的经验，以及具有编制招标文件，制定或审核标底的能力。

6．具有编写符合规程、规范的竣工资料的能力。

第5条　对监理单位的要求。

1．监理单位应能独立完成该工程项目所委托的全部监理工作，不得转让或分包。

2．提交该项工程的监理大纲和监理规划。

3．符合该项目总监成员和其他监理工程师的资质要求和人才网络要求。

4．提交监理单位设置框图。

5．提供准备用于本项工程监理工作的各种监理表格，如监理单位进行管理的监理记录和资料管理表格等。

6．提交实施该项目的工程报价和计算依据。

7．填写监理单位情况调查表，包括监理单位情况调查表、过去已完成和在建监理项目情况表、拟参加本项目监理人员名单表。

第6条　监理单位应根据所承担的监理任务，组建工程建设监理机构。监理机构一般由总监理工程师、监理工程师和其他监理人员组成。

第3章　工程监理程序

第7条　编制工程建设监理规划。由监理单位编制监理规划，经监理工程师签字后上报至项目办公室进行审批。

第8条　监理单位按工程建设进度，分专业开展监理工作。

1．按施工图要求在现场实施ISO 9000质量计划并配备相应的人员。

2．审查施工单位提出的施工组织设计、施工技术方案和施工进度计划，并提出改进意见。

3．审查施工单位提出的材料和设备清单及其所列的规格和标准。

4．督促、检查施工单位严格执行工程承包合同和工程技术标准。

5．协调企业与施工单位之间的问题。

6．检查工程使用的材料、构件和设备的质量，检查安全防护措施。

第9条　监理单位在工程项目结束后期参与工程竣工预验收，并签署建设监理意见。

第10条　建设监理业务完成后，监理单位向项目管理办公室提交工程建设监理档案资料。

第4章　建立监理单位档案

第11条　项目经理部应指定专人收集、整理和保管与监理单位相关的各种资料，建立监理单位档案，以备查用。

第12条　监理单位档案应包括依法签订的监理委托合同、各种工作会议记录、监理工作的各种表格、项目经理部的各项批复等各种资料。

第5章　对监理的考核与监理效果评价

第13条　对监理单位考核的内容包括管理水平、总监素质、监理工程师的素质、上岗情况、监理组织机构的完善、监理手段。

第14条　监理效果的评价内容。

1．设计图纸的审查。

2．深入现场及时发现并解决问题。

3．向项目经理部提出合理化建议。

4．帮助施工单位解决疑难问题。

5．项目经理部对监理单位的评价。

6．施工单位对监理单位的评价等。

第6章　附　则

第15条　本制度由总经办负责编制、解释与修订。

第16条　本制度自××××年××月××日起生效。

编修部门/日期		审核部门/日期		执行部门/日期	

11.3.5　档案管控：工程项目档案管理制度

以下是工程项目档案管理制度，仅供参考。

制度名称	工程项目档案管理制度	编　号	
		受控状态	

第1章　总　则

第1条　为加强对项目档案的管理和利用，确保项目档案的完整、准确、系统和安全，充分发挥档案资料在项目评估、改进和开展后续工作中的作用，根据《中华人民共和国档案法》及其他档案管理法规，结合企业实际，特制定本制度。

第2条　凡在项目实施过程中产生的各类文字、图纸、计算、声像材料等各种形式的资料，均按照本制度进行规范管理。

第2章　档案管理

第3条　企业项目部指定专人（资料员）负责工程项目档案管理工作，资料员负责档案接收、整理、立卷、保管、交接等工作。

第4条　以工程项目为单位立卷，一项工程立一卷档案，资料员在项目立项时就开始收集资料，进行归档管理。

第5条　各项目的职能人员应将工程项目进行中所产生的资料、文件及时整理、移交给资料员。档案交接执行交接签收制，直至项目最终检查、验收合格，以便中途出现问题时有据可查。

第6条　资料员在收到档案之后，要检查文件的文本及附件是否完整，若有短缺，应立即追查归入，与本项目无关的文件或不应随案归档的文件，应立即退回经办部门。

第7条　资料员签收文件后，应依下列方式整理。

1．中文直写文件以右方装订为原则，中文横写或外文文件则以左方装订为原则。

2．右方装订文件及其附件均应对准右上角，左方装订则对准左上角，理齐钉牢。

3．文件如有褶皱、破损、参差不齐等情形，应先补整、裁切、折叠，使其整齐划一。

第8条　资料员应根据工程项目所涉工作进程进行分类，分类时力求切合实用，以方便整理、高效阅档为原则进行分类。

第9条　档案名称。

1．档案各级分类应赋予统一名称。其名称应简明扼要，以充分展示档案内容性质为原则，并且要有一定范畴，不能笼统含糊。

2．各级分类、卷次及目次的编号，均以阿拉伯数字0~9表示，其位数的使用视档案多少及增长情形斟酌决定。

3．档案分类的各级名称确定后，应编制"档案分类编号表"，将所有分类的各级名称及其代表数字编号，用一定顺序依次排列，以便查阅。

4．档案分类各级编号内应预留若干空档，以备将来组织扩大或业务增多时随时增补之用。

5．档案分类各级名称及其代表数字一经确定，不宜随意修改，如确有修改必要，应事先审查讨论，并拟定新旧档案分类编号对照表，以免混淆。

第10条　档案编号。

1．新档案应从"档案分类编号表"查明该档案所属类别及其卷次、目次顺序，以此来编列档案号。

2．档案如果归属前案，应查明前案的档案号并予以同号编列。

3．档案号以一案一号为原则，遇有一档案件叙述多件事或一案归入多类者，应先确定其主要类别，再编列档案号。

4．档案号应自左而右编列，右方装订的档案，应将档案号填写于案件首页的左上角；左方装订的档案，则填写于右上角。

第11条　档案归档管理。

1．归档文件时，应依目次号顺序以活页方式装订于相关类别的档案夹内，并视实际需要使用"见出纸"注明目次号码，以便于翻阅。

2．档案夹的背脊应标明档案夹内所含案件的分类编号及名称，以便于查档。

第12条　档案调阅管理。

1．各部门经办人员因业务需要须调阅档案时，应填写"档案调阅单"，经其部门主管核准后方可向资料员调阅。

2．调阅档案包括文件资料必须在档案调阅登记簿登记后方可调阅，秘密级以上的档案文件须经经理级领导批准后方能调阅。

3．案卷不许借出，只供在档案室查阅，未归档的文件及资料可借出。

4．资料员接到"档案调阅单"，经核查后，取出该项档案，并于"档案调阅单"上填注借出日期，然后将档案交与调阅人员。"档案调阅单"按归还日期先后顺序整理，以备催还。

5．调阅期限不得超过两个星期，到期必须归还，如果须再借阅应办理续借手续。

6．调阅档案的人员必须爱护档案，要保护档案的安全并做好保密工作，不得擅自涂改、勾画、剪裁、抽取、拆散、摘抄、翻印、复印、摄影、转借或损坏，否则，按相关法律法规及企业制度追究当事人责任。

7．交还调阅的档案时，必须当面点交清楚，发现遗失或损坏应立即报告领导。

8．外单位调阅档案，应持有单位介绍信，并经总经理批准后方能调阅，但不能将档案带离档案室。

9．外单位摘抄卷内档案应经总经理同意，并对摘抄的材料进行审查签章。

10．档案归还时，经资料员核查无误后，档案即归入档案夹。"档案调阅单"由资料员留存备查。

11．调阅的档案应与经办业务有关，如果借阅与经办业务无关之文件资料，应经过文书管理部门主管同意后方可调阅。

第13条　档案清理。

1．资料员应及时擦拭档案架，保持档案清洁，以防虫蛀腐朽。

2．定期对档案材料的数量及保管情况进行检查，发现问题及时采取补救措施，确保档案的安全。

第3章　项目档案管理的检查与考核

第14条　项目管理办公室不定期地组织有关人员对各项目资料的管理情况进行抽查。

第15条　调阅档案资料超过规定时间，收到催还通知仍不归还或办理续借手续的，资料员应上报档案部主管，并通知借阅者的部门主管进行追责。

第16条　机密档案材料不按规定收集、整理、利用，违背程序而泄密者，重者依法追究责任人法律责任。

第4章　附　则

第17条　本制度由综合管理部负责编制、解释与修订。

第18条　本制度自××××年××月××日起生效。

编修部门/日期		审核部门/日期		执行部门/日期	

11.3.6　评估控制：工程项目后评估制度

以下是工程项目后评估制度，仅供参考。

制度名称	工程项目后评估制度	编　　号	
		受控状态	

第1章　总　则

第1条　为了规范项目后评估工作，客观、准确地掌握项目实施的完成情况，总结项目实施经验，提高项目管理能力，特制定本制度。

第2条　本制度适用于企业所有项目的后评估管理工作。

第2章　项目后评估规划与内容

第3条　项目评估的时间。

根据企业相关规定，项目管理办公室应根据项目的具体情况合理选择项目后评估的时间。项目后评估通常安排在工程项目竣工验收后6个月或1年后。

第4条　项目实施竣工后，项目管理办公室相关人员主要评估以下五个方面。

1．项目目标评估。

2．项目前期工作和实施阶段评估。

3．项目效益评估。

4．项目影响评估。

5．项目持续性评估。

第5条　项目后评估的方法。一般而言，项目后评估主要有前后对比法、有无对比法、逻辑框架法和成功度法四种方法。

1．前后对比。将可行性评估内容、项目开始前预测效益与项目竣工后的实际结果相比较，找出二者差异，并分析原因。

2．有无对比法。将项目竣工后的实际结果与没有进行项目时可能发生的情况进行对比，分析项目的真实效益和作用。

3．逻辑框架法。由美国国际开发署（USAID）在1970年开发并使用的一种项目计划、管理和评估的方法。它主要用问题树、目标树和规划矩阵三种辅助工具，对项目进行评估。

4．成功度法。即打分法，是依靠评估专家的意见，综合项目各项指标的具体情况，对项目的目标达成情况进行定性分析的方法。

第6条　项目后评估指标主要包括项目前期和实施阶段的后评估指标、项目运营阶段的后评估指标。

1．项目前期和实施阶段的后评估指标。

（1）实际项目决策周期。它是指从项目提出建议书到可行性研究论证获得批准所经历的时间，一般以月计算。

（2）设计周期变化率。它是指实际设计周期与预期设计周期相比的偏离程度。其计算公式：设计周期变化率 $= \dfrac{实际设计周期 - 预期设计周期}{预期设计周期} \times 100\%$。

（3）实际建设成本变化率。反映了实际的建设成本与建设成本预算的偏离程度。其计算公式：实际建设成本变化率 $= \dfrac{实际建设成本 - 建设成本预算}{建设成本预算} \times 100\%$。

（4）实际工程优良品率。它是指达到国家规定的优良品单位工程个数占验收的单位工程总数的百分比。其计算公式：实际工程优良品率 $=\dfrac{实际的优良品单位工程个数}{验收的单位工程总数}\times 100\%$。

（5）实际投资总额变化率。反映了实际投资总额与项目实施前预计的项目投资总额的偏差程度。

其计算公式：实际投资总额变化率 $=\dfrac{实际投资总额-预计投资总额}{预计投资总额}\times 100\%$。

2．项目运营阶段的后评估指标。

（1）实际达产年限变化率。反映了实际达产年限与设计达产年限的偏离程度。其计算公式：实际达产年限变化率 $=\dfrac{实际达产年限-设计达产年限}{设计达产年限}\times 100\%$。

（2）实际销售利润变化率。反映了实际销售利润与预期销售利润的偏离程度。其计算公式：实际销售利润变化率 $=\dfrac{实际销售利润-预期销售利润}{预期销售利润}\times 100\%$。

（3）实际投资利润率变化率。反映了实际投资利润率与预期投资利润率的偏离程度。其计算公式：实际投资利润率变化率 $=\dfrac{实际投资利润率-预期投资利润率}{预期投资利润率}\times 100\%$。

（4）实际净现值变化率。反映了实际净现值与预期净现值的偏离程度。其计算公式：实际净现值变化率 $=\dfrac{实际净现值-预期净现值}{预期净现值}\times 100\%$。

（5）实际投资回收期变化率。反映了实际投资回收期与预期投资回收期的偏离程度。其计算公式：实际投资回收期变化率 $=\dfrac{实际投资回收期-预期投资回收期}{预期投资回收期}\times 100\%$。

（6）实际借款偿还期变化率。反映了实际借款偿还期与预期借款偿还期的偏离程度。其计算公式：实际借款偿还期变化率 $=\dfrac{实际借款偿还期-预期借款偿还期}{预期借款偿还期}\times 100\%$。

第3章　项目后评估的程序

第7条　项目办公室根据企业相关规定，在规定时间内组织成立项目后评估小组。项目后评估小组一般应包括经济技术人员、工程技术人员、经济管理人员、市场分析人员，还应包括直接参与项目准备和实施的工作人员。

第8条　接到项目后评估任务后，项目后评估小组组长应及时组织制订项目评估工作计划。计划的主要内容包括参加后评估的人员、后评估开展的时间、工作成果、费用支出等。

第9条　评估小组要根据项目后评估的内容和计划，积极收集相关评估资料。资料主要包括以下六个方面。

1．决策资料、项目建议书、可行性研究报告、原评估报告、设计任务书、批准文件等。

2．初步设计、施工图设计、工程概算与预算。

3．设计合同、施工合同以及与项目建设有关的合同、协议和文件。

4．投资方的资料、项目背景、市场资料等。

5．竣工决算。

6．对项目进行重大技术改造的相关资料。

第10条　项目后评估小组组长要根据项目后评估的相关评估流程和标准，带领小组成员，对该项目进行项目后评估工作。

第11条　评估检验、汇报。

1．由项目后评估小组组长对项目后评估结果进行检验，检验方式大多以实地检验为主。

2．检验完毕后，组长把后评估结果和建议反馈给工程相关部门。

第12条　项目后评估小组完成项目后评估工作后，应组织编写项目后评估报告，并在规定时间内上报有关领导。项目后评估报告主要包括报告封面、封面内页、报告摘要、报告正文、主要附件和相关资料六个部分。

第4章　注意事项

第13条　凡是承担项目可行性分析报告编制、立项决策、设计、监理、施工等业务的单位不得从事该项目的后评估工作，以保证后评估的独立性与公正性。

第14条　参与项目后评估的所有人员应实事求是，不得弄虚作假。严重损害企业经济利益的相关人员，须承担相应法律责任。

第5章　附　则

第15条　本制度由项目管理办公室负责编制、解释与修订。

第16条　本制度自××××年××月××日起生效。

编修部门/日期		审核部门/日期		执行部门/日期	

11.3.7　技术控制：工程施工技术标准

在施工时，必须按照相关施工技术标准进行施工，以下是国家标准《建筑地基基础工程施工规范》（GB51004—2015）中的地基施工技术标准，仅供参考。

地基施工技术标准

一、一般规定

1．施工前应测量和复核地基的平面位置与标高。

2．地基施工时应及时排除积水，不得在浸水条件下施工。

3．基底标高不同时，宜按先深后浅的顺序进行施工。

4．施工过程中应采取减少基底土体扰动的保护措施，机械挖土时，基底以上200mm～300mm厚土层应采用人工挖除。

5．地基施工时，应分析挖方、填方、振动、挤压等对边坡稳定及周边环境的影响。

6. 地基验槽时，发现地质情况与勘察报告不相符，应进行补勘。

7. 地基施工完成后，应对地基进行保护，并应及时进行基础施工。

二、素土、灰土地基

1. 素土、灰土地基土料应符合下列规定：

（1）素土地基土料可采用黏土或粉质黏土，有机质含量不应大于5%，并应过筛，不应含有冻土或膨胀土，严禁采用地表耕植土、淤泥及淤泥质土、杂填土等土料；

（2）灰土地基的土料可采用黏土或粉质黏土，有机质含量不应大于5%，并应过筛，其颗粒不得大于15mm，石灰宜采用新鲜的消石灰，其颗粒不得大于5mm，且不应含有未熟化的生石灰块粒，灰土的体积配合比宜为2：8或3：7，灰土应搅拌均匀。

2. 素土、灰土地基土料的施工含水量宜控制在最优含水量±2%的范围内，最优含水量可通过击实试验确定，也可按当地经验取用。

3. 素土、灰土地基的施工方法，分层铺填厚度，每层压实遍数等宜通过试验确定，分层铺填厚度宜取200mm～300mm，应随铺填随夯压密实。基底为软弱土层时，地基底部宜加强。

4. 素土、灰土换填地基宜分段施工，分段的接缝不应在柱基、墙角及承重窗间墙下位置，上下相邻两层的接缝距离不应小于500mm，接缝处宜增加压实遍数。

5. 基底存在洞穴、暗浜（塘）等软硬不均的部位时，应按设计要求进行局部处理。

6. 素土、灰土地基的施工检验应符合下列规定：

（1）应每层进行检验，在每层压实系数符合设计要求后方可铺填上层土；

（2）可采用环刀法、贯入仪、静力触探、轻型动力触探或标准贯入试验等方法，其检测标准应符合设计要求；

（3）采用环刀法检验施工质量时，取样点应位于每层厚度的2/3深度处；筏形与箱形基础的地基检验点数量每50m²～100m²不应少于1个点；条形基础的地基检验点数量每10m～20m不应少于1个点；每个独立基础不应少于1个点。

（4）采用贯入仪或轻型动力触探检验施工质量时，每分层检验点的间距应小于4m。

三、砂和砂石地基

1. 砂和砂石地基的材料应符合下列规定：

（1）宜采用颗粒级配良好的砂石，砂石的最大粒径不宜大于50mm，含泥量不应大于5%；

（2）采用细砂时应掺入碎石或卵石，掺量应符合设计要求；

（3）砂石材料应去除草根、垃圾等有机物，有机物含量不应大于5%。

2. 砂和砂石地基的施工应符合下列规定：

（1）施工前应通过现场试验性施工确定分层厚度、施工方法、振捣遍数、振捣器功率等技术参数；

（2）分段施工时应采用斜坡搭接，每层搭接位置应错开0.5m～1.0m，搭接处应振压密实；

（3）基底存在软弱土层时应在与土面接触处先铺一层150mm～300mm厚的细砂层或铺一层土工织物；

（4）分层施工时，下层经压实系数检验合格后方可进行上一层施工。

11.3.8　质量控制：工程质量标准

在施工时，必须按照相关质量标准进行施工，以下是国家标准《建筑安装工程质量检验评定统一标准》（GBJ300—88）中的分部工程和单位工程的质量标准，仅供参考。

建筑安装工程中分部工程和单位工程的质量标准

国家颁发的《建筑安装工程质量检验评定统一标准》规定，分项、分部、单位工程质量均分为"合格"与"优良"两个等级。

一、分部工程的质量等级应符合以下规定

1. 合格。所含分项工程的质量全部合格。

2. 优良。所含分项工程的质量全部合格，其中有50%及其以上为优良（建筑设备安装工程中，必须含指定的主要分项工程）。

注：指定的主要分项工程，如建筑采暖卫生与煤气分部工程为锅炉安装、煤气调压装置安装分项工程；建筑电气安装分部工程为电力变压器安装、成套配电柜（盘）及动力开关柜安装、电缆线路分项工程；通风与空调分部工程为有关空气洁净的分项工程；建筑电梯安装分部工程为安全保护装置、试运转分项工程等。

二、单位工程的质量等级应符合以下规定

1. 合格。

（1）所含分部工程的质量应全部合格。

（2）质量保证资料应基本齐全。

（3）观感质量的评定得分率应达到70%及其以上。

2. 优良。

（1）所含分部工程的质量应全部合格，其中有50%及其以上优良，建筑工程必须含主体和装饰分部工程；以建筑设备安装工程为主的单位工程，其指定的分部工程必须优良。如锅炉房的建筑采暖卫生与煤气分部工程；变、配电室的建筑电气安装分部工程；空调机房和净化车间的通风与空调分部工程等。

（2）质量保证资料应基本齐全。

（3）观感质量的评定得分率应达到85%及其以上。

注：室外的单位工程不进行观感质量评定。

三、当分项工程质量不符合相应质量检验评定标准合格的规定时，必须及时处理，并应按以下规定确定其质量等级

1. 返工重做的可重新评定质量等级。

2. 经加固补强或经法定检测单位鉴定能够达到设计要求的，其质量仅应评为合格。

3. 经法定检测单位鉴定达不到原设计要求，但经设计单位认可能够满足结构安全和使用功能要求可不加固补强的；或经加固补强改变外形尺寸或造成永久性缺陷的，其质量可定为合格，但所在分部工程不应评为优良。

11.3.9 安全控制：工程安全检查标准

在施工时，必须按照相关质量标准进行施工，以下是行业标准《建筑施工安全检查标准》（JGJ59—2021）中的关于物料提升机保证项目的安全检查标准，仅供参考。

物料提升机保证项目安全检查标准

一、安全装置

1. 应安装起重量限制器、防坠安全器，并应灵敏可靠。

2. 安全停层装置应符合规范要求，并应定型化。

3. 应安装上行程限位并灵敏可靠，安全越程不应小于3m。

4. 安装高度超过30m的物料提升机应安装渐进式防坠安全器及自动停层、语音影像信号监控装置。

二、防护设施

1. 应在地面进料口安装防护围栏和防护棚，防护围栏、防护棚的安装高度和强度应符合规范要求。

2. 停层平台两侧应设置防护栏杆、挡脚板，平台脚手板应铺满、铺平。

3. 平台门、吊笼门安装高度、强度应符合规范要求，并应定型化。

三、附墙架与缆风绳

1. 附墙架结构、材质、间距应符合产品说明书要求。

2. 附墙架应与建筑结构可靠连接。

3. 缆风绳设置的数量、位置、角度应符合规范要求，并应与地锚可靠连接。

4. 安装高度超过30m的物料提升机必须使用附墙架。

5. 地锚设置应符合规范要求。

四、钢丝绳

1. 钢丝绳磨损、断丝、变形、锈蚀量应在规范允许范围内。

2. 钢丝绳夹设置应符合规范要求。

3. 当吊笼处于最低位置时，卷筒上钢丝绳严禁少于3圈。

4. 钢丝绳应设置过路保护措施。

五、安拆、验收与使用

1. 安装、拆卸单位应具有起重设备安装工程专业承包资质和安全生产许可证。

2. 安装、拆卸作业应制定专项施工方案，并应按规定进行审核、审批。

3. 安装完毕应履行验收程序，验收表格应由责任人签字确认。

4. 安装、拆卸作业人员及司机应持证上岗。

5. 物料提升机作业前应按规定进行例行检查，并应填写检查记录。

6. 实行多班作业，应按规定填写交接班记录。

第 12 章

担保业务——风险点识别与管控规范

12.1　担保决策失误风险

　　担保，是指企业作为担保人按照公平、自愿、互利的原则与债权人约定，当债务人不履行债务时，依照法律规定和合同协议承担相应法律责任的行为。

　　处理担保业务时，企业需要对担保申请人进行严格审查，对担保过程进行严格把控，降低法务风险。

12.1.1　风险点识别与评级

　　担保决策失误风险点识别与评级如表12-1所示。

表12-1　担保决策失误风险点识别与评级

风险点	风险点描述	风险评级	风险发生频率	对业务影响	风险应对策略
担保制度不符合国家法律法规	担保制度不符合国家法律法规，企业可能遭受外部处罚，导致经济受损和信誉受损	1	低	重要	风险规避
担保业务内容审查不严	担保业务内容审查不严，可能导致企业担保决策失误，致使企业资产受损	2	中	一般	风险降低
担保资信审查不严	担保资信审查不严，可能导致企业担保决策失误，因诉讼、代偿等遭受损失	3	低	轻微	风险降低

12.1.2　业务控制：担保业务操作流程

　　担保业务操作流程如图12-1所示。

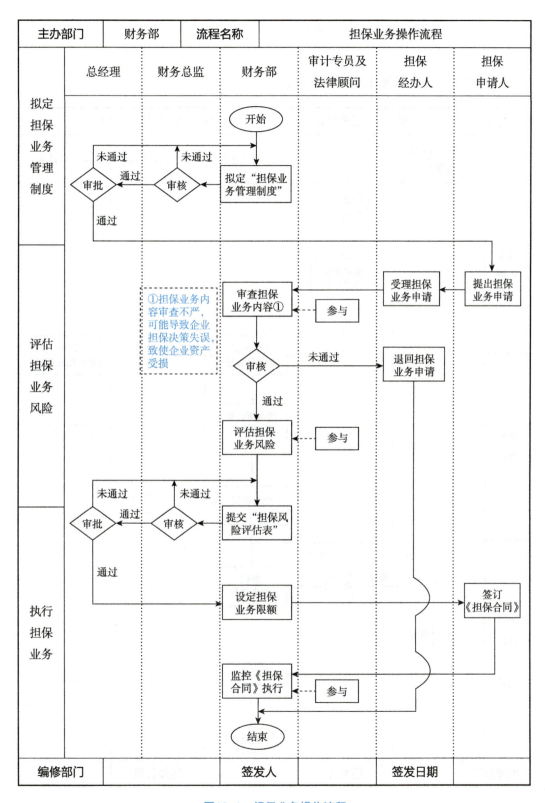

图12-1　担保业务操作流程

12.1.3　资信控制：担保申请人资信调查流程

担保申请人资信调查流程如图12-2所示。

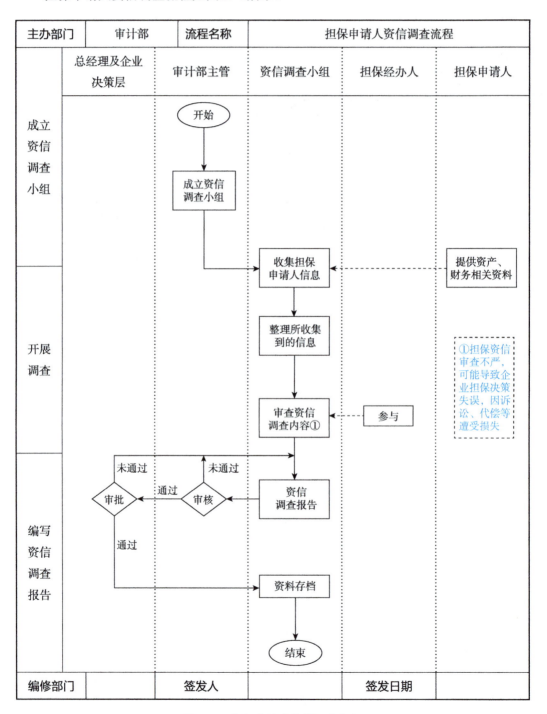

图12-2　担保申请人资信调查流程

12.1.4　担保控制：担保授权和审批制度

以下是担保授权和审批制度，仅供参考。

制度名称	担保授权和审批制度	编　号	
		受控状态	

第1章　总　则

第1条　为了明确本企业对外提供担保业务的审批权限，规范担保行为，防范和降低担保风险，根据《中华人民共和国公司法》和其他法律法规的相关规定，结合本企业实际情况，特制定本制度。

第2条　本制度适用于企业各业务部门、管理部门、各分支机构对内和对外提供的担保事项。

第2章　担保业务的申请审核

第3条　企业指定专门的担保经办人员负责受理担保业务申请，具体人选由财务部提名，经总经理审批通过后确定。

第4条　财务部担保经办人员负责对担保申请进行初审，确保担保申请人满足以下5个资信条件。

1．管理规范、运营正常、资产优良。

2．近三年连续盈利，现金流稳定，并能提供经外部审计的财务报告。

3．资产负债率不超过_____％。

4．资信状况良好，银行评定信用等级不低于_____级。

5．近一年内无因担保业务引起的诉讼或未决诉讼。

第5条　担保申请人有下列情况之一的，财务部担保经办人员应驳回其担保申请。

1．担保申请不符合国家法律法规或企业担保政策的。

2．财务状况已经恶化、信誉不良且资不抵债的。

3．已进入重组、托管、兼并或破产清算程序的。

4．近三年内申请担保人财务会计文件有虚假记载或提供虚假资料的。

5．企业曾为其担保并发生过银行借款逾期、拖欠利息等情况，至本次担保申请时尚未偿清的。

6．未能落实用于反担保的有效财产的。

7．与其他企业存在经济纠纷，可能承担较大赔偿责任的。

8．董事会认为不能为其提供担保的其他情形。

第6条　财务部担保经办人员将审核通过的担保申请提交财务副总审批，并于审批通过后组织开展担保业务风险评估工作。

第3章　担保业务审批

第7条　企业各项担保业务必须经董事会或股东大会批准，或由总经理在董事会授权范围内批准后再具体实施，企业其他任何部门或个人均无权代表本企业提供担保业务。

第8条　单笔担保金额在_____万元以下（含_____万元）、年度累计金额在_____万元以下（含_____万元）的担保项目由董事会授权总经理审批。

第9条 董事会的审批权限。

1．审批超出总经理审批权限的担保项目。

2．董事会的审批权限不应超出企业担保政策规定的范围。

第10条 股东大会的审批权限。

1．审批超出董事会审批权限的担保项目。

2．审批单笔担保额超过本企业最近一期经审计净资产10%的担保项目。

3．审批担保总额超过本企业最近一期经审计净资产50%以上的担保项目。

4．审批申请担保人资产负债率超过70%的担保项目。

5．审批对企业股东、实际控制人及其关联方提供的担保项目。

第11条 担保经办人员应在职责范围内按照审批人的批准意见办理担保业务。对于审批人超越权限审批的担保业务，担保经办人员应拒绝办理。

第4章 担保合同审查

第12条 非经董事会或股东大会批准授权，任何人无权以企业名义签订担保合同、协议或其他类似法律文件。

第13条 在批准签订担保合同协议前，应将拟签订的担保合同文本及相关材料分别送审计部、法律顾问审查。

第14条 审计部、法律顾问应至少审查但不限于担保合同协议的下列内容。

1．被担保方是否具备法人资格及规定的资信状况。

2．担保合同及反担保合同内容的合法性及完整性。

3．担保合同是否与本企业已承诺的其他合同或协议相冲突。

4．相关文件的真实性。

5．担保的债权范围、担保期限等是否明确。

第15条 担保合同订立时，担保经办人员必须全面、认真地审查主合同、担保合同和反担保合同的签订主体及相关内容。

第16条 法律顾问应视情况适度参与担保合同的意向、论证、谈判或签约等过程事务。

第17条 已经审查的担保合同，如须变更或未履行完毕而解除的，须重新履行审查程序。

第5章 履行担保责任审核

第18条 被担保人债务到期后_____个工作日内未履行还款义务，或被担保人破产、清算，债权人主张本企业履行担保责任时，担保经办人员受理债权人发出的"履行担保责任通知书"。

第19条 财务部担保经办人员审核"履行担保责任通知书"的有效性及相关证据文件，核对款项后报财务副总或权限审批人审批。

第20条 财务副总或权限审批人审批通过后，财务部担保经办人员方可向债权人支付垫付款项。

第6章 附 则

第21条 本制度由财务部负责编制、解释与修订。

第22条 本制度自××××年××月××日起生效。

编修部门/日期		审核部门/日期		执行部门/日期	

12.1.5　制定制度：审、保、偿分离制度

以下是审、保、偿分离制度，仅供参考。

制度名称	审、保、偿分离制度	编　号	
		受控状态	

第1章　总　则

第1条　为了增强担保业务审批、担保、追责全流程的客观性和公正性，提高业务操作的透明度，使参与担保业务的各部门和各级管理层之间能够相互制约，相互促进，特制定本制度。

第2条　本制度适用于企业对担保业务的审批、担保、追责的管理工作。

第2章　担保业务的审核、审批

第3条　企业担保政策由财务部经理草拟，然后由财务副总初审，最后经总经理和董事会审批通过后方可落地执行。

第4条　审计部负责审核被担保人提供的财务报告及相关资料。

第5条　财务部经理负责初审担保申请，然后由财务副总审核。总经理负责审批权限范围内的担保业务、担保合同，而不在总经理审批权限范围内的担保申请由董事会负责审批。

第6条　财务部经理负责组织对担保业务进行风险评估，经财务副总审核通过后，再经总经理审批。

第3章　担保业务的监督、检查

第7条　担保经办人员负责对担保项目的执行状况进行定期或不定期的跟踪和监督。

第8条　监督检查时限。

1．担保期限在_____年以内，且担保风险在_____级以上的担保项目，担保经办人员须每个月进行一次跟踪、检查。

2．担保期限在_____年以上的担保项目，担保经办人员至少每季度进行一次监督、检查。

第9条　监督检查项目。

1．担保项目进度是否按照计划进行。

2．被担保人的经营状况及财务状况是否正常。

3．被担保人的资金是否按照担保项目书的规定使用，有无挪用现象等。

4．被担保人的资金周转是否正常等。

第10条　对于在检查中发现的异常情况和问题，担保经办人员应本着"早发现、早预警、早报告"的原则及时上报担保项目负责人，属于重大问题或特殊情况的，应及时向企业管理层或董事会报告。

第4章　担保业务的债务追偿

第11条　担保项目出现风险后，由企业风险控制部门负责代偿债务的追偿，并承担追偿不力的责任。

第12条　被担保人如不能按"借款合同"约定还本付息，风险控制部门在履行了保证义务，代被担保人清偿债务后，有权向被担保人追偿。

第13条   在被担保人借款期限内，如被担保人出现"借款合同"所规定的被担保人应通知风险控制部门的情形，且风险控制部门认为这些情形可能影响借款的按期归还的，则无论借款是否到期，风险控制部门均有权要求被担保人无条件提前归还银行未到期借款本息，风险控制部门也可视具体情况提前代偿未到期借款本息，在代偿之后，可向被担保人追偿。

第14条   追偿权的范围如下。

1．企业为被担保人代偿的全部款项。

2．代偿款自付款之日起的利息。

3．被担保人应向企业支付的违约金、赔偿金。

4．实现追偿的费用，如诉讼费、律师费等。

第15条   企业董事、总经理及其他管理人员未按本制度规定程序擅自越权签订担保合同，对企业造成损害的，应当追究当事人责任。对在担保项目实施中涉及违法犯罪活动的有关责任人，应移交司法部门追究其刑事责任。

第16条   "审、保、偿"各岗位业务人员的职责既相互制约又责任分明。对具体业务应实行双人复核、分级审批、专业决策。

第5章   附   则

第17条   本制度由总经办、董事会共同负责编制、解释与修订。

第18条   本制度自××××年××月××日起生效。

编修部门/日期		审核部门/日期		执行部门/日期	

12.1.6   标准控制：担保申请人资信评估标准

对担保申请人资信进行评估，评估内容包括基本情况、资产质量、财务状况、经营情况、信用程度、行业前景等。企业要设定规范的评估标准，对不符合资信评估标准的，不予提供担保业务。担保申请人资信评估标准如表12-2所示。

表12-2   担保申请人资信评估标准

序号	标准名称	标准详情	达标值
1	担保申请人整体印象（4分）	根据对担保申请人的文化水平、道德品质、信用观念、同行口碑等情况进行综合评价 （1）对担保申请人整体印象好，得4分 （2）对担保申请人整体印象一般，得2分 （3）对担保申请人整体印象差，得0分	得分为70分（含70分）以上，且信用履约率得分为满分，按时履约率得分不低于11.2分，无呆、坏账记录

序号	标准名称	标准详情	达标值
2	企业整体印象（4分）	由评估人员根据客户对担保申请人的整体印象进行评分 （1）成立3年及以上，企业规模较大，员工素质较高，企业在同行中形象良好，得4分 （2）成立1年（含1年）以上，企业规模较中等，员工素质一般，企业在同行中形象良好，得2分 （3）成立未满1年，企业规模较小，员工表面素质较低，企业在同行中形象较差，得0分	
3	行业地位（4分）	（1）在当地销售规模处于前三名，得4分 （2）在当地销售规模处于前十名，得3分 （3）在当地有一定销售规模，但排名较落后，得2分 （4）在当地处于起步阶段，得0分	
4	员工人数（2分）	（1）人员稳定，从业人数在100人（不含100人）以上，得2分 （2）从业人数为30~100人，得1分 （3）从业人数少于30人或人员流动性大，得0分	得分为70分（含70分）以上，且信用履约率得分为满分，按时履约率得分不低于11.2分，无呆、坏账记录
5	注册资本（4分）	（1）注册资本在100万元（不含100万元）以上，得4分 （2）注册资本为50~100万元，得2分 （3）注册资本在50万元（不含50万元）以下，得0分	
6	年营业额（6分）	年营业额≥8000万元，得6分；年营业额在8000万元的基础上每减少_____万元，扣_____分	
7	营业额增长率（4分）	（1）营业额增长率=（当期销售收入额−上期销售收入额）/上期销售收入额×100% （2）营业额增长率≥10%，得4分 （3）10%>营业额增长率≥_____%，得_____分 （4）营业额增长率<_____%，得0分	
8	销售毛利率（3分）	（1）销售毛利率=销售毛利/销售额×100% （2）销售毛利=销售额−销售成本 （3）销售毛利率≥6%，得3分 （4）6%>销售毛利率≥_____%，得_____分 （5）销售毛利率<_____%，得0分	

序号	标准名称	标准详情	达标值
9	销售净利润率（3分）	（1）销售净利润率=净利润/销售额×100% （2）销售净利润率≥2.5%，得3分 （3）2.5%>销售净利润率≥_____%，得_____分 （4）销售净利润率<_____%，得0分	得分为70分（含70分）以上，且信用履约率得分为满分，按时履约率得分不低于11.2分，无呆、坏账记录
10	应收账款周转天数（4分）	（1）应收账款周转天数=90天×（平均应收账款/销售额） （2）平均应收账款=（期初应收账款余额+期末应收账款余额）/2 （3）应收账款周转天数≤45天，得3分 （4）90天≥应收账款周转天数>45天，得_____分 （5）应收账款周转天数>90天，得0分	
11	流动比率（3分）	（1）流动比率=流动资产/流动负债×100% （2）流动比率>150%，得3分 （3）150%≥流动比率>_____%，得_____分 （4）流动比率≤_____%，得0分	
12	速动比率（4分）	（1）速动比率=（流动资产－存货－待摊费用－待处理流动资产损失）/流动负债×100% （2）速动比率>100%，得4分 （3）100%≥速动比率>_____%，得_____分 （4）速动比率≤_____%，得0分	
13	资产负债率（3分）	（1）资产负债率=总负债/总资产×100% （2）资产负债率≤50%，得3分 （3）_____%≥资产负债率>50%，得_____分 （4）资产负债率>_____%，得0分	
14	信用履约率（20分）	（1）信用履约率=累计偿还到期信用额/累计到期信用额×100% （2）得分=信用履约率×20	
15	按期履约率（14分）	（1）按期履约率=累计按期偿还到期信用额/累计到期应偿还信用额×100% （2）得分=按期履约率×14	
16	呆/坏账记录（4分）	（1）当期没有呆/坏账记录，得4分 （2）当期有呆/坏账记录，得0分	

续表

序号	标准名称	标准详情	达标值
17	诉讼记录（4分）	（1）无诉讼记录，得4分 （2）有诉讼记录但已全部胜诉，得3分 （3）有未决诉讼，或已胜诉但不能执行，得1分 （4）有诉讼记录且败诉，得0分	得分为70分（含70分）以上，且信用履约率得分为满分，按时履约率得分不低于11.2分，无呆、坏账记录
18	行业前景（10分）	（1）行业得到国家大力支持并且前景很好，得10分 （2）行业前景一般，得5分 （3）行业衰败且没有前景，得0分	

12.2　企业对被担保人监控不力风险

企业为被担保人提供一定方式的担保，需要承担相应的法律责任。如果被担保人不能偿还到期债务，那么担保可能形成企业的一项或有负债；如果对被担保人出现财务困难或经营陷入困境等状况监控不力，应对措施不当，可能导致企业面临承担相应的法律责任的风险。

12.2.1　风险点识别与评级

企业对被担保人监控不力风险点识别与评级如表12-3所示。

表12-3　企业对被担保人监控不力风险点识别与评级

风险点	风险点描述	风险评级	风险发生频率	对业务影响	风险应对策略
资信调查不深入	为资信不良的企业作担保，承担担保连带责任，可能导致企业资产遭受损失	2	中	一般	风险降低
担保执行监控不当	对担保执行监控不当，可能导致企业经营效率低下或资产遭受损失	1	低	轻微	风险转移

风险点	风险点描述	风险评级	风险发生频率	对业务影响	风险应对策略
担保过程不规范	在担保过程中出现舞弊行为，可能导致经办审批等相关人员涉案或企业利益受损	2	高	一般	风险承受
担保事项不按要求	担保事项因归集、汇总和核销不及时、不完整导致担保信息披露不充分、不及时	4	高	一般	风险规避
担保损失预计错误	因未合理预计担保损失而导致当期费用核算不规范	5	低	一般	风险规避

12.2.2　责任控制：担保业务责任追究制度

以下是担保业务责任追究制度，仅供参考。

制度名称	担保业务责任追究制度	编　　号	
		受控状态	
第1章　总　则			

第1条　为了进一步加强担保管理，完善担保管理责任，识别、防范、化解担保风险，提高担保质量，根据企业实际情况和相关制度的规定，特制定本制度。

第2条　本制度所称责任追究，是指对符合企业章程及相关规定所界定的责任追究范围内的、导致企业损失或对企业造成不良影响的担保业务活动，追究有关人员的责任。

第3条　原则。

1．坚持担保业务第一责任人制度，并对职能部门和业务人员分别追究责任。

2．实事求是，依照实际情况去追究相关人员责任。

3．客观公正。不搀杂个人的主观意愿，不被他人意见所左右，公平、公正、公开地进行追责。

第4条　追究部门。

1．内部审计部负责对企业内部各项业务的合规性、规范性进行审计和检查，发现问题后及时向企业领导和相关部门报告，并协助启动责任追究机制。

2．风险管理部负责企业的风险管理和控制工作，对担保业务风险进行评估和监控，发现问题后及时向企业领导和相关部门报告，并协助启动责任追究机制。

3．企业董事长和总经理负责企业整体风险管理和控制工作，对于担保业务责任追究机制的启动和实施具有重要的决策权和领导责任。

第2章　责任追究的事项

第5条　担保业务的责任人需要在担保业务发生前对担保对象进行审核，确保其信用状况和偿付能力符合要求，并严格按照相关规定进行担保审批。

第6条　担保业务的责任人需要对担保合同的签订进行审核，确保合同条款合法、合规，同时对于违规的合同需要及时报告上级管理部门。

第7条　担保业务的责任人需要对担保物进行评估，并根据评估结果选择适当的抵押方式，确保担保物价值符合担保金额。

第8条　担保业务的责任人需要对担保物进行管理，确保担保物的安全和完好无损，防止因担保物的丢失或毁损导致担保业务的风险增加。

第9条　担保业务的责任人需要对担保业务进行监督，及时掌握担保对象的还款情况和担保风险，以便及时采取相应的措施。

第3章　责任追究的处罚形式

第10条　针对责任人的轻微违规或者不当行为，可以给予口头或书面警告，提醒其遵守相关规定。

第11条　针对责任人的一般违规行为，可以给予相应的处分，比如记过、记大过等，以惩戒其不当行为。

第12条　针对责任人的重大违规行为，可以给予相应的处分，比如降职、调岗等，以限制其职务和权限。

第13条　针对责任人的经济违规行为，可以给予相应的罚款，以减轻企业的经济损失。

第14条　针对责任人的严重违规行为，可以给予相应的处分，比如撤销职务、解雇等，以从根本上遏制其不当行为。

第15条　对于存在违反国家相关法律法规的行为的责任人，应当移交司法机关处理。

第4章　附　则

第16条　本制度由董事会负责编制、解释与修订。

第17条　本制度自××××年××月××日起生效。

编修部门/日期		审核部门/日期		执行部门/日期	

12.2.3　会计管控：担保业务会计制度

以下是担保业务会计制度，仅供参考。

制度名称	担保业务会计制度	编　号	
		受控状态	

第1章　总　则

第1条　为了规范企业的担保业务会计核算，真实、完整地提供会计信息，及时化解担保风险，如实反映担保业务会计成果，根据企业实际情况和相关制度的规定，特制定本制度。

第2条　本制度适用于指导企业担保业务会计工作的管理。

第2章　担保业务会计准备

第3条　指定专人定期监测被担保人的经营状况和财务状况，对被担保人进行有效跟踪和监督。

第4条　及时报告被担保人的异常情况和重要信息。

第5条　督促被担保人认真履行偿债义务。

第6条　认真履行合同义务，切实维护企业权益。

第3章　担保业务会计系统控制

第7条　企业应按照国家统一的会计准则进行担保会计处理，一旦发现被担保人出现财务状况恶化、资不抵债、破产清算等情形，应当合理确认、预计负债和损失。若被担保人属于上市企业，还应当区别不同情况依法予以公告。

第8条　健全担保业务经办部门与财会部门的信息沟通机制，促进担保信息得到及时、有效的沟通；建立担保事项台账，详细记录担保对象、金额、期限、用于抵押和质押的物品或权利以及其他有关事项；同时，及时足额收取担保费用，维护企业担保权益。

第9条　建立健全反担保财产登记账簿，妥善保管被担保人用于反担保的权利凭证，定期核实财产的存续状况和价值，发现问题及时处理，确保反担保财产的安全、完整。

第10条　夯实担保合同基础管理，妥善保管担保合同、与担保合同相关的主合同、反担保函或反担保合同，以及抵押、质押的权利凭证和有关原始资料，做到担保业务档案完整无缺。当担保合同到期时，企业要全面清查用于担保的财产、权利凭证，按照合同约定及时终止担保关系。

第4章　担保业务会计核算

第11条　担保业务的会计科目按照企业会计科目明细表进行设置。

第12条　担保收入的会计核算。

1．企业担保业务的收入主要包括按合同规定应向被担保人收取的担保费、评审费、手续费等费用。

2．担保收入应在下列三个条件均能满足时予以确认。

（1）担保合同成立并承担相应担保责任。

（2）与担保合同相关的经济利益能够流入企业。

（3）与担保合同相关的收入能够可靠地被计量。

第13条　担保准备金的会计核算。

1．担保代偿准备金。为了保证补偿可能出现的代偿损失，应按每年担保余额的1%差额提取担保代偿准备金，计入企业经营成本。

2．短期责任准备金。对于一年期以内（含一年）的担保业务，在会计期末，按规定从本期担保费收入中未到期责任部分提存短期责任准备金，同时转回上年同期提存数，计入当期损益。短期责任准备金应作为流动负债在资产负债表中单独列示。

3．长期责任准备金。对于长期担保业务，在未到结算损益年度之前，应在会计期末按业务年度营业收支差额提存长期责任准备金，同时转回上年同期提存数，计入当期损益。长期责任准备金应作为非流动负债在资产负债表中单独列示。

4．风险准备基金。企业每年按税后利润的10%计提风险准备基金，用于弥补担保代偿损失。

第14条　企业在收到被担保人按担保合同及有关规定交纳的保证金时，应计入"其他应收款——保证金"科目进行专户管理。保证金一般用于支付被担保人不能按照合同或约定履行义务时的代偿金，通常按照企业活期存款计息进行核算。

第15条　按担保合同及有关规定代被担保人交纳的抵押（或质押）物的保管费，计入"其他应付款"，在保管抵押、质押物时用于保管费的支出。若有余额，由企业退还被担保人。

第5章　附　则

第16条　本制度由董事会负责编制、解释与修订。

第17条　本制度自××××年××月××日起生效。

编修部门/日期		审核部门/日期		执行部门/日期	

12.2.4　财产管控：反担保财产管理制度

以下是反担保财产管理制度，仅供参考。

制度名称	反担保财产管理制度	编　号	
		受控状态	
<div align="center">第1章　总　则</div>			

第1条　为了加强对担保合同、协议的管理工作，规范和约束企业的经营行为，减少和避免因合同、协议管理不当造成的损失，维护企业的合法权益，根据《中华人民共和国民法典》及其他有关法律法规，结合本企业的实际情况，特制定本制度。

第2条　本制度适用于企业各类反担保业务的财产管理，适用于企业所有部门。

第3条　相关概念。

1．反担保是指本企业为债务人向债权人提供担保时，为保证本企业承担担保责任后债权不致悬空，应本企业的要求债务人或第三人向本企业所提供的担保。

2．反担保管理是指企业通过对反担保的方式和内容、反担保资产的评估、反担保物的登记、保险和公证以及反担保资产的管理和处置等内容进行全面、系统的管理，规范反担保行为，切实发挥反担保防范风险的作用，提高企业控制风险的能力。

第4条　设定反担保物时应该遵循的原则。

1．合法合规原则。反担保物为国家法律允许设定担保的资产。

2．流通可变现原则。反担保物为市场所接受，具有广泛的流通性。

3．市场定价原则。可以通过市场确定反担保物的真实价值。

4．债务人利益可触动原则。反担保物的设定，必须能够触动债务人的切身利益，以迫使债务人守信履约。

第2章　反担保的方式和内容

第5条　企业要对反担保责任人进行如下审查。

1．审查责任人是否具备法律规定的主体资格。

2．审查责任人有无不良贷款、拖欠利息以及其他不履行合同义务等资信情况。

3．审查责任人的净资产、固定资产和长期投资等财务实力情况。

4．审查责任人的技术水平、产品市场占有率等经营情况。

5．审查责任人的保证意愿。

6．审查责任人履约的经济动机及其与被担保人的关系。

7．审查责任人领导者的品德、素质及其经营业绩等。

第6条　企业要与经审查认定的反担保责任人签订反担保保证合同，合同约定反担保责任人承担连带保证责任。

第7条　对同一项目的分期贷款担保，企业可与反担保责任人就单笔贷款担保分别签订反担保保证合同，也可在最高贷款额度内签订一份反担保保证合同。

第8条　被担保人申请贷款展期，必须向本企业出具反担保责任人同意展期的书面证明，待贷款银行同意展期后，本企业再与反担保责任人签订补充协议。

第9条　若被担保人到期不能履行或不能完全履行债务，本企业在履行保证责任并向贷款银行支付代偿金后，可以要求被担保人履行还款义务，也可以要求反担保责任人承担保证责任。

第3章　反担保资产的评估

第10条　凡委托本企业提供担保的其他企业，所提供的反担保抵押物的价值必须经过本企业评审人员或本企业指定的资产评估机构评估，没有或无法确定价值的资产不得作为反担保物而被抵押。

第11条　抵押物价值可通过以下途径获得。

1．本企业评审人员进行现场检查和评估。

2．聘请专业资产评估机构进行评估。

第12条　本企业指定的资产评估机构为具有合法资质、评估经验丰富并与企业建立业务合作关系的外部评估机构。抵押物价值评估所产生的费用应由被担保人承担。

第13条　按照国际上普遍承认的资产评估计价标准，资产评估的基本方法可分为收益法、重置法和清算法等。在检查抵（质）押物并确定其价值时，评审人员可根据实际情况选择评估方法。

第4章　反担保物的登记、保险和公证

第14条　按照有关法律法规的规定或合同约定，企业应与被担保人或第三人在规定的期限内办理抵押物登记手续，登记所产生的费用由被担保人承担。

第15条　办理完抵押物登记手续后，应取得抵押登记部门发放的"他项权利证书"或经抵押登记部门签章的"抵押登记表"等证明文件。

第16条　本企业应与财产保险品种齐全、实力雄厚的保险企业建立业务联系，为被担保人提供保险服务，企业投保所产生的费用由被担保人承担。

第17条　本企业应与市内的公证机构建立长期的业务联系，并指定一家公证机构办理本企业合同公证，公证费用由被担保人承担。

第5章　反担保资产的管理和处置

第18条　企业依法取得的反担保物，法务部应将其如实登记入"反担保资产登记表"，并将登记表送财务部进行账务处理。

第19条　行政管理部对反担保物进行日常统计、保管和维护工作，定期向企业上报反担保资产管理工作报告。

第20条　反担保合同履行期间，法务部应不定期对反担保物及有关合同等资料进行检查，若发现反担保物的数量、品质发生变化或价值减少，应要求被担保人补充抵押物的价值或减少对其的担保。

第21条　经与被担保人协商，企业有权通过拍卖、变卖、实施网络出售等形式，将其变现，用以抵偿企业债权，反担保物变现超过本企业债权的部分，应退还担保人。

第22条　反担保资产的处置工作由财务部负责，包括制定处置方案，确定处置价格、处置工作的实施及相应的账务处理等。

第23条　反担保资产处置结束后，相关负责部门应将处置工作形成工作报告，并将所有的资料汇总，交由档案人员进行分类归档。

第6章　附　则

第24条　本制度由董事会负责编制、解释与修订。

第25条　本制度自××××年××月××日起生效。

编修部门/日期		审核部门/日期		执行部门/日期	

12.2.5 合同控制：担保合同

×××公司贷款担保合同

合同编号：

甲方名称：＿＿＿＿＿＿	乙方名称：＿＿＿＿＿＿	丙方名称：＿＿＿＿＿＿
通信地址：＿＿＿＿＿＿	通信地址：＿＿＿＿＿＿	通信地址：＿＿＿＿＿＿
联 系 人：＿＿＿＿＿＿	联 系 人：＿＿＿＿＿＿	联 系 人：＿＿＿＿＿＿
电　　话：＿＿＿＿＿＿	电　　话：＿＿＿＿＿＿	电　　话：＿＿＿＿＿＿
电子邮件：＿＿＿＿＿＿	电子邮件：＿＿＿＿＿＿	电子邮件：＿＿＿＿＿＿

甲方根据乙方的申请，同意为乙方向＿＿＿＿＿＿＿＿＿（以下简称贷款行）提供担保，根据《中华人民共和国民法典》和其他有关法律法规的规定，甲、乙、丙经协商一致，在自愿的基础上，按下列条款订立本合同。

一、甲方担保的范围、期限、方式

1. 甲方的担保范围。

乙方向贷款行借款本金＿＿＿＿＿元，贷款期限为＿＿＿个月。甲方愿就上述贷款，为乙方向贷款行提供担保，具体担保范围以甲方与贷款行签订的《保证合同》为准。

2. 甲方的保证期限。

《借款合同》中约定的主债务（各）履行期届满之日起两年。

3. 甲方提供的担保方式。

甲方提供的担保方式为连带保证担保。

二、反担保的范围、期限、方式

1. 丙方反担保的范围。

（1）甲方为乙方代偿的全部款项，以及上述代偿款自付款之日起的利息。

（2）乙方应向甲方支付的违约金、赔偿金。

（3）甲方实现追偿权的费用（如诉讼费、律师费等）。

2. 丙方的反担保期限。

自甲方代偿之日起两年。

3. 丙方提供的反担保方式。

丙方提供的反担保承担连带保证责任。

4. 丙方（或第三人）以有权处分的＿＿＿＿＿＿＿＿＿（固定资产或无形资产名称）向甲方提供抵押反担保，并由甲方与丙方（或者第三人）签订《抵押反担保合同》。

三、乙方的义务

1. 乙方应在《借款合同》签订后3日内将《借款合同》原件送交甲方一份进行留存。乙方应按《借款合同》约定的方式、时间、款项履行还款义务，并向甲方提供还款单据。

2. 在本合同有效期内，乙方自愿接受甲方对乙方进行有关财务、生产经营、贷款使用情况的检查，甲方有权查询乙方在贷款行的所有借款和还款情况。

3. 发生下列情形之一，乙方应及时通知甲方。

（1）经营机制发生变化，如实行承包、租赁、合并、分立、股份制改造、合资等。

（2）涉及重大经济纠纷、诉讼。

（3）破产、歇业、解散、被停业整顿、被吊销执照、被撤销等。

（4）法人代表、住所、人事管理发生重大变化。

（5）经营状况恶化或效益严重滑坡。

（6）在经营中出现违法行为。

4. 乙方向甲方支付担保费，支付标准为甲方为乙方担保贷款本金的千分之二（月度），并在甲方与贷款行签订《保证合同》之前一次性缴清。

5. 乙方应向甲方预交违约保证金＿＿＿＿＿元，乙方若按《借款合同》的约定归还贷款行借款，则该保证金予以退还；反之，不予退还。甲方有权从该保证金中结算追偿费用、代偿款、违约金、赔偿金等。

6. 乙方如不能按《借款合同》约定还本付息，造成甲方不能解除担保责任，从借款到期之日起，甲方按原担保收费标准加收预期担保费。

7. 如出现甲方代偿情况，乙方应支付甲方代偿金额百分之十的违约金，若因此给甲方造成损失且违约金不足以赔偿的，乙方应支付相应的赔偿金。

8. 乙方、丙方如不能履行《借款合同》和本合同约定的义务，甲方有权在新闻媒体上对乙方、丙方的违约行为、信用度低下行为进行公告，乙方、丙方承担公告费用且不得提出任何异议。

四、甲方的追偿权

1. 乙方如不能按《借款合同》约定还本付息，甲方在履行了保证义务代乙方清偿债务后，有权向乙方、丙方追偿。

2. 在乙方借款期限内，如乙方出现本合同所规定的乙方应通知甲方的情形，甲方认为这些情形可能影响借款的按期归还，则无论借款是否到期，甲方均有权要求乙方无条件提前归还银行未到期借款本息。甲方也可视具体情况提前代偿未到期借款本息，在代偿之后，可向乙方、丙方追偿。

3. 追偿权的范围如下。

（1）甲方为乙方代偿的全部款项。

（2）代偿款自付款之日起的利息。

（3）乙方应向甲方支付的违约金、赔偿金。

（4）实现追偿的费用（如诉讼费、律师费等）。

五、争议解决

1. 甲、乙、丙各方在履行本合同中发生争议，由各方协商在十天之内解决。

2. 如协商不成，可向甲方所在地人民法院提起诉讼。

六、其他约定事项

1. _____。

2. _____。

七、合同确认

1. 本合同由各方签章后生效，不能因《借款合同》《保证合同》的无效而无效。

2. 本合同一式三份，甲、乙、丙三方各执一份。

甲方（公章）：_____　　乙方（公章）：_____　　丙方（公章）：_____

法定代表人：_____　　法定代表人：_____　　法定代表人：_____

授权委托人：_____

日期：___年___月___日　日期：___年___月___日　日期：___年___月___日

12.3　担保过程舞弊风险

在担保过程中，由于各种不确定因素的影响，企业有面临各种风险和遭受损失的可能性。其中，舞弊风险是较为常见的，因此，要加强企业治理与内部控制，防治舞弊，降低企业风险，规范企业经营行为，维护企业与股东的合法利益。

12.3.1　风险点识别与评级

担保过程舞弊风险点识别与评级如表12-4所示。

表12-4　担保过程舞弊风险点识别与评级

风险点	风险点描述	风险评级	风险发生频率	对业务影响	风险应对策略
审批不按要求	担保业务未经适当审批或超越授权审批，可能因重大差错、舞弊、欺诈行为而导致企业遭受损失	2	高	重要	风险规避
监督制度不健全	担保执行监督制度不健全，可能导致企业经营效率低下或者资产遭受损失	1	中	重要	风险降低
程序不规范	不按照规定程序办理担保业务，可能导致经办审批等相关人员涉案或企业利益受损	3	中	一般	风险规避
担保评估不适当	担保评估不适当，可能因诉讼、代偿等使企业遭受损失	4	低	轻微	风险承受

12.3.2　稽核控制：担保业务稽核流程

担保业务稽核流程如图12-3所示。

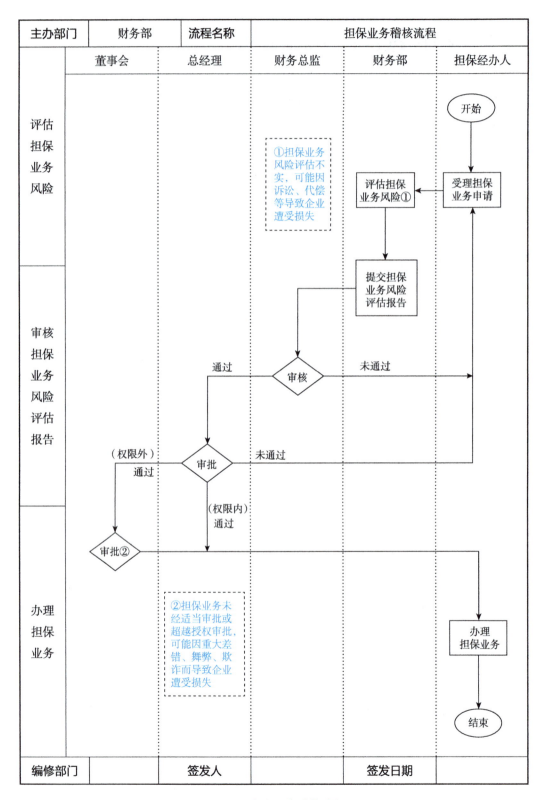

图12-3　担保业务稽核流程

12.3.3　审计控制：被担保人离任审计流程

被担保人离任审计流程如图12-4所示。

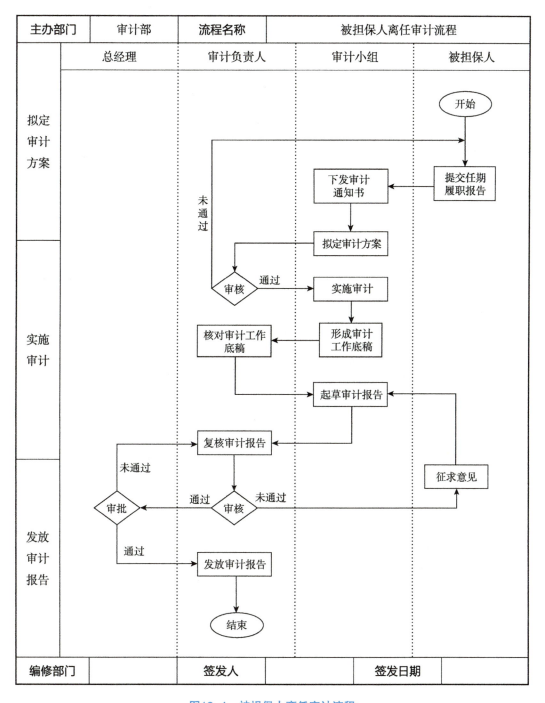

图12-4　被担保人离任审计流程

第13章

业务外包——风险点识别与管控规范

13.1   承包方选择不当风险

企业在日常经营管理中，会将部分业务委托给本企业以外的专业服务机构或经济组织完成，即将业务外包给承包方。企业开展业务外包时，选择承包方是最重要的环节之一，因此分析该环节可能存在的风险，识别风险点，才能规范外包行为，防范外包风险。

13.1.1   风险点识别与评级

承包方选择不当风险点识别与评级如表13-1所示。

表13-1   承包方选择不当风险点识别与评级

风险点	风险点描述	风险评级	风险发生频率	对业务影响	风险应对策略
承包方选择不当	承包方不是合法设立的法人主体，缺乏应有的专业资质，从业人员也不具备应有的专业技术资格，缺乏从事相关项目的经验，可能导致企业遭受损失，甚至陷入法律纠纷	1	高	重要	风险规避
外包价格不合理	外包价格不合理，业务外包成本过高，可能导致业务外包的优势难以被发挥出来	2	中	一般	风险降低
舞弊行为	在选择承包方过程中存在接受商业贿赂等舞弊行为，导致相关人员涉案	2	中	一般	风险规避

13.1.2   招标控制：业务承包方招标流程

业务承包方招标流程如图13-1所示。

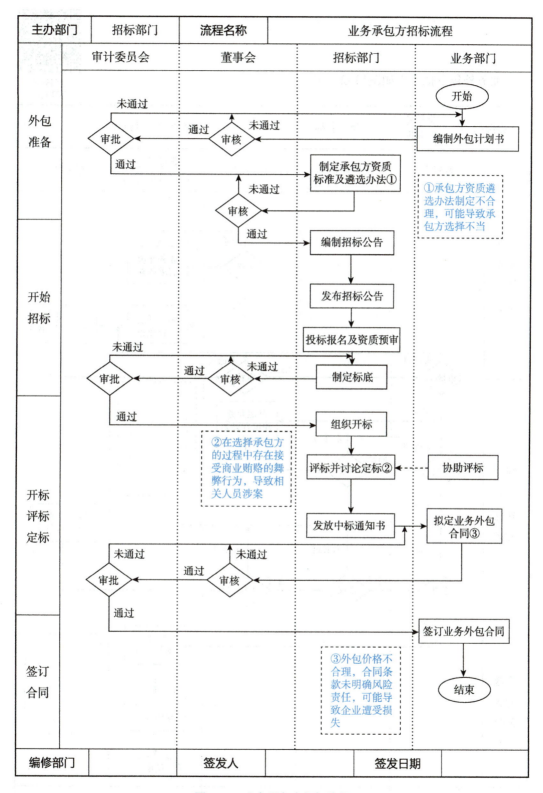

图13-1　业务承包方招标流程

13.1.3 审批控制：业务外包审批流程

业务外包
管理制度

业务外包审批流程如图13-2所示。

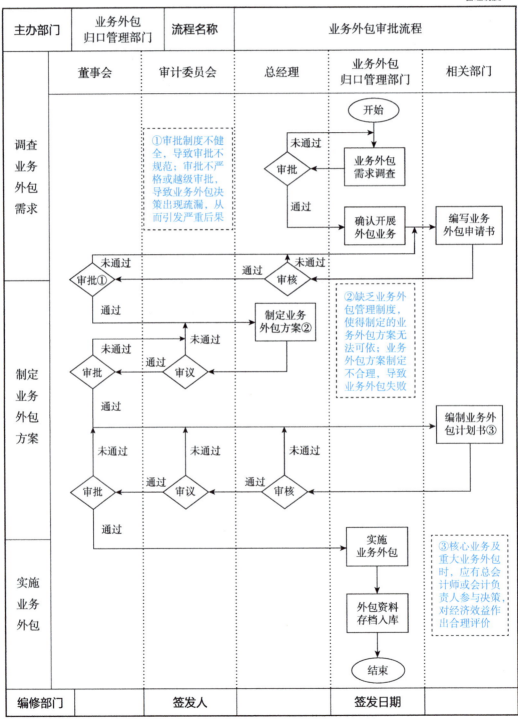

图13-2   业务外包审批流程

13.1.4　外包控制：重大业务外包方案

以下是重大业务外包方案，仅供参考。

方案名称	重大业务外包方案	编　号	
		受控状态	

一、控制目标

为防范重大业务外包风险，保证业务外包的产品或服务质量，保护业务外包的资产安全，特制定本方案。

二、方案实施范围

本方案适用于对重大业务外包工作的指导和控制。

三、方案制定控制

重大业务外包指的是资金量大、工程量大、重要程度高的业务，通常包括委托加工、研发、资信调查、物业管理、客户服务等。各部门负责人根据企业年度生产经营计划、有关资源状况和业务外包管理制度，科学制定重大业务外包方案。

四、方案审批控制

重大业务外包方案应当按照规定的权限和程序进行审核、审议、审批，业务外包主管部门、技术部，质量管理部、财务部等关联部门和监督机构都应参与到业务外包实施方案的评审与决策工作中。

五、承包方选择控制

各部门按照审批通过的重大业务外包方案，以三个基本条件为控制依据，在多个候选承包方中选择最终承包方。

1．承包方是依法成立和合法经营的专业机构或组织，具有相应的经营范围和固定的办公场所。

2．承包方应当具备相应的专业资质，其从业人员符合岗位要求和任职条件，并具有相应的专业技术资格。

3．承包方的技术及经验水平符合本企业重大业务外包的要求。

六、外包合同签订控制

确定承包方后，企业应及时与其签订业务外包合同，约定业务外包的内容、范围、双方权利和义务、质量标准、保密事项、费用结算标准和违约责任等事项，制定既具有原则性又体现出一定灵活性的违约责任合同条款。具体控制措施如下。

1．充分考虑业务外包相关的重要风险因素，并通过合同条款予以有效规避或降低。

2．合同中应明确承包方提供的服务类型、服务数量、服务费用、成本、作业方式、作业时间等细节。

3．规定对承包方最低的服务水平要求，以及若其未能满足要求应实施的补救措施。

4．具体约定承包方有责任履行对机密业务和事项的保密义务。

5．合理考虑内外部因素，合理确定外包价格，严格控制重大业务外包成本。

七、外包过程监控控制

由于承包方交付成果的方式不同，企业应当采取不同的方式对承包方提供外包服务的过程进行监控管理，主要的监控措施如下。

1．关注承包方的履约能力，采取动态管理的方式，对承包方开展日常绩效评价和定期考核。

2．对承包方的履约能力进行持续评估，包括承包方对该业务的投入能否支持其产品或服务质量达到企业的预期目标，承包方自身的财务状况、生产能力、技术创新能力等是否满足该业务的要求。

3．建立即时监控机制，一旦发现偏离合同目标等情况，应及时要求承包方整改。

4．对各种意外情况做出充分预测，建立相应的应急机制，并制定临时替代方案，避免业务外包失败造成企业生产经营活动中断。

5．有确凿证据表明承包方存在重大违约行为，并可能导致业务外包合同无法履行的，应当及时终止业务外包合同，并按照法律程序向承包方索赔。

6．加强对重大业务外包过程中形成的商业信息资料的管理，避免商业秘密被泄露。

八、外包验收控制

对于承包方完成的各种外包产品，相关部门应及时进行检查、验收。部门负责人应根据承包方业务外包产品交付方式的特点，制定不同的验收方式。验收方式有两种：一种是对最终产品或服务进行一次性验收；另一种是在整个外包过程中分阶段验收。若部门员工在验收过程中发现异常情况，应当立即报告部门负责人，查明原因，及时处理。

九、会计系统控制

重大业务外包是极易出现账实不符的环节，财务部需要建立有关业务外包账户，按照企业规定的程序登记重大外包业务的材料发出、产品入库、资金往来等业务，并做好外包费用结算等工作。具体控制措施如下。

1．财会人员按照国家统一的会计准则进行外包业务的会计处理，建立健全委托加工物资、应付账款及其他应付款账户，发挥会计对重大业务外包过程中交由承包方使用的资产、涉及资产负债变动的事项等的核算与监督作用，通过相应的会计账户准确地进行有关外包业务的资金往来、材料发出和外包产品检验入库等工作。

2．派专人对外包业务的合同、协议、发票、发料单、入库单、收款收据、付款凭证等相关资料进行登记造册，妥善保管，以备后续查用。

3．各部门与财务部共同制定重大外包业务资金预算管理制度，用制度严格规范外包业务资金支付的办理程序，确保资金支付业务按照预算、合同、审核无误的付款凭证和付款审批制度得以顺利开展，防范无故多付、早付、少付或拖延外包业务价款等风险。

4．审计部定期开展审计工作，督促企业重大外包业务的核算人员与承包方会计人员定期核对外包业务的资金、物资、产品、结算款等账目，确保会计记录与实际业务外包活动保持一致。

十、业务外包活动评估控制

涉及重大业务外包的部门应在业务外包活动结束后复盘整个重大业务外包活动，撰写重大业务外包评估总结报告，对重大业务外包的范围、内容、方式、质量、承包方、外包过程与结果等方面进行全面评估，找出重大业务外包存在的薄弱环节，不断优化和提升重大业务外包活动的质量。

十一、附则
1．本方案由涉及重大业务外包的部门的负责人负责编制、解释与修订。
2．本方案自××××年××月××日起生效。

执行部门/责任人		监督部门/责任人		编修部门/责任人	

13.2　企业外包监控不力风险

　　企业在进行业务外包工作时，应对承包方提供的外包服务或外包产品生产制造的全过程进行监控管理，制定相关监控机制和管理制度，确保外包业务如约进行，达到企业业务外包的预期目标。

13.2.1　风险点识别与评级

　　企业外包监控不力风险点识别与评级如表13-2所示。

表13-2　企业外包监控不力风险点识别与评级

风险点	风险点描述	风险评级	风险发生频率	对业务影响	风险应对策略
履约能力不足	承包方在合同期内因市场变化等因素不能保持履约能力，无法继续按照合同约定履行义务，导致业务外包失败，本企业生产经营活动被中断	2	中	重要	风险转移
产品质量不合格	承包方出现未按照业务外包合同约定的质量要求持续提供合格的产品或服务等违约行为，导致企业难以发挥业务外包优势，甚至遭受重大损失	2	高	重要	风险转移
商业秘密被泄露	业务外包过程管控不力，导致商业秘密被泄露	3	中	重要	风险规避

13.2.2 外包控制：业务外包工作流程

业务外包工作流程如图13-3所示。

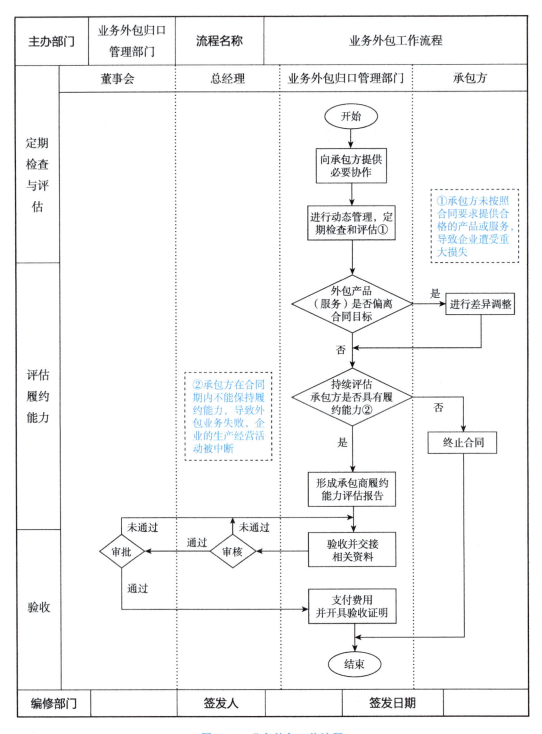

图13-3 业务外包工作流程

13.2.3　验收控制：业务外包验收流程

业务外包验收流程如图13-4所示。

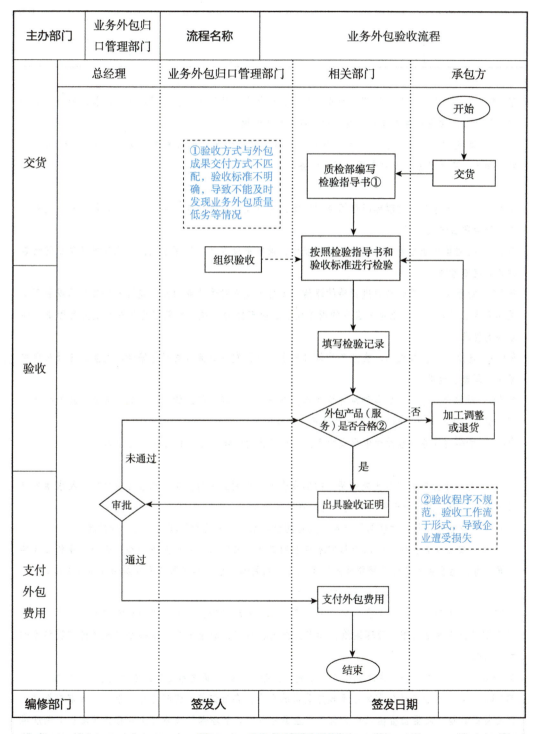

图13-4　业务外包验收流程

13.2.4 监控控制：业务外包监控管理制度

以下是业务外包监控管理制度，仅供参考。

制度名称	业务外包监控管理制度	编　号	
		受控状态	

第1章　总　则

第1条　为了防范业务外包过程中存在的风险，确保企业的资产安全，维护企业利益，使得业务外包顺利开展，实现业务外包的预期目标，特制定本制度。

第2条　本制度适用于本企业所有业务外包过程的监控管理，包括采购、设计、加工、销售、营销、物流、资产管理、人力资源、客户服务等。

第2章　业务外包过程监控管理

第3条　业务外包归口管理部门根据合同约定，为承包方提供必要的协作条件，并指定专人定期检查和评估项目进展情况。

第4条　关注重大业务外包承包方的履约能力，采取承包方动态管理方式，对承包方开展日常绩效评价和定期考核。

第5条　对承包方的履约能力进行持续评估，包括承包方对该业务的投入能否支持其产品或服务质量达到企业预期目标，承包方自身的财务状况、生产能力、技术创新能力等综合能力是否满足该业务的要求。

第6条　建立即时监控机制。在业务外包过程中，一旦发现偏离合同目标等情况发生，应及时要求承包方调整、改进。

第7条　对重大业务外包的各种意外情况作出充分预计，建立相应的应急机制，并制定临时替代方案，避免业务外包失败造成企业生产经营活动被中断。

第8条　加强对业务外包过程中形成的商业信息资料的管理，防止商业秘密被泄露。

第3章　业务外包过程的固定资产管理

第9条　对于企业所有或有优先购买权的固定资产，如因业务需要交由承包方使用的，要求承包方按照本企业的"固定资产管理制度"进行使用和管理。

第10条　业务外包归口管理部门指定专人定期检查承包方使用和管理固定资产的情况。

第11条　交由承包方使用但所有权归本企业的资产，只能用于外包业务活动。未经企业相关领导人员同意，擅自将固定资产挪作他用的承包方，相关部门应对其采取警告或解除合同的措施。

第4章　业务外包过程的流动资产和存货管理

第12条　业务外包过程中形成的原材料、产成品等流动资产，业务外包归口管理部门应要求承包方遵循本企业制定的相关管理政策，如有关防火、防盗，防止未经授权接触和未经批准转移等的相关政策。

第13条　对承包方责任造成的流动资产损失，业务外包归口管理部门有义务责成承包方赔偿。

第14条　对于因业务外包需要由承包方购进的存货，存货订单应经我方相关授权领导审核批准，而存货的数量、质量检查由承包方负责。业务外包归口管理部门负责按企业存货管理规章制度准确、及时地在存货系统中予以记录和反映。

第15条　对于因业务外包需要由本企业销售给承包方的存货，承包方只能将其用于外包项目，而不得另作他用，业务外包归口管理部门负责监督。

第16条　业务外包归口管理部门负责定期组织相关部门（如资产管理部、财务部等）及相关人员对承包方的存货进行盘点（每月＿＿＿＿＿＿＿次）。而对于盘盈、盘亏的存货，应经企业财务部经理审批通过后，方可交会计人员进行会计处理。

第17条　对于所有权归本企业，但在承包方储存的存货，业务外包归口管理部门负责监督、检查承包方是否按本企业存货库存管理制度中的要求进行管理。对于检查中发现的次品、损坏品或过期存货，应当及时予以确认、分离。

第18条　业务外包归口管理部门负责指定专人跟踪、调查业务外包中涉及的所有存货的一切变动，并查明原因，然后报财务部经理审核通过后再处理。对于承包方无合理原因过度使用存货，造成企业成本上升的，业务外包归口管理部门或相关人员有权代表企业要求承包方补偿。

第5章　附　则

第19条　本制度由业务外包归口管理部门负责编制、解释与修订。

第20条　本制度自××××年××月××日起生效。

编修部门/日期		审核部门/日期		执行部门/日期	

13.2.5　评估控制：承包方履约能力评估方案

以下是承包方履约能力评估方案，仅供参考。

方案名称	承包方履约能力评估方案	编　号	
		受控状态	

一、评估目标

了解承包方在业务外包过程中是否具备持续履约能力，确保业务外包顺利进行，并达到企业的预期目标。

二、评估对象

为本企业提供各类业务外包的所有承包方，各类业务外包包括采购、设计、加工、销售、营销、物流、资产管理、人力资源、客户服务等。

三、评估内容

承包方履约能力的评估内容主要包括承包方的生产进度情况、送检产品的质量情况、生产费用的控制情况、承包方自身的财务情况、承包方生产经营情况等。

四、评估指标

承包方履约能力评估指标包括企业的财务能力和经营能力，具体指标如下。

1．财务能力。

（1）偿债能力。

①流动比率＝$\dfrac{流动资产}{流动负债}$。

②现金比率＝$\dfrac{现金＋现金等价物}{流动负债}$。

③经营现金短期偿债比率＝$\dfrac{经营活动产生的现金流量净额}{本期到期债务本金＋现金利息支出}$。

④资产负债率＝$\dfrac{负债总额}{资产总额}$。

（2）盈利能力。

①销售净利率＝$\dfrac{净利润}{销售净额}$。

②总资产收益率＝$\dfrac{税后净利润}{总资产}$。

（3）资产营运能力。

①库存周转率＝$\dfrac{销售成本}{平均存货余额}$。

②应收账款周转率＝$\dfrac{赊销收入净额}{应收账款平均余额}$。

③应付账款平均余额＝$\dfrac{应付账款期初余额＋应付账款期末余额}{2}$。

④流动资产周转率＝$\dfrac{主营业务收入净额}{平均流动资产总额}$。

⑤总资产利用率＝$\dfrac{主营业务收入净额}{资产平均占用额}$。

（4）筹资能力。它包括资金来源、可筹资规模、筹资结构等。

2．经营能力。

（1）过去3年所签合同的履约率、仓储设施的评估、运输工具的评估等。

（2）人员素质评估，包括人员学历结构、人员绩效考核结果、人员流动率等。

（3）管理水平评估和信息管理水平评估。

五、编制履约能力评估报告

履约能力评估报告的内容应包括以下四个方面。

1．承包方的基本情况，如承包方名称、成立日期、通信地址、联系电话、注册资金、企业规模等。

2．承包方履约能力评估指标，包括财务能力指标和经营能力指标。

3．承包方履约能力评估指标分析，主要根据承包方提供的数据资料和企业调查所获得的数据资料，对评估指标的数值进行计算，对数值的合理性进行分析，并得出合理的结论。

4．承包方履约能力评估结论，经过对承包方相关数据资料的分析、评估，对其是否具有持续履约能力作出判断，决定是否继续与其进行外包业务的合作。

六、风险预测及规避措施

1．风险点。

（1）承包方履约能力评估标准和指标制定不合理，可能导致评估结果有误。

（2）没有及时对承包方履约能力评估报告进行审批，影响评估进程。

（3）承包方在合同期内因市场变化等影响不能保持履约能力，无法继续按照合同约定履行义务，导致业务外包失败，本企业生产经营活动被中断。

2．规避措施。

（1）业务外包归口管理部门安排相关人员收集资料，包括生产部提供的承包商生产进度报告、质检部提供的产品检验报告、财务部提供的成品费用报告等作为评估材料。

（2）业务外包归口管理部门安排相关人员拟定承包方履约能力评估标准，交由本部门负责人审核，并提出修改意见，然后交总经理审批。

（3）关注重大业务外包承包方的履约能力，采取承包方动态管理方式，对承包方开展日常绩效评价和定期考核。

（4）对承包方的履约能力进行持续评估，包括承包方对该业务的投入能否支持其产品或服务质量达到企业预期目标，承包方自身的财务状况、生产能力、技术创新能力等综合能力是否满足该业务的要求。

（5）有确凿证据表明承包方存在重大违约行为，并导致业务外包合同无法正常履行的，应当及时终止合同，并指定有关部门按照法律程序向承包方索赔。

七、附则

1．本方案由业务外包归口管理部门负责编制、解释与修订。

2．本方案自××××年××月××日起生效。

执行部门/责任人		监督部门/责任人		编修部门/责任人	

13.2.6　合同控制：业务外包合同

以下是某企业人力资源业务外包合同模板，仅供参考。

合同编号：

××××合同

甲方：_____

乙方：_____

甲、乙双方根据《中华人民共和国民法典》和国家、地方有关规定，本着"友好合作、平等互惠、优势互补"的原则，就×××业务外包事宜达成如下协议。

一、甲方根据企业业务的需要，委托乙方为甲方进行×××业务外包服务。

乙方根据甲方授权范围及服务要求，为甲方提供×××业务外包服务工作。

二、乙方服务范围

1. 根据甲方业务需要，代理甲方业务的所有相关工作。

2. 提供代理员工的相关资料，包括身份证复印件，并确保证件真实、有效。

3. 处理被退回员工的后续事宜。

4. 及时发放代理员工的工资。

5. 做好安全教育，处理代理员工的劳务纠纷。

三、甲方的权利和义务

1. 甲方有权监督乙方的工作质量。

2. 甲方应提供所需人员的数量、工作内容。

3. 被派遣人员有下列情形之一的，甲方可将其退回至乙方，相应费用由乙方承担。

a. 由于被派遣人员本人因素，完不成甲方规定的工作和任务的，或发生严重的人为事故的。

b. 不服从分配，不遵守劳动纪律影响正常工作的。

c. 提供的证件资料不真实的。

4. 甲方应支付乙方_____元的业务外包费用，且应提前支付乙方_____%的业务外包费用，剩余费用在工作结束7个工作日内结清。

四、乙方的权利和义务

1. 乙方应在工作开始前2个工作日内向甲方递交业务外包计划书。

2. 乙方应按时支付被派遣人员的劳务报酬。

3. 乙方派出的人员应符合甲方的要求，能胜任相应的工作。

4. 乙方应教育被派遣人员遵守甲方的劳动纪律和就业规则，服从工作安排。

5. 乙方在现场必须设有1～2名现场指导监督负责人员。

五、其他约定

1. 合同履行期间，任何一方以任何原因要求终止或者变更合同的，均应提前_____天以书面形式通知对方，并由甲、乙双方共同协商决定。

2. 本合同一式两份，甲、乙双方各持一份，合同经双方签字或盖章后生效。有效期自_____年____月____日起至_____年____月____日止。

甲方（签字）：　　　　　　　　　　　乙方（签字）：

_____年____月____日　　　　　　_____年____月____日

第14章

财务报告——风险点识别与管控规范

14.1   财务报告违规编制风险

财务报告反映了企业某一特定日期的财务状况和某一会计期间的经营成果、现金流量。明确财务报告的风险点，并对它们进行评级，结合财务报告的编制流程，编制出财务报告编制制度，控制和约束财务报告的编制工作，有利于防范财务风险。

14.1.1   风险点识别与评级

财务报告违规编制风险点识别与评级如表14-1所示。

表14-1   财务报告违规编制风险点识别与评级

风险点	风险点描述	风险评级	风险发生频率	对业务影响	风险应对策略
编制准备不充分	财务报告编制前期准备工作不充分，可能导致结账前未能及时发现会计差错	2	高	重要	风险规避
编制不合规	企业财务报告的编制违反会计法律法规和国家统一的会计准则制度，可能导致企业承担法律责任和声誉受损	2	低	重要	风险规避
审批不当	财务报告编制未经适当审批或超越授权审批，可能因重大差错、舞弊、欺诈行为导致企业利益受损	1	低	重要	风险规避

14.1.2   编制控制：财务报告编制制度

财务报告
编制流程

以下是财务报告编制制度，仅供参考。

制度名称	财务报告编制制度	编　号	
		受控状态	
第1章　总　则			
第1条　为了规范企业内各部门财务报告的编制与披露，防范不当的编制和披露行为可能对财务报告产生的重大影响，保证财务报告信息的真实性和完整性，根据国家有关法律法规和《企业内部控制基本规范》，特制定本制度。			

注意：《企业财务会计报告条例》规定，企业不得编制和对外提供虚假的或隐瞒重要事实的财务报告。企业负责人对本企业财务报告的真实性、完整性负责。

第2条　本制度适用于企业财务报告的管理工作，企业内所有相关单位及部门都必须遵守。

第2章　职责分工

第3条　财务报告编制的归档管理。

1. 财务部负责收集、汇总相关会计信息，制定年度财务报告编制方案，编制年度、半年度、季度和月度财务报告。

2. 财务报告提交要求。

（1）财务报告必须根据国家相关法律规定及企业制度规范，按照统一的格式进行编制。

（2）各财务报告中的数字必须真实、准确，如实反映企业的经营状况。

（3）财务报告应该在规定的期限内及时报送，企业内任何部门及个人不得对外提供虚假的或者隐瞒事实的财务报告。

第4条　企业内部参与财务编制的各单位、部门应当及时向财务部提供编制财务报告所需的信息，并保证所提供信息的真实性和完整性。

第5条　对财务报表可能产生重大影响的交易或事项，相关部门应当及时提交董事会及审计委员会审议。

第6条　企业总经办负责财务报告的审批和披露工作。

第3章　财务报告编制

第7条　财务部应当制定年度财务报告编制方案，明确年度财务报告编制方法、调整政策、披露政策和报告的时间等要求。

第8条　财务部在编制财务报告前，应当进行全面资产的清查、减值测试和债务核实，并将清查、核实的结果及处理方法向董事会及审计委员会报告。

第9条　财务部应该在期末结账后再开始编制财务报告，任何单位及个人不得提前结账，也不得预先编制财务报告。

第10条　财务报表及其附注的编制。

1. 每期结账后，财务部应根据企业各总分类账、明细账等，编制财务报表，具体包括资产负债表、利润表、现金流量表、所有者权益变动表等。

2. 资产负债表和利润表在中期财务报告和年度财务报告中都必须具备，现金流量表和所有者权益变动表必须在年度报告中具备。

3. 财务部还应编制各类财务报表附表，包括资产减值明细表、应缴增值税明细表、利润分配表和分布报告等。

4. 为便于财务报告使用者理解财务报表的内容，财务部应对财务报表的编制基础、编制依据、编制原则和方法及主要项目等内容在报表附注中作出解释。

第11条　财务情况说明书的编制。

1. 财务部根据国家相关法律法规编制财务情况说明书，对企业财务状况和经营成果作出评价。

2. 财务情况说明书中应该包括企业的基本经营情况、利润实现和分配情况、资金的周转、资产的增减变动等内容，对企业经营产生重大影响的事项要在财务情况说明书中体现。

第12条　合并财务报表及其附注的编制。

1．按照企业会计准则的规定，本企业投资资本占50%以上（不含50%）的子企业或本企业有实际控制权的企业，财务部须对其编制合并财务报表。

2．合并财务报表应包括合并资产负债表、合并利润表、合并现金流量表、合并所有者权益变动表和附注。

3．各子企业应在企业规定的时间内，按照统一的合并财务报表的工作底稿格式，编写有关明细表并将其报送本企业财务部。

4．报表合并细则如下。

（1）财务部对子企业进行的权益性资本投资采用权益法进行核算，并以此编制个别财务报表，为编制合并财务报表提供基础数据。

（2）设立在境外的子企业以外币标识的财务报表，应该折算为人民币，并将以人民币为基础编制的财务报表合并财务报表。

（3）合并财务报表必须按照规定编制工作底稿，并在编制抵销分录后计算合并数额。

5．合并财务报表的附注除了包括普通财务报表的内容，还应对以下三项内容进行说明。

（1）纳入合并财务报表的企业的名称、业务性质及企业的持股比例。

（2）各子企业的资产、债务的增减变动情况。

（3）当本企业和子企业会计政策不一致时，在合并财务报表中的处理方法。

第4章　财务报告的报送与审计

第13条　财务部应当明确财务报告的报送及披露程序，确保在规定的时间内按照规定的方式，向董事会报送财务报告。

第14条　董事会和审计委员会应根据国家法律法规的有关规定，聘请会计师事务所对企业年度财务报告进行审计，审计工作的时间安排由审计委员会与会计师事务所协商确定。

第15条　在审计财务报告的过程中，财务部经理和企业总经理应当与负责审计的会计师就其出具的初步审计意见进行沟通。沟通情况应该在财务部经理和企业总经理签字确认后，及时提交审计委员会审议。

第16条　审计委员会应对会计师事务所正式出具的审计报告进行审议，评价本年度的审计工作，并对下年度的审计工作提出建议。

第17条　财务部应该按照国家相关规定，将经过审计的财务报告装订成册，加盖公章，并由企业的法定代表人、主管财务的企业负责人、财务部经理签名确认。

第5章　财务报告的披露

第18条　披露时间。

1．企业月度财务报告应于月度结束后的6日内（逢节假日顺延，下同）对外披露。

2．季度财务报告应于季度结束后的15日内对外披露。

3．半年度财务报告应于年度中期结束后的60日内对外披露。

4．年度财务报告应于年度结束后的4个月内对外披露。

5．各子企业的月度、季度和年度报表均应于次月4日内报送本企业财务部。

第19条　企业董事会应按照《中华人民共和国证券法》的相关规定，在规定公开时间内向国务院证券监督管理机构和证券交易所提交财务报告，并予以公告。

第20条　企业对外提供的财务报告应当依次编订页数，加具封面，装订成册，加盖公章。

第21条　本企业财务报告经注册会计师审计的，将注册会计师及其会计师事务所出具的审计报告随同财务报告一并对外披露。

第6章　附　则

第22条　本制度由企业财务部负责编制、解释与修订。

第23条　本制度自××××年××月××日起生效。

编修部门/日期		审核部门/日期		执行部门/日期	

14.2　财务报告虚假提供风险

财务报告对外提供前未按规定程序进行审核、审计，报表数据不完整、不准确，或故意提供虚假财务报告，可能误导财务报告使用者作出错误决策，干扰市场秩序，企业将可能承担相应的法律责任。因此，企业须加强对财务报告的编制、提供、使用的全流程控制。

14.2.1　风险点识别与评级

财务报告虚假提供风险点识别与评级如表14-2所示。

表14-2　财务报告虚假提供风险点识别与评级

风险点	风险点描述	风险评级	风险发生频率	对业务影响	风险应对策略
披露不合规	企业披露财务报告违反会计法律法规和国家统一的会计准则制度，可能导致企业承担法律责任和声誉受损	3	低	重要	风险规避
披露程序审批不当	财务报告披露未经适当审批或超越授权审批，可能因重大差错、舞弊、欺诈行为导致企业遭受损失	1	低	重要	风险规避
披露不及时	未按规定及时披露财务报告，可能导致错失筹资、融资的机会，从而增大资金风险	2	低	重要	风险规避

14.2.2　发布控制：财务报告审批、对外发布流程

财务报告审批、对外发布流程如图14-1所示。

财务报告提供与
发布管理制度

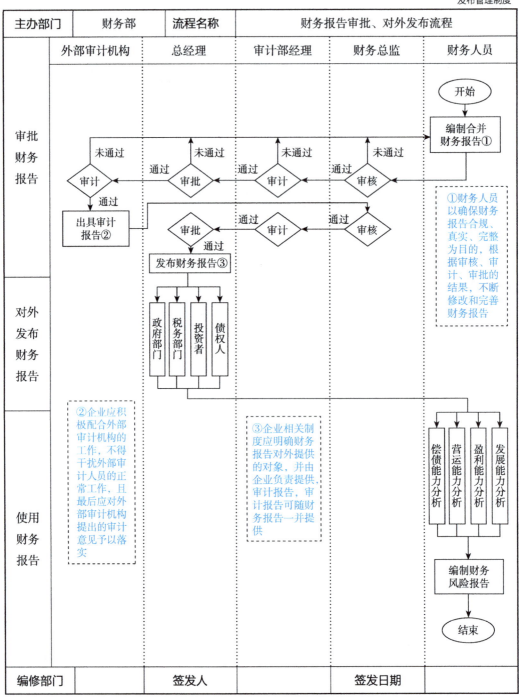

图14-1　财务报告审批、对外发布流程

14.3　财务分析与财务报告利用不当风险

财务分析制度不符合企业实际情况，财务分析方法不正确，财务分析流于形式，不能有效利用财务报告，可能导致企业难以及时发现在经营管理中存在的问题，导致企业财务及经营风险的发生。因此，企业应加强对财务分析报告的管理与控制。

14.3.1　风险点识别与评级

财务分析与财务报告利用不当风险点识别与评级如表14-3所示。

表14-3　财务分析与财务报告利用不当风险点识别与评级

风险点	风险点描述	风险评级	风险发生频率	对业务影响	风险应对策略
分析方式不正确	财务人员采用的财务分析方式不正确，导致财务分析结论不正确，不能有效利用财务报告	3	低	重要	风险规避
业财融合程度不深	财务人员业财融合程度不深，没有结合企业战略与经营目标进行财务分析，形成了对业务研究不够透彻的财务分析报告，可能导致企业经营风险的发生	4	中	一般	风险规避
审计不当	财务报告缺乏审计或未严格按照规定的程序进行审计，导致财务分析报告出现错误，从而引起应用上的风险	2	低	重要	风险规避

14.3.2　财务管控：财务分析管理制度

以下是财务分析管理制度，仅供参考。

制度名称	财务分析管理制度	编　　号	
		受控状态	
第1章　总　则			
第1条　为了全面反映企业经济活动情况，准确地评价企业的经营业绩，将企业的财务分析纳入系			

统化、科学化、规范化、全面化管理的轨道，推动企业业财融合的发展。根据《企业会计准则》的相关规定，结合企业的实际情况，特制定本制度。

第2条　本制度适用于规范企业财务分析的各项工作，包括财务分析信息资料的来源、财务分析周期、财务分析内容、财务分析方法、财务分析程序、财务分析后续事项等内容。

第2章　财务分析的内容与方法

第3条　管理职责。

1．财务总监负责审核财务分析报告。

2．财务部经理负责财务分析的组织与执行监督工作。

3．财务分析人员在财务部经理的领导下具体负责财务分析的实施及财务分析报告的编制工作。

4．企业各部门应积极配合财务部的工作，将各部门的财务资料及时报送到财务部以便财务分析工作的顺利进行。

第4条　财务分析周期。

1．财务分析人员按企业相关财务规定在每月、季度、半年、年末实施定期财务分析。

2．在企业经营发生转变或其他特殊情况下，财务分析人员须根据企业的实际情况实施不定期的财务分析。

第5条　财务分析的内容。

1．生产经营状况分析。从产量、产值、质量及销售等方面对企业当期的生产经营活动进行简单评价，并与上年同期水平进行对比，然后加以说明。

2．成本费用分析。对原材料消耗情况进行分析，并与上期对比增减变化，对变化原因作出分析、说明；对管理费用与销售费用的增减变化情况进行分析，并剖析变化产生的原因，业务费用、销售人员薪酬须单列分析；以当期各产品产量大小为依据确定本企业主要产品，分析其销售毛利，并根据具体情况分析降低产品单位成本的可行途径。

3．利润分析。对营业利润、利润总额和净利润进行分析；对各项投资收益、汇总损益和净资产收益率作出说明；对利润纵向对比情况及其原因作出说明。

4．存货分析。根据产品销售率分析本企业产销平衡情况，分析存货积压的形成原因及库存产品的完好程度，分析当期库存积压产品处理，包括处理的数量、金额和导致的损失，分析存货的库存结构、变动趋势及不合理的资金占用。

5．应收账款分析。与业务人员沟通，分析金额较大的应收账款形成原因，并了解催收的进度情况；分析当期未取得货款的收入占总销售收入的比例，比例较大的应说明原因；季度、年度分析应对应收账款进行账龄分析，并予以分类说明；对难以收回的呆账进行分析，并与业务人员共同制定催收策略。

6．负债分析。根据负债比率、流动比率和速动比率，分析企业的偿债能力及财务风险的大小；分析当期增加的借款和往期所借款项的归还情况；季度分析和年度分析应根据各项借款的利息率与资金利润率的对比，分析各项借款的经济性，以作为调整借款渠道和计划的依据。

7．销售收入分析。通过将销售收入与计划和去年同期的销售收入进行对比，剖析影响本期销售收入增加或减少的因素；分析销售数量、销售价格、销售结构分别对销售额的影响，揭示销售工作中存在的问题，与业务人员共同提出增加销售收入的具体措施。

8. 货币资金分析。主要分析资金来源的构成及其合理性、资金分布情况及各类资金占用的结构比例、资金使用的效果及其合理性；同时，分析当期货币资金收支计划的完成情况；着重指出资金在筹集、使用、管理等方面存在的问题和潜力，通过对当期货币资金收支情况的综合评价，提出进一步改善资金管理的建议和措施；对下期的资金形势作出预测。

9. 期间费用分析。通过管理费用、销售费用、财务费用的对比分析，剖析影响当期期间费用与计划和去年同期相比有变动的因素，分析各项费用支出的合理性，揭示期间费用支出中存在的问题，提出压缩各项费用支出的具体措施。

第6条　财务分析的方法。财务分析人员要根据财务分析的目标、内容等选择合适的财务分析方法。财务分析的主要方法如下。

1. 比率分析法。用财务报表中相互关联的项目之间的百分比或比例关系，定量分析企业的财务状况、获利能力、偿债能力等。

2. 趋势分析法。通过对比两期或连续数期财务报告中的相同指标，确定指标增减变动的方向、数额和幅度，了解企业财务状况或经营成果的变动趋势，并且可将统计图表方式和比较报表方式结合运用来展示。

3. 结构分析法。通过对企业资产结构、负债结构、所有者权益结构每一项目的对比，分析企业各项资产和收益的状况，从总体上了解和评价企业的财务结构合理与否、企业偿债能力大小、获利能力强弱等。

第3章　财务分析的操作程序

第7条　财务分析信息资料的收集与整理。财务分析人员应根据财务分析的目的和计划，收集财务分析所需的信息资料。财务分析所需要的信息资料主要包括三个方面，具体内容如下。

1. 财务报表。企业在会计期间编制的对外报送的财务报表，主要包括资料负债表、利润表、现金流量表、所有者权益变动表、相关附表及财务状况说明书等。

2. 审计报告。注册会计师依照国家有关法律法规及《企业会计准则》，采用必要的查账验证程序对企业财务状况及财务报表进行验证后，方可出具审计报告。

3. 其他资料。与财务分析有关的其他资料，如企业经营计划资料、企业历史财务资料等。

第8条　财务分析实施。

1. 财务分析人员须通过对实际与计划比较、本期同上期比较、本期同历史水平比较等找出差距，具体操作要求有三点：相比较的财务指标性质相同，包括的范围一致，代表的会计期间相同。

2. 找出差距后，财务分析人员应及时寻找产生差距的原因及影响因素，根据经济指标的客观联系，运用逻辑判断方法来判定，如成本的高低、工作量的增减、成本管理的好坏、市场环境及外部环境变化等。

3. 财务分析人员对产生差距的影响因素从数量上确定其影响程度，既要分析绝对数，也要分析相对数。

4. 财务分析人员采用书面的方式，对生产经营活动进行总结和评价，针对存在的问题提出建议，并制定解决对策。

第9条　财务分析工作完毕，财务分析人员应编制财务分析报告，财务分析报告须满足重点突出、观点明确、客观公正、真实可靠、文字简练的要求。

第10条　财务分析报告编制完成后，财务分析人员应将"财务分析报告（草案）"送交财务部经理审核，财务部经理对草案提出修改意见后，财务分析人员根据修改意见修改分析报告，形成正式的"财务分析报告"。

第11条　"财务分析报告"须经财务总监审批无意见后，方为通过。

第12条　召开财务分析报告会议。每季度末，财务总监须组织人员开展财务分析会议，全面总结当期的生产经营活动，通过分析对所存在的问题提出解决措施和途径。

第4章　业财融合提升管理

第13条　财务人员有权利和义务与业务人员进行沟通，业务人员有义务配合财务人员的财务分析工作，并为其提供相关信息、数据等资料，对财务措施提出建议。

第14条　各部门管理人员应重视财务人员的财务分析工作，建立财务分析报告问题追踪与考核体系，积极协调财务人员与业务人员的工作，推动相关人员及时跟进问题，将解决问题的责任落实到个人。

第15条　企业高层管理人员定期组织财务人员到各业务部门轮岗，学习具体业务的经营方式，组织其他部门的管理人员与员工学习基本的财务分析知识。

第5章　附　则

第16条　本制度由财务部负责编制、解释与修订。

第17条　本制度自××××年××月××日起生效。

编修部门/日期		审核部门/日期		执行部门/日期	

第 15 章

全面预算——风险点识别与管控规范

15.1 全面预算缺失风险

全面预算是由一系列相互联系的预算构成的一个有机整体。一般而言，全面预算的缺失会导致目标不明确、业务失控、部门间沟通协调困难等风险发生。因此，企业应对全面预算缺失风险点进行识别与评级，组建专门的预算管理委员会，编制预算管理制度，以防范全面预算缺失风险的产生。

15.1.1 风险点识别与评级

全面预算缺失风险点识别与评级如表15-1所示。

表15-1 全面预算缺失风险点识别与评级

风险点	风险点描述	风险评级	风险发生频率	对业务影响	风险应对策略
盲目经营	未编制预算或预算管理体制不健全，可能导致企业经营缺乏约束或盲目经营	3	低	重要	风险规避
预算目标不合理	预算目标不合理，编制不科学，可能导致数据不准确	2	低	重要	风险规避
预算项目不完整	预算项目不完整，预算编制的方法不合理、程序不规范，可能导致数据不准确	3	中	重要	风险规避

15.1.2 组织设计：预算管理委员会

全面预算编制工作的特征是涉及面广、操作复杂、工作量大。为了推动工作的开展，企业可设置预算管理委员会来开展预算的编制和实施工作。预算管理委员会的一般组织设计如图15-1所示。

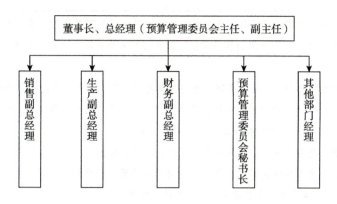

图15-1　预算管理委员会的一般组织设计

15.1.3　预算控制：预算管理制度

以下是预算管理制度，仅供参考。

制度名称	预算管理制度	编　号	
		受控状态	

第1章　总　则

第1条　为了加强企业全面预算管理工作，合理配置企业资源，降低企业经营风险，全面提高企业整体经济效益，实现企业总体战略规划及年度经营计划，特制定本制度。

第2条　本制度适用于企业的全面预算编制、执行等工作的管理。

第2章　预算管理机构及其职责

第3条　预算管理委员会是企业预算管理的最高决策机构，由董事长、总经理、各副总经理、财务总监和各部门经理组成。

1．企业董事长为预算管理委员会主任，负责管理本企业的全面预算工作。

（1）负责（或指定他人）召集并主持召开预算会议。

（2）根据预算管理委员会会议的讨论结果，作出最终决策。

（3）负责（或指定他人）与各子（分）企业对接年度预算指标。

（4）负责子（分）企业预算指标的批准、分解及下发工作。

（5）负责审批所有预算外支出事项。

2．企业总经理为预算管理委员会副主任，在董事长的领导下主持全面预算工作，负责协调预算管理的各项工作，监督预算管理的全过程，包括预算的编制、审核、上报、审批、分解下达、执行、控制、分析、评价和考核。

3．企业各副总经理任组员，对所主管的业务预算负责，负责组织、指导相关职能部门开展全面预算工作。

4．企业各部门经理在主管副总的领导下，对其负责的具体业务开展全面预算工作。

（1）市场营销部。负责销售费用的预算审批，以及招待费和出差人员差旅经费等费用的预算编制工作。

（2）采购部。负责材料采购的预算管理，参与工程投资及生产设备采购的预算管理工作。

（3）生产计划部。负责生产计划的审批，产品原料成本、燃料动力、修理费、技术使用费、技术开发费、停（开）工损失、工程投资等的预算管理工作。

（4）人力资源部。负责企业人工相关费用、劳务费用的预算管理以及预算考核兑现工作。

（5）行政管理部。负责车辆使用费及修理费、财产保险费、租赁费、折旧费和印刷费的预算管理工作；负责会议费、通信费、办公费等费用使用计划的编制工作。

第4条　财务部职责。

1．企业财务部设立专门的预算管理岗位，负责处理分企业预算管理工作的日常事务。

2．企业各职能部门要选定预算管理人员，具体负责本部门预算工作，按职责分工承担预算管理责任。

3．制定预算管理制度或办法，报预算管理委员会审批。

4．传达预算的编制程序和方法，指导各部门及分（子）企业编制预算。

5．对各部门和分（子）企业编制的预算草案进行初步审查、协调和平衡，汇总后编制预算草案，提交预算管理委员会审批。

6．在预算会议上，介绍预算的编制情况，提出有关问题并接受他人质询，明确预算修改方向，跟踪预算修改并重新汇总。

7．向各分（子）企业统一下达经预算管理委员会讨论批准的预算方案。

8．在预算执行过程中，监督、控制各部门和各分（子）企业的预算执行情况，定期编制、上报预算执行情况报告和预算差异分析报告。

9．如遇特殊情况，可向预算管理委员会提出预算修正建议。

10．参与预算完成情况及预算管理的考核工作。

第5条　分（子）企业总经理是本企业预算管理的第一责任人，各分（子）企业要结合实际需要组建本企业的预算管理机构和人员。

第6条　预算管理委员会会议由主任或主任指定的人员召集，每季度召开一次；若遇特殊情况，经半数以上的委员提议，可以召开临时会议。

第3章　全面预算管理

第7条　企业的全面预算包括生产经营预算、资金预算、投资预算、人力资源预算和财务预算，以上预算分类的具体说明如下。

1．生产经营预算。生产经营预算是反映企业在预算期内可能发生的生产经营活动的预算，主要包括产量预算、销售预算、生产预算、制造费用预算、营运间接费用预算、产品成本预算、营运成本预算、采购预算、期间费用预算等。

2．资金预算。资金预算指企业资金运行方面的预算，包括预算期内经营活动收支、投资活动收支、筹资活动收支的预算。

3．投资预算。投资预算是企业在预算期内进行投资活动的预算，主要包括固定资产投资预算、权益性投资预算和金融资产投资预算等。

4．人力资源预算。人力资源预算是指预算期内企业对员工薪酬等相关人力资源费用的预算，主要包括员工工资总额、教育培训费用、福利费用、劳动保护费用等项目的预算。

5．财务预算。财务预算是对企业在未来一定预算期内的财务状况、经营成果以及现金收支等价值指标各类预算的总称，具体包括现金预算、预计利润表、预计资产负债表和预计现金流量表等内容。

第8条　全面预算管理原则。

1．效益优先原则：在优先保证企业经营效益的前提下进行全面预算管理。

2．积极稳健原则：确保以财务收入确定支出，并加强对财务风险的控制。

3．可行性原则：确保预算切实可行，并符合企业经营战略。

第9条　全面预算编制依据。

1．董事会下达的企业年度经营目标及战略规划。

2．销售部提供的企业销售计划。

3．生产部提供的产品生产计划。

4．采购部提供的物资采购计划。

5．人力资源部提供的员工工资计划及奖金测算表。

6．企业各部门提供的固定资产采购计划。

7．董事会批准的重大投资决策及专项费用计划。

第10条　全面预算三大阶段。

1．预算编制阶段。包括拟订预算目标、预算编制、预算审批。

2．预算执行阶段。包括预算分解与落实、预算执行、预算控制、预算调整、预算核算、预算报告、预算审计。

3．预算考评阶段。包括预算分析、预算考评、预算奖惩。

第11条　全面预算编制程序。

全面预算编审工作从每年的11月开始进行，具体程序如下。

1．预算管理委员会在每年11月召开第一次全面预算会议，提出企业的战略目标，讨论下一年度企业的总体经营目标，并下发预算编制通知及相关预算编制表单至预算管理办公室。

2．在收到委员会下发的预算编制通知后，预算管理办公室召开第一次预算会议，传达企业全面预算编制计划与要求。会上，财务部经理作关于各部门本年度预算执行情况和分析建议的报告，各部门经理提出下一年度部门工作目标并提交相应的工作计划。

3．预算管理办公室召开第二次预算会议，听取各部门的下一年度工作目标和工作计划，拟订各部门预算管理总目标、分目标和经营计划，并责成财务部按照企业规定的表单格式汇总编制全面预算草案。

4．预算管理办公室召开第三次预算会议，讨论并通过全面预算草案，然后上报至预算管理委员会。

5．预算管理委员会召开第二次全面预算会议，财务总监进行关于企业本年度预算执行情况和分析建议的报告，对本年度企业预算执行情况作出客观评价，并审核预算管理办公室提交的全面预算草案，讨论各部门的策略计划、目标设定和财务预算，并将修正意见反馈至预算管理办公室，责其进行调整。

6．预算管理办公室根据预算管理委员会的修正意见调整各部门的策略计划、目标设定和财务预算并再次提报，直至通过。

第4章　全面预算的执行、监控与调整

第12条　全面预算执行与监督。

1．企业各部门按月上报预算完成情况报告。

2．财务部须建立预算执行统计台账，由会计人员分部门进行统计并及时登记。

3．财务部在年终应向预算管理委员会呈交上一年度企业预算完成综合情况报告，并对预算执行情况进行全面的分析。

第13条　预算的跟踪分析及预算差异分析。在预算执行过程中，财务部会计人员应及时检查、追踪预算的执行情况，并编制预算差异分析报告。预算差异分析报告分临时性报告和定期报告。报告的内容应包括以下三个部分。

1．当期预算数、当期实际预算完成数、当期差异、累计预算数、累计实际发生数、累计差异数。

2．对预算差异原因的具体分析。

3．产生不利差异的原因、责任归属、改进措施以及形成有利差异的原因和今后进行巩固、扩大、推广的建议。

第14条　全面预算调整。预算一经批准下发，不得随意修改。若遇重大变化确须对预算进行调整的，由相关部门经理向预算管理委员会提出申请。预算调整的条件如下。

1．企业董事会追加特殊任务，而全面预算指标中不含相关指标。

2．企业经营产品的市场价格发生重大变化，变动幅度超过20%。

3．国家相关政策（外贸、产业、税收政策等）发生重大变化。

4．企业组织结构发生重大变化。

5．企业进行业务调整，增加或缩减生产任务。

第15条　全面预算奖惩。

1．预算奖惩应按照预算责任书中确定的奖惩方案，根据预算执行部门的预算执行结果对各预算部门进行奖惩兑现。

2．预算管理委员会应建立科学的奖惩制度，将预算考评落到实处，真正体现权、责、利的结合；有效引导人的行为，使预算目标和预算行为协调一致。

第5章　附　则

第16条　本制度由预算管理委员会负责编制、解释与修订。

第17条　本制度自×××复年××月××日起生效。

编修部门/日期		审核部门/日期		执行部门/日期	

15.2　全面预算制定偏差风险

全面预算的制定是整个预算活动的前端环节，也是风险控制的关键点。科学、合理的预算能推动各部门经营管理的顺利实施；反之，则会阻碍企业的正常运行。因此，对全面预算制定偏差风险进行识别与评级，做好对相关风险的控制工作，有利于推动预算的实施。

15.2.1　风险点识别与评级

全面预算制定偏差风险点识别与评级如表15-2所示。

表15-2　全面预算制定偏差风险点识别与评级

风险点	风险点描述	风险评级	风险发生频率	对业务影响	风险应对策略
预算脱离实际	编制的预算脱离实际，未按照"自上而下、自下而上、上下结合"的程序进行编制，可能导致资源浪费和企业经营效率低下	2	高	重要	风险规避
缺乏协作	领导及编制人员不重视，误以为全面预算等于财务预算，企业预算编制以财务部为主，其他部门参与的积极性不高，导致预算编制不合理、不全面	2	中	重要	风险规避
数据不足	预算编制所依据的基础数据不足，可能导致预算目标缺乏准确性、合理性及可行性	2	中	重要	风险规避

15.2.2　预算控制：预算编制流程

预算编制流程如图15-2所示。

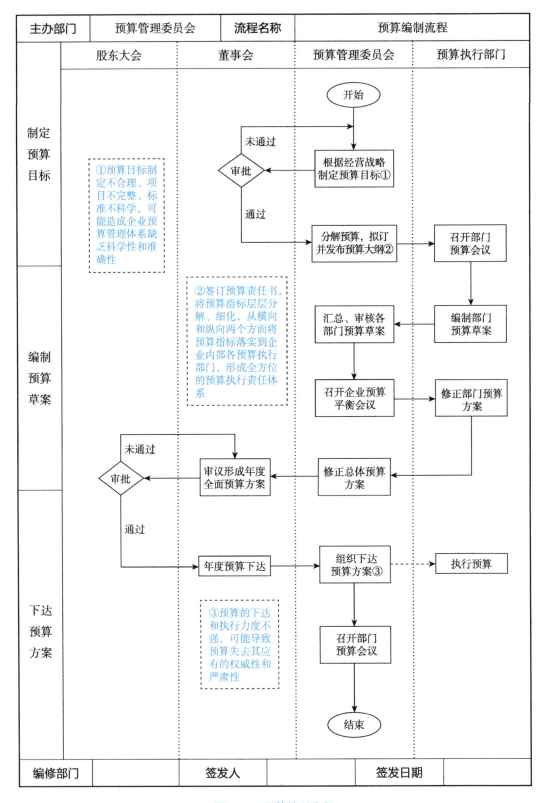

图15-2　预算编制流程

15.2.3　预算控制：预算审核流程

预算审核流程如图15-3所示。

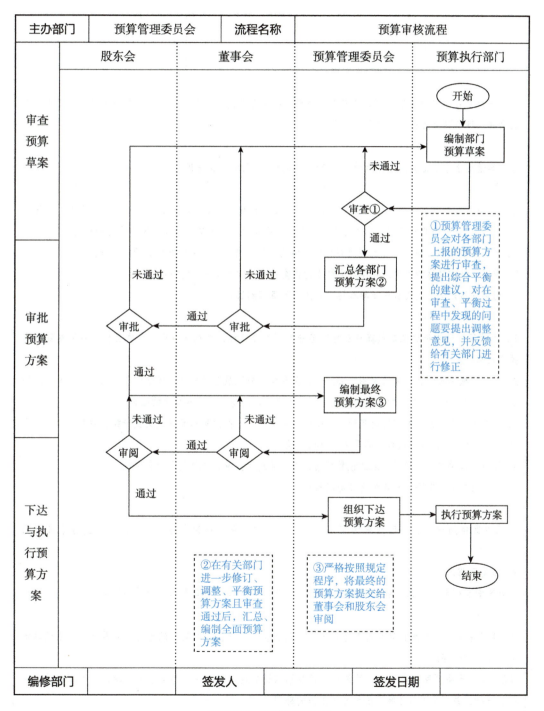

图15-3　预算审核流程

15.2.4　预算控制：全面预算方案

以下是全面预算方案，仅供参考。

方案名称	全面预算方案	编　号	
		受控状态	

一、目的

为了帮助企业所有的员工更好地明确奋斗目标，控制业务的顺利开展，协调企业内各部门的工作，做好考核、评价预算工作，特制定本方案。

二、适用范围

本方案适用于指导企业的经营活动、投资活动和财务活动的预算安排。

三、全面预算的组织

全面预算的编制和实施工作由预算管理委员会负责，预算管理委员会的成员包括企业总经理，分管销售、生产、财务等职能部门的副总经理，财务总监等高级管理人员。预算管理委员会的职责如下。

1．为各部门提供政策指导和制定预算目标，解决预算编制过程中可能发生的矛盾和争执。

2．审议、批准最终的预算，并在年度结束时核查企业的实际预算执行情况。

3．财务总监或会计主管负责指导和协调总体的预算编制过程。

四、全面预算的程序

1．由预算管理委员会拟定预算总目标和各分部门的分目标，如利润目标、成本目标，并下发到各有关责任部门。

2．各部门根据具体目标要求编制本部门的预算草案。应让最基层的员工参与到与其相关的预算的编制工作中，因为他们对费用的支出情况最了解，而且也最清楚一些不易量化的因素。

3．总经理负责组织平衡与协调各部门上报的预算草案。这些预算草案经过反复研究、协商、修订和平衡后，逐级汇总，送交预算管理委员会审核批准。

4．预算管理委员会审议送报来的预算草案，审议通过后报董事会及股东大会审批。

5．将批准后的预算下达到各级责任部门执行。

五、全面预算的编制方法

（本方案将给出五种全面预算的编制方法，各部门负责人根据实际情况，选取最适合本部门的方法。）

1．固定预算。

固定预算又叫静态预算，是根据预算期内正常的可实现的某一业务量水平而编制的预算，适用于下面三种情况。

（1）适用于不考虑预算期间内业务量水平可能发生的变动，只以某一确定的业务量水平为基础确定其相应数额的部门。

（2）适用于将预算的实际执行结果与按预算期内计划规定的某一业务量水平所确定的预算数进行比较、分析，并据此进行业绩评价和考核工作的部门。

（3）适用于事业单位、非营利组织等业务量水平较稳定的组织及业务量水平较稳定的部门。

2．弹性预算。

弹性预算是指部门负责人根据费用（或收入）和业务量之间有规律的数量关系，按照预算期内可预见的多种业务量水平确定相应的数据，或可按其实际业务量水平调整的预算，主要用于编制弹性成本预算和弹性利润预算。以制造费用的弹性预算为例，其编制程序如下。

（1）按成本性态将费用分为固定成本和变动成本两大类。

（2）选择一个最能代表本部门生产经营活动水平的计量单位。

（3）确定适用的业务量。

（4）确定预算期内各业务量水平的预算额。

3．零基预算。

零基预算要求在编制预算时，不考虑过去的情况，对于预算支出均以零为基底，对所有业务活动都重新进行评价，研究、分析每项预算是否有支出的必要性，计算支出数额的大小，从而确定预算成本。

零基预算可以选择项目的轻重缓急，能更好地明确目标，不做无效和盲目的资金投入，能提高资源利用效率，保证预算落实到位，最终使费用得到有效的控制，缺点是编制工作量大。其编制步骤如下。

（1）各部门根据本部门的目标和要求，提出费用计划。

（2）采用对比法，按费用的重要性排出等级。

（3）按照等级和先后顺序分配资金，落实预算。

4．增量预算。

增量预算是把现有的费用水平作为基础，根据预算期内有关业务量预期的变化，对现有费用作适当调整，以确定预算期的预算数。如遇下列情况，可使用这种方法。

（1）企业现有的每项活动都是企业不断发展所必需的。

（2）在未来预算内，企业必须至少以现有费用水平继续存在。

（3）现有费用已得到有效的利用。

5．滚动预算。

各部门负责人应重点掌握滚动预算。滚动预算要求各部门根据上一期预算执行情况和新的预测结果，按既定的预算编制周期和滚动频率，对原有的预算方案进行调整和补充，逐期滚动，持续推进。滚动预算有以下优点。

（1）适应了市场环境经常变化的需要和不确定性因素的要求。通过对预算的不断修订，使预算与实际情况密切适应，预算的制定期与执行期紧密相连。

（2）克服了静态的定期预算一次编制所存在的一些盲目性，避免了预算与实际有较大的出入，保持了预算的完整性、继续性、动态性。

（3）明确了企业的总体规划和近期目标，使各级管理人员对完成近期预算充满信心，对未来预算积极提供信息和建议。

（4）发挥了预算对实际工作的指导和控制作用，滚动预算的实用性使预算建立在客观现实的基础上。

六、附则

1．本方案由财务部负责编制、解释与修订。

2．本方案自××××年××月××日起生效。

执行部门/责任人		监督部门/责任人		编修部门/责任人	

15.3　全面预算执行不力风险

全面预算的编制与执行是一项系统性工作，编制出科学、完备的预算，却没有得到有效的执行，往往会发生各类风险。因此，对全面预算执行不力风险点进行识别与评级，通过流程和制度的建设对其进行控制是大有必要的。

15.3.1　风险点识别与评级

全面预算执行不力风险点识别与评级如表15-3所示。

表15-3　全面预算执行不力风险点识别与评级

风险点	风险点描述	风险评级	风险发生频率	对业务影响	风险应对策略
预算执行责任制度缺失	企业未建立预算执行责任制度，各执行单位对自身职责、任务认识不足，全面预算落实分工不清，可能导致全面预算得不到落实或落实效果差	2	低	重要	风险规避
执行审批落实不当	企业未严格落实预算执行审批规定，可能因重大差错、舞弊、欺诈行为导致企业利益受损	2	低	重要	风险规避
业财融合不充分	财务部与各预算执行部门的沟通不足，预算执行进度反馈不及时，导致企业不能对突发事件作出合适的处理，无法及时解决预算执行过程中出现的问题，从而给企业带来损失	3	高	重要	风险降低
预算执行监督不足	企业对全面预算执行情况的跟踪、监控、考核力度不够，导致出现执行偏差，造成资金浪费或成本上升	3	中	重要	风险规避

15.3.2　实施控制：预算实施管理流程

预算实施管理流程如图15-4所示。

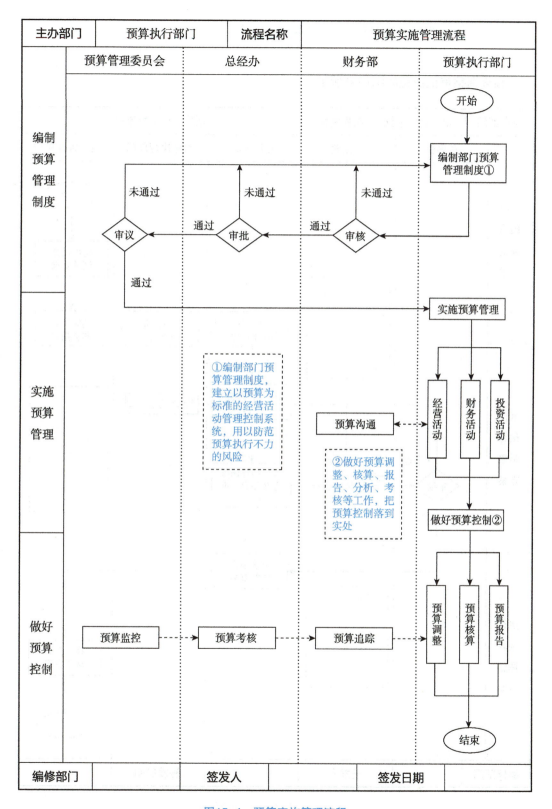

图15-4　预算实施管理流程

15.3.3 调整控制：预算调整审批流程

预算调整审批流程如图15-5所示。

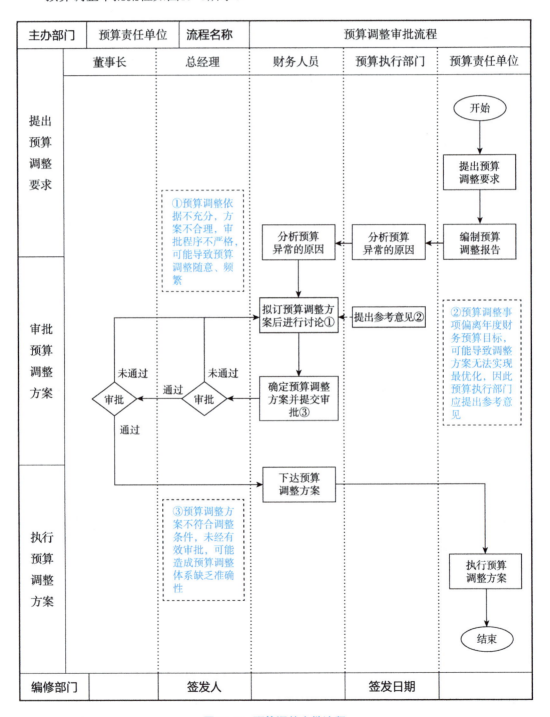

图15-5　预算调整审批流程

15.3.4　执行控制：预算执行情况分析制度

以下是预算执行情况分析制度，仅供参考。

制度名称	预算执行情况分析制度	编　　号	
		受控状态	

第1章　总　则

第1条　为了提高预算执行的透明度，优化企业资源的使用，防范预算执行风险，确保预算的有效执行，特制定本制度。

第2条　本制度适用于指导预算执行情况分析工作的开展。

第2章　预算执行情况分析准备

第3条　预算执行分析责任部门。

1．财务部负责收集和记录预算数据，协助分析预算执行情况，确定偏差原因并提出改进建议。

2．预算管理委员会负责编制企业的预算计划，并分析预算执行情况，比较预算执行情况与预算计划之间的差异。

3．业务部门负责实施预算计划，协助分析预算执行情况，以及提出改进建议。

4．内部审计部门负责审查企业的预算执行情况，发现潜在的风险和问题，并提出改进建议。

5．总经理办公室负责监督企业的预算执行情况，定期审查和讨论预算执行情况分析报告，以便于决策制定和资源配置工作的开展。

第4条　预算执行分析的内容主要包括以下5个方面。

1．差异性分析。定期监测实际执行结果与预算的比较，提供差异性分析，为预警提供依据。

2．一致性分析。分析预算执行情况与企业长期目标及基本目标的一致性。

3．例外事项分析。分析例外事项对整体预算目标的影响情况。

4．差错分析。分析由于目标理解不一致而造成的填报错误内容。

5．进度分析。对各项预算目标的进度进行分析，为考核工作提供依据。

第3章　预算执行情况分析会议

第5条　在会议开始前，预算管理委员会应制定会议议程，明确会议的主题、目标和时间安排。

第6条　预算管理委员会应简要介绍会议的目的和预算执行的总体情况，包括预算执行情况的总体表现和各个预算项目的执行情况。

第7条　与会者应根据会议议程和预算执行情况分析报告进行讨论和分析。分析的内容应包括预算执行情况的好坏、预算执行情况与预算计划之间的差异、偏差原因和潜在的风险等。

第8条　与会者应根据分析和讨论结果，提出改进建议。改进建议应具体、可操作，并针对偏差原因和风险提出有效改进措施。

第9条　在讨论和分析的基础上，与会者应确定下一步的行动计划，包括责任分配、时间安排和资源分配等。为了确保改进措施的实施和效果，行动计划应明确可量化的目标和绩效指标。

第10条　在会议结束前，预算管理委员会应总结会议内容和讨论结果，明确下一步的行动计划和时间安排，并对会议进行反馈和评估。

第4章　预算执行情况分析报告管理

第11条　财务、预算和业务部门应根据组织的预算计划和实际执行情况，编制预算执行情况分析报告。报告应包括预算执行情况的总体表现、各个预算项目的执行情况、偏差原因和潜在风险等。

第12条　各部门的预算执行情况分析报告应提交给管理层审查和审批。企业管理层应对报告进行审查，确认报告的准确性、可靠性和透明度。

第13条　预算执行情况分析报告应分发给有关部门和人员。报告的分发应确保有关人员及时了解预算执行情况，并在必要时作出相应的决策和调整。

第14条　企业管理层应监督预算执行情况分析报告的实施。如果报告中提出了改进建议和措施，管理层应确保这些措施得到有效的落实和监督，以确保预算执行情况的持续改进。

第15条　应定期评估和反馈预算执行情况分析报告。应根据实际执行情况和结果，调整和完善预算执行情况分析报告和相关的管理措施和决策。

第5章　附　则

第16条　本制度由企业预算管理委员会负责编制、解释与修订。

第17条　本制度自××××年××月××日起生效。

编修部门/日期		审核部门/日期		执行部门/日期	

15.3.5　审批控制：预算外资金审批制度

以下是预算外资金审批制度，仅供参考。

制度名称	预算外资金审批制度	编　　号	
		受控状态	

第1章　总　则

第1条　为了规范对企业预算外资金审批的管理，明确审批人的审批职责及权限，根据国家法律和相关规定，特制定本制度。

第2条　本制度适用于企业本部及下属控股子企业、全资子企业。下属控股子企业、全资子企业可以在本制度的基础上，结合自身实际制定相应管理办法，并报企业总部确认，备案。

第2章　预算外资金审查

第3条　各部门经理向总经理提交预算外资金申请书，申请书中应具备足够的理由，同时，应附带各种证明资料。

第4条　总经理要求财务部和审计部对各部门预算外资金申请开展审查工作，并编制审查总结报告。

第5条　如果申请部门不存在资金侵占、虚列支出、瞒报等现象，预算外资金确用于扩大生产经营，财务部需要核准申请部门的申请金额。

第6条　如果申请部门存在资金侵占、虚列支出、瞒报等舞弊行为，审计部应立即上报上级部门，涉及犯罪的相关人员应交由国家司法部门处理。

第3章　预算外资金审批程序

第7条　对采购与付款、工程项目、对外投资、成本费用、固定资产、存货、筹资等项目预算支出动用资金额度（不含股权、债权、股票等投资活动）达到企业年初审定净资产总额5%～50%（不含50%）的，应履行以下审批程序。

审批程序：经办人填写资金申请单并签名→部门经理审核→财务部经理审核→总经理审批→董事会审批→财务部会计人员编制记账凭证→出纳人员付款。

第8条　对采购与付款、工程项目、对外投资、成本费用、固定资产、存货、筹资等项目预算支出动用资金额度（不含股权、债权、股票等投资活动）达到企业年初审定净资产总额50%及以上的，应履行以下审批程序。

审批程序：经办人填写资金申请单并签名→部门经理审核→财务部经理审核→总经理审批→董事会审批→股东会审批→财务部会计人员编制记账凭证→出纳人员付款。

第4章　预算外资金的使用控制

第9条　预算外资金运行一段时间后，财务部开展针对预算外资金的财务分析工作，为预算外资金的使用及时提供调整建议。

第10条　审计部在预算管理委员会的指导下，采取突击审计的方式，对预算外资金的使用进行审计。

第11条　各部门应根据内外部因素的变化，邀请财务部共同研判，及时调整预算外资金的使用，并编制调整方案，报上级部门审批。

第12条　各部门员工应积极举报滥用预算外资金的行为，有确凿证据，可越级上报至总经理，举报有现金和职级上的奖励。

第13条　各部门负责人应定期复盘预算外资金的使用情况，找出预算的薄弱点，优化预算流程，尽量减少预算外资金的申请。

第5章　附　则

第14条　本制度由预算管理委员会、财务部、审计部联合编制、解释与修订。

第15条　本制度自××××年××月××日起生效。

编修部门/日期		审核部门/日期		执行部门/日期	

15.3.6　考核控制：预算执行考核制度

以下是预算执行考核制度，仅供参考。

制度名称	预算执行考核制度	编　号	
		受控状态	

<table>
<tr><td colspan="4" align="center">第1章　总　则</td></tr>
</table>

第1条　为了规范本企业预算执行考核管理工作，确保预算考核结果合理、公平、公正，特制定本制度。

第2条　本制度适用于指导和管理全企业的预算执行考核工作。

第2章　预算执行考核准备

第3条　预算执行考核的责任单位。

1．董事会为预算执行考核的决策机构。

2．预算管理委员会为预算执行考核的管理机构。

3．各业务部门为预算执行考核的执行机构。

4．财务部负责对企业总体预算执行情况进行分析。

5．人力资源部负责具体的考核及奖惩处理。

第4条　召开预算执行分析会议的目的。企业通过定期召开预算执行分析会议，由财务部全面分析货币资金的管理情况，通报预算执行情况，研究、解决预算执行中存在的问题，提出加强和改进资金管理的措施，纠正预算执行中的偏差。

第5条　预算执行分析的内容主要包括以下五个方面。

1．差异性分析。定期监测实际执行结果与预算的比较，提供差异性分析，为预警提供依据。

2．一致性分析。分析预算执行情况与企业长期目标及基本目标的一致性。

3．例外事项分析。分析例外事项对整体预算目标的影响情况。

4．差错分析。分析由于目标理解不一致而造成的内容填报错误。

5．进度分析。对各项预算目标的进度进行分析，为考核工作提供依据。

第6条　考核对象。

1．对各部门预算执行情况的考核评价，即对企业各部门经营业绩进行评价。

2．对预算执行者的考核评价，即对预算执行部门负责人工作效果的评价。

第7条　考核原则。

1．公开公正原则：考核过程透明，允许相应的监督；考核结果有完整的记录。

2．激励原则：预算目标是评价预算执行者业绩的主要依据，考核必须与激励制度相配合。

3．例外原则：对一些阻碍预算执行的重大因素，如产业环境的变化、市场的变化、重大意外灾害等，考核时应作为特殊情况处理。

第8条　考核机构。

1．预算管理委员会是预算考核的管理机构。预算管理委员会以采集的综合信息为基础，对各责任部门各阶段的预算执行情况进行考评。

2．财务部是分析预算执行情况的部门，负责考评工作所需信息的收集、整理及汇总，并提出奖惩兑现方案。

第9条　考核时间。预算考核包括月度和季度分析考核、中期考评及预兑现、年终考评及兑现结算，分月、季度、半年度和年度进行。

第10条　考核方式。

1．企业预算考核采用定性和定量考核两种方式相结合。定性考核主要是对在预算编制和执行过程中表现优异的员工的经理人员进行奖赏；定量考核是指根据选定的各预算责任指标的执行差异情况进行奖惩。

2．企业通过季度考核和年度考核对前一季度和年度各单位的预算执行情况进行考核，及时发现和解决经营中的潜在问题，确保预算的达成，或者在必要时修正预算，以适应外部环境的变化。

第11条　预算管理委员会应当明确考核工作的目标和要求，并制定相应的考核方案，用以指导考核工作规范地进行。

第12条　预算管理委员会下发考核通知，明确考核的性质、内容和时间，财务部须收集、统计相关资料信息，并将信息提交给预算管理委员会。

第3章　预算考核实施管理

第13条　考核内容。

1．月度、季度考核以日常统计报表及月度预算执行情况为依据，结合其他预算执行情况进行，其考核内容主要是各项预算责任指标完成情况（如增加或减少收入、超额或节约支出等）。

2．中期考核以月度和季度预算执行情况分析表为依据，结合中期预测结果进行，并据此制定及实施中期预奖惩方案。评估内容主要是预算完成情况，基本与月度、季度评估内容相同。预奖惩方案按照增加收入/节约支出金额的一定比例确定奖励额度，以及按照减少收入/超额支出的一定比例确定责罚力度。

3．年度考核以审计后的年报决策资料作为依据，分析比较年度预算执行情况，并据此制定年度奖惩方案，结合中期预奖惩情况进行年度奖惩的最终结算。

第14条　预算执行单位、部门于4月、7月、10月初上报季度预算执行报告，1月初上报年度预算执行报告。报告须经本单位、本部门负责人签章确认生效后再报送预算管理委员会。

第15条　预算管理委员会对各单位、部门预算执行报告进行审核，根据预算执行指标的达成情况提出考核评价和考核建议，上报董事会审批。

第16条　董事会对预算管理委员会提交的预算执行报告和考核评价进行审批，确认通过后执行奖惩措施。

第17条　考核的奖惩。

1．按照预算责任书中确定的奖惩方案，根据考核结果，对预算执行单位和责任人进行奖励和惩罚。

2．考评和奖惩遵循及时性原则，每期预算执行完毕后应立即执行。

3．奖惩细节应依据各预算执行单位和责任人签订的责任合同书。

第4章　附　则

第18条　本制度由预算管理委员会负责编制、解释与修订。

第19条　本制度自××××年××月××日起生效。

编修部门/日期		审核部门/日期		执行部门/日期	

——— 第16章 ———

合同管理——风险点识别与管控规范

16.1　合同缺失与订立不当风险

合同在订立阶段，如果违反国家法律法规，未经适当审核或超越授权审批，甚至未订立合同导致合同缺失等，都会给企业带来重大损失。因此，企业应当对合同缺失与订立不当的风险点进行识别，并制定相应的制度用以加强对合同管理工作的内部控制。

16.1.1　风险点识别与评级

合同缺失与订立不当风险点识别与评级如表16-1所示。

表16-1　合同缺失与订立不当风险点识别与评级

风险点	风险点描述	风险评级	风险发生频率	对业务影响	风险应对策略
合同缺失	未订立合同，未经授权对外订立合同，合同内容和条款不完整，表述不严谨、不准确，甚至存在重大疏漏和欺诈行为，可能导致企业遭受重大损失	2	高	重要	风险规避
合同订立不当	选择不恰当的合同形式，合同与国家法律法规、行业产业政策、企业总体战略目标或特定业务经营目标发生冲突，有意拆分合同、规避合同管理规定等，可能导致企业合法利益受损	2	高	重要	风险规避
合同审核疏漏	合同审核人员因专业素质或工作态度未能发现合同文本中的不当内容和条款，审核人员虽然通过审核发现问题但未提出恰当的修订意见，合同起草人没有根据审核人员的改进意见修改合同，导致合同中的不当内容和条款未被纠正	3	中	一般	风险降低

16.1.2　订立控制：合同订立流程

合同订立流程如图16-1所示。

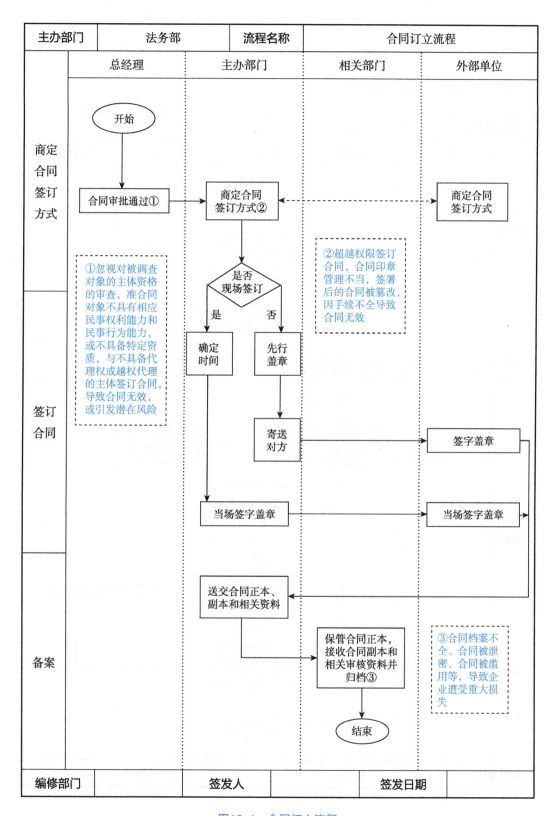

图16-1 合同订立流程

16.1.3   审批控制：合同审批流程

合同审批流程如图16-2所示。

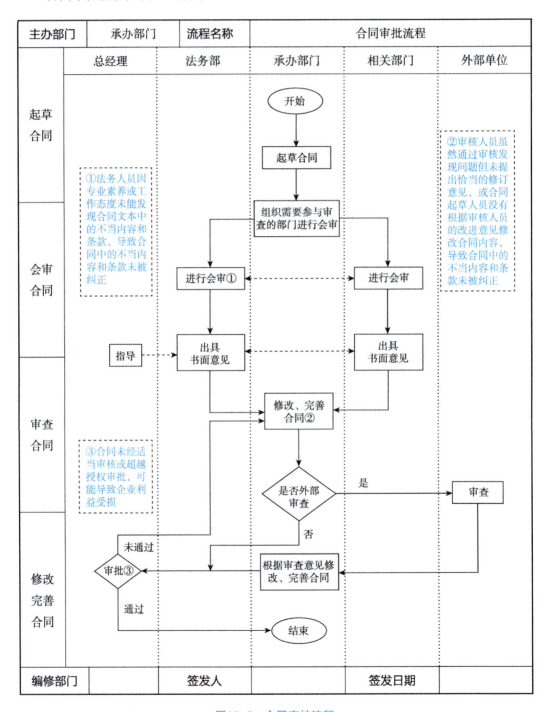

图16-2   合同审核流程

16.1.4　备案控制：合同备案流程

合同备案流程如图16-3所示。

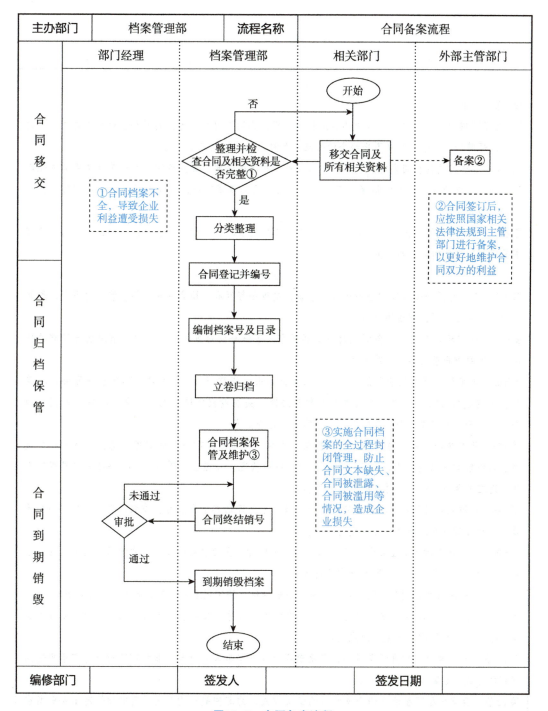

图16-3　合同备案流程

16.1.5　合同管控：合同订立制度

以下是合同订立制度，仅供参考。

制度名称	合同订立制度	编　号	
		受控状态	

第1章　总　则

第1条　目的。

1．为了明确企业合同订立过程中的各级权限，规范合同订立的行为，同时加强对合同订立过程的监督，规避和降低合同订立不当给企业带来的各种风险，特制定本制度。

2．以《中华人民共和国公司法》和《中华人民共和国民法典》等法律法规及规范性文件有关规定为指导，规范合同订立前的拟定、审批和合同订立后的签章工作，确保合同协议的顺利履行，维护企业的合法权益。

第2条　本制度适用于企业所有书面合同的订立工作的管理，包括合同、合约、协议、契约、意向书等规范性文件的订立和审批。

第2章　合同的订立

第3条　订立合同必须以维护企业权益为宗旨，贯彻平等互利、协商一致、择优签约的原则，严禁任何假公济私和损公肥私的行为。

第4条　合同经办人在订立合同之前应认真调查、了解合同对方的主体资格、信用状况等有关情况，确保对方当事人具备履约能力。

第5条　审查被调查对象的身份证件、法人登记证书、资质证明、授权委托书等证明原件，必要时，可通过发证机关查询证书的真实性和合法性，关注授权代理人的行为是否在其被授权范围内，在充分收集相关证据的基础上评价主体资格是否恰当。

第6条　获取被调查对象经审计的财务报告、以往交易记录等财务和非财务信息，分析其获利能力、偿债能力和营运能力，评估其财务风险和信用状况，并在合同履行过程中持续关注其资信变化，建立并及时更新合同对方的商业信用档案。

第7条　对被调查对象进行现场调查，实地了解和全面评估其生产能力、技术水平、产品类别和质量等生产经营情况，分析其合同履约能力。

第8条　与被调查对象的主要供应商、客户、开户银行、主管税务机关和工商管理部门等沟通，了解其生产经营、商业信誉、履约能力等情况。

第9条　合同应写明合同各方的名称、简称、注册地址、法定代表人、签约日期和签约地点。

第10条　合同对当事人各方权利义务的规定应明确、具体，文字表达力求准确、清楚，要准确反映当事人的主观意图，避免歧意或误解。

第11条　合同含有违约责任条款的，可明确规定各方当事人对特定或非特定违约行为应承担违约责任的方式、金额或其计算公式。

第12条　合同应尽可能地明确合同纠纷的解决方式，约定仲裁机构时应尽可能地规定由企业所在地仲裁机构仲裁，并明确所选仲裁机构名称。

第13条　合同结尾应明确规定当事人双方指定的联络人或经办人姓名、联系电话或传真号码，有关信函往来或通知的方式，合同生效条件、合同解除条件或终止条件、合同有效期、合同正本份数、当事人双方名称、其法定代表人姓名和职务、授权签署人姓名和职务等。

第14条　合同文本拟定完成后，交由法务部审核，审核人员应当对合同文本的合法性、经济性、可行性和严密性进行重点审核，关注合同的主体、内容和形式是否合法，合同内容是否符合企业的经济利益，对方当事人是否具有履约能力，合同权利和义务、违约责任和争议解决条款是否明确等。

第15条　建立会审制度，对影响重大或法律关系复杂的合同文本，组织财会部门、审计部、法务部、业务关联的相关部门进行审核，相关部门应当认真履行职责。

第16条　对审核意见准确无误地加以记录，必要时对合同条款作出修改并再次提交审核。

第17条　合同订立后，合同正本由合同管理部负责保管，合同副本及相关审核资料应交由法务部归档。

第3章　附　则

第18条　本制度由合同管理部负责编制、解释与修订。

第19条　本制度自××××年××月××日起生效。

编修部门/日期		审核部门/日期		执行部门/日期	

16.1.6　用章控制：合同专用章管理制度

以下是合同专用章管理制度，仅供参考。

制度名称	合同专用章管理制度	编　号	
		受控状态	

第1章　总　则

第1条　为了规范对本企业合同专用章的管理，根据《中华人民共和国民法典》和企业章程，结合企业实际情况，特制定本制度。

第2条　本制度适用于对本企业合同专用章的使用、保管、停用及变更等的管理。

第2章　合同专用章的使用

第3条　行政部统一刻制合同专用章，并指定专人保管，任何部门及个人不得擅自刻制。

第4条　合同专用章专门来签订经济合同，加盖合同专用章即表明甲、乙双方对各自权利、义务的最终确认，并对双方产生法律效力。双方应基于合同行使权利，履行义务。

第5条　合同经编号、审批及企业法定代表人或由其授权的代理人签署后，方可加盖合同专用章。

第6条　合同业务经办人的权利与义务。

1. 合同业务经办人代表企业与他人签订合同前，须申请合同专用章用印审批，经相关部门及负责人审批通过后方可用印。

2. 原则上，合同业务经办人不得携带合同专用章外出签订合同，若必须携带，应由行政部负责人批准，并制定相应的保管措施后才能借出。外借期间，经办人与借出人对合同专用章承担全部责任。

3．已盖章的合同和文件，如不能使用或不能执行，必须交回行政部进行销毁。

第7条　合同专用章管理员的权利与义务。

1．合同专用章管理员应当对用印范围和用印手续严格审查，并登记用印情况。

2．合同专用章管理员不在岗时，可指定一名临时管理员代理管理印章。

第8条　行政部负责对合同专用章的使用情况进行监督，定期或不定期地检查合同专用章的使用情况。各部门应积极配合，提供相关记录和材料。

第9条　不得使用合同专用章的情形。

1．空白及未经编号的合同。

2．缺少相关部门审批及签字文件的合同。

3．属于代签但缺少授权委托书的合同。

第3章　合同专用章的保管

第10条　合同用印后，合同专用章管理员应及时收回印章。

第11条　合同专用章在使用期间，合同专用章管理员必须保证印章在自己的控制范围之内，以避免遗失。合同专用章在非使用期间，合同专用章管理员须将印章保存在带锁的文件橱或保险柜中。

第12条　合同专用章丢失、损坏、被盗时，合同专用章管理员应及时向行政部负责人汇报，由行政部负责人向企业负责人反馈后，再予以处理，登记挂失并作废。

第13条　总经办负责对合同专用章的管理情况进行监督，定期或不定期地检查合同专用章使用的管理情况。各部门应积极配合，提供相关记录和材料。

第4章　合同专用章的停用及变更

第14条　合同专用章的停用情形。

1．企业名称变更。

2．合同专用章图样改变。

3．合同专用章损坏、遗失、被盗。

第15条　合同专用章的停用由各部门提出处理办法，达成一致后，报企业负责人批准，然后及时将已停用的合同专用章交回行政部封存或销毁，并建立合同专用章上交、停用、存档、销毁的登记档案。

第16条　各部门变更合同专用章的程序。

1．申请部门事先进行书面申请，注明合同专用章用途，指定本部印章管理员，由部门负责人签字报请企业负责人审核、审批，再报行政部备案。

2．变更合同专用章由企业行政部统一办理，合同专用章必须按照企业统一规格、样式进行刻制。

3．刻制后的合同专用章须送行政部印模备案。

第17条　所有人员都必须严格依照本制度使用合同专用章，不得越权审批。未经批准，不得擅自使用合同专用章。违反本制度而造成损失的，企业有权给予处分，并要求相关责任人员赔偿造成的损失。

第5章　附　则

第18条　本制度由行政部负责编制、解释与修订。

第19条　本制度自×××× 年××月××日起生效。

编修部门/日期		审核部门/日期		执行部门/日期	

16.2　合同履行不当风险

合同履行是整个合同管理工作的核心环节，合同顺利履行能促进企业业务的开展，提高经营管理水平；反之，则会阻碍企业的发展，给企业带来损失。因此，严格按照《中华人民共和国民法典》的相关条文，防范合同履行的合规风险是推动合同顺利履行的关键。

16.2.1　风险点识别与评级

合同履行不当风险点识别与评级如表16-2所示。

表16-2　合同履行不当风险点识别与评级

风险点	风险点描述	风险评级	风险发生频率	对业务影响	风险应对策略
纠纷处理不当	合同纠纷处理不当，导致企业遭受外部处罚、诉讼失败，从而损害企业利益、信誉和形象等	2	中	重要	风险规避
合同无法正常履行	因宏观政策或不可抗力等因素导致合同无法正常履行，影响企业的正常运营	3	低	重要	风险承受
事项补充不及时	合同生效后，对合同条款未明确约定的事项没有及时补充，导致合同无法正常履行	3	低	重要	风险规避

16.2.2　变更控制：合同变更流程

合同变更流程如图16-4所示。

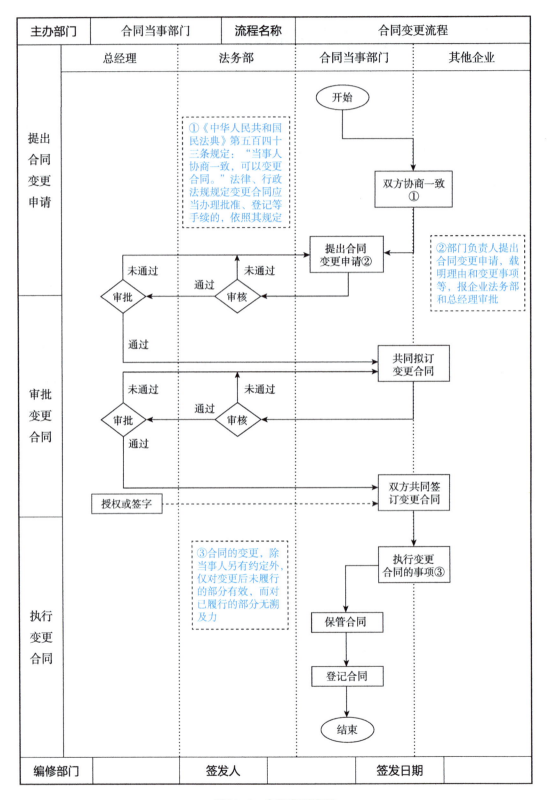

图16-4 合同变更流程

16.2.3　解除控制：合同解除流程

合同解除流程如图16-5所示。

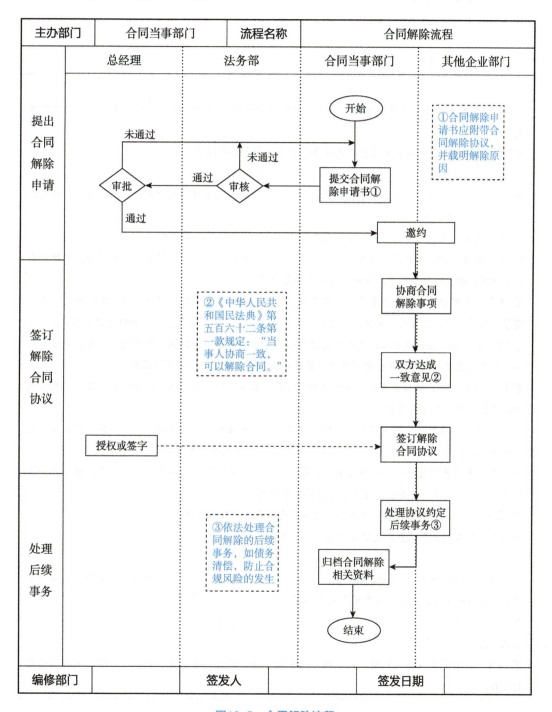

图16-5　合同解除流程

16.2.4 登记控制：合同登记管理制度

以下是合同登记管理制度，仅供参考。

制度名称	合同登记管理制度	编　号	
		受控状态	

第1章　总　则

第1条　为了规范合同的登记程序和管理，保证所有合同在执行过程中得到有效管理，特制定本制度。

第2条　本制度适用于企业对外签订的须登记的合同的登记管理工作。

第2章　合同内部登记管理

第3条　每个部门安排一名负责合同登记的人员，负责本部门所有合同的统计、采购进货、付款申请等合同的管理工作。

第4条　各部门每签订一个合同，就要立即完善一个合同的登记表的更新。

第5条　企业应对所有合同进行统一编号，合同由签订部门、服务部、财务部分别存档，并建立各自的合同台账。一般情况下，借出合同只提供复印件。

第6条　合同登记应包括合同编号、合同名称、签订日期、签订单位、联系方式、签订部门、合同期限、合同金额、已付款、未付款、付款比例、履行情况、备注等可能需要频繁查询的内容。

第7条　签订部门在合同版本形成后，将其扫描至电脑，按部门、时间、序号进行编号，完成所有签订合同的登记，根据合同的履行情况，及时更新合同，保证合同登记为最新内容。

第8条　所有合同、协议必须首先经审计部审核后，其他部门方可会签，法务部负责审核完成合同后，监督所有合同的执行情况。

第9条　财务部负责建立企业所有合同的登记台账，实时掌握企业所有合同的已付款、预付款、欠款等情况，掌握第一手合同付款实时信息，并根据付款情况及时更新合同登记台账。

第10条　合同执行过程中因特殊因素无法履行时，应写明书面原因交由监审部会签，报企业分管副总、总经理批准，并在合同登记台账上简要注明原因。

第11条　合同执行完后应在合同备注栏内注明合同已履行完成字样。

第12条　总经理负责设置合同登记台账信息的查阅权限。

第3章　合同外部登记管理

第13条　为对抗第三方，保障交易安全，保证产权的正常流动，涉及物权类、知识产权类等合同登记管理应在国家统一的合同登记系统上进行登记。

第14条　技术合同包含技术开发、转让、许可、咨询和服务，涉及技术合同的登记应在全国技术合同网上进行线上登记。

第15条　为维护企业合法利益，依法做好减免税工作，总经理和财务总监负责监督技术合同的登记工作。

<table>
<tr><td colspan="3" align="center">第4章　附　则</td></tr>
<tr><td colspan="3">第16条　本制度由总经办负责编制、解释与修订。</td></tr>
<tr><td colspan="3">第17条　本制度自××××年××月××日起生效。</td></tr>
<tr><td>编修部门/日期</td><td>审核部门/日期</td><td>执行部门/日期</td></tr>
</table>

16.2.5　履行控制：合同履行情况评估制度

以下是合同履行情况评估制度，仅供参考。

制度名称	合同履行情况评估制度	编　　号	
		受控状态	

第1章　总　则

第1条　为了加强企业合同履行的管理与控制工作，建立和完善合同履行评估机制，避免、减少违约或纠纷给企业带来损失，依据《中华人民共和国民法典》等法律法规和企业章程的要求，特制定本制度。

第2条　本制度适用于企业对合同履行情况的评估工作管理。

第2章　合同履行情况评估准备

第3条　职责分工。

1．总经理负责建立和完善各部门之间的联动机制，促进企业合同履行情况的评估工作。

2．各部门经理负责组织人员实施合同执行情况评估，并监督、指导评估工作。

3．合同所涉及的业务经办人员负责跟踪合同履行情况，并定期向上级汇报，以及提供合同履行评估工作所需的材料。

4．合同档案管理员负责建立合同执行诚信档案，如实记录合同执行中出现的不良行为。

5．法务部负责检查合同履行情况，并协助各部门处理合同执行过程中的纠纷。

6．财务部负责评估合同双方的财务状况。

7．其他部门应配合执行合同履行情况的评估工作。

第4条　评估原则。

1．客观性原则。合同履行情况评估要遵循客观性的原则，相关部门在进行实地检查的基础上，进行书面、客观的评估。

2．合规性原则。按照国家有关法律法规、政策和企业规章制度的有关规定，开展合同履行情况的评估工作。

3．程序性原则。严格按照规定的程序，采取正确的评估方法开展评估工作，保证合同评估工作的公正性、准确性、完整性。

4．不相容职务分离控制原则。参与评估人员不能是被评估的对象，若参与评估人员与被评估对象有利益关系的，应当回避。

第5条　相关术语解释。

本制度所称合同履行情况评估，是指企业各部门与第三方，包括自然人、法人及其他组织等平等主体之间权利义务合同是否符合法律法规和规章规定，实施监督检查和成效评估的行为。

第6条　评估主体。

1．合同履行的评估工作一般由合同经办部门或合同执行部门负责组织，或按照内部控制规定成立独立的合同审查部门进行评估。

2．评估意见以合同签订经办部门的上一级业务主管部门为主，相关部门人员参加评估工作。

第7条　评估对象及时间。

1．金额大于等于＿＿＿＿＿万元，且双方权利义务不能即时结清的合同均须评估。

2．金额在＿＿＿＿＿万元以下的合同，若有相关部门提出，也应进行评估。

3．执行期超过5个月的合同（不包括保修期），应每月进行评估。

4．涉及保修的合同，待合同保修期满后，相关部门要重点针对保修条款的履行情况进行评估。

第8条　评估内容。

对合同履行情况的评估包括但不限于以下4个方面的内容。

1．进度评估。评估合同双方是否按既定的进度开展工作。

2．合规性评估。评估合同是否按照相关法律法规履行。

3．财务状况评估。评估合同双方的财务状况是否可以支撑合同的履行。

4．合同补充协议评估。评估合同履行过程中针对约定不明的补充协议的合理性。

第3章　实施合同履行情况评估

第9条　对于工程类合同，评估人员应深入到施工现场考核，除了考核工程实体，还要对施工技术资料的齐全性和规范性进行检查。

第10条　对于设计类合同，评估人员应到设计企业进行实地考核，重点考核是否按照合同的规定按时取得阶段性成果，技术成果的质量是否满足合同的要求。

第11条　对于造价咨询类合同，评估人员应到作业现场，重点检查造价成果的达成程度，是否按照合同的要求划分类别，并抽查工程量计算底稿的正确性与清晰度。

第12条　对于产品采购类合同，评估人员应重点检查供货商送到的产品的质量是否符合标准，产品的型号、单位、数量等各种参数是否符合合同的规定，供货时间是否及时，付款的时间和金额是否正确、合理。

第13条　合同履行情况评估完毕后，参与评估的各部门应填写"合同履行情况评估表"，并由行政部负责将评估记录存档保管。

第4章　合同履行情况评估后续管理

第14条　根据"合同履行情况评估表"，按照《中华人民共和国民法典》，有确切证据证明对方有下列情形之一的，可以中止履行合同。

1．经营状况严重恶化。

2．转移财产，抽逃资金，以逃避债务。

3．丧失商业信誉。

4．有丧失或者可能丧失履行债务能力的其他情形。

第15条　各部门经理负责邀约合同对方，对在合同履行情况评估工作中发现的问题进行商议，尽快达成补充协议。

注意：《中华人民共和国民法典》第五百一十条规定："合同生效后，当事人就质量、价款或者报酬、履行地点等内容没有约定或者约定不明确的，可以协议补充；不能达成补充协议的，按照合同有关条款或者交易习惯确定。"

《中华人民共和国民法典》第五百一十一条规定："当事人就有关合同内容约定不明确，依据前条规定仍不能确定的，适用下列规定：

（一）质量要求不明确的，按照强制性国家标准履行；没有强制性国家标准的，按照推荐性国家标准履行；没有推荐性国家标准的，按照行业标准履行；没有国家标准、行业标准的，按照通常标准或者符合合同目的的特定标准履行。

（二）价款或者报酬不明确的，按照订立合同时履行地的市场价格履行；依法应当执行政府定价或者政府指导价的，依照规定履行。

（三）履行地点不明确，给付货币的，在接受货币一方所在地履行；交付不动产的，在不动产所在地履行；其他标的，在履行义务一方所在地履行。

（四）履行期限不明确的，债务人可以随时履行，债权人也可以随时请求履行，但是应当给对方必要的准备时间。

（五）履行方式不明确的，按照有利于实现合同目的的方式履行。

（六）履行费用的负担不明确的，由履行义务一方负担；因债权人原因增加的履行费用，由债权人负担。"

第16条　根据"合同履行情况评估表"，发现由于企业的疏忽，导致合同所述业务开展效率低下、资源浪费、环境被破坏等情况，合同负责人应立即整改，由总经理实施监督和奖惩工作。

注意：《中华人民共和国民法典》第五百零九条规定："当事人应当按照约定全面履行自己的义务。当事人应当遵循诚信原则，根据合同的性质、目的和交易习惯履行通知、协助、保密等义务。当事人在履行合同过程中，应当避免浪费资源、污染环境和破坏生态。"

第5章　附　则

第17条　本制度由总经办负责编制、解释与修订。

第18条　本制度自××××年××月××日起生效。

编修部门/日期		审核部门/日期		执行部门/日期	

16.2.6　责任控制：合同责任追究制度

以下是合同责任追究制度，仅供参考。

制度名称	合同责任追究制度	编　号	
		受控状态	

第1章　总　则

第1条　目的。

1．保证企业合同管理的各项制度得到贯彻落实。

2．加强企业合同管理，提高各部门管理人员的合同责任意识，督促其积极履行自身的合同管理职责。

3．对违反企业合同管理制度、损害企业利益、失职渎职的行为予以追究。

第2条　本制度适用于本企业合同编制、审批、订立、履行中的负责人以及相关人员的责任追究的管理。

第2章　合同责任追究准备

第3条　追究原则。

1．责任追究的过程应经过充分调查，处理结果应与其行为的性质、程度、后果相当。

2．在实施责任追究的调查过程中，被调查对象享有陈述、申辩的权力。

3．责任追究工作遵循不相容职务分离控制原则。

第4条　对于不涉及重大经济事项的合同责任，主要由部门内部进行追责；涉及重大经济事项的合同责任，应由企业的责任追究小组进行追责。

第5条　职责分工。

1．总经办、法务部和审计部共同组成责任追究小组，负责领导、组织合同违约责任的追究工作。

2．财务部和其他部门负责协助责任追究工作的实施。

3．合同违约责任直接涉及的部门和人员负责接受调查，提供相关材料、信息、线索。

第6条　责任追究的幅度比例。根据责任大小按实际发生的经济损失的一定比例进行处罚。

1．首要责任，在合同实施过程中起组织、策划、指挥作用的，处罚比例为30%～40%。

2．领导责任，在合同实施过程中，根据其管理责任应发现违规行为而没有发现，或发现而未报告，并未采取措施予以制止的，处罚比例为25%～35%。

3．主要责任，在合同实施过程中积极、主动参加违规行为的，处罚比例为10%～15%。

4．次要责任，在合同实施过程中参与违规行为的，处罚比例为5%～10%。

第3章　合同责任追究实施

第7条　追究范围。企业对合同订立、履行过程中出现的违法违规行为，应当追究有关单位或人员的责任。有下列情况之一的，对负有责任的领导、签约人、合同管理员、合同经办人视情节轻重程度，分别给予批评教育、经济处罚、行政处分等处罚。

1．对外签订合同前，不了解对方资信、资质情况，且未做可行性调研而盲目签约，造成经济损失的。

2．未签订合同而以企业名义对外发出要约的。

3．未按照企业规定权限程序签订合同的。

4．未按照企业合同规定严格行使权力的。

5．擅自对外发放有效空白合同，或串用、错用合同文件的。

6．以口头合同代替书面合同，事后未补签书面合同的。

7．对外履行企业内部审批程序尚未审结的合同，事后未补办有效合同的。

8．与第三方串通以假合同骗取企业业务项目的。

第8条　印章管理调查追究。

1．印章管理人员单独或与第三方串通出具虚假的各类法律证明、担保文件的。

2．在虚假合同、协议上加盖企业印章的。

3．在加盖企业印章时严重不负责任，未认真审查有关材料而出现严重过失的。

第9条　对于需要追究责任的，一般先由部门内部进行处理，部门不能进行调查处理的，可由责任追究小组进行调查处理。对于本部门应当处理却包庇、袒护、不处理或者避重就轻的，由责任追究小组介入调查，从重处理。

第10条　责任追究小组应充分听取被调查对象的陈述和申辩，并予以记录。

第11条　调查完毕后，责任追究小组应出具调查报告，报告中应对责任进行界定，并提出处理意见和建议。

第12条　责任追究的处理程序。

1．本部门对责任追究的处理，情节轻微或者损失金额不超过_____元的，调查报告应报本部门负责人。

2．责任事件超出本部门处理范围或者损失金额超过_____元的，调查报告应上报企业总经理。

3．事件特别重大或者后果特别严重导致损失金额超过_____元的，调查报告应提交企业总经办。

第13条　调查报告生效后送达当事人，并交人力资源部或相关部门执行。

第14条　不服企业内处理决定的，可在处理决定公布之日起_____天内以书面形式向总经理或总经办申诉，在申诉过程中，原调查人员应予回避。

第15条　合同管理责任追究的处理措施类别分为经济处罚、行政处分、经济赔偿三种。

1．经济处罚。经济处罚可现金交纳，也可扣发工资，罚款金额最低为_____元，最高为_____元。

2．行政处分。行政处分包括警告、记过、记大过、降薪、降级、撤职、留用察看、开除。除开除外，其他行政处分的期限为_____个月。责任人在接受行政处分的期间，除警告外，不得加薪、升职，不得授予荣誉称号，对于开除的人员，终身不予录用。

3．经济赔偿。对被追究责任人有违法所得的予以追缴；造成经济损失的，可要求其进行经济赔偿。

注意：合同责任追究处理措施可以单独使用，也可以合并使用。

第16条　企业职员在签订、履行合同过程中触犯法律，构成犯罪的，将依法移交司法机关处理。

第4章　附　则

第17条　本制度由总经办负责编制、解释与修订。

第18条　本制度自××××年××月××日起生效。

编修部门/日期		审核部门/日期		执行部门/日期	

16.3　合同纠纷处理不当风险

在合同履行过程中，如果合同纠纷处理不当，可能导致企业遭受外部处罚，卷入诉讼，从而损害企业形象。因此，要识别和分析该环节存在的风险，并加以防范，维护企业形象，降低企业可能遭受的损失。

16.3.1　风险点识别与评级

合同纠纷处理不当风险点识别与评级如表16-3所示。

表16-3　合同纠纷处理不当风险点识别与评级

风险点	风险点描述	风险评级	风险发生频率	对业务影响	风险应对策略
合同纠纷处理不当	在合同履行过程中发生纠纷时，由于相关经办人员处理不当，导致企业遭受重大损失	2	中	一般	风险降低
机制不完善	未建立完善的合同纠纷处理机制，导致经办人员在处理纠纷时无据可依，处理不当	2	中	一般	风险规避
举证不力	在合同履行过程中，没有及时收集对企业有利的证据，导致在纠纷处理环节企业处于不利境地	2	中	一般	风险降低

16.3.2　纠纷控制：合同纠纷处理流程

合同纠纷处理流程如图16-6所示。

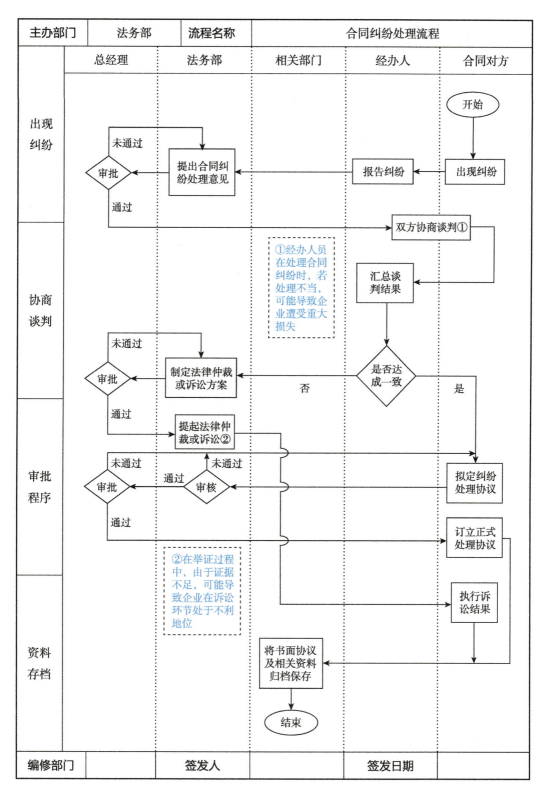

图16-6　合同纠纷处理流程

第 17 章

内部信息传递——风险点识别与管控规范

17.1 内部报告缺失风险

企业内部报告的存在，直接影响企业经营决策的制定，甚至影响企业的发展。企业内部报告反映的信息是否完整和有用，取决于企业自身的发展战略、风险控制和业绩考核特点是否全面，内部报告的各种指标体系是否合理。

17.1.1 风险点识别与评级

内部报告缺失风险点识别与评级如表17-1所示。

表17-1 内部报告缺失风险点识别与评级

风险点	风险点描述	风险评级	风险发生频率	对业务影响	风险应对策略
内部报告缺失	内部报告缺失，导致重要信息沟通不及时，从而影响企业的正常经营	3	高	一般	风险规避
内部沟通程序复杂	内部沟通程序复杂，导致企业内部沟通重复，沟通成本增加	4	中	轻微	风险规避
内部决策失真	企业内部决策失真，导致企业内部发展战略规划的重要信息缺失，从而影响企业制定长期战略规划	3	低	重要	风险规避
内部信息冗杂	企业内部信息冗杂，可能导致在进行内部决策时由于信息了解不全，从而致使内部决策出错	4	中	重要	风险规避

17.1.2 形成控制：内部报告形成流程

内部报告形成流程如图17-1所示。

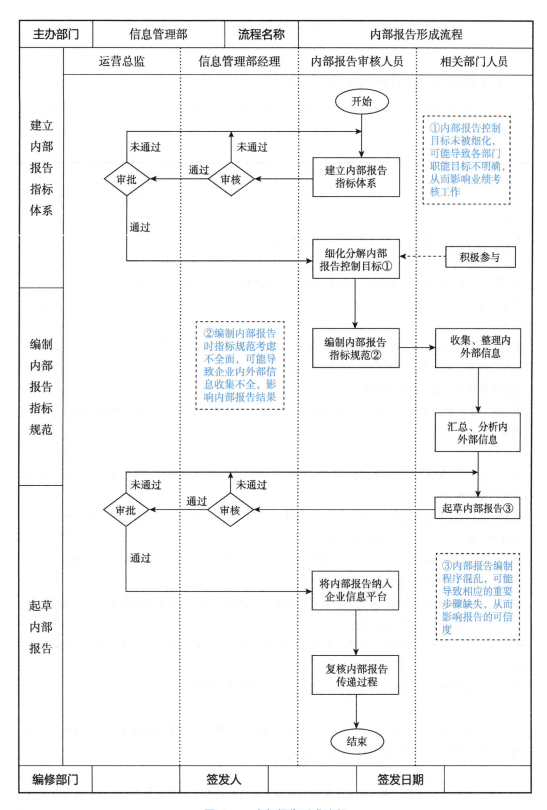

图17-1　内部报告形成流程

17.1.3　审核控制：内部报告审核制度

以下是内部报告审核制度，仅供参考。

制度名称	内部报告审核制度	编　　号	
		受控状态	

第1章　总　则

第1条　为了规范内部报告审核工作，明确审核人员的职责与权限，提高内部报告的质量，特制定本制度。

第2条　本制度适用于指导企业内部报告的审核工作。

第2章　内部报告审核责任部门

第3条　内部审计部门是独立的、专业的部门，其职责是评估企业内部控制的有效性和合规性，并提出改进建议。内部审计部门负责审核企业内部报告，并就审核结果向企业管理层提出意见和建议。

第4条　内部控制部门是负责协调和推进企业内部控制工作的部门，其职责是制定内部控制政策、标准和程序，并对企业内部控制工作进行监督和评估。内部控制部门负责审核内部报告，并协助企业管理层制订改进计划和措施。

第5条　财务部、法务部等部门应负责审核涉及自己领域的内部报告，并向管理层提出意见和建议。

第3章　内部报告审核标准

第6条　内部报告审核标准应明确内部报告的审核目的和审核范围，确保内部报告符合审核目的和审核范围的要求。

第7条　内部报告审核标准应评价内部报告审核证据的来源、完整性、准确性、可信度和可重复性等方面，确保内部报告审核证据的可靠性。

第8条　内部报告审核标准应评价内部报告的内容是否完整和准确，内部报告应包含足够的信息和数据，且信息和数据应准确无误。

第9条　内部报告审核标准应评价内部报告中所涉及的内部控制措施的有效性和合规性，确保内部控制制度和措施的有效性和合规性。

第10条　内部报告审核标准应评价内部报告中所涉及的问题的识别和跟踪情况，确保问题能够被及时识别和跟踪，并能够得到妥善解决。

第11条　内部报告审核标准应评价内部报告的保密性和信息安全性，确保内部报告的保密性和信息安全性得到有效保障。

第12条　内部报告审核标准应评价审核报告的准确性和完整性，确保审核报告中所反映的问题和建议准确、完整，并有明确的整改要求和建议。

第4章　内部报告审核的注意事项

第13条　对于重要信息，内部报告编制部门可委托相关部门专业人员对其进行复核，确保信息正确传递给使用者，如生产部编制的生产成本台账，可委托财务人员进行复核确认。

第14条	重大突发事件应以速度优先，内部报告编制人员应尽快编制报告向上级报送。
第15条	编制部门经理，如发现内部报告存在问题，应提出意见并安排相关人员处理。
第16条	内部报告调整后，应提交编制部门经理进行再次审核，审核通过后，方可报送。
第17条	编制部门经理对内部报告提出的问题，在职责范围内的，应及时进行处理。

第5章　附　则

第18条　本制度由信息部负责编制、解释与修订。

第19条　本制度自××××年××月××日起生效。

编修部门/日期		审核部门/日期		执行部门/日期	

17.1.4　评估控制：内部报告评估制度

以下是内部报告评估制度，仅供参考。

制度名称	内部报告评估制度	编　　号	
		受控状态	

第1章　总　则

第1条　为了确保企业内部报告的全面、完整，内部信息传递的及时、高效，规范企业内部报告的评估工作，特制定本制度。

第2条　本制度适用于企业内部报告评估相关工作的管理。

第2章　内部审计部门岗位职责

第3条　内部审计部门的评估人员应制订内部报告评估计划，明确评估范围、时间和方法等，以确保评估工作能够顺利进行。

第4条　评估人员应收集和分析内部报告，评估内部报告的完整性、准确性和可靠性等方面，以确定内部报告是否符合内部控制标准和要求。

第5条　评估人员应评估内部报告的合规性和有效性，确定内部报告是否能够有效地识别、评估和控制风险，以及是否符合法律法规和企业内部控制要求。

第6条　评估人员应根据评估结果，提出改进建议，帮助企业完善内部控制制度和程序，提高内部控制的效率和效果。

第7条　评估人员应监督内部报告改进情况，确保内部报告改进措施的有效落实和内部控制的持续改进。

第3章　内部报告评估指标

第8条　内部报告的完整性，即报告中所包含的信息是否全面、准确、及时，是否包含所有必要的信息，以及是否符合内部控制标准和要求。

第9条　内部报告的准确性，即报告中所反映的事实是否真实、可靠，是否有误导性的信息，以及是否存在失实陈述等问题。

第10条　内部报告的可靠性，即报告中所使用的数据和信息是否来源可靠、权威，以及是否有充分的材料佐证和数据支撑。

第11条　内部报告的适用性，即报告的内容和结论是否符合内部控制目标和要求，是否能够识别、评估和控制企业的风险，以及是否能够提供有效的决策支持。

第12条　内部报告的合规性，即报告是否符合法律法规和企业内部控制要求，是否包含未经授权的信息，以及是否存在违反规定的行为等问题。

第13条　内部报告改进措施的有效性，即企业是否能够根据内部报告的评估结果，采取有效的改进措施以及措施的实施情况。

第4章　内部报告评估程序

第14条　评估小组首先应确定内部报告的评估目标，即要评估内部报告中的哪些方面，以及需要达到什么样的评估标准。

第15条　收集与内部报告有关的材料和信息，包括内部报告本身、内部控制制度文件、企业政策、相关数据和统计信息等。

第16条　根据评估目标，对收集到的材料进行分析，评估内部报告的完整性、准确性、可靠性、适用性和合规性等方面的情况。

第17条　根据评估结果编写评估报告，说明评估结果、存在的问题、评估结论和改进建议等。

第18条　向内部报告的编制部门和管理人员提供评估反馈意见，包括评估结果、存在的问题、改进措施以及措施实施的情况等。

第19条　监督改进措施的执行情况，并根据需要对其进行跟踪和评估，以确保改进措施的有效性和实施效果。

第5章　附　则

第20条　本制度由信息部负责编制、解释与修订。

第21条　本制度自××××年××月××日起生效。

编修部门/日期		审核部门/日期		执行部门/日期	

17.2　内部信息传递不通畅与信息泄露风险

　　企业内部信息是企业经营中的第一手资料，企业内部信息传递到不同部门，会影响企业内部决策的制定。企业内部信息传递不通畅或信息泄露，可能导致企业面临核心竞争力下降，重大经济受损等风险。

17.2.1　风险点识别与评级

内部信息传递不通畅与信息泄露风险点识别与评级如表17-2所示。

表17-2　内部信息传递不通畅与信息泄露风险点识别与评级

风险点	风险点描述	风险评级	风险发生频率	对业务影响	风险应对策略
内部信息传递权责不清	内部信息传递权责不清，可能导致企业的商业秘密被竞争对手获取，从而降低企业的核心竞争力	2	高	重要	风险降低
企业信息传递错误	由于信息传递错误，导致决策失误，会给企业造成巨大的经济损失	2	中	重要	风险规避
内部信息传递错位	由于内部信息传递过程中发生不同岗位间信息传递错位，导致内部信息系统运行不健全，内容不完整，可能影响企业的正常运营	3	高	重要	风险规避
内部信息紧急程度不明显	内部信息紧急程度不明显，可能导致传递的相关信息未被有效利用，造成企业信息决策被延误	3	中	重要	风险降低

17.2.2　信息管控：内部信息管理制度

以下是内部信息管理制度，仅供参考。

制度名称	内部信息管理制度	编　号	
		受控状态	
第1章　总　则			
第1条　为了及时、准确地收集、传递和反馈企业内部有关信息，做好内部信息的管理，特制定本制度。 第2条　本制度适用于企业内部信息的收集、处理、传递和反馈工作的管理。			
第2章　内部信息管理岗位职责控制			
第3条　企业每个人、每个部门都有义务和责任及时、准确地传送、接收、处理工作信息。他们可以是发布方，也可以是接受方。信息在传递前，签发部门负责人负责审核信息的准确性。 第4条　质量部负责企业内部质量信息的收集、传递与处理。			

第5条　营销部负责营销、市场、媒体等相关信息的收集、处理、保存和管理。

第6条　人力资源部负责以绩效考核为中心的内部信息的收集、传递与处理。

第7条　采购部、生产部、行政部负责对相关方信息进行收集。

第3章　内部信息管理原则

第8条　可靠性原则。内部信息管理要做到管理完善，提供可靠的管理措施。

第9条　完整性原则。内部信息管理要注重信息的完整性。

第10条　经济型原则。内部信息管理要既保护又提高企业的核心竞争力。

第4章　内部信息管理实施

第11条　信息分类。信息管理人员根据信息所反映的内容性质和其他特征的异同，分门别类地将无序的信息组织起来。

1．辨析信息类别。秘书人员首先要对收集到的大量信息进行主题分析，按照一定的标准分类，从而判定其所属类别。

2．信息归类。秘书人员应对所收集的信息，依据辨析的结果，按照特定的原则和方法，将其分门别类地组织起来。

第12条　信息筛选。信息管理人员对信息进行甄别，经过初步分析和研究，淘汰内容贫乏的，选出内容新颖、有价值的信息。

第13条　信息收集。

1．运用各种信息收集的渠道和方法，及时、充分地收集所需要的信息。

2．掌握信息收集的范围和信息源，全面、准确地获取需要的信息。

第14条　信息整理。

1．通过分析对信息正确分类，并利用科学的方法和步骤筛选出有用的信息。

2．对初步筛选得到的信息进一步核校、加工，从而得到更有用的信息内容。

第15条　畅通信息传递途径。

1．明确信息传递的要求、方式和方法。

2．把加工后的信息提供给领导和他人使用，做好信息的传递和利用工作。

第16条　执行反馈信息的工作内容，组成反馈与再反馈链条，实现反馈信息良性循环。

第17条　对反馈后的信息执行情况进行科学的评估，并作出及时调整以提升信息使用的效果。

第5章　信息安全及监督控制

第18条　为了保证信息数据的完整性、可追溯性，信息系统所有用户对信息数据没有删除权，只有作废权。

第19条　信息流程严密，保证不同节点的操作人员不同。不可出现一个人拥有一整个流程的全部操作权限的情况。

第20条　信息管理部要加强信息监督管理，若发现违规信息应及时清理并上报。

第21条　各部门的岗位设置须符合业务需求，做到职责分工明确，不相容职务分离。

第22条　操作人员的权限分配须合理，杜绝超越权限范围。

第23条　信息的使用权限及范围符合企业的相关规定。

第24条　信息管理运行日志需要每日进行详细记录。记录要保证完整、连续。

第25条　信息管理员要定期审核企业内部信息及相关文件，确保文件没有病毒，内部信息没有安全隐患。

第6章　附　则

第26条　本制度由信息管理部负责编制、解释与修订。

第27条　本制度自××××年××月××日起生效。

编修部门/日期		审核部门/日期		执行部门/日期	

17.2.3　反馈控制：信息沟通反馈制度

以下是信息沟通反馈制度，仅供参考。

制度名称	信息沟通反馈制度	编　　号	
		受控状态	

第1章　总　则

第1条　为了有效地提升企业信息沟通反馈的效率，促进内部信息的高效利用，防范信息沟通反馈的相关风险，特制定本制度。

第2条　本制度适用于企业信息沟通反馈工作的管理。

第2章　内部信息沟通原则

第3条　真实准确性原则。沟通的内部信息应当与实际情况一致，虚假或不准确的信息，将严重误导信息使用者，甚至会导致决策失误，造成巨大的经济损失。

第4条　及时有效性原则。沟通内部信息时应做到及时提供具有相关性的信息，且相关信息能被有效利用，从而避免企业决策延误，有利于对实际情况进行及时、有效的控制和矫正。

第5条　保密原则。企业运营情况、技术水平、财务状况以及有关重大事项等通常涉及商业秘密的内部信息在传递过程中，相关的知情者必须遵循保密原则。

第3章　内部信息沟通种类

第6条　正常传递信息。它包括工作计划、业务方案、通知通告、法律法规、规章制度、质量方针及完成情况、跟踪和监控记录、内部审核与管理评审报告以及企业正常运行时的其他记录等。

第7条　问题信息或处理结果反馈。体系内部审核不合格的报告，内部管理事务安排反馈、评估、纠正和预防措施处理等。

第8条　临时、紧急信息。出现重大质量事故等情况下的信息与记录。

第9条　其他内部信息。如员工的建议、投诉等。

第4章　内部信息传递职责控制

第10条　总经理负责制定内部信息管理战略规划；制定重要内部信息管理的政策；审批内部信息管理的规章制度；审批内部信息传递工作程序。

第11条　内部报告评估小组负责选择评估方法；制定评估方案；组织开展评估工作；收集各种评估信息；编写内部报告评估工作报告。

第12条　行政部经理负责组织制定内部信息管理制度；处理内部信息管理过程中出现的问题；审核内部信息传递工作程序；组织内部报告的评估工作、指导和培训内部信息管理人员。

第13条　财务部经理负责组织安排与财务有关信息的管理，制定财务信息管理制度和操作规范。

第5章　内部信息反馈控制

第14条　筛选被反馈的信息。从沟通的信息中筛选出所需要的且有价值的信息。

第15条　整理被反馈的信息。由于部分被反馈的信息在某时段上可能存在某种联系或者共同反映一种现象，因而信息管理人员需要统计、归属和整理被反馈的信息，以更有效地提高处理被反馈的信息的效率。

第16条　根据被反馈的信息的时效性、针对性和信息的归属性（部门需要）对被反馈的信息进行分类。

第17条　信息管理人员在传递被反馈的信息时，既要保证其畅通，又要注意其保密性。

第18条　执行被反馈的信息。企业相关部门接到执行方案后就应按要求执行任务。

第19条　监督被反馈的信息执行情况。在被反馈的信息的执行过程中，应认真监督，及时发现被反馈的信息的执行情况是否偏离预期目标，被反馈的信息执行中出现了哪些新问题等。

第20条　评估反馈信息执行效果。聘请专家对反馈信息的执行情况进行效果评估，确保作出专业、客观、合理、科学的评估，使反馈信息的执行更有效果。

第21条　储存反馈信息执行情况。在反馈信息的执行即将收尾时，按反馈信息所涉及的部门建立信息处理档案库，管理反馈信息的执行情况。

第6章　附　则

第22条　本制度由信息管理部负责编制、解释与修订。

第23条　本制度自××××年××月××日起生效。

编修部门/日期		审核部门/日期		执行部门/日期	

17.2.4　保密控制：内部报告保密制度

以下是内部报告保密制度，仅供参考。

制度名称	内部报告保密制度	编　号	
		受控状态	
第1章　总　则			
第1条　为了保护企业内部信息，维护企业利益，防止企业内部信息泄露，确保内部信息的完整和安全，科学保管并高效有序地利用内部信息，特制定本制度。			
第2条　本制度适用于企业进行内部报告保密管理相关工作。			

第2章　内部报告保密部门岗位职责

第3条　信息安全部负责企业的信息安全保障工作，对内部报告的保密工作进行技术保障，包括网络安全、设备安全、数据安全等方面。

第4条　法务部负责企业法律事务，对内部报告的保密工作进行法律保障，包括合同签署、保密协议签订、风险评估、法律咨询等方面。

第5条　内部审计部负责内部审计工作，对内部报告的保密工作进行内部审计和检查，确保内部报告的机密性、完整性和可靠性。

第6条　人力资源部负责企业人力资源管理，对内部报告的保密工作进行人力资源保障，包括人员背景调查、人员离职处理、权限管理等方面。

第7条　董事长、总经理等领导层对内部报告保密工作负有最终的领导责任，应该制定相应的保密政策、制度和流程，确保内部报告的机密性和安全性。

第3章　内部报告保密总体要求

第8条　制定并完善内部报告的保密制度和相关规定，包括内部报告的信息密级划分、查阅和传递权限、保密措施等。

第9条　对内部报告进行严格的保密管理，确保内部报告的信息不被泄露。

第10条　对有权限查阅和传递内部报告的人员进行严格的授权和审批，确保内部报告的信息不被非授权人员查阅和传递。

第11条　加强内部报告的传递和存储管理，采取物理隔离、电子加密等措施，确保内部报告的信息不被非授权人员获取。

第12条　定期对内部报告的信息密级进行评估和调整，确保内部报告的信息密级与其实际保密需求相符。

第4章　内部报告信息密级管理

第13条　绝密级。该级别的内部报告包含的信息最为敏感，需要进行严格保密，只能在特定的授权范围内查阅和传递。

第14条　机密级。该级别的内部报告包含的信息比较敏感，需要采取较高的保密措施，只能在授权范围内查阅和传递。

第15条　秘密级。该级别的内部报告包含的信息相对较为敏感，需要采取一定的保密措施，只能在一定的授权范围内查阅和传递。

第16条　一般级。该级别的内部报告包含的信息比较普通，对保密要求相对较低，可以在内部较广泛地传递和查阅。

第5章　内部报告信息使用人员管理

第17条　企业应对内部报告信息的使用进行授权管理，只有被授权人员才能够使用相关的内部报告信息。企业需要制定授权管理制度，规定授权的权限和流程，确保内部报告信息的授权使用和授权的安全性。

第18条　企业应采取有效措施，限制内部报告信息的访问权限，确保只有被授权的人员才能访问内部报告信息，例如：采取密码、指纹识别、门禁卡等控制措施。

第19条　在对内部报告信息使用人员进行授权前，企业应对其进行背景调查，确保该人员的身份、背景、信誉等方面没有不良记录，以避免信息泄露等问题发生。

第20条　企业应加强有关内部报告信息安全意识的培训，让使用内部报告信息的人员了解企业的信息安全政策和内部控制要求，强化其信息安全意识和责任感。

第21条　企业需要对内部信息的使用进行跟踪审计，检查是否存在信息泄露或者违规使用的情况。同时，企业需要建立应急预案，以防万一。

第22条　企业需要建立相应的处罚制度，对于发生泄露或违规使用内部信息的人员进行严肃处理，以警示其他人员。

第6章　责任和处罚

第23条　相关工作人员发现内部报告信息已经泄露或者可能泄露时，应当立即采取补救措施并及时报告信息管理主管及信息管理部经理。相关人员接到报告后，应立即做出处理。

第24条　内部报告信息泄露行为包括以下2种。

1．内部报告信息被不应得知者得知。

2．内部报告信息超出了限定的接触范围，无法证明未被不应得知者得知。

第25条　对违规查询内部报告信息但未向他人泄露者，给予记过处分。

第26条　出现下列情况之一者，企业将给予警告，并扣罚_____～_____元的罚金。

1．泄露秘密，尚未造成严重后果或经济损失的。

2．已泄露秘密但采取了有效的补救措施的。

第27条　出现下列情况之一者，企业将予以辞退并酌情追偿经济损失。

1．故意或过失泄露企业重要内部报告信息，造成严重后果或重大经济损失的。

2．违反保密规定，为他人窃取、刺探企业商业秘密的。

3．以公谋私，滥用职权，强制他人泄密的。

第28条　员工涉嫌违法犯罪的，企业移交司法机关处理。

第7章　附　则

第29条　本制度由信息安全部负责编制、解释与修订。

第30条　本制度自××××年××月××日起生效。

编修部门/日期		审核部门/日期		执行部门/日期	

第18章

信息系统——风险点识别与管控规范

18.1　信息系统缺失与规划不合理风险

　　企业信息系统是企业内部交流、企业内部与外部交流的重要工具。信息系统的缺失及规划不合理，可能导致企业面临重要决策失误，正常经营受影响，企业间沟通受阻等风险。因此，企业要加大内部信息系统的开发建设力度，保障企业信息沟通的顺利进行。

18.1.1　风险点识别与评级

　　信息系统缺失与规划不合理风险点识别与评级如表18-1所示。

表18-1　信息系统缺失与规划不合理风险点识别与评级

风险点	风险点描述	风险评级	风险发生频率	对业务影响	风险应对策略
信息系统缺失	信息系统缺失，可能导致企业因重大错误、舞弊、欺诈等行为致使企业经营受损	2	高	重要	风险降低
信息系统规划不合理	信息系统规划不合理，可能导致信息系统的调试、运行程序执行不到位，导致信息系统开发失败	3	中	重要	风险规避
侵犯知识产权	在信息系统的开发过程中，可能侵犯知识产权，引发诉讼，导致企业声誉受到损害	3	高	重要	风险规避
信息系统渠道不畅	信息系统渠道不畅，可能导致企业内部沟通受阻，从而影响企业经营决策	3	中	重要	风险规避
信息系统缺乏规划	信息系统缺乏规划，导致企业内部信息缺乏规范化管理，从而引发内部信息安全危机	3	高	重要	风险降低

18.1.2　组织设计：信息系统管理部门

　　信息系统管理部门岗位控制及其相应的职责如表18-2所示。

表18-2　信息系统管理部门岗位控制及其相应的职责

岗位名称	主要职责明细	不相容职责
1. 总经理	（1）审批信息系统战略规划 （2）审批重要信息系统的相关政策 （3）审批信息部的规章制度 （4）审批信息系统的开发、变更、维护等程序 （5）审批信息系统开发任务书 （6）审批各部门的信息系统开发申请 （7）审批会计电算化管理制度	◆ 规划企业信息系统的战略 ◆ 制定重要信息系统的相关政策 ◆ 制定信息部的规章制度 ◆ 制定信息系统开发、变更等程序 ◆ 编写信息系统开发任务书 ◆ 制定会计电算化管理制度
2. 运营副总	（1）制定信息系统战略规划 （2）制定重要信息系统的相关政策 （3）审核信息部的规章制度 （4）审核信息系统的开发、变更、维护等程序 （5）审核信息系统开发任务书 （6）审核各部门的信息系统开发申请	◆ 审批信息系统的战略规划 ◆ 审批重要信息系统的相关政策 ◆ 制定信息部的规章制度 ◆ 制定信息系统开发、变更等程序 ◆ 编写信息系统开发任务书
3. 信息部经理	（1）制定信息部的规章制度 （2）制定信息系统的开发、变更、维护等程序 （3）协助运营副总制定企业的信息系统战略规划 （4）协助运营副总制定重要信息系统的相关政策 （5）编写信息系统开发任务书 （6）指导下属员工设计信息系统功能实现方案 （7）培训信息系统的使用者	◆ 审核信息部的规章制度 ◆ 审核信息系统开发、变更等程序 ◆ 审批信息系统的战略规划 ◆ 审批重要信息系统的相关政策 ◆ 审核信息系统开发任务书
4. 信息系统专员	（1）分析用户的信息需求 （2）设计或修改信息系统功能实现方案，经信息部经理审批通过后，负责编写程序 （3）与企业选定的外部机构人员配合开发信息系统 （4）在信息系统投入使用后，录入、处理、管理、维护信息系统中的数据	◆ 测试程序

续表

岗位名称	主要职责明细	不相容职责
5. 系统测试专员	（1）设计信息系统测试方案 （2）测试新编程序或修改程序是否满足设计或修改的信息系统功能实现方案 （3）将测试结果反馈给信息系统专员，以供其修改程序	◆ 编写程序
6. 数据控制专员	（1）维护计算机路径代码的注册 （2）监控信息系统工作流程 （3）协调信息的输入和输出 （4）负责分发输出信息给经过授权的用户	◆ 负责信息系统的开发、变更等
7. 信息系统管理员	（1）负责企业网络设备和软硬件的维护、保养 （2）负责企业信息系统的保密管理 （3）负责企业内外部信息的交流、沟通 （4）防范企业信息系统来自外网的威胁 （5）负责保障并监控程序的正常运行 （6）协助信息部经理培训信息系统的使用者 （7）解决终端用户在使用中出现的问题	—
8. 财务部经理	（1）负责财务有关方面的信息系统开发申请 （2）制定会计电算化管理制度 （3）制定财务系统操作规范	◆ 审批相关部门的信息系统开发申请 ◆ 审批会计电算化管理制度 ◆ 审核财务系统操作规范
9. 其他用户部门	提出相关业务方面的信息系统开发申请	—

18.1.3　开发控制：信息系统开发流程

信息系统开发流程如图18-1所示。

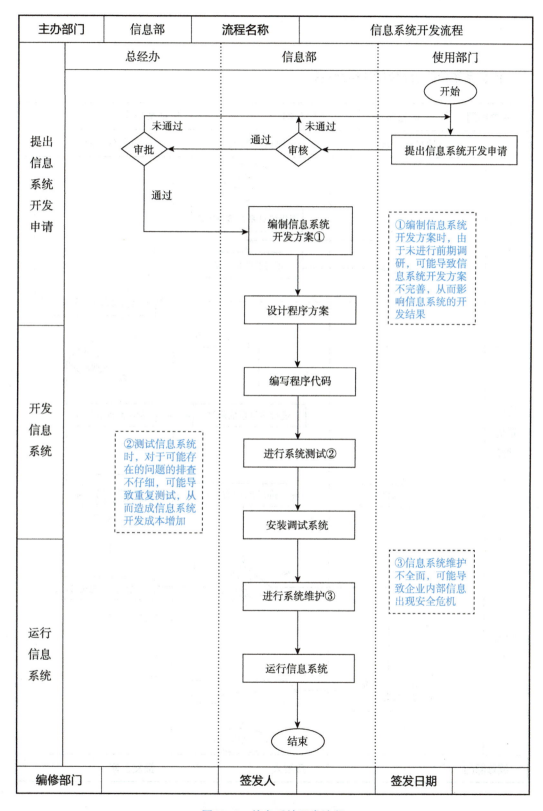

图18-1　信息系统开发流程

18.1.4　验收控制：信息系统验收流程

信息系统验收流程如图18-2所示。

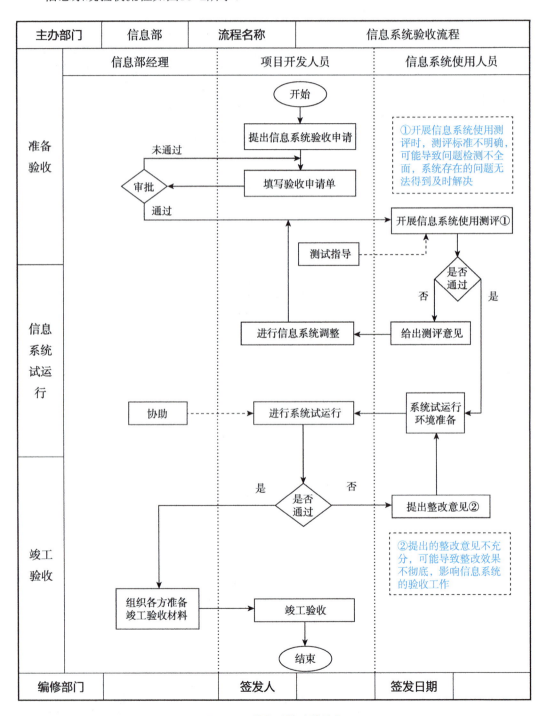

图18-2　信息系统验收流程

18.1.5　建设设计：信息系统建设方案

以下是信息系统建设方案，仅供参考。

方案名称	信息系统建设方案	编　号	
		受控状态	

一、控制目标

为了规范生产信息的收集、管理工作，强化企业信息化管理水平，提高生产工作效率，使企业及相关部门能够及时、准确地获得相应的生产信息，特制定本方案。

二、实施范围

本方案适用于信息管理部指导相关人员的信息系统建设工作。

三、核心任务

1．简化信息系统建设过程中的程序。

2．分析信息系统建设的必要性。

3．规范信息系统的建设工作。

四、执行细节

（一）生产信息系统建设的可行性分析

对生产的各项工作进行认真分析，从而有利于构建生产信息系统的各项业务模块。

1．项目小组对企业生产、仓储、配送、采购、财务等业务的支持工作进行调研分析。

2．项目小组同信息系统使用部门的人员进行沟通，了解其需求，发现存在的问题。

3．项目小组根据调研信息对预估费用支出和项目的经济效益进行评估。

4．项目小组编写"生产信息系统构建规划书"，包括系统构建的规划方向与目标，规划的要求、可行性及具体组织实施过程。

5．规划书经信息管理部经理审核后上报总经理审批，在总经理召开会议讨论通过并经总经理签字后，开始执行。

（二）生产信息系统建设前的准备工作

1．需求调查。

（1）项目小组向系统供应商的技术人员介绍企业组织构架和相关人员的职能，并制作企业组织架构图。

（2）项目小组协助系统供应商的技术人员熟悉企业各部门的业务流程，并制作各项工作的业务流程图，以便其掌握业务数据、信息的流向。业务流程的调查应顺应实际操作过程，在信息流动的过程中逐步进行，内容包括各环节的处理业务、信息来源、处理方法、计算方法、信息流经去向、提供信息的时间和形式等。

（3）项目小组协助系统供应商技术人员收集企业在实际业务操作过程中的资料，包括输入的单据、输出报表的典型格式、数据的流量、数据发生的高峰时间及各项数据的格式等。

（4）项目小组协助系统供应商技术人员绘制数据流程图，在绘制时应综合考虑各种特殊情况。

（5）项目小组开展调研活动，收集系统使用员工的需求，并与系统供应商技术人员进行沟通。

2．需求分析。

（1）项目小组及系统供应商技术人员分析业务流程，找出原有流程中不合理的过程，可以按计算机信息处理程序进行优化。

（2）项目小组及系统供应商技术人员明确企业业务流程对新系统的要求，确定新的业务流程，制作信息系统的新业务流程图。

（3）项目小组及系统供应商技术人员分析数据流程，找出流程中存在冗余信息的过程，并按计算机信息处理程序进行优化。

（4）项目小组及系统供应商技术人员确定新的数据流程，并绘制新的数据流程图。

（5）项目小组及系统供应商技术人员通过调查和分析，确定系统使用人员对数据查询和输出的要求。

（6）结合需求开展调研，项目小组及系统供应商技术人员做好业务衔接、制度建设、表单工具设计等准备工作。

（三）生产信息系统建设的实施

1．系统设计。

（1）系统供应商的技术人员根据需求调研及分析结果，制定系统构建方案，确定信息系统的层次、界面、网络等方面的设计要求。

（2）系统供应商的技术人员以逻辑模型为框架，进行系统开发，逐项开发信息系统的各子模块，包括生产资料库、管理卡、生产作业系统等各子系统的模块。

2．系统调试。

（1）系统供应商的技术人员将系统的各个功能模块分别进行单独调试，以及共同联合调试，并对系统进行修改、完善，保证系统符合要求。

（2）项目小组组织人员配合系统供应商的技术人员进行业务数据的调试和测试。

（3）供应商编制系统操作说明书，提交项目小组审核。

（四）生产信息系统的验收

1．信息系统开发完成后，系统供应商技术人员向项目小组移交信息系统及相关技术，主要包括系统技术报告和使用说明书、系统维护手册、系统安全和使用授权管理办法、应急处理办法及用户培训教材等技术文档。

2．项目小组配合系统供应商的技术人员对企业信息系统使用人员进行培训。

3．信息管理部组织本企业技术人员进行系统安装并试运行，在试运行过程中如发现问题，应移交系统供应商的技术人员解决。

4．运行完成后，项目小组组织专家组对完工后的系统进行验收。验收合格后，项目小组填写验收意见并签字。信息管理部通知财务部按合同规定进行货款结算。

5．项目小组召开项目总结会议，并填写生产信息系统构建工作总结报告，提交总经理审阅。

五、信息系统建设注意事项

1．设计应遵循的原则有先进性原则、可靠性原则、拓展性原则、集中化管理、规范性原则。

2．信息系统设计应关注网络系统设计、网站内容设计、用户系统设计、系统安全和用户认证设计。

六、附则

1．本方案由信息管理部负责编制、解释与修订。

2．本方案自××××年××月××日起生效。

执行部门/责任人		监督部门/责任人		编修部门/责任人	

18.2　授权不当与信息泄露风险

　　企业授权是指在一定的制度约束下，企业将权利下放给下层管理人员进行企业日常经营管理。但若企业授权不当，可能导致企业出现信誉受损、经济受损等风险。而信息泄露容易引发企业内部信任危机，不利于企业内部的管理。所以，企业要完善内部制度建设，做到权利与义务相统一，授权与制度相制衡。

18.2.1　风险点识别与评级

　　授权不当与信息泄露风险点识别与评级如表18-3所示。

表18-3　授权不当与信息泄露风险点识别与评级

风险点	风险点描述	风险评级	风险发生频率	对业务影响	风险应对策略
企业内部重要信息泄露	企业内部重要信息泄露，可能导致企业客户信息安全出现危机，从而造成企业信誉受损	3	高	重要	风险规避
企业信息授权不当	企业信息授权不当，将会影响企业正常生产经营，造成经济受损	3	中	重要	风险降低
企业内部成员发生矛盾	企业内部成员发生矛盾，将会引发企业内部信任危机，甚至产生法律纠纷	4	高	重要	风险规避

续表

风险点	风险点描述	风险评级	风险发生频率	对业务影响	风险应对策略
企业内部权责不清晰	企业内部权责不清晰，可能造成内部信息沟通程序不合理，影响企业内部正常沟通	4	中	重要	风险降低
企业内部信息系统建设不完善	企业内部信息系统建设不完善，可能导致企业内部成员沟通受阻，引发企业内部信任危机，从而影响企业正常经营	3	低	重要	风险规避

18.2.2   维护控制：信息系统维护流程

信息系统维护流程如图18-3所示。

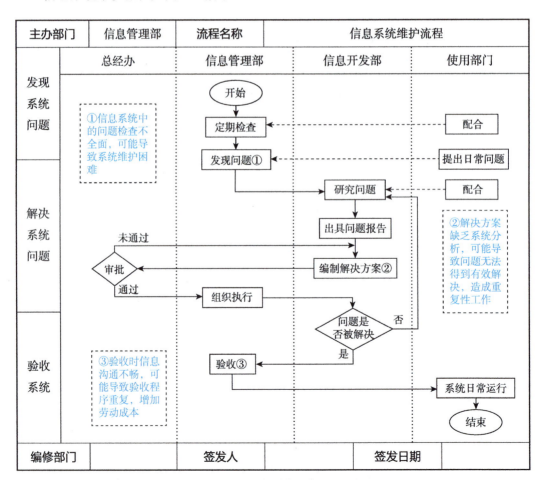

图18-3   信息系统维护流程

18.2.3　变更控制：信息系统变更管理流程

信息系统变更管理流程如图18-4所示。

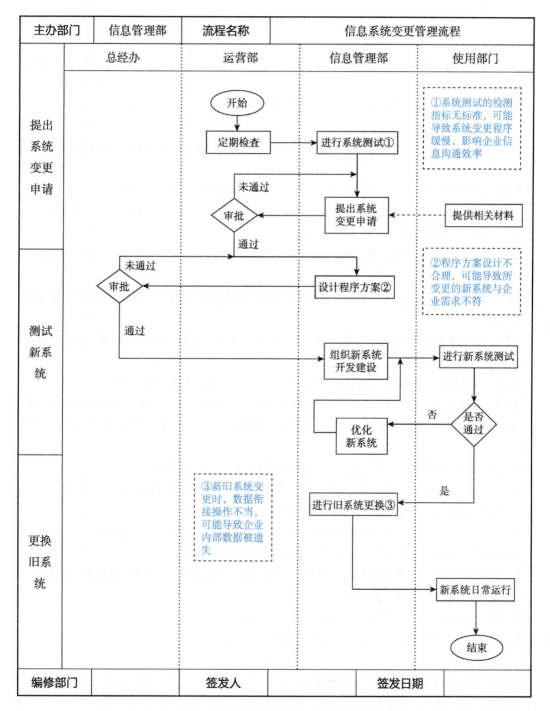

图18-4　信息系统变更管理流程

18.2.4 责任控制：信息系统安全保密与泄密责任追究制度

以下是信息系统安全保密与泄密责任追究制度，仅供参考。

制度名称	信息系统安全保密与泄密责任追究制度	编　号	
		受控状态	

第1章　总　则

第1条　为了指导信息管理部保密工作，规范信息管理部人员行为，保护本企业内部信息安全，维护企业利益，特制定本制度。

第2条　本制度适用于规范对信息管理部全体人员及其他可能涉密人员的相关保密工作的管理。

第2章　信息安全保密管理一般规定

第3条　信息管理部实行领导责任制。信息管理部经理负责本部门的信息安全工作。

第4条　总经办定期抽查信息管理部的信息安全工作，并随时突击检查。若查出有人为安全隐患或泄密情况的，将追究当事人及部门经理责任。

第5条　信息管理部负责硬、软件的统一管理和安全运行，以及服务器上数据资料、信息资料的保密工作。

第6条　信息管理部计算机操作人员负责本人使用的计算机的开机口令、网络口令及用户口令的保密工作。

第7条　信息管理部计算机操作人员负责对本机硬盘中的重要数据、资料、文件等及时做好备份工作。

第8条　信息管理部员工不得超越自己的权限范围，修改他人或服务器内的公用数据。

第9条　所有直接或间接接入企业网络的信息终端，包括电脑、手机、PDA（Personal Digital Assistant，即个人数码助理，一般指掌上电脑）及实验设备等，一律被纳入企业信息部管理的范畴。

第10条　任何员工不得危害企业安全，泄露企业秘密，更不得从事违法犯罪活动。

第11条　企业所有员工必须保管好自己的系统账号信息，只准本人使用，不得借与他人使用，更不得以任何理由将自己的网络账号泄露给企业外部的人员。

第12条　有机会直接或间接地接触涉密信息的人员（包括员工、外聘的管理顾问等）均为涉密人员。涉密人员必须签"商业秘密保证及竞业限制协议"。

第13条　涉密场所必须严格控制人员的进出，所有涉密介质（如软盘、光盘、硬盘等）必须实行使用登记，使用完后必须作脱密处理。

第14条　对外有关企业的信息必须经过有关部门审核批准后方可传达。

第15条　对于调岗的员工，必须实行脱密期管理。

第3章　信息保密与泄密责任追究管理

第16条　责任追究的幅度比例，根据责任大小按实际发生的经济损失的一定比例进行处罚。

1. 首要责任。在泄密实施过程中起组织、策划、指挥作用的，处罚比例为30%～40%。

2．领导责任。在泄密实施过程中，根据其管理责任应发现违规行为而没有发现，或发现而未报告，并未采取措施予以制止的，处罚比例为25%～35%。

3．主要责任。在泄密实施过程中积极、主动参加违规行为的，处罚比例为10%～15%。

4．次要责任。在泄密实施过程中参与违规行为的，处罚比例为5%～10%。

第17条　责任追究的处理措施。

1．经济处罚。经济处罚可现金交纳，也可扣发工资，罚款金额最低为＿＿＿＿＿＿＿＿元，最高为＿＿＿＿＿＿元。

2．行政处分。行政处分包括警告、记过、记大过、降薪、降级、撤职、留用察看、开除。除开除外，其他行政处分的期限为＿＿＿＿＿＿＿＿个月。相关责任人在接受行政处分的期间，除警告外，不得加薪、升职，不得被授予荣誉称号。对于被开除的人员，终身不予录用。

3．经济赔偿。对被追究责任人有违法所得的予以追缴，造成经济损失的，可要求其进行经济赔偿。

第4章　泄密管理责任追究程序

第18条　对于需要追究责任的，一般先由部门内部进行调查处理。部门内部不能进行调查处理的，可由审计委员会进行调查处理，或者由企业总经办的人员进行调查处理。对于本部门应当处理却包庇袒护不处理或者避重就轻的，由审计委员会介入调查从重处理。

第19条　对泄密管理责任的追究调查应由2～3人共同进行，充分听取被调查对象的陈述和申辩，并予以记录。

第20条　调查人员在调查完毕后，应出具调查报告，在报告中应对责任进行界定，并提出处理意见和建议。

第21条　对泄密事件相关人员的处理，情节轻微或者损失金额不超过1000元的，调查报告报送本部门负责人；责任事件的影响较大或者损失金额超过1000元的，调查报告应上报企业总经理；责任事件的影响特别重大或者后果特别严重，损失金额超过10 000元的，应提交企业总经办。

第22条　调查报告生效后送达当事人，并交人力资源部或相关部门执行。

第23条　不服企业内部处理决定的，可在处理决定公布之日起15日内以书面形式向总经理或总经办申诉。在申诉过程中，原调查人员应予回避。

第5章　附　则

第24条　本制度由信息管理部负责编制、解释与修订。

第25条　本制度自××××年××月××日起生效。

编修部门/日期		审核部门/日期		执行部门/日期	

18.2.5　备份控制：数据信息定期备份制度

以下是数据信息定期备份制度，仅供参考。

制度名称	数据信息定期备份制度	编　号	
		受控状态	

第1章　总　则

第1条　为了提高企业数据信息的可靠性和安全性，防范数据信息泄露风险，提高企业信息系统内部控制工作的水平，特制定本制度。

第2条　本制度适用于企业信息管理部进行数据信息备份相关工作的管理。

第2章　数据信息的日常管理

第3条　信息技术部负责企业信息系统的建设、运维和安全保障，对信息数据定期备份的技术方案和实施情况负责。

第4条　数据管理部负责企业数据的规划、管理和维护，对信息数据定期备份的数据分类、存储和备份周期进行管理。

第5条　安全管理部负责企业信息安全管理工作，对信息数据定期备份的安全性进行监督和检查，确保备份数据的保密性和完整性。

第6条　业务部门负责企业业务系统的使用和管理，对信息数据定期备份的业务需求和数据分类进行沟通和协调。

第7条　董事长、总经理等领导层对信息数据定期备份工作负有最终的领导责任，应该组织制定相应的备份政策、制度和流程，确保备份数据的完整性和可靠性。

第3章　数据信息的备份

第8条　安全管理部应制订备份政策和计划，包括备份周期、备份方式、备份介质、备份地点、备份存储周期等内容。

第9条　安全管理部应根据备份计划，选择合适的备份工具和备份介质，如硬盘、光盘、磁带等。

第10条　安全管理部应将企业数据按重要性和保密等级进行分类和划分，确定每种数据的备份等级和备份周期。

第11条　安全管理部应按照备份计划和备份等级，定期进行数据备份工作，并及时更新备份记录和备份介质。

第12条　安全管理部应定期对备份数据进行验证和恢复测试，确保备份数据的完整性和可靠性。

第13条　安全管理部应将备份数据存储在安全、可靠的地点，并定期进行备份介质的更换和更新。

第14条　安全管理部应对备份数据进行加密和访问控制，确份数据的机密性和安全性。

第15条　安全管理部应在备份工作的基础上，制定数据灾难恢复计划，包括数据恢复流程、数据恢复时间、数据恢复人员等内容。

第4章　备份数据信息保存及数据信息恢复

第16条　备份数据信息保存。

1. 备份数据信息及相关的数据档案统一保存在信息部资料中心，未经领导批准不得外借。

2. 数据信息备份和数据信息存储用的磁介质要严格管理、妥善保存。

第17条　数据信息恢复。当服务器遭受攻击或网络病毒造成数据丢失或系统崩溃，需要进行数据恢复时，需由信息部主管执行恢复程序，同时将具体情况做记录。

第18条　根据数据信息使用者的权限合理分配数据存取授权，保障数据使用者的合法存取。

第19条　设置数据库用户口令并监督用户定期更改数据库，用户在操作数据过程中不得使用他人口令或者把自己的口令提供给他人使用。

第20条　未经领导允许不得将存储介质带出机房，不得随意通报数据内容，不得泄露数据给内部或外部无关人员。

第21条　严禁直接对数据库进行操作修改数据。如遇特殊情况须进行此操作时必须由申请人提出申请填写数据变更申请表，经申请人所属部门领导确认后，提交至安全管理部。安全管理部的相关领导确认后，方可由数据库管理人员进行修改并对操作内容作好记录长期保存。修改前应做好数据备份工作。

第22条　应按照分工负责、互相制约的原则制定各类系统操作人员的数据读写权限，不允许职权交叉。

第5章　附　则

第23条　本制度由安全管理部负责编制、解释与修订。

第24条　本制度自××××年××月××日起生效。

编修部门/日期		审核部门/日期		执行部门/日期	

18.2.6　权限控制：用户与权限管理制度

以下是用户与权限管理制度，仅供参考。

制度名称	用户与权限管理制度	编　号	
		受控状态	

第1章　总　则

第1条　为了规范企业系统权限的管理工作，保障企业信息安全，特制定本制度。

第2条　本制度适用于企业信息管理部对用户与权限相关工作的管理。

第2章　用户权限管理风险规避

第3条　建立企业网络用户信息系统，制定网络用户信息收集方案，规范用户信息收集工作，不断补充网络用户相关信息，建立完善的网络用户管理体系。

第4条　明确用户和角色的界定标准及工作要求，为用户权限的设置提供可靠的依据。

第5条　规范权限分配工作程序，严格权限分配要求，保证权限分配的合理性、科学性，确保权限无交叉、嵌套等情况。

第6条　规范用户权限认证管理，及时对分配的权限进行认证，保证各项权限得到有效使用。

第7条　建立陷阱账号，保证网络管理员账户的安全。

第8条　完善用户权限管理体系，明确用户权限管理分工，规范用户权限管理程序。

第3章　用户权限日常管理

第9条　创建用户。信息管理部应根据企业的组织结构及各项工作的功能模块，确定企业网络系统的用户。

第10条　分配权限。信息管理部应根据用户职能，分配用户权限。

第11条　使用权限。权限分配完成后，各用户须登录网络系统，判断、认证并使用用户权限。

第12条　各职能部门应负责使用模块的权限管理工作及模块的数据安全管理工作。

第13条　指定专人负责权限的新增、变更、注销等工作审批。

第14条　信息管理部对网络用户权限的设置、用户密码安全等进行不定期地抽查。根据企业网络管理相关规定设置系统用户权限，负责对企业的用户及权限清单进行维护。

第15条　总经办负责对各职能部门间的用户权限申请进行审批。

第16条　信息管理部负责制定网络用户权限管理制度，明确网络用户权限管理工作标准，定期组织抽查用户权限管理工作，及时发现日常工作中存在的问题，并积极采取措施进行解决，确保网络用户权限管理工作目标的实现。

第4章　权限变更管理

第17条　网络系统使用人员如因工作的需要，须长久使用权限分配表外的权限时，应向部门主管提交"权限变更申请"，待部门主管批准后，使用人员将变更申请报信息管理部经理审批。

第18条　信息管理部经理应根据企业的相关规定及员工的工作情况对"权限变更申请"进行审批。

第19条　审批通过后，信息管理部主管应对权限分配表进行调整，并通知信息专员修改系统的权限设置。

第5章　特殊权限使用管理

第20条　系统使用人员如因工作需要，须临时使用权限分配表外的权限时，应向部门主管提交"××权限临时使用申请"，并说明申请的功能、数据权限及使用期限和使用理由。

第21条　在部门主管审核通过后，使用人员将使用申请交信息管理部经理审批，待审批通过后，再通知信息专员设置临时权限，并在申请终止时间撤销临时权限。

第22条　信息管理部主管通过评估判断不能采取临时授权的方式满足员工申请时，可安排信息专员代替申请人员进行操作。信息专员须根据申请人员的临时使用申请的相关内容进行操作，并及时将操作结果反馈至申请人员。

第23条　各部门须使用特批流程权限时，须向信息管理部提交书面申请，注明使用原因、使用起止时间及涉及的业务范围。

第24条　信息管理部经理应根据企业的相关规定及申请人的实际工作需要，对申请表进行审批。

第6章　附　则

第25条　本制度由信息管理部负责编制、解释与修订。

第26条　本制度自××××年××月××日起生效。

编修部门/日期		审核部门/日期		执行部门/日期	

01 企业内部控制制度设计与解析

- 依据《企业内部控制应用指引》编写，致力于构建全方位的内部控制制度管理体系。

- 提供了142个制度，用精细化的制度营造完善的内部控制环境，提供极具针对性的控制手段，"人人参控，人人受控"。

企业内部控制风险点识别与管控规范 02

- 以"风险识别、评级"为基础，以"合规管理"为重点，以"精确管控"为目的，梳理企业内部控制管理中的各项风险。

- 通过大量的制度、方案、流程、标准、规范，提供拿来即用的风险控制规范。

- 包含58个风险点、75个控制制度、64个控制流程及14个方案。

03 企业内部控制流程设计与运营

- 立足工作流程，聚焦企业风险控制点，面向业务，提供解决措施。

- 包含118个流程和内部控制矩阵，涵盖18大类内部控制工作模块。

- 以流程为基础分解企业内部控制的痛点，通过流程设计阐述企业经营管理全过程中的风险。

供应链精细化运营管理全案 04

- 一本供应链运营管理的"12化"手册。

- 用制度管人，按流程做事；看方案执行，照办法去做；依细则实施，用规范约束。

05 部门化：基于组织发展的架构设计逻辑

- 市场第一本以部门化为主题的管理类图书。

- 创新设计"苹果树组织结构评价模型"，系统性识别六种基本部门化模式特点。

- 帮助管理者更好选择、应用部门化模式，设计最适合自己的部门化策略。

人人账本：量化员工个人价值的绩效与薪酬设计方案 06

- 从人力资源管理到人力资源经营，一本可以落地执行的"人人账本"薪酬绩效管理体系。

- 实现企业对个体价值的评价和分配，激活人才自驱力，使人人皆成经营者。

07 华为军团作战

- 系统阐述华为军团组建的背景、服务与运作模式，帮助读者全面了解华为军团来龙去脉。

- 通过组织变革构建的灵活作战能力，破解当下的发展问题。

永远没有舒适区：华为HR奋斗生涯手记 08

- 华为一线HR骨干多年经验分享，如何将普通员工转变为奋斗者，揭秘华为企业管理真实细节，透析华为员工公司生存法则。

- 纯理论研究无法呈现的立体面貌，管理专家无法提供的极具颗粒度细节，局外人无法触及的生存法则与心路历程。

- 管理者+员工双重视角，适合企业管理者和想进入华为的求职者阅读。